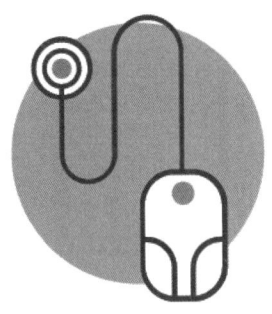
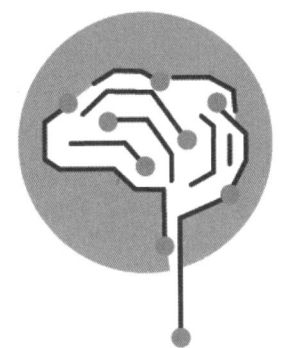
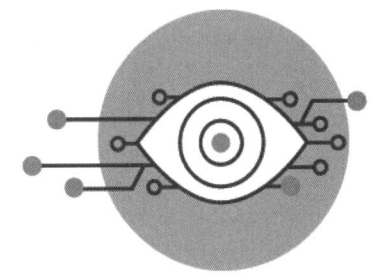

기초 수학부터 강화학습 알고리즘까지

강화학습 이론&실습

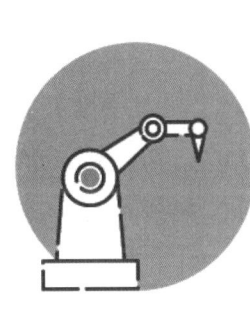

황현석 지음

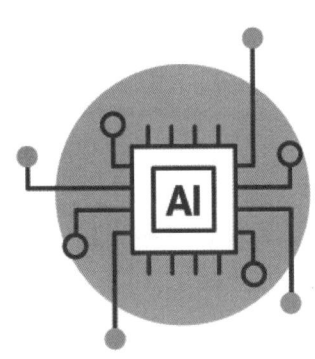

저자소개

황현석

부산대학교에서 자연과학을 공부하고 서울대학교에서 계산과학 분야로 전공을 바꾸어 공학 석사 학위를 취득했다. 공식 교과과정에서 편미분 방정식을 푸는 방식을 배울 때 대학원 시절 동안 옆자리에 앉았던 동기가 인공지능을 공부하는 것을 보고 따라서 머신 러닝을 조금씩 독학하기 시작했다. 머신 러닝 분야 중 게임을 스스로 플레이하는 인공지능을 보고 강화 학습에 가장 큰 흥미를 느낀 뒤 취미 삼아 이론을 공부하고 개념을 구현하는 데 시간을 많이 보냈다. 어쩌다 보니 현재 인공지능 알고리즘을 적용하는 반도체 모델링을 타깃으로 하는 회사에서 인공지능을 전자회로 시뮬레이터에 접목하는 업무를 맡고 있다.

서문

인류는 오랜 시간 동안 반복적이고 불필요한 일에서 벗어나고자 노력해 왔고 산업혁명 이후 기계화에서 나아가 자동화 시스템을 거쳐 일상에서 인공지능을 활용하기에 이르렀으며 그 발전 속도와 결과는 매우 경이로운 지경에까지 이르렀습니다. 특히 최근 10년간은 GPU 장치의 비약적인 발전으로 시작된 인공지능의 세부 분야 중 딥 러닝은 비약적으로 발전해 왔습니다. 그래서 많은 딥 러닝 분야의 연구와 지식에 대한 접근성이 높아졌으며 '데이터'를 기반으로 한 인공지능의 문제가 많이 해결되었습니다. 하지만 강화 학습은 똑같은 딥 러닝의 세부 분야이지만 다른 인공지능의 문제와는 성격이 달라 많은 사람이 잘 알지 못하며 심지어는 강화학습이란 용어 자체도 굉장히 생소할 것입니다. 그럼에도 집필 기간에 전 세계에 발표된 'ChatGPT'가 강화 학습을 이용했다는 것이 인공지능 연구자 사이에서 뜨거운 화두로 떠오르고 있으며 계속해서 이 분야를 연구하고 이용할 가치는 매우 높다고 생각합니다.

필자는 학부 과정에서 자연과학을, 대학원 과정에서 전공 분야를 바꾸어 공학을 공부하는 가운데 개인적으로 많이 고민했습니다. 전공을 바꾸어 가면서 배워 왔던 지식들이 학업이 끝나고 난 뒤에 어떤 가치를 만들 수 있을지에 대한 고민이었습니다. 그러던 중 '알파고'가 우리나라를 강타하고 마침 대학원 동기가 인공지능에 대한 흥미를 더해 주었고 새롭게 도전하게 했습니다. 인공지능은 필자의 주 전공 분야가 아니었으며 당시 우리나라는 인공지능이라는 분야가 개척 분야이었기에 교재는 찾기 어려웠고 자료마저도 부족한 상황이었습니다. 따라서 논문과 먼저 공부하고 있는 외국인들의 블로그, 깃허브 저장소의 코드를 분석하면서 하나씩 공부하는 방법 외에는 없었습니다. 정규 학습과정이 아닌 날것 그대로의 지식을 찾아가며 배운 입장이었기에 공부하면서도 제대로 공부하고 있는 것이 맞는가 하는 의문은 항상 들었습니다. 그러나 공부의 분량이 쌓이면서 깨닫게 된 것은 강화 학습 분야는 단순한 하나의 분야로 구성된 것이 아닌 여러 분야의 지식이 접목된 것이었으며, 결과적으로 필자가 그동안 배워 온 지식이 소중한 자양분이 되어 현재 이를 잘 활용하여 만족스럽게 일하고 배우고 개척하는 중입니다.

대부분의 딥 러닝 알고리즘은 미리 주어진 데이터를 인공 신경망을 이용해 사람이 편하게 이용할 수 있도록 가공하는 과정인 반면에 강화 학습은 데이터가 미리 주어진 있는 것이 아닌 무엇이 정답인지 모르는 문제에서 최선의 결과를 인공 신경망이 스스로 찾아 나가는 과정입니

서문

다. 이를 구현하려면 상당히 많은 배경지식이 요구되며 간단하게 선형대수학, 통계학, 경제학, 심리학 그리고 컴퓨터 공학 정도로 정리됩니다. 강화 학습 교재의 바이블로 여겨지는 Richard Sutton 교수님의 『Introduction to Reinforcement Learning』책은 위 분야들에 대해서 전반적으로 심도 있게 작성되었으나 입문자들이 보기에는 상당히 어려운 책입니다. 그래서 이 책을 집필할 때 강화 학습 입문자 혹은 강화 학습 알고리즘을 실무에서 적용하고 싶으신 분들을 위해서 최대한 쉽게 풀어서 해석하고 재미있게 공부하실 수 있도록 목표하였습니다.

본 책은 이론에 덧붙여 실습까지 진행할 수 있도록 구성되었습니다. 1장에서는 강화 학습의 실습을 위한 준비단계, 2장은 강화 학습을 배우기 위한 수학 및 파이썬 패키지 이용 방법을 다루었으며, 3장과 4장은 강화 학습의 기본 개념을, 5장부터 7장까지는 인공 신경망을 이용한 강화학습 알고리즘에 대한 이론과 실습을 담았습니다. 실무에서 바로 알고리즘을 적용하고 싶으신 분들은 딥 러닝 알고리즘을 선택하여 실습 부분에 있는 코드를 적절히 응용하시는 것을 추천하며, 기본 개념부터 확실히 알고 싶으신 분들은 구성 순서대로 순서대로 읽으시면 그 목적을 이루실 것입니다. 강화 학습은 바로 접목하기에 앞서 적용 가능성을 보고자 실제 세계를 가까이 표현할 수 있는 가상의 게임 환경을 시험 용도로 많이 이용합니다. 본 책도 몇 가지 강화 학습을 이용한 게임을 플레이하는 인공지능을 구현하였으니 재미있게 공부할 수 있으리라 믿습니다. 동시에, 해당 이론과 알고리즘이 여러분이 보고 있는 환경에 어떻게 적용할 수 있을지 많이 고민해 보는 것도 좋은 공부가 될 것입니다.

이제 여러 연구 결과가 발표되었지만, 강화 학습 분야는 산업 분야에서 적용하는 데 아직은 태동의 단계이며 무한한 가능성을 품고 있습니다. 펼쳐진 블루오션인 강화 학습에 발을 들인 독자 여러분의 그 탁월한 선택에 박수를 보내며, 부족하지만 이 책이 강화 학습이라는 블루오션 분야에 발을 들인 여러분들에게 작은 도움이 되기를 바랍니다.

끝으로 부족한 원고에도 출간할 수 있도록 도움을 주신 비제이퍼블릭, 유명한 편집자님, 시간을 내어 꼼꼼히 리뷰해 주시고 좋은 피드백을 주신 두 분의 베타리더 그리고 출간하는 동안 많은 조언과 격려를 아끼지 않고 해 주신 허창훈 박사님께 감사드립니다.

추천사

강화 학습(RL)은 머신 러닝(ML)의 가장 핵심적인 알고리즘으로, AI 분야에 혁명을 가져온 2016년 AlphaGo와 이듬해 AlphaZero 또 2023년 ChatGPT에서도 RL이 적용되어 가장 각광받는 기술로 여겨지고 있다. 실제로 RL을 활용하여 국내 산업체에서도 각종 게임, 제어 시스템, 자율 주행차, 질병 예측 등에서 활발히 연구되고 있다. 강화 학습 전문가에 대한 수요는 앞으로도 높을 것으로 보이나 전문적으로 트레이닝을 받은 엔지니어는 턱없이 부족한 상황이다. 황현석 연구원의 "강화학습 이론&실습 - 기초 수학부터 강화학습 알고리즘까지"는 기초 ML부터 Deep RL까지 혼자서도 충분히 따라갈 수 있도록 쉽게 쓰여져 취업 준비생부터 인공지능 대학원에 따로 시간을 투자할 수 없는 현업 엔지니어가 역량 개발을 하기에 혼자서도 학습할 수 있도록 쓰여졌다. 이 책을 이해하면 최신 RL 연구 논문들 (World models, Continual RL, Meta RL, Multi-task RL 등)을 혼자서도 follow-up 스터디하며 응용할 수 있으리라 믿어 의심치않는다. RL에 대한 개념을 잡고 실무 예제를 통해 빠르게 감각을 익히기에는 리처드 S. 서튼의 교과서보다 이 책이 더 적합하다고 생각한다.

- 허창훈 박사 (포스코홀딩스 미래기술연구원 AI연구소 팀리더)

베타리더 추천사

기술적으로 관심이 많지만 교과서 혹은 논문부터 읽기에는 배경이 빈약한 초보자가 두려움 없이 '스며들기'에 적합한 책입니다. 환경 구축을 시작으로 폭넓은 기초 이론을 순순히 따라가며 체득할 수 있고, 이후 강화 학습 분야의 전통적인 방법론을 구성하는 이론적 배경 또한 충실히 다루며 오늘날 우리가 익히 들어 온 알고리즘을 자연스레 각인시킵니다.

- 이재준 (서울대학교 공학박사)

충실한 내용과 함께 여러 실습이 준비되어 있어 재미있게 책을 읽었다. 이론을 살펴보고 첨부된 실습 코드를 한 줄 한 줄 따라가다 보면 혼자서 이해하기 어려웠던 머신 러닝 이론들을 어느새 이해하고 있는 나 자신을 발견하게 될 것이다.

- 권정민 (서울대학교 공학박사)

목차

1 환경 설정

1.1 윈도우 버전   12

1.2 리눅스 버전   21

2 강화 학습을 위한 사전 지식

2.1 머신 러닝과 강화 학습   26
    2.1.1 머신 러닝   26
    2.1.2 강화 학습   28

2.2 기초 수학   32
    2.2.1 기초 선형 대수   32
    2.2.2 기초 미분과 적분   48
    2.2.3 기초 확률 통계   56

2.3 최적화   71
    2.3.1 뉴턴-랩슨법(Newton-Raphson method)   71
    2.3.2 경사 하강법(Gradient descent method)   74

2.4 목적 함수   84
    2.4.1 최소 제곱   84
    2.4.2 확률 엔트로피와 쿨백-라이블러 발산   87

2.5 인공 신경망   91
    2.5.1 신호 전·후 처리   91
    2.5.2 순방향 전파   92
    2.5.3 역방향 전파   99

2.6 초간단 파이토치 튜토리얼 — 100
    2.6.1 MNIST — 100
    2.6.2 회귀 분석 — 110

2.7 매개 변수 탐색법 — 121
    2.7.1 격자 탐색법(Grid search) — 121
    2.7.2 베이지안 탐색법(Bayesian optimization) — 126

3 마르코프 의사 결정과 동적 계획법 풀이 전략

3.1 마르코프 의사 결정 — 134
3.2 동적 계획법 — 147
3.3 [실습] 잭의 렌터카 업체 운영 전략 - 동적 계획법을 이용한 마르코프 의사 결정 — 154

4 벨만 방정식부터 강화 학습까지

4.1 몬테-카를로 추정법 — 168
4.2 시간차 학습 — 173
    4.2.1 TD(0) — 173
    4.2.2 TD(λ) — 176

4.3 Monte-Carlo vs Temporal Difference — 178
4.4 에이전트 학습 — 183
    4.4.1 SARSA — 186
    4.4.2 Q-learning — 187
    4.4.3 실습 — 189

찾아보기

5 Q-함수는 신경망에 맡긴다 - DQN

5.1 DQN — 208
    5.1.1 이론 — 209
    5.1.2 실습 — 219

5.2 파생 알고리즘 — 256
    5.2.1 DDQN — 256
    5.2.2 PER — 260

6 즉각적인 학습이 필요할 때 - Policy gradient

6.1 Actor-Critic — 268
    6.1.1 이론 — 270
    6.1.2 실습 — 276

6.2 파생 알고리즘 — 284
    6.2.1 Asynchronous Advantage Actor-Critic — 284
    6.2.2 LSTM-Based Advantage Actor-Critic — 300
    6.2.3 [고급] Trust Region Policy Optimization — 311
    6.2.4 [고급] Proximal Policy Optimization — 328

7 탐험의 전략 - Model based learning

7.1 사전 지식 - 밴딧 모델   338
7.2 이론 - Monte-Carlo Tree Search   351
7.3 실습   362
    7.3.1 CartPole   362
    7.3.2 Tic-Tac-Toe   375

찾아보기   386

1장

환경 설정

1.1 윈도우 버전
1.2 리눅스 버전

1.1 윈도우 버전

이번 장에서는 본 책의 목표인 이론을 덧붙여 실습까지 진행하는 과정에서 필자가 제공하는 코드가 동작하는 환경이 독자 여러분의 컴퓨터 환경에서도 문제없이 돌아가도록 사전 작업을 수행합니다. 먼저 대다수의 독자 여러분이 이용하리라 생각하는 윈도우 환경에서 환경 설정 작업을 수행하겠습니다. 필자는 윈도우 10 버전에서 설치했음을 밝힙니다.

≫ 윈도우 사양 확인하기

윈도우 검색창에서 '설정'을 실행합니다.

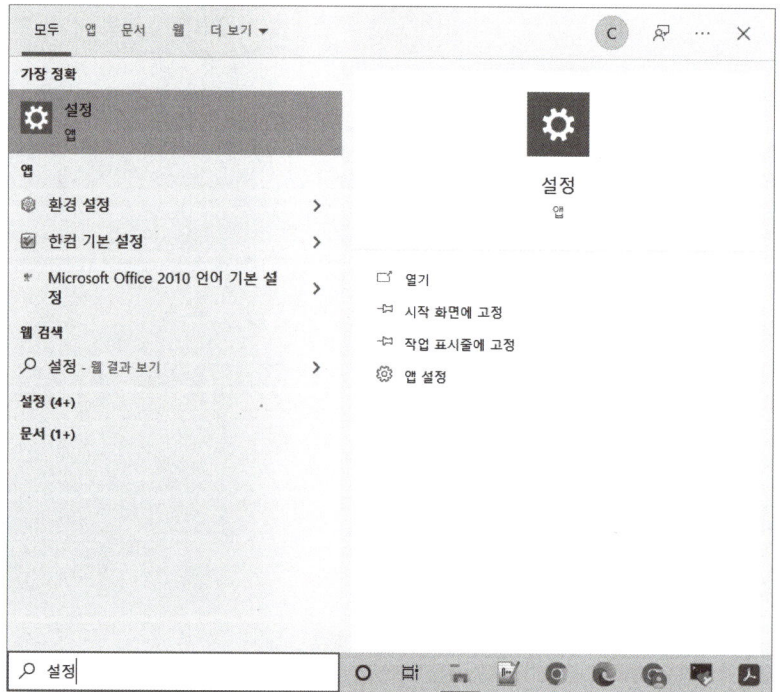

[그림 1-1] 설정 탭 화면

설정에서 '시스템'→'정보' 탭으로 이동합니다.

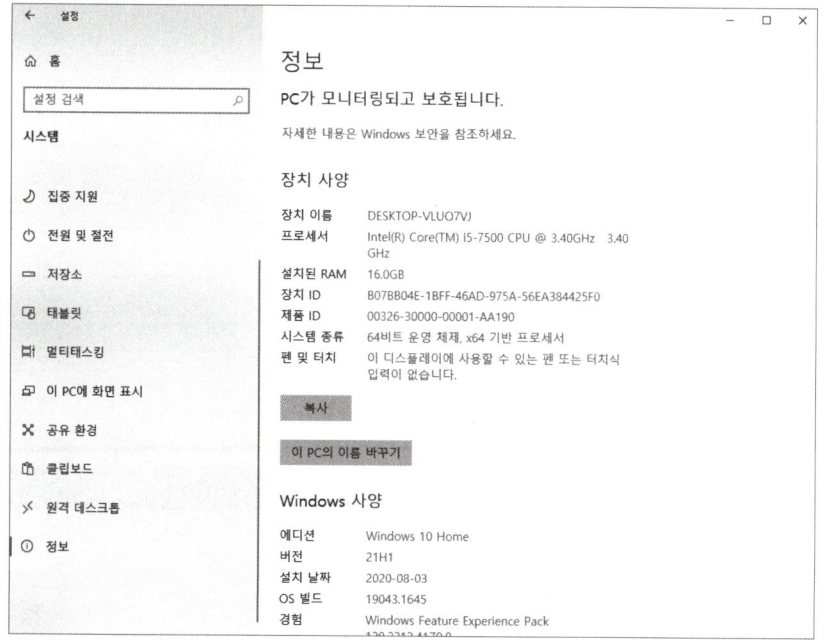

[그림 1-2] 설정-정보 화면

'정보' 탭을 살펴보면 컴퓨터의 많은 정보가 담겨 있지만 우리가 주목해야 할 부분은 '시스템 종류'의 64비트 체제인지를 확인합니다. 최근에 나오는 컴퓨터 사양은 64비트이겠으나 32비트의 사양을 가진 경우도 있으니 이를 확인하고 다음 단계로 넘어가겠습니다.

≫ 아나콘다 파이썬 설치

윈도우에서는 우리가 앞으로 많이 다루게 될 프로그래밍 언어인 파이썬(Python)이 설치되어 있지 않습니다. 따라서 우리는 웹사이트로부터 파이썬을 설치하도록 하겠습니다.

https://www.anaconda.com/ 사이트로 이동합니다.

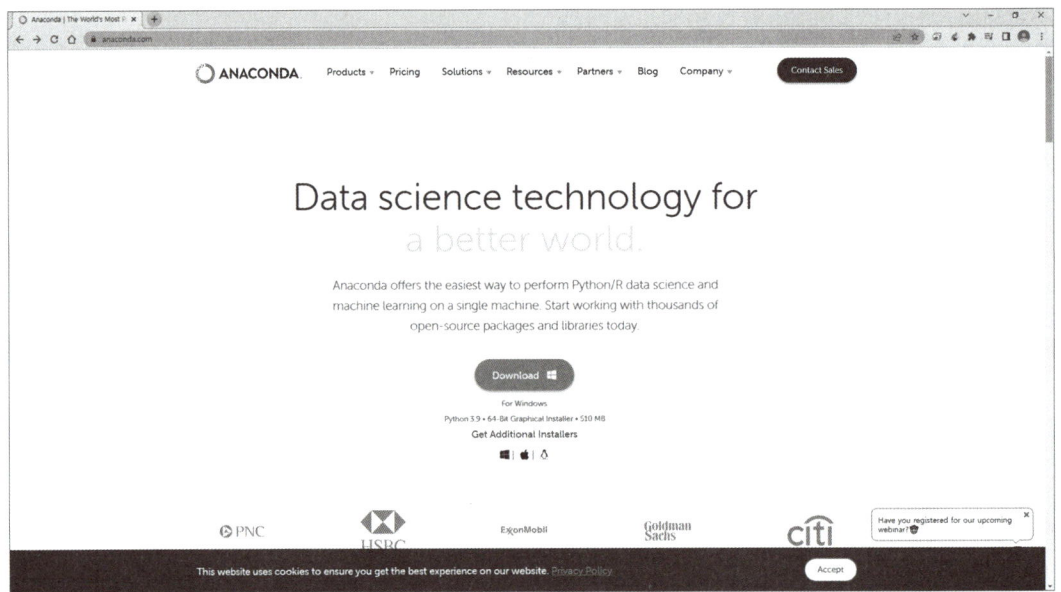

[그림 1-3] 아나콘다 홈페이지 화면

여기서 다운로드해서 실행하면 아주 좋지만 앞서 확인한 개별 컴퓨터의 사양이 홈페이지에서 제공하는 파일과 환경이 다를 수 있으므로 윈도우 아이콘을 선택하여 아나콘다(Anaconda) 버전을 확인하여 다운로드를 진행하고 아이콘을 더블 클릭하여 설치를 진행합니다. 필자는 앞서서 64비트 환경을 확인했으므로 64비트의 아나콘다 설치 파일을 다운로드하였습니다.

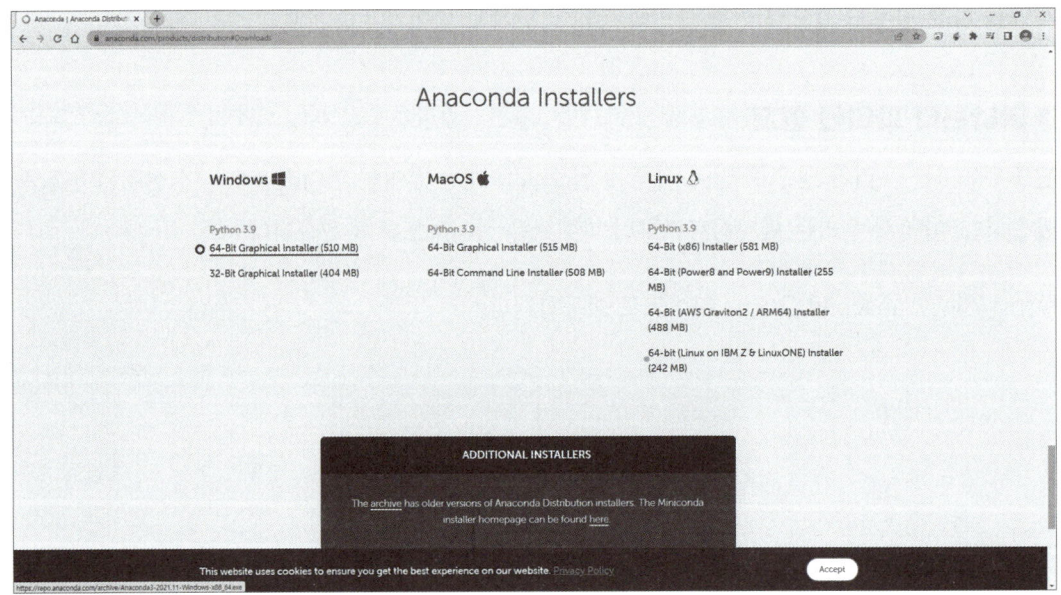

[그림 1-4] 아나콘다 다운로드 파일 목록

다운로드한 아이콘을 우클릭하여 '관리자 권한으로 실행'을 클릭하여 설치를 진행합니다. 필자의 아나콘다 설치 파일은 3.0GB의 여유 디스크 공간을 요구하였습니다. 설치에 다소 시간이 소요되니 여유를 가지고 기다리도록 합니다.

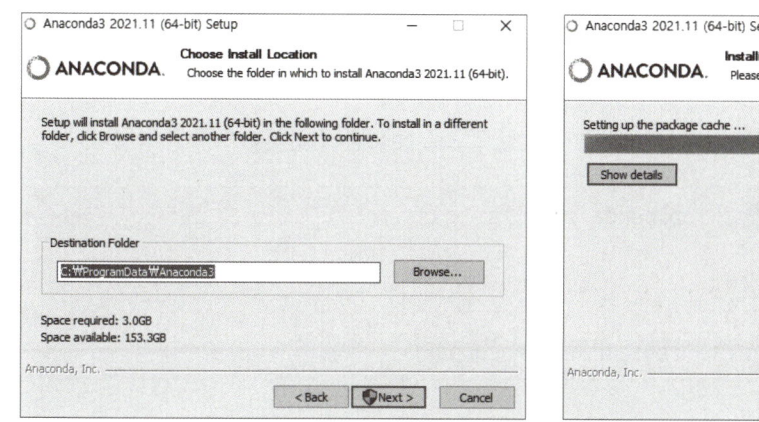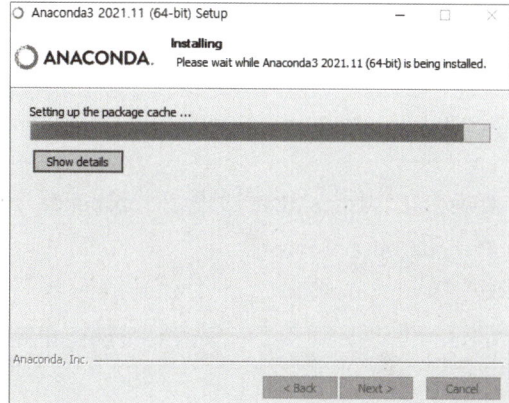

[그림 1-5] 아나콘다 설치 화면

[그림 1-6]과 같이 시작 탭을 통해 아나콘다 프롬프트 화면을 실행합니다.

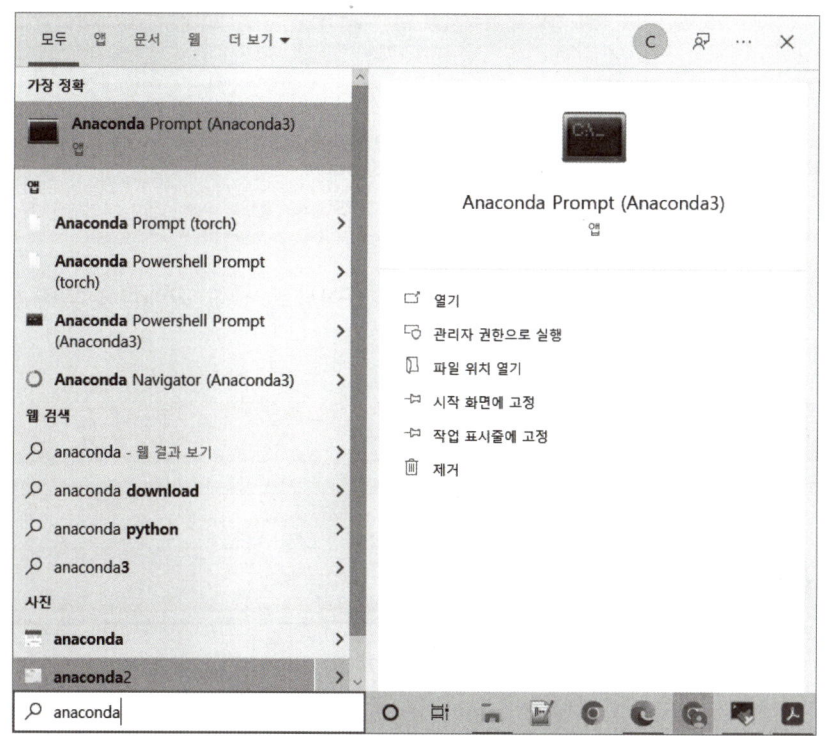

[그림 1-6] 아나콘다 프롬프트 설치 후 화면

≫ 아나콘다 가상 환경 설정

앞으로 우리가 실습에 필요한 도구들을 설치하는 환경을 정리하도록 하겠습니다. 아나콘다 환경을 특별히 설정하지 않으면, 프롬프트 화면 창의 왼쪽에 "(base)"라고 출력됩니다. 본 책에서 활용할 도구 모음의 가상 환경 이름을 "RL_scratch"라고 명명하고 그 환경 아래에서 이야기하겠습니다.

아나콘다 환경을 설치하기 전 conda env list로 커맨드를 실행하면 설치된 가상 환경의 리스트들이 출력됩니다. 아직은 별도의 가상 환경을 설치하지 않았으므로 base만이 결괏값으로 출력됩니다.

```
(base) C:\Users\UserID\Desktop>conda env list
# conda environments:
#
base                  *  C:\ProgramData\Anaconda3
```

화면 창에 conda create -n RL_scratch python=3.8이라고 치고 실행해 봅니다. 설치 계속 진행 여부 질문에 'y'로 대답하고 설치 과정을 진행합니다.

```
(base) C:\Users\UserID\Desktop>conda create -n RL_scratch python=3.8
```

설치가 완료되면 다음을 실행하여 아나콘다 가상 환경에 진입합니다.

```
(base) C:\Users\UserID>conda activate RL_scratch
(RL_scratch) C:\Users\UserID>
```

(base)에서 (RL_scratch)로 가상 환경이 바뀌었음을 확인한 후 다음 커맨드를 통해 설치된 파이썬 버전을 확인해 보겠습니다.

```
(RL_scratch) C:\Users\UserID>python --version
```

결과
```
Python 3.8.13
```

RL_scratch 가상 환경에서 벗어나기를 원하면 다음 커맨드를 입력합니다.

```
(RL_scratch) C:\Users\UserID>conda deactivate
(base) C:\Users\UserID>
```

≫ 주피터 노트북 설치

아나콘다 프롬프트에서 기본적으로 파이썬이 설치되었지만 코딩 작성에 편리하고 결과를 즉각적으로 확인하기에 용이한 주피터 노트북(Jupyter notebook)을 설치하겠습니다. 가상 환경에 진입한 후 conda install jupyter 커맨드를 통해 주피터 노트북을 설치합니다.

```
(RL_scratch) C:\Users\UserID>conda install jupyter
Collecting package metadata (current_repodata.json): done
Solving environment: done
...
```

설치를 진행하겠냐는 질문에 y를 입력하면 설치가 진행됩니다.

≫ 필요 패키지 설치

RL_scratch 가상 환경으로 진입하고 다음 커맨드를 통해 앞으로 필요한 패키지들을 설치합니다. 본 책에서 필요한 모든 코드와 상용 패키지들은 깃허브 저장소에 정리되어 있습니다. 우리는 본 교재를 통해서 많은 패키지를 다루게 될 것이므로 requirements.txt를 이용해서 한 번에 설치하겠습니다.[1]

```
(base) C:\Users\UserID>conda activate RL_scratch
(RL_scratch) C:\Users\UserID>git clone https://github.com/bjpublic/
Reinforcement_learning.git
(RL_scratch) C:\Users\UserID>cd Reinforcement_learning
(RL_scratch) C:\Users\UserID\Reinforcement_learning>pip install -r
requirements.txt
```

---

1. 이 책은 독자 여러분들이 Git을 설치했다는 전제 아래 작성되었습니다.

≫ 가상 환경과 주피터 노트북 연동시키기

우리는 편리하게 파이썬을 실행시키고자 주피터 노트북으로 실습할 것입니다. 가상 환경과 주피터 노트북을 연동시키는 작업을 수행하겠습니다.

```
(RL_scratch) C:\Users\UserID\Reinforcement_learning>pip install ipykernel
(RL_scratch) C:\Users\UserID\Reinforcement_learning>python -m ipykernel install --user --name RL_scratch --display-name "RL_scratch"
```

≫ 주피터 노트북 실행

이제 주피터 노트북을 실행해 보겠습니다.

```
(RL_scratch) C:\Users\UserID\Reinforcement_learning>jupyter notebook
```

인터넷 익스플로러 창을 통해 주피터 노트북 화면이 나오는 것을 확인했습니다. 앞으로 책에서 다룰 코드를 정리하고자 여러분이 접근하기 용이한 경로로 이동하여 작업을 진행해 주길 바랍니다.

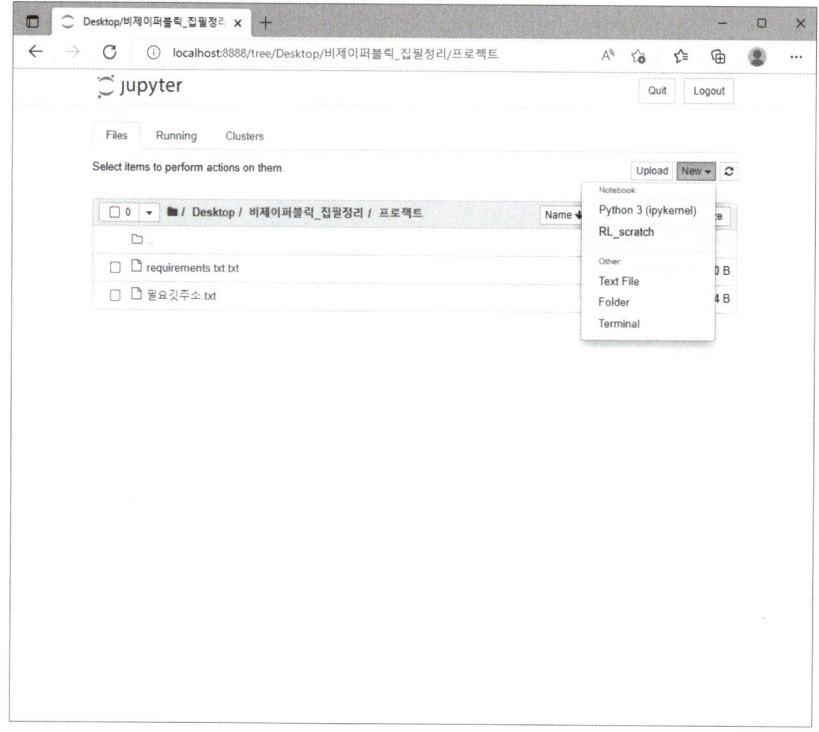

[그림 1-7] 주피터 노트북 초기 실행 화면

[그림 1-7]은 필자의 주피터 노트북 실행 화면입니다. 여기까지 순서대로 따라온 독자분이라면 해당 창에 본 책에서 다루는 코드가 장마다 정리되어 있음을 확인할 수 있을 것입니다. 이제 우리가 제대로 환경 설정을 했는지 확인하고자 그림처럼 New를 클릭해 새 노트북 파일을 생성합니다.

주피터 노트북이 열려 있으면 빈 셀이 생성됩니다. 아래 코드를 입력하여 우리가 사용할 패키지가 올바르게 설치되어 있는지 확인합니다. 실행은 셀이 활성화된 상태에서 "shift+Enter"를 이용해 실행합니다.

```
import numpy as np
import torch
import matplotlib
import gym
#버전을 체크해 봅니다.
print(np.__version__)
print(torch.__version__)
print(matplotlib.__version__)
print(gym.__version__)
```

결과

```
1.22.3
1.8.1+cpu
3.5.2
0.23.0
```

만일 패키지가 설치되어 있지 않으면 다음과 같이 주피터 노트북에서도 패키지를 설치할 수 있습니다.

```
!pip install 패키지명
```

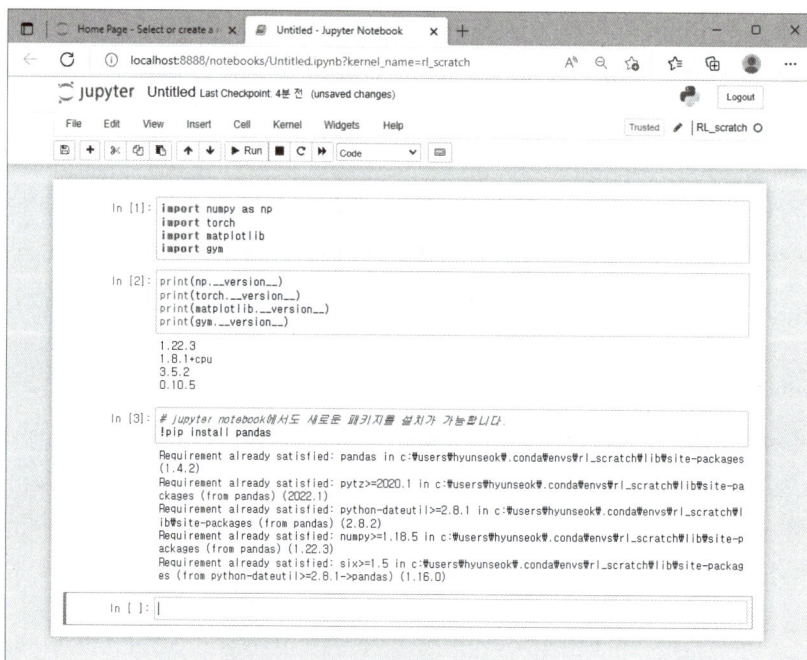

[그림 1-8] 스크립트 실행된 주피터 노트북 화면

마지막으로 지금까지 해 왔던 기록을 저장하려면 Ctrl+s를 이용하면 됩니다.

1.2 리눅스 버전

리눅스에서는 Debian, RedHat, SUSE 등 많은 배포판 버전이 있지만 본 책에서는 배포판 중에서도 범용적으로 이용되는 Debian 계열의 Ubuntu linux 18.04 버전을 기준으로 설치를 진행하였음을 밝힙니다.

≫ 아나콘다 파이썬 설치

다음 커맨드를 이용해 아나콘다 설치 스크립트를 다운로드받고 설치를 실행합니다.

```
UserID@localhost:~$wget https://repo.anaconda.com/archive/Anaconda3-2021.11-Linux-x86_64.sh
UserID@localhost:~$bash Anaconda3-2021.11-Linux-x86_64.sh
```

특별한 옵션을 넣지 않고 설치를 완료하였으면 anaconda3라는 디렉터리가 생성된 것을 확인할 수 있습니다.

```
UserID@localhost:~$ls
anaconda3                              Anaconda3-2021.11-Linux-x86_64.sh
```

다음 커맨드를 입력하여 아나콘다 가상 환경 설치 내용을 불러옵니다.

```
UserID@localhost:~$source .bashrc
(base)UserID@localhost:~$
```

만약 위 커맨드에서 에러가 발생하면 .bashrc 파일 내부의 아나콘다 가상 환경의 경로를 적용하는 부분이 올바르게 적용되지 않았음을 의미하므로 수동으로 .bashrc 파일을 수정합니다. 편집기를 사용해 ".bashrc" 파일에 다음 스크립트를 추가하여 다음과 같이 아나콘다 가상 환경 경로를 입력해 준 뒤, 다시 "source .bashrc"를 수행해 줍니다.

```
export PATH="/home/UserID/anaconda3/bin:$PATH"
```

≫ 아나콘다 가상 환경 설정

여기서부턴 윈도우 버전과 크게 다르지 않습니다. 윈도우 버전과 마찬가지로 가상 환경 명은 RL_scratch로 다음과 같이 만들어 보겠습니다.

```
(base)UserID@localhost:~$ conda create -n RL_scratch python=3.8
(base)UserID@localhost:~$ conda activate RL_scratch
(RL_scratch)UserID@localhost:~$
```

파이썬 버전을 확인해 보겠습니다.

```
(RL_scratch)UserID@localhost:~$python --version
```

결과
```
Python 3.8.10
```

≫ 가상 환경과 주피터 노트북 연동시키기

윈도우 버전과 동일하게 아나콘다 가상 환경과 주피터 노트북을 연동하는 작업을 수행하겠습니다.

```
(RL_scratch)UserID@localhost:~$pip install ipykernel
(RL_scratch)UserID@localhost:~$python -m ipykernel install --user --name RL_scratch --display-name "RL_scratch"
```

≫ 주피터 노트북 실행

깃허브 저장소에서 코드를 받고 필요한 패키지를 설치하겠습니다.

```
(RL_scratch)UserID@localhost:~$git clone https://github.com/bjpublic/Reinforcement_learning.git
```

```
(RL_scratch)UserID@localhost:~$cd Reinforcement_learning
(RL_scratch)UserID@localhost:~/Reinforcement_learning$pip install -r requirements.txt
```

파이썬 혹은 주피터 노트북을 실행한 다음 버전을 확인해 보겠습니다. 필자는 주피터 노트북을 이용했습니다.

```
(RL_scratch)UserID@localhost:~$jupyter notebook
```

윈도우 버전에서 먼저 설명한 대로 주피터 노트북 화면이 나올 것입니다. 환경에 맞는 새로운 노트북 파일을 생성하고 아래 커맨드를 이용해 필요한 패키지가 올바르게 설치되어 있는지 확인합니다.

```python
import numpy as np
import torch
import matplotlib
import gym
print(np.__version__)
print(torch.__version__)
print(matplotlib.__version__)
print(gym.__version__)
```

결과
```
1.23.4
1.8.1+cu102
3.5.2
0.23.0
```

본 장에서는 앞으로 우리가 배울 개념을 온전히 이해하도록 배경지식에 관해 이야기하겠습니다. 머신 러닝의 간략한 개념과 강화 학습, 기초 수학, 최적화 이론 그리고 상용 패키지를 이용한 간단한 머신 러닝 알고리즘을 구현하는 단계로 구성되어 있습니다.

2장

강화 학습을 위한 사전 지식

2.1 머신 러닝과 강화 학습
2.2 기초 수학
2.3 최적화
2.4 목적 함수
2.5 인공 신경망
2.6 초간단 파이토치 튜토리얼
2.7 매개 변수 탐색법

2.1 머신 러닝과 강화 학습

2.1.1 머신 러닝

인공지능(Artificial Intelligence)은 이미 주변에서 많이 이용하는 개념입니다. 반복적이고 번거로운 작업이 필요한 분야에서부터 음성 인식, 사물 인식 등을 이용해 여러 가지 사람들의 필요를 충족해 주는 분야까지 발전했습니다.

머신 러닝(Machine learning)은 인공지능의 세부 분야로 주어진 문제가 하나의 경우의 수로 고정된 단순 반복 작업을 넘어, 데이터 혹은 주어진 환경이 수학적인 패턴을 가진 경우 그 패턴을 인식하고 분석하여 고정된 규칙보다 한층 어려운 문제를 해결하는 과정으로 정의됩니다. 이러한 머신 러닝은 주로 아래와 같이 3가지 세부 분야로 나뉩니다.

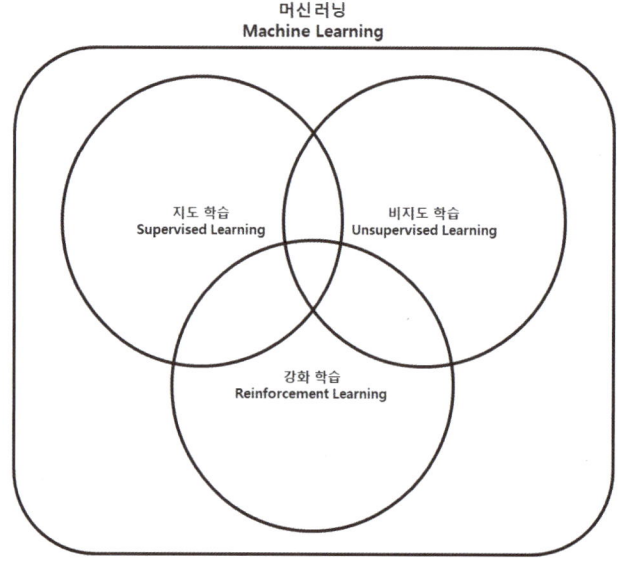

[그림 2-1] 머신 러닝과 하위 학습 분야

≫ 지도 학습

지도 학습(Supervised learning)은 일반적으로 흔히 아는 머신 러닝의 분야입니다. {데이터-레이블} 쌍을 이용해서 인공지능이 주어진 데이터의 패턴을 분석하고 학습하는 방식입니다. 이름에서와 같이 컴퓨터가 '데이터'라는 문제를 받으면 '레이블'이라는 선생님을 통하여 어떤 답을 내놓아야 하는지 지도받는 문제 분류입니다. 잠시 뒤에도 보겠지만 머신 러닝을 처음 접해 본 사람들이 배우는 문제 중 하나인 MNIST 손 글씨 분류 문제가 대표적인 지도 학습의 예시입니다.

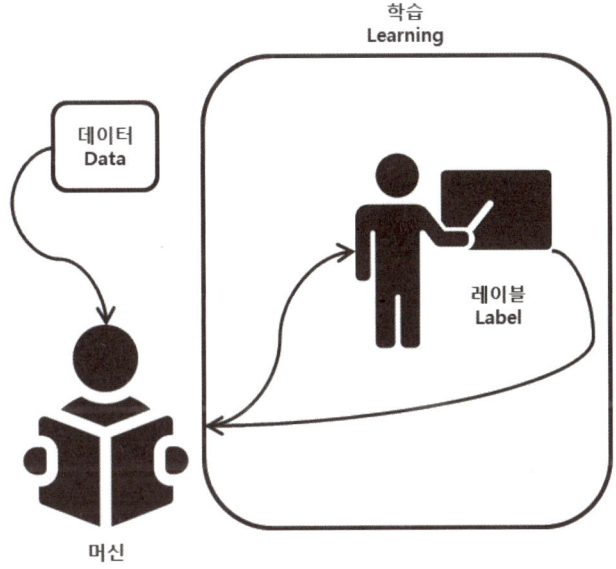

[그림 2-2] 지도 학습 개념도

≫ 비지도 학습

지도 학습과는 달리 비지도 학습(Unsupervised learning)은 데이터만 주어져 있고 어떻게 학습하는지 가이드를 제시하는 레이블이 없습니다. 비지도 학습은 주로 베이지안 확률 통계(Bayesian statistical) 방식을 이용해 주어진 데이터를 분류해 준 뒤 지도 학습의 도움이 사전 준비 단계로 이용되거나, 비 이상체 탐지(Anomaly detection)를 하는 데 주로 이용됩니다. 대표적인 예시는 K-mean clustering, GAN(Generate Adversarial Network), Auto-encoder, 주성분 분석(Principal Component Analysis, PCA) 등이 있습니다.

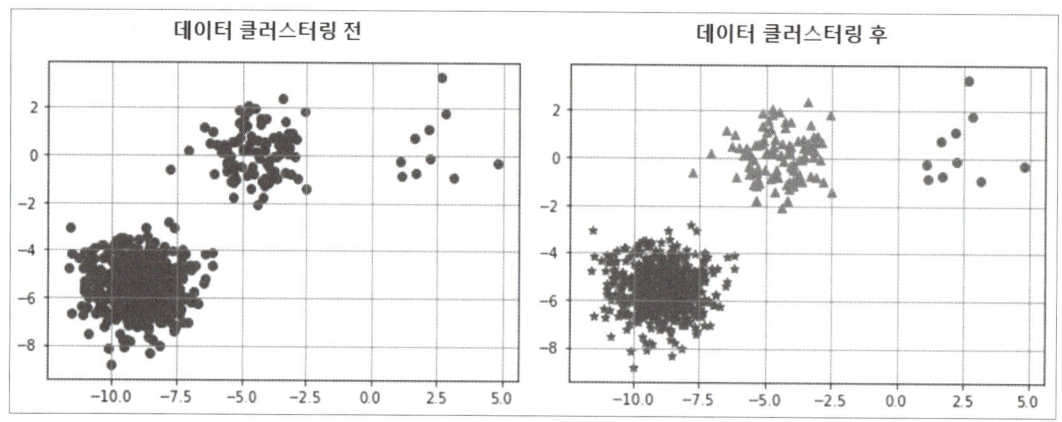

[그림 2-3] 비지도 학습 예시, K-mean clustering

2.1.2 강화 학습

인공지능으로서의 강화 학습을 이야기하기에 앞서, 심리학 측면의 강화 학습부터 이야기하겠습니다. 미국의 심리학자 스키너(B.F skinner, 1904~1990)는 행동주의 학습 이론을 기반으로 학습자가 목표한 바를 어떻게 학습하는지 실마리를 제공한 유명한 실험을 진행하였습니다. 아래는 그 실험의 내용을 글로 요약하였습니다.

[그림 2-4] 스키너의 심리 상자

❶ 생쥐를 특수한 장치가 달린 상자에 가둔다.
❷ 상자의 특수한 버튼을 누르면 생쥐의 먹이가 나오게 설치되어 있다.
❸ 실험 초기의 생쥐는 상자의 버튼을 파악하지 못하고 임의로 행동한다.
❹ 우연히 생쥐가 버튼을 눌러 먹이를 섭취한다.

❺ 생쥐는 실험 ❸~❹의 과정을 지속 반복함으로써 버튼의 기능을 학습한다.

이는 심리학의 긍정적 행동주의 이론을 뒷받침하는 대표적인 실험입니다. 긍정적인 결과를 강화하는 이 실험 결과를 응용해 인공지능 연구자들은 스스로 주어진 환경에서 최적의 행동을 하는 인공지능의 개념을 만들고 구현해 내었습니다.

강화 학습과 지도 학습-비지도 학습의 큰 차이점은 구체적인 데이터가 없는 환경의 학습 유무입니다. 지도 학습 및 비지도 학습은 공통으로 사용자가 주어진 데이터를 이용해서 원하는 문제를 풀 수 있도록 학습시키지만, 강화 학습은 애당초 데이터가 제공되지 않는 상황에서 이용되며 인공지능과 환경은 상호 간에 긴밀하게 연결되어 있습니다. 강화 학습의 구성 요소는 1) 에이전트, 2) 환경, 3) 관찰, 4) 행동 그리고 5) 보상으로 나뉩니다. 아래 그림을 통해서 구성 요소 간의 관계도를 살펴보겠습니다.

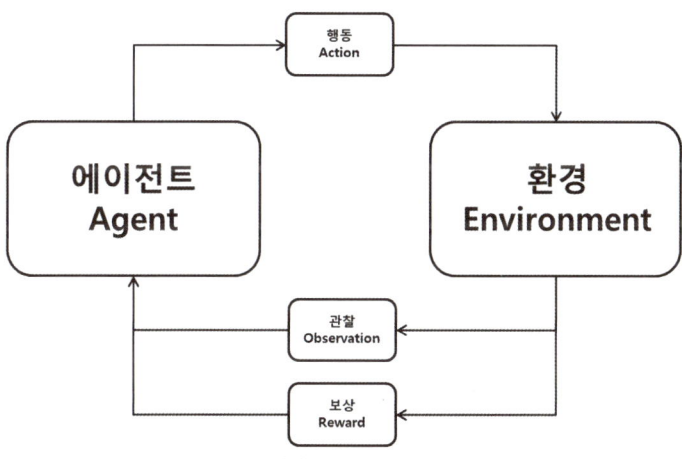

[그림 2-5] 강화 학습 구성 요소 및 관계도

≫ 에이전트(Agent)

강화 학습을 하는 주체를 통칭합니다. 우리가 구현해 내고자 하는 에이전트는 인공지능, 컴퓨터 프로그램이며, 스키너의 실험에서는 생쥐가 그 예시입니다.

≫ 환경(Environment)

에이전트가 활동하는 전 영역입니다. 환경은 에이전트에 어떤 상황에 처해 있는지 상태와 보상을 제공해 주는 대상입니다. 실제 세상은 환경의 경계가 굉장히 광범위하고 넓지만, 사람이 통제 가능하고 예측 가능한 시스템인 게임이나 가상 환경이 강화 학습 실험에서 주로 이용됩니다. 스키너의 실험에서 특수 장치가 달린 상자 공간 내부 전체가 환경에 해당합니다.

≫ 관찰(Observation)

에이전트가 인식하는 환경의 모습입니다. 에이전트는 환경 안에서 임의의 행동을 취하면 환경은 그에 따른 환경의 바뀜을 에이전트에게 제공합니다. 생쥐가 상자 안에서 버튼을 눌러 먹이를 받는 상황 혹은 벽을 긁어서 상자가 상처 난 모습은 모두 관찰의 예시입니다.

≫ 행동(Action)

에이전트가 환경에 가하는 모든 일입니다. 실제 생명체는 셀 수도 없이 많은 행동을 할 수 있지만 사람이 제어할 수 있는 인공지능은 제한적으로 행동합니다. 참고로 본 책은 불연속 행동을 취하는 문제만을 다룹니다.

≫ 보상(Reward)

환경이 에이전트에 제공하는 피드백입니다. 이 보상의 경우는 스키너의 실험과 같이 긍정적인 보상을 주는 경우도 있지만 반대로 부정적인 보상을 주는 경우도 있습니다. 예를 들면 어떠한 문제를 빠르게 풀어야 할 때 시간이 지연될 때마다 부정적인 보상을 주어 에이전트가 원하는 행동을 신속히 행하도록 유도합니다.

이 관계들을 조합하여 보상을 최대로 하는 에이전트를 구현해 내는 것이 바로 강화 학습의 목표입니다. 행동 심리학에서 기인한 위 요소들을 컴퓨터로 구현하고, 보상을 최대화하고자 행동을 제어하는 관계를 수학과 경제학 개념을 통해 계산하며, 또한 복잡한 상태의 모습을 인지하는 에이전트의 뇌를 모사하는 신경 과학의 개념을 인지해야 우리는 비로소 이 책의 목표인 강화 학습 기반의 인공지능을 만들어 낼 수 있습니다.

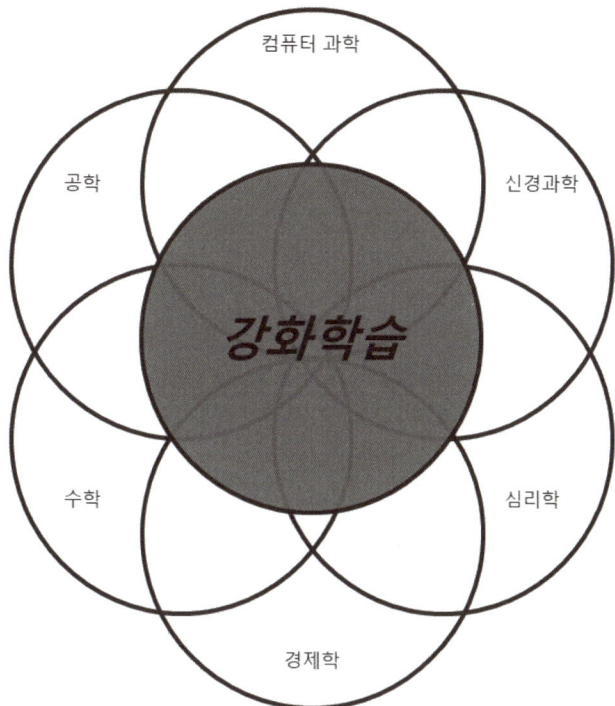

[그림 2-6] 여러 분야의 학문이 조합된 강화 학습 [2]

---

2. 출처. Introduction to Reinforcement Learning - David Silver, 1st lecture note.

2.2 기초 수학

우리는 인공지능에서 강화 학습 분야는 단순한 하나의 학문으로 이루어진 것이 아닌, 여러 학문이 긴밀하게 연결된 분야임을 살펴보았습니다. 강화 학습을 배우려면 어느 학문 하나 빠질 수가 없지만 필자는 그중에서도 사람의 생각을 컴퓨터에 논리적으로 전달하는 발판인 수학 분야가 가장 기초라고 생각합니다. 수학에 많은 세부 분야가 있지만 이 책에서 다루는 개념들을 이해하고자 선형 대수와 미분과 적분 그리고 확률 통계 부분을 짚어 보겠습니다.

선형 대수학을 통해서 인공지능의 인공 신경망이 어떻게 구성되는지를 살펴볼 것이며, 미분과 적분 개념을 통해 인공 신경망을 주어진 문제에 맞게 바꾸는 방법을 배우며 그리고 확률 통계를 통해서 에이전트가 주어진 상태에서 최선의 행동을 구사하도록 이끄는 확률 추정 방식에 대해서 배웁니다. 해당 부분에 대한 기초 배경지식이 있는 독자분은 본 섹션을 과감하게 건너뛰어도 무방합니다.

2.2.1 기초 선형 대수

딱딱한 이론을 배우기에 앞서 독자 여러분에게 간단한 문제를 내겠습니다. '농장에 건강에 이상 없는 닭과 돼지가 있습니다. 닭과 돼지는 그 합이 총 3마리이며, 모든 동물의 다리 개수를 더하면 10개입니다. 이때 닭과 돼지는 각각 몇 마리입니까?'

닭과 돼지의 각각 마릿수를 하나씩 대응하여 문제를 풀 수도 있지만 우리는 일반적으로 닭의 다리가 2개, 돼지의 다리가 4개인 점을 상기하고 닭의 수를 x, 돼지의 수를 y로 두면 문제를 아래와 같은 식으로 표현 가능합니다.

$$x + y = 3 \quad \quad (2\text{--}1a)$$
$$2x + 4y = 10 \quad \quad (2\text{--}1b)$$

연립된 두 개의 식을 아래와 같은 꼴로 하나로 표현하여 문제를 풀 수 있습니다.

$$\begin{bmatrix} 1 & 1 \\ 2 & 4 \end{bmatrix} \begin{bmatrix} x \\ y \end{bmatrix} = \begin{bmatrix} 3 \\ 10 \end{bmatrix} \quad \quad (2\text{--}2)$$

연립 방정식을 이항해서 풀어도 가능하지만 두 식을 하나로 묶은 형태를 이용해서 문제를 풀 수 있습니다. 여러 가지 방법이 있지만 계산의 결과는 닭이 1마리, 돼지가 2마리가 나오게 됩니다. 선형 대수학(Linear algebra)은 위와 같은 관계식을 아래의 형태로 정리하여 주어진 행렬 A와 벡터 b를 만족하는 x를 구하는 방법에 대한 해결 방법의 방식을 연구하는 분야입니다.

$$Ax = b \quad \quad (2\text{--}3)$$

≫ 스칼라, 벡터, 행렬 그리고 텐서

자연 현상을 수학으로 표현하려면 다양한 수의 형태가 필요합니다. 숫자 하나로 표현되는 물리량부터 여러 수가 모여야 표현되는 물리량이 있습니다. 엄밀한 정의는 아니지만 수들이 모인 정도를 텐서(Tensor)라고 표현하며 종류별로 다음과 같습니다.

- **스칼라(Scalar)**: 온도, 수량 등을 표현하는 데 이용되는 단순한 하나의 수입니다. 소문자 알파벳으로 표기하며, 다른 표현으로 "랭크 0 텐서(Rank 0 tensor)"라고 합니다.

- **벡터(Vector)**: 스칼라가 모여서 이루어진 수입니다. 대표적인 물리량으로 방향과 크기를 표현하는 속도가 있습니다. 아래 예제같이 벡터부터는 차원(dimension)이라는 개념이 도입됩니다.

$$v \in \mathbb{R}^n \quad \quad (2\text{--}4)$$

식 2-4는 "v라는 벡터가 n 차원 실수 공간에 있는 수"를 의미합니다. 벡터는 텐서를 기준으로 표현하면 "랭크 1 텐서"라고도 불립니다.

- **행렬(Matrix)**: 벡터가 모여서 이루어진 수입니다. 행렬은 대문자 알파벳으로 표현하며, 텐서를 기준으로 "랭크 2 텐서"로 표현합니다.

$$A \in \mathbb{R}^{m \times n} \qquad (2\text{-}5)$$

식 2-5는 "A라는 행렬이 m×n 차원 실수 공간에 있는 수"를 의미합니다. 식 2-5는 보는 관점에 따라 다를 수 있겠지만 이 행렬을 하나의 관점으로 보면 n 차원의 벡터가 m개가 모여 하나의 행렬을 이룬다고 표현합니다.

글과 수식으로만 표현하니 무슨 의미인지 상당히 추상적입니다. 스칼라, 벡터 그리고 행렬을 아래의 구체적인 예시로 어떤 의미인지 살펴보면 조금 더 이해하기 쉬우리라 생각합니다.

$$3 \qquad [3 \quad -1] \qquad \begin{bmatrix} -1 & 3 \\ 0 & 2 \\ 7 & -5 \end{bmatrix}$$

스칼라 　　　　　벡터　　　　　　행렬
　　　　　　　　R^2　　　　　　$R^{3 \times 2}$

[그림 2-7] 스칼라, 벡터 그리고 행렬 예시

스칼라부터 행렬까지의 숫자 표현의 예시입니다. 스칼라는 차원이 없이 단일 숫자 3으로 표현하였으며, 벡터는 2개의 스칼라로 이루어진 2차원 실수 공간 R^2으로 표현하였습니다. 그리고 행렬은 2차원 벡터가 3개 모여 $R^{3 \times 2}$를 구성하였습니다.[3] 벡터에서 행렬로 텐서의 랭크가 하나씩 승가할 때 실수 공간의 표기법이 어떻게 바뀌는지 이해했으리라 생각합니다. 위 예시에서는 표현하지 않았지만 텐서의 랭크가 2 이상으로 증가할수록 지면에서 수를 표현할 방법이 없어지지만, 우리는 어떤 모습으로 수가 배열된 형태라는 것을 머릿속으로 알 수 있을 것입니다.[4]

기본적인 수학 연산을 제공하는 넘파이(Numpy) 패키지를 이용해 다소 복잡할 수도 있는 수학 계산을 간단하게 풀 수 있습니다. 수의 차원을 어떻게 표시하는지 아래 짧은 몇 줄의 코드를 통해 확인해 보길 바랍니다.

```
import numpy as np ①
```

---

3. 혹은 3차원 벡터 2개가 모여 구성되었다고 표현할 수 있습니다. 본문의 표기법은 기준이 되는 벡터를 행벡터(Row vector)를 기준으로 삼았고, 각주의 표기법은 열벡터(Column vector)를 기준으로 삼아서 표현한 방법입니다.

4. 추후에 살펴볼 합성곱 신경망(CNN, Convolutional Neural Network)이 랭크 3 텐서를 이용합니다. 행렬이 모여서 이루어진 수로 이미지 처리에서 주로 이용되는 분야입니다. 행렬 이후부터의 랭크는 지면상에서 직접적으로 표현하기 어려우므로 실수 공간이라는 표현에 대해서 숙지하길 바랍니다.

```
scalar = np.array(3) #스칼라  ②
vector = np.array([3,-1]) # 2차원 벡터  ③
matrix = np.array([[-1,3],[0,2],[7,-5]]) # 3x2 행렬  ④
print(f'스칼라 모양: {scalar.shape}')  ⑤
print(f'벡터 모양: {vector.shape}')  ⑥
print(f'행렬 차원: {matrix.shape}')  ⑦
```

① 파이썬에서 넘파이 패키지를 호출합니다.

② np.array를 이용해 넘파이 배열로 스칼라를 정의합니다.

③ 파이썬의 리스트 자료형을 활용해 넘파이 배열로 2차원 벡터를 정의합니다.

④ 행렬을 정의하는 데 리스트 내부의 리스트를 활용하였습니다. 큰 리스트 안에 2차원 벡터가 3개가 모여서 3x2 크기의 행렬로 정의됩니다.

⑤~⑦ .shape라는 넘파이 배열의 속성을 이용해 앞서 정의한 스칼라, 벡터 그리고 행렬의 차원을 출력하는 구문입니다.

결과

```
스칼라 모양: ()
벡터 모양: (2,)
행렬 차원: (3, 2)
```

≫ 벡터 연산

벡터는 랭크가 1인 텐서로 다음과 같이 표현됩니다. 실수 공간에서 m 차원의 벡터는 아래와 같이 표기됩니다.

$$a \in \mathbb{R}^m \tag{2-6}$$

위에서 살펴본 2차원 벡터의 예시를 열벡터 표현법으로 작성하고, 그림으로 표현하겠습니다.

$$a = \begin{bmatrix} 3 \\ -1 \end{bmatrix} \tag{2-7}$$

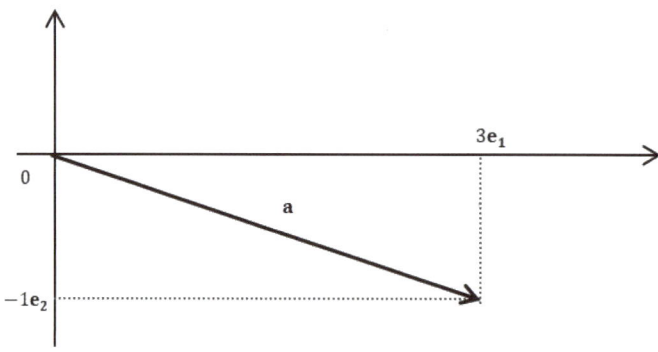

[그림 2-8] 좌표 평면에 표현한 벡터 a

벡터의 몇 가지 성질을 보도록 하겠습니다. 2차원 벡터는 2개의 기저 벡터(Basis vector)를 가집니다. 그림에서는 e_1, e_2로 표현되어 있고 각각 다음과 같습니다.

$$e_1 = \begin{bmatrix} 1 \\ 0 \end{bmatrix} \qquad (2\text{-}8a)$$

$$e_2 = \begin{bmatrix} 0 \\ 1 \end{bmatrix} \qquad (2\text{-}8b)$$

a 벡터는 위 두 기저 벡터가 다음과 같이 이루어져 만들어진 벡터입니다.

$$a = 3e_1 + (-1) * e_2 \qquad (2\text{-}9a)$$

$$= 3 \begin{bmatrix} 1 \\ 0 \end{bmatrix} + (-1) * \begin{bmatrix} 0 \\ 1 \end{bmatrix} \qquad (2\text{-}9b)$$

$$= \begin{bmatrix} 3 \\ 0 \end{bmatrix} + \begin{bmatrix} 0 \\ -1 \end{bmatrix} \qquad (2\text{-}9c)$$

$$= \begin{bmatrix} 3 \\ -1 \end{bmatrix} \qquad (2\text{-}9d)$$

[수식 2-9]에서 우리는 아래와 같이 벡터 연산의 성질을 살펴보았습니다.

- 벡터는 스칼라와 곱 연산이 가능하다.
- 차원이 같은 벡터 간에는 합 또는 차 연산이 가능하다.

이를 이용해 다른 벡터 b가 다음과 같이 주어져 있으면,

$$b = \begin{bmatrix} 1 \\ 2 \end{bmatrix} \qquad (2\text{--}10)$$

벡터와 벡터 간의 합을 구할 수 있습니다.

$$a + b = \begin{bmatrix} a_1 \\ a_2 \end{bmatrix} + \begin{bmatrix} b_1 \\ b_2 \end{bmatrix} \qquad (2\text{--}11a)$$

$$= \begin{bmatrix} a_1 + b_1 \\ a_2 + b_2 \end{bmatrix} \qquad (2\text{--}11b)$$

$$= \begin{bmatrix} 3 + 1 \\ -1 + 2 \end{bmatrix} \qquad (2\text{--}11c)$$

$$= \begin{bmatrix} 4 \\ 1 \end{bmatrix} \qquad (2\text{--}11d)$$

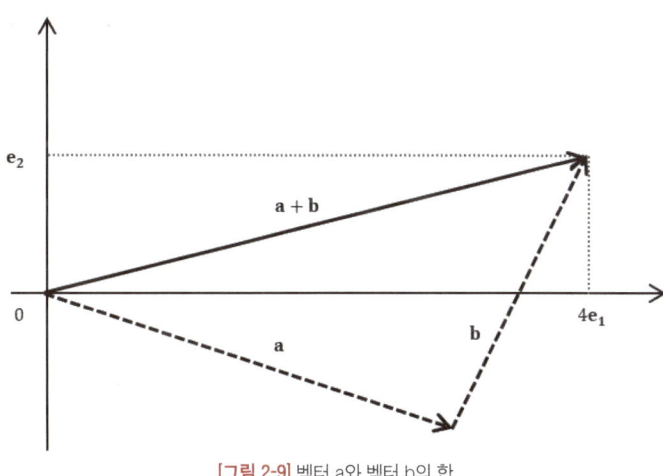

[그림 2-9] 벡터 a와 벡터 b의 합

n 차원 벡터의 크기는 아래 방식으로 구합니다.

$$|a| = \sqrt{\sum_{i=1}^{n} a_i^2} \qquad (2\text{--}12)$$

벡터의 크기는 벡터를 구성하는 원소 모두를 제곱합을 취한 뒤 제곱근을 구해 얻을 수 있습니다. 그 예시로 위의 벡터 a의 크기를 아래처럼 계산합니다.

$$|a| = \sqrt{3^2 + (-1)^2} \qquad (2\text{-}13\text{a})$$
$$= \sqrt{10} \qquad (2\text{-}13\text{b})$$

> **Note**
>
> 수식 2-12와 같이 구한 벡터의 크기는 유클리드 거리(Euclidean distance)라고도 합니다. 우리가 흔하게 생각하는 세계에서 두 점 사이의 최단 거리를 계산할 때 흔하게 쓰이는 방법과 동일합니다.

지금까지 본 개념을 넘파이(Numpy) 코드로 구현해 봅니다. 벡터 a, b를 정의하고 벡터 합, 스칼라곱 그리고 벡터 크기를 차례대로 구합니다.

```
a = np.array([3,-1]) ①
b = np.array([1,2]) ②

print(f'넘파이 특성 - 벡터와 스칼라의 합: {a+1}') ③
print(f'벡터 스칼라곱: {2*a}') ④
print(f'a,b 벡터의 합: {a+b}') ⑤
print(f'a 벡터의 크기: {np.linalg.norm(a)}') ⑥
```

① ~ ② 각각 2차원의 a 벡터, b 벡터를 정의한 구문입니다.

③ 실행하면 출력 구문에서 표현한 것과 같이 넘파이에서 벡터와 스칼라로 덧셈을 진행할 때의 결과를 보여 줍니다. 넘파이는 텐서에 스칼라를 덧셈 혹은 뺄셈 연산을 취하면 텐서의 모든 원소에 스칼라값을 덧셈 혹은 뺄셈을 취해 줍니다.

④ 벡터에 스칼라곱을 했을 때 결과를 출력합니다. 연산은 모든 원소에 스칼라만큼 곱셈을 취합니다.

⑤ 는 차원이 같은 벡터의 합 연산을 출력합니다.

⑥ 넘파이 내부의 linalg 클래스를 이용한 a 벡터의 크기를 출력하는 구문입니다. 넘파이의 linalg 클래스는 선형 대수학 linear algebra에서 따왔고, 내부의 norm은 텐서의 크기를 구하는 연산을 의미합니다. 벡터 크기를 패키지로 간단히 구할 수도 있지만 for 문을 통해 [수식 2-12]의 연산처럼 구하는 방식을 이용할 수도 있습니다.

> **결과**
>
> 넘파이 특성 - 벡터와 스칼라의 합: [4 0]
> 벡터 스칼라곱: [6 -2]

```
a,b 벡터의 합: [4 1]
a 벡터의 크기: 3.1622776601683795
```

다음은 벡터의 곱 연산을 살펴보겠습니다. 벡터의 곱 연산에는 크게 내적 곱(Inner product)과 외적 곱(Outer product)이 있는데, 머신 러닝에서는 주로 내적 곱을 다룹니다.

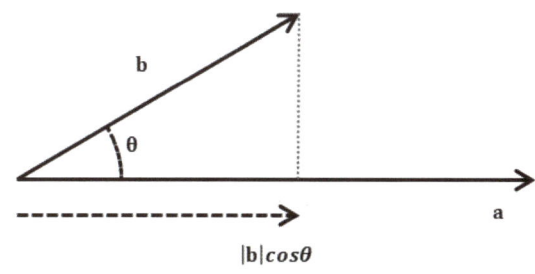

[그림 2-10] 벡터 내적의 기하적 표현

차원이 같은 두 벡터 **a,b**가 있을 때 두 벡터의 내적은 다음과 같습니다.

$$a \cdot b = \sum_{i=1}^{n} a_i b_i \qquad (2\text{-}14a)$$

$$= |a||b|\cos(\theta) \qquad (2\text{-}14b)$$

두 벡터의 동일한 차원의 원소를 곱하고 서로 더하면 그 결과는 스칼라 형태로 나옵니다. 내적 곱의 기하학적 의미는 하나의 벡터를 나머지 하나의 벡터 방향만 추출한 벡터를 만든 뒤 추출한 벡터와 남은 벡터의 각각의 크기를 곱한 결과를 말합니다. [그림 2-10]에서는 벡터 **b**를 벡터 **a** 방향의 성분만 추출한 값(|**b**|$\cos\theta$)을 보여 줍니다.

넘파이를 이용한 코드로 벡터 내적을 구하는 몇 가지 방법을 살펴보겠습니다. 각 계산의 결과는 모두 동일합니다.

```
# 모든 결과는 3*1+(-1)*2=1이 나와야 합니다.
print(f'내적 첫 번째 방법: {np.dot(a,b)}')
print(f'내적 두 번째 방법: {a@b}')
print(f'내적 세 번째 방법: {np.sum([i*j for i,j in zip(a,b)])}')
```

> **결과**
> 내적 첫 번째 방법: 1
> 내적 두 번째 방법: 1
> 내적 세 번째 방법: 1

내적의 기하학적 의미를 되새겨 보면 앞서 살펴봤던 벡터의 크기가 어떻게 구해졌는지 알 수 있습니다.

≫ 행렬 연산

벡터보다 높은 랭크 텐서인 행렬을 살펴보겠습니다. 앞서도 말했지만 행렬은 벡터들이 조합되어 만들어진 텐서입니다.

$$A \in \mathbb{R}^{m \times n} \qquad (2\text{-}15)$$

행렬은 랭크가 2인 텐서이므로 차원을 표현하는 자연수가 2개(m,n)로 구성됩니다. 이런 행렬을 행이 m개, 열이 n개인 행렬, m×n 행렬 혹은 영어로 "m by n matrix"로 말합니다.

먼저 살펴본 예시처럼 3×2 크기의 행렬을 예시로 보겠습니다.

$$A = \begin{bmatrix} a_{11} & a_{12} \\ a_{21} & a_{22} \\ a_{31} & a_{32} \end{bmatrix} \qquad (2\text{-}16a)$$

$$= \begin{bmatrix} -1 & 3 \\ 0 & 2 \\ 7 & -5 \end{bmatrix} \qquad (2\text{-}16b)$$

A 원소인 a_{11}이 -1에 대응되고, 순차적으로 a_{32}이 -5에 대응됩니다. 기준인 A에 위 첨자 'T'를 붙인 전치 행렬(Transpose matrix)은 아래와 같습니다.

$$A^T = \begin{bmatrix} a_{11} & a_{21} & a_{31} \\ a_{12} & a_{22} & a_{32} \end{bmatrix} \qquad (2\text{-}17a)$$

$$= \begin{bmatrix} -1 & 0 & 7 \\ 3 & 2 & -5 \end{bmatrix} \qquad (2\text{-}17b)$$

전치 행렬은 행과 열의 순서를 바꾸어 버린 행렬입니다. 추후 독자 여러분이 딥 러닝(Deep learning) 관련 문헌을 더 읽어 볼 때 자주 나오는 행렬의 표현이므로 이 개념을 기억하길 바랍니다.

행렬의 원소가 어떻게 구성되어 있는지 확인하고 나서 많이 쓰이는 행렬의 연산을 살펴보도록 하겠습니다. 행렬이 가능한 연산은 아래와 같습니다.

- 스칼라곱 연산
- 덧셈 연산
- 벡터, 행렬 곱 연산
- 역행렬 연산

스칼라곱 연산은 행렬에 스칼라를 곱해 줍니다. 계산은 행렬의 모든 원소를 주어진 스칼라로 곱한 결과와 동일합니다. 예시로 위 행렬 A에 스칼라 2를 곱해 주면 다음과 같습니다.

$$2A = \begin{bmatrix} 2a_{11} & 2a_{12} \\ 2a_{21} & 2a_{22} \\ 2a_{31} & 2a_{32} \end{bmatrix} \tag{2-18a}$$

$$= \begin{bmatrix} -1*2 & 3*2 \\ 0*2 & 2*2 \\ 7*2 & -5*2 \end{bmatrix} \tag{2-18b}$$

$$= \begin{bmatrix} -2 & 6 \\ 0 & 4 \\ 14 & -10 \end{bmatrix} \tag{2-18c}$$

$$\tag{2-18d}$$

덧셈 연산은 차원의 크기가 같은 두 행렬에 대해서 원소별 합 연산을 합니다. 행렬 A와 크기가 같은 행렬 B가 있으면 다음과 같이 연산합니다.

$$A + B = \begin{bmatrix} a_{11} & a_{12} \\ a_{21} & a_{22} \\ a_{31} & a_{32} \end{bmatrix} + \begin{bmatrix} b_{11} & b_{12} \\ b_{21} & b_{22} \\ b_{31} & b_{32} \end{bmatrix} \tag{2-19a}$$

$$= \begin{bmatrix} a_{11}+b_{11} & a_{12}+b_{12} \\ a_{21}+b_{21} & a_{22}+b_{22} \\ a_{31}+b_{31} & a_{32}+b_{32} \end{bmatrix} \tag{2-19b}$$

행렬과 벡터 혹은 행렬과 행렬 간의 곱은 특별한 규칙이 필요합니다. 연산이 가능한 조건은 앞선 행렬의 열 차원 수(n)와 뒤이어 나오는 벡터 차원 혹은 행렬의 행 차원의 수와 같아야 합니다. 이를 차원 형태로 표현하면 아래와 같습니다.

$$AB \quad\quad\quad (2\text{-}20)$$

where,

$$A \in \mathbb{R}^{m \times n}$$
$$B \in \mathbb{R}^{n \times r}$$

행렬의 곱셈 규칙은 아래 두 행렬을 가정하고 그림을 덧붙여 설명하겠습니다.

$$A \in \mathbb{R}^{3 \times 2} \quad\quad\quad (2\text{-}21a)$$
$$B \in \mathbb{R}^{2 \times 3} \quad\quad\quad (2\text{-}21b)$$

행렬 곱 **AB**의 결과 **C**는 아래 그림과 같이 계산됩니다.

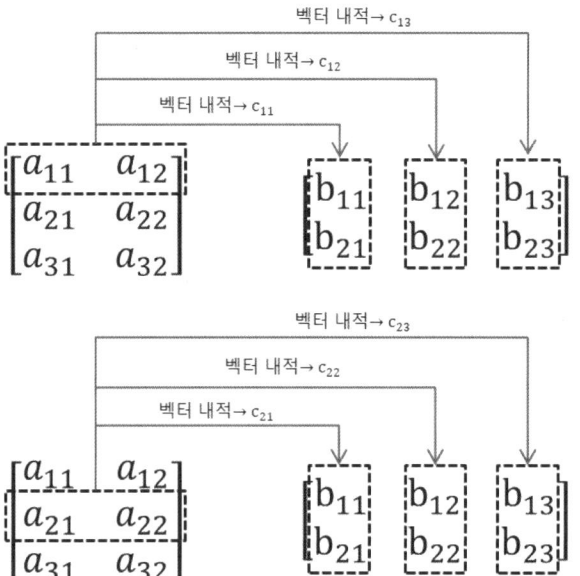

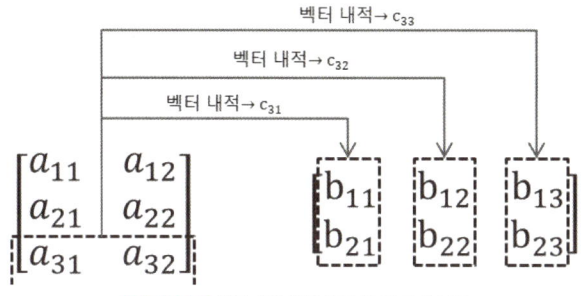

[그림 2-11] 행렬 A와 행렬 B의 곱 연산 순서도

따라서, 행렬 곱 연산의 결과는 다음과 같습니다.

$$AB = C \quad (2\text{-}22a)$$

$$= \begin{bmatrix} a_{11}b_{11} + a_{12}b_{21} & a_{11}b_{12} + a_{12}b_{22} & a_{11}b_{13} + a_{12}b_{23} \\ a_{21}b_{11} + a_{22}b_{21} & a_{21}b_{12} + a_{22}b_{22} & a_{21}b_{13} + a_{22}b_{23} \\ a_{31}b_{11} + a_{32}b_{21} & a_{31}b_{12} + a_{32}b_{22} & a_{31}b_{13} + a_{32}b_{23} \end{bmatrix} \quad (2\text{-}22b)$$

$$= \begin{bmatrix} c_{11} & c_{12} & c_{13} \\ c_{21} & c_{22} & c_{23} \\ c_{31} & c_{32} & c_{33} \end{bmatrix} \quad (2\text{-}22c)$$

[수식 2-22]에서도 보았다시피 행렬 곱의 결괏값의 차원 행렬의 행, 뒤 행렬의 열로 이루어집니다.

행렬의 곱을 수행했는데 본래의 행렬이 나오는 행렬을 항등 행렬(Identity matrix)이라고 하며 결과는 다음과 같습니다. [수식 2-23]과 같이 행렬의 크기가 정의되어 있다면 항등 행렬은 아래와 같은 성질을 가집니다.

$$AI = IA = A \quad (2\text{-}23)$$

where,

$$I = \begin{bmatrix} 1 & 0 & 0 & \cdots & 0 \\ 0 & 1 & 0 & \cdots & 0 \\ 0 & 0 & 1 & \cdots & 0 \\ \vdots & & & \ddots & \\ 0 & 0 & 0 & \cdots & 1 \end{bmatrix}$$

항등 행렬은 대각 성분만 1이고, 나머지 성분은 0인 특수한 행렬로서 대각 성분만 있는 행렬인 대각 행렬(Diagonal matrix)의 일종입니다. 행렬 **A**와 특수한 행렬을 행렬 곱 연산한 결과가 항등 행렬이 나왔을 경우, 그 특수한 행렬을 행렬 **A**의 역행렬이라고 하며 A^{-1}이라고 표기합니다.

$$AA^{-1} = A^{-1}A = I \qquad (2\text{-}24)$$

2x2 크기 행렬 A의 역행렬은 다음과 같습니다.

$$A = \begin{bmatrix} a & b \\ c & d \end{bmatrix} \qquad (2\text{-}25a)$$

$$A^{-1} = \frac{1}{ad-bc} \begin{bmatrix} d & -b \\ -c & a \end{bmatrix} \qquad (2\text{-}25b)$$

역행렬 A^{-1}을 보면 어떤 규칙으로 만들어져 있는지 한눈에 알아보기는 쉽지 않습니다. 역행렬의 분모 **ad-bc**는 행렬 **A**의 행렬식(Determinant)이라고 하며, 벡터로 구성된 **A**가 표현하는 공간의 가상 부피를 스칼라값으로 변환시킨 값입니다. 말로 표현하기에 한계가 있으니 그림을 통해 2x2 크기의 행렬식이 어떤 의미인지 시각적으로 파악하길 바랍니다.

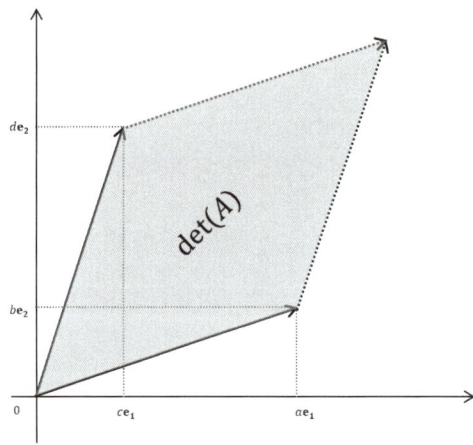

[그림 2-12] 2x2 행렬 A의 행렬식

다음으로 순서가 바뀌고 부호가 첨가된 행렬을 수반 행렬(Adjugate matrix)이라고 하며, 여인자 행렬(Cofactor matrix)의 전치 행렬로서 정의는 다음과 같습니다.

$$adjA = C(A)^T \qquad (2\text{-}26)$$

여기서 여인자 행렬의 원소는 아래와 같습니다.

$$C(A)_{ij} = (-1)^{i+j} det A_{\{1...n\}\setminus\{i\}\{1...n\}\setminus\{j\}} \qquad (2\text{-}27)$$

[수식 2-27] 중 $det A_{(\_i)(j)(\_i)(j)}$의 의미는 i 행과 j 열을 지워 내버린 남은 행렬의 행렬식을 연쇄적으로 구한다는 의미입니다. [그림 2-13]은 2x2 크기 행렬의 i=1, j=1에서의 $det A_{(\_i)(j)(\_i)(j)}$를 설명해 줍니다.

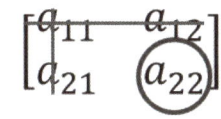

[그림 2-13] 2x2 행렬 A의 C(a)$_{11}$

추가로 i와 j의 합이 짝수이므로 C(A)$_{ij}$ 값이 어떤 값을 나타내는지 2x2 행렬의 예시에 대입하면 그 결과를 알 수 있습니다.

이렇게 행렬식과 수반 행렬의 정의를 이용해서 2x2 크기 행렬부터 임의의 n×n 크기의 행렬까지 역행렬을 구할 수 있습니다. 하지만 3x3 크기의 행렬부터도 손으로 하나씩 구하기 매우 번거로우며 지면을 많이 할애하는 과정입니다. 여유가 있는 독자 여러분은 한 번쯤은 3x3 크기 행렬의 역행렬을 손으로 구해 볼 것을 추천하지만 그 이상은 추천하지 않습니다. 손으로 직접 계산한다면 매우 어려운 작업이지만, 다행히도 우리는 넘파이 패키지를 이용해서 손쉽고 빠르게 역행렬을 구할 수 있으므로 이를 적극적으로 이용하도록 하겠습니다.[5]

지금까지 행렬의 정의, 스칼라 합, 행렬 합, 스칼라곱, 행렬 곱 그리고 역행렬을 살펴보았으며, 각 개념을 아래 파이썬 코드를 통해서 실습한 결과를 확인하길 바랍니다.

행렬 정의

```
a = np.array([[-1,3],[0,3],[7,-5]]) # 3x2 행렬 정의
b = np.array([[4,1,-2],[3,5,-1]]) # 2x3 행렬 정의
print(f'a 행렬의 차원: {a.shape}')
print(f'b 행렬의 차원: {b.shape}')
```

---

[5] 역행렬 연산까지 살펴보았으면 우리는 행과 열의 크기가 같은 정방 행렬(square matrix)에 대한 선형 방정식을 풀이할 수 있습니다. 하지만 실제 자연 현상에서 나오는 선형 관계식은 정방 행렬이 아닌 경우가 많으며, 역행렬을 구하기 매우 까다로운 관계로 이루어져 있습니다. 이를 해결할 대표적인 방법으로 반복법을 이용하는데 최적화 이론과 굉장히 밀접하게 연관되어 있습니다. 이 부분은 다소 어려울 수 있는 부분이니 관심 있는 독자 여러분은 행렬의 반복법(Iterative method of matrix)이라는 주제로 관련 정보를 따로 찾아보길 추천합니다.

> **결과**
> a 행렬의 차원: (3, 2)
> b 행렬의 차원: (2, 3)

행렬 스칼라곱

```
print(f'a 행렬 스칼라곱(x2): ')
print(f'{2*a}')
```

> **결과**
> a 행렬 스칼라곱(x2):
> [[-2   6]
> [0   6]
> [14 -10]]

행렬 합

```
a1 = np.random.normal(size=(3,2)) # 임의의 3x2 행렬 정의
print(f'a 행렬, a1 행렬의 합: ')
print(f'{a+a1}') # 결과는 시행할 때마다 달라짐
```

> **결과**
> a 행렬, a1 행렬의 합:
> [[-0.39394361 3.34649381]
> [-0.33986989 3.32077018]
> [6.55388805 -4.63455824]]

행렬 곱

```
# a 행렬 b 행렬의 곱
print(f'행렬 곱 첫 번째 방식: ')
print(a @ b)
print(f'행렬 곱 두 번째 방식: ')
print(np.matmul(a,b))
```

> **결과**
>
> ```
> 행렬 곱 첫 번째 방식:
> [[  5  14  -1]
>  [  9  15  -3]
>  [ 13 -18  -9]]
> 행렬 곱 두 번째 방식:
> [[  5  14  -1]
>  [  9  15  -3]
>  [ 13 -18  -9]]
> ```

역행렬

```python
# 역행렬 실습
a = np.array([[1,3,5],[2,1,-1],[-1,3,-5]]) # 3x3 행렬 정의
a_inv = np.linalg.inv(a) # A의 역행렬 정의
print(f'A 행렬, A 역행렬의 곱')
print(np.matmul(a,a_inv))
```

> **결과**
>
> ```
> A 행렬, A 역행렬의 곱
> [[ 1.00000000e+00 -2.77555756e-17 -1.24900090e-16]
>  [ 0.00000000e+00  1.00000000e+00  1.38777878e-17]
>  [ 1.11022302e-16  2.77555756e-17  1.00000000e+00]]
> ```

> **Note**
>
> 행렬과 그 역행렬 곱의 결과를 보면 대각 성분은 1임이 확인되었으나 나머지 성분은 이상한 숫자들이 보입니다. 그 숫자들은 소수점 0 아래 16에서 17번째 수를 의미하는데, 0에 매우 가까운 숫자들입니다. 이는 엄밀히 0은 아니지만 충분히 0이라고 봐도 무방한 수치입니다. 이런 오차를 수치 오차(Numerical error)라고 하며, 컴퓨터 계산으로 나오는 대표적인 특성입니다.

2.2.2 기초 미분과 적분

미분과 적분을 통해서 함숫값의 '변화'라는 개념을 배웁니다. 변화를 통해서 우리는 자연에서 변화가 일어나는 현상을 모사하거나 우리가 풀어야 할 문제의 해답을 찾아 나가는 과정을 적용할 수 있습니다. 나중에 살펴볼 인공 신경망이 해답을 찾아 나가는 최적화 과정에서 미분 개념이 필수적으로 사용되므로 유심히 살펴 주길 바랍니다.

≫ 미분

변하는 수, 변수가 하나인 일변수 함수(univariate function)에서 직선으로 이루어진 일차 함수를 생각해 보겠습니다. 일차 함수의 기본형은 다음과 같습니다.

$$y = f(x) \quad (2\text{-}28a)$$
$$= ax + b \quad (2\text{-}28b)$$

[수식 2-28]에서 입력 변수와 종속 변수가 각각 x와 y일 때 함수의 기울기(Slope)를 a, b를 y-절편으로 부릅니다. 여기서 기울기 a는 아래 개념에서 도출됩니다.

$$\text{Slope} \simeq \frac{\triangle y}{\triangle x} \quad (2\text{-}29)$$

[수식 2-29]의 오른쪽 항에 $\triangle$ 문자는 각 변수의 변화량을 뜻합니다. 그래서 수식의 뜻을 해석하면 'x의 변화당 y가 변화한 정도가 함수의 기울기와 거의 같다.'입니다. 그런데 왜 여기서 거의 같다는 표현을 이용했을까요? 그 이유는 먼저 살펴본 함수가 직선형의 일차 함수가 아닌 다른 곡선 형태의 함수를 사용했을 때 알 수 있습니다. 매우 간단한 이차 함수를 살펴보겠습니다.

$$y = x^2 \quad (2\text{-}30)$$

이차 함수에서 기울기 개념은 일차 함수와는 다르게 x의 위치에 따라 달라집니다. 우리는 $x=1$에서 변화량 $\triangle x$가 0.1, 0.01, 0.001일 때 기울기가 각각 어떻게 나오는지 살펴보겠습니다.

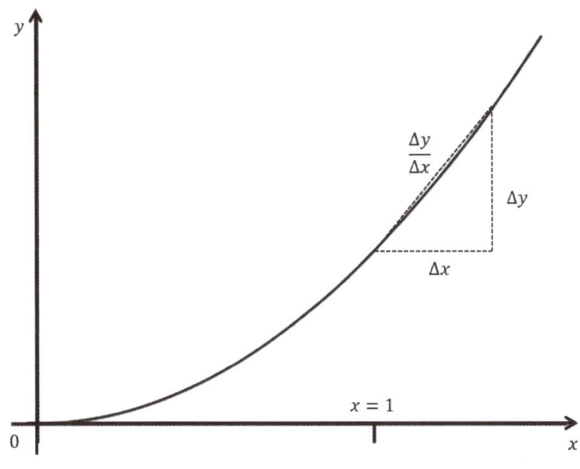

[그림 2-14] y=x^2, x=1에서의 근사 기울기

[그림 2-14]처럼 곡선상에서 기울기를 구하는데, [수식 2-29]와 같은 정의를 사용하면 사소한 문제가 발생합니다. Δx 값이 커지면 커질수록 실제 해당 값에서 기울기와 오차가 발생합니다. 그 차이를 아래 스크립트를 통해 확인해 보겠습니다.

```
def func(x):
    # 이차 함수
    return x**2

def func_slope(x,h=0.01):
    # 함수의 기울기, x=위치, h=x의 변화량
    return (func(x+h)-func(x))/(x+h-x)
```

func 함수는 [수식 2-30], func_slope 함수는 [수식 2-29]에 해당하는 부분입니다. 이와 같이 미리 작성한 함수와 기울기 식을 이용해 변화량의 차이마다 기울기 값을 출력합니다.

```
print(f'x=1, 변화량=0.1,    기울기:{func_slope(1,0.1)}')
print(f'x=1, 변화량=0.01,   기울기:{func_slope(1,0.01)}')
print(f'x=1, 변화량=0.001,  기울기:{func_slope(1,0.001)}')
```

> **결과**
>
> x=1,   변화량=0.1,   기울기:2.1
> x=1,   변화량=0.01,   기울기:2.009999999999999
> x=1,   변화량=0.001,   기울기:2.0009999999999177

변화량 Δx 값에 따라서 기울기가 변하는 모습이 명확히 드러납니다. 그래서 [수식 2-29]에서 애매하게 '거의 같다.'는 표현을 사용했습니다. 그렇다면 '정확히 같다.'는 표현을 사용하려면 극한(Limit) 개념을 도입해야 합니다.

$$\text{Slope} = \lim_{\Delta x \to 0} \frac{f(x + \Delta x) - f(x)}{(x + \Delta x) - (x)} \qquad (2\text{-}31a)$$

$$= \lim_{\Delta x \to 0} \frac{f(x + \Delta x) - f(x)}{\Delta x} \qquad (2\text{-}31b)$$

$$= \frac{dy}{dx} \qquad (2\text{-}31c)$$

$$= f'(x) \qquad (2\text{-}31d)$$

[수식 2-31]은 극한을 통해 변화량 Δx가 0에 상상할 수 없을 정도로 매우 가까운 값일 때 'x의 변화당 y가 변화한 정도'가 비로소 기울기임을 말해 줍니다. $\frac{dy}{dx}$와 $f'(x)$는 x 변화량이 0에 매우 가까울 때 기울기이며, $f(x)$의 1차 미분 함수 혹은 도함수라고 표현합니다. 결과적으로 [수식 2-30]의 $x=1$에서 미분값은 2가 나옵니다.

미분 함수는 앞선 코드에서 구한 방식, 다른 말로 유한 차분(Finite difference) 방법으로는 올바른 값을 구할 수 없습니다. 컴퓨터에 변화량으로 아무리 작은 수를 입력한다고 해도 그 값은 우리가 상상할 수조차 없이 작은 값은 아니기 때문입니다. 따라서 앞서 살펴본 이차 함수의 미분 함수를 구하는 값들은 모두 수치 오차 값을 포함한 결과입니다.

> **Note**
>
> 미분뿐만 아니라 실제 수학을 통해 구한 답과 컴퓨터 계산으로 구한 답이 다릅니다. 이때 전자를 해석해(Analytic solution), 후자를 수치해(Numeric solution)라고 부르며, 수치 해석 알고리즘은 최대한 빠른 시간 동안 해석해에 가까운 답을 찾는 것이 최고의 미덕으로 여겨집니다.

번외로 차분의 방법에 따라서 정확도가 달라지는데 몇 가지 차분 방식을 수식으로 작성한 뒤 설명하겠습니다.

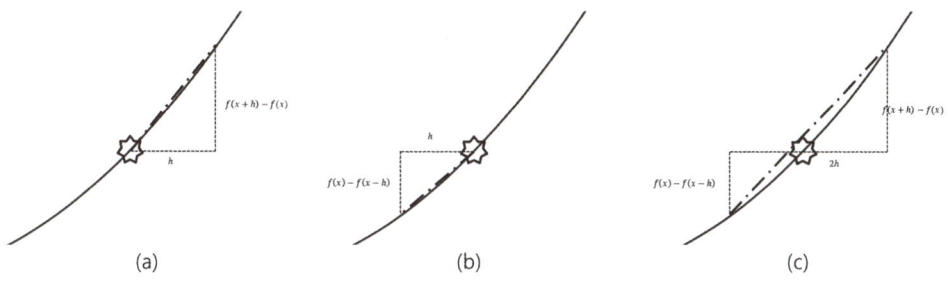

[그림 2-15] 수치 미분 방법. 전향 차분(a), 후향 차분(b), 중앙 차분(c)

$$\text{Forward difference} = \frac{f(x+h) - f(x)}{h} \quad (2\text{-}32\text{a})$$

$$\text{Backward difference} = \frac{f(x) - f(x-h)}{h} \quad (2\text{-}32\text{b})$$

$$\text{Central difference} = \frac{f(x+h) - f(x-h)}{2h} \quad (2\text{-}32\text{c})$$

[그림 2-15]와 [수식 2-32]는 $f'(x)$를 구하는 대표적인 3가지 방식을 이야기합니다. $h=\Delta x$이고 $h>0$일 때, 전향 차분(Forward difference)은 변수보다 더 큰 값으로부터의 함숫값으로 미분하는 방식이며, 오차 정확도는 $O(h)$입니다.[6] 후향 차분(Backward difference)은 변수보다 더 작은 값으로부터의 함숫값을 이용해 미분하는 방식으로 전향 차분과 마찬가지로 오차 정확도는 $O(h)$입니다. 마지막 중앙 차분(Central difference)은 변수보다 더 큰 값과 작은 값으로부터 함숫값을 동시에 이용해 미분을 취하는데 오차 정확도는 전향 차분, 후향 차분보다 개선된 $O(h^2)$입니다. 아래 코드를 이용해서 각각의 미분 방식을 분석해 보겠습니다.

```python
def forward_diff(x,h):  ①
    return (func(x+h)-func(x))/h

def backward_diff(x,h):  ②
    return (func(x)-func(x-h))/h

def central_diff(x,h):  ③
    return (func(x+h)-func(x-h))/(2*h)
```

---

6. $O(h^n)$. 점근 표기법(Big O notation)으로 여기에선 오차 정확도(Order of accuracy)로 사용되었습니다. 차수 n 값이 클수록 정확도가 더 뛰어나다는 의미로 해석합니다. 컴퓨터 연산량을 표현할 때도 점근 표기법을 사용하겠습니다.

```
print(f'x=1, 변화량=0.1')
print(f'전향 차분 기울기: {forward_diff(1,0.1)}')
print(f'후향 차분 기울기: {backward_diff(1,0.1)}')
print(f'중앙 차분 기울기: {central_diff(1,0.1)}')
```

결과

```
x=1, 변화량=0.1
전향 차분 기울기: 2.100000000000002
후향 차분 기울기: 1.8999999999999995
중앙 차분 기울기: 2.0000000000000004
```

①~③ 세 함수 모두 입력 변수 x와 변화량 h를 입력으로 받고 [수식 2-32]에 맞게 수식을 작성하였습니다.

주의할 점은 변화량 h는 0보다 큰 양수값을 입력해 줘야 합니다. 결과를 보면 동일한 변화량 h에서 전향 차분과 후향 차분의 수치해는 해석해와 0.1의 차이를 보입니다. 반면 중앙 차분을 이용한 수치해는 해석해와 소수점 16번째 자리의 오차로 아주 작은 오차를 가짐을 확인하였습니다.

난이도를 높여서 독립 변수가 2개 이상인 다변수 함수에서 어떻게 미분하는지 살펴보겠습니다. 이차 다항식 형태가 서로 맞물린 예시를 먼저 상정하겠습니다.

$$y = f(x_1, x_2) \qquad (2\text{-}33\text{a})$$
$$= x_1^2 + x_1 x_2 + x_2^2 \qquad (2\text{-}33\text{b})$$

[수식 2-33]의 함숫값 y에 영향을 끼치는 변수 x_1, x_2가 서로 독립적인 관계입니다. 그래서 함수는 두 개 변수 각각의 변화에 따라 미분이 결정됩니다. 두 독립 변수에 대한 각각의 미분을 분석해 보겠습니다.

$$\frac{\partial y}{\partial x_1} = \lim_{h \to 0} \frac{f(x_1 + h, x_2) - f(x_1, x_2)}{h} \qquad (2\text{-}34\text{a})$$
$$\frac{\partial y}{\partial x_2} = \lim_{h \to 0} \frac{f(x_1, x_2 + h) - f(x_1, x_2)}{h} \qquad (2\text{-}34\text{b})$$

[수식 2-34]의 위는 함수를 x_1으로 미분한 미분 함수, 아래는 함수를 x_2로 미분한 미분 함수입니다. 위, 아래 식 각각은 다른 변수에 대해서 상수 취급을 하고 오로지 보고자 하는 변수에만 미분을 취하므로 편미분(Partial derivative)이라고 부릅니다. 편미분을 모으면 벡터 함수가 되며 이를 다변수 함수의 기울기, 영어로 gradient로 불립니다.

$$\nabla f(x_1, x_2) = \begin{bmatrix} \frac{\partial f}{\partial x_1} \\ \frac{\partial f}{\partial x_2} \end{bmatrix} \qquad (2\text{-}35)$$

[수식 2-33]을 기준으로 x_1=2, x_2=1일 때 각각의 편미분을 구해 보겠습니다.

```
def multi_function(x1,x2):  ①
    return x1**2+x1*x2+x2**2

def partial_x1(x1,x2,h):  ②
    num = multi_function(x1+h,x2)-multi_function(x1-h,x2)
    den = 2*h
    return num/den

def partial_x2(x1,x2,h):  ③
    num = multi_function(x1,x2+h)-multi_function(x1,x2-h)
    den = 2*h
    return num/den

print(f'x1=2, x2=1, 변화량=0.1')
print(f'x1 편미분(중앙 차분): {partial_x1(2,1,0.1)}')
print(f'x2 편미분(중앙 차분): {partial_x2(2,1,0.1)}')
```

① [수식 2-33]을 작성한 수식입니다.

②~③ 각각 함수의 이름에서 알 수 있듯이 함수를 x_1에 대한 편미분, x_2에 대해서 편미분한 함수를 의미합니다. 정확도를 위해 각각의 편미분 함수는 중앙 차분을 이용하였습니다.

> **결과**
>
> x1=2, x2=1, 변화량=0.1
> x1 편미분(중앙 차분): 5.0
> x2 편미분(중앙 차분): 4.0000000000000036

≫ 적분

적분은 미분의 반대되는 개념입니다. 미분을 통해 원래 함수의 변화를 계산하였다면 적분은 변화된 함수의 변화량을 통해 원래 함수를 찾아가는 계산입니다. 수식으로 다음과 같이 표현됩니다.

$$f(x) + C = \int f'(x)dx \qquad (2-36)$$

[수식 2-36]은 적분의 기본 형태입니다. 수식의 오른쪽 항은 미분 함수를 변수 x에 관해서 부정적분(Indefinite integral)을 시행하라는 의미이고, 수식의 왼쪽 항은 부정적분으로 나온 원래 함수와 적분 상수 C를 의미합니다. 적분은 미분의 반대라고 했는데 미분에서는 볼 수 없었던 적분 상수 C가 등장해서 의아할 수도 있습니다. 애당초 상수는 미분을 취하면 0이 되지만, 적분할 때는 함수를 적분했다고 해서 상수 함수가 존재하지 않았다고 할 수 없습니다. 그래서 부정적분을 할 때는 상수 함수 C를 표현합니다.

부정적분은 적분할 영역이 구체적으로 정해지지 않은 반면, 정적분(Definite integral)은 적분할 구간을 명확히 표현한 적분입니다. 구간 [a,b]에서 함수 $f'(x)$를 적분하라는 의미를 수식으로 표현하면 다음과 같습니다.

$$f(b) - f(a) = \int_a^b f'(x)dx \qquad (2-37)$$

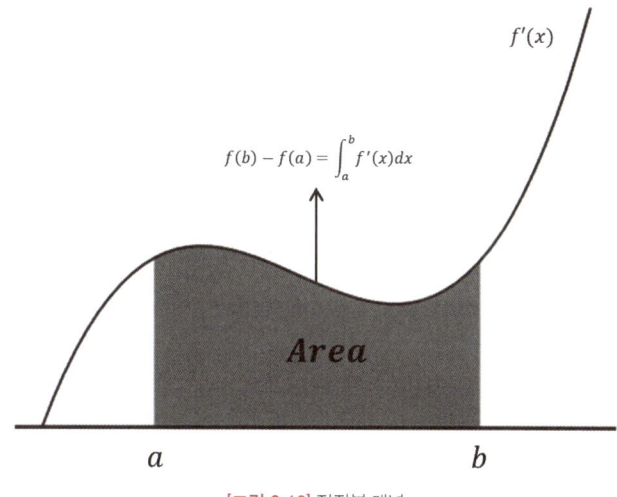

[그림 2-16] 정적분 개념

함수를 적분할 구간이 명확하게 정의되었으므로 정적분에서는 적분 상수가 등장하지 않습니다. [그림 2-16]과 같이 정적분은 적분 대상인 함수의 구간 면적과 동일하며 해당 면적은 적분된 함수의 폐구간 경계에서 함숫값의 차이와 동일합니다.

상대적이지만 필자는 적분은 미분보다 연산이 까다로우며, 딥 러닝에서는 미분보다 중요하게 다뤄지지 않는다고 생각합니다. 그래서 간단한 넘파이에 포함된 패키지로 정적분 실습을 간단히 살펴보고 실습을 끝내겠습니다. 미분된 함수가 일차 함수 $y=x$이고 적분 구간이 [1,3]으로 주어질 때 정적분 값을 구하는 예시를 살펴보겠습니다. 먼저 해석적으로 계산한 결과는 다음과 같습니다.

$$\int_1^3 x dx = \frac{1}{2}x^2 \Big|_1^3 \qquad (2\text{--}38a)$$
$$= \frac{1}{2}(9-1) \qquad (2\text{--}38b)$$
$$= 4 \qquad (2\text{--}38c)$$

> **Note**
> [수식 2-38]의 왼쪽 식은 '함수 x를 1부터 3까지 적분하라.'는 의미이며, [수식 2-38] a는 '적분이 완료된 오른쪽 함수의 변수 x에 3과 1을 각각 입력하고 얻은 결과를 빼라.'는 의미입니다.

넘파이 패키지의 사다리꼴 적분 방식(trapezoidal rule)을 이용한 계산 예시입니다.

```
x = np.linspace(1,3) ①
y = x ②
print(f'구간 [1,3]  적분 대상 함수 y=x') ③
print(f'정적분 결과:{np.trapz(y,x)}') ④
```

① 정의역 x의 범위를 설정합니다. 넘파이의 linspace 클래스를 이용해 1부터 3까지 50개로 균일하게 나눈 벡터를 생성합니다. 다른 개수로 구간을 나누고 싶으면 마지막 입력 변수에 나누고 싶은 개수를 입력해 줍니다.

②~③ 적분할 대상 함수를 작성하고 지금까지의 정보를 출력하였습니다.

④ 넘파이의 trapz 클래스를 이용해 수치 적분 방식인 사다리꼴 공식을 호출하였습니다.

결과

```
구간 [1,3]  적분 대상 함수 y=x
정적분 결과:4.0
```

2.2.3 기초 확률 통계

확률과 통계는 우리가 어떤 판단을 내릴 때, 이전에 있었던 모든 상황을 기반으로 합리적으로 생각해서 최선의 결과를 도출하는 강력한 도구입니다. 강화 학습을 하는 인공지능도 주어진 상태(상황)에서 최선의 합리적인 행동(판단)을 하는 주체입니다. 그래서 우리는 이러한 인공지능을 만들고자 핵심 개념인 확률 통계에 대한 개념을 다지고 출발해야 합니다.

≫ 사건과 확률 변수

어떤 상황이 발생한 일은 '사건', 해당 사건에 대해서 발생한 결과를 '확률 변수(Random variable)'라고 합니다. 주사위 던지기, 동전 던지기 등 행동과 그에 따른 결과는 모두 사건과 확률 변수의 관계가 있습니다.

가장 쉬운 예시인 주사위를 한 번 던지는 사건에 대해서 살펴보겠습니다. 주사위를 한 번 던지는 사건에서 나오는 확률 변수는 1에서 6까지로 정의됩니다. 각 확률 변수는 주사위에 특수 장치가 되어 있지 않는 한 나오는 경우가 공평하므로 동일한 가능성, 즉 확률을 가집니다.

아래는 주사위를 굴려서 나오는 결과를 표로 표현한 것입니다. 각각의 눈은 전체 눈의 개수인 6에서 하나씩 할당받으므로 1/6이라는 동일한 발생 확률이 있습니다.

X	1	2	3	4	5	6
P(X)	$\frac{1}{6}$	$\frac{1}{6}$	$\frac{1}{6}$	$\frac{1}{6}$	$\frac{1}{6}$	$\frac{1}{6}$

[표 2-1] 랜덤 변수 주사위 눈(X)과 각 눈에 따른 확률 P(X)

확률 변수의 다른 예시로 사람들의 키를 생각해 보겠습니다. 주사위는 확률 변수가 1부터 6까지의 숫자로 경우의 수가 6개밖에 없었지만, '키' 숫자의 속성은 연속적이므로 해당 확률 분포는 깔끔하게 숫자로 셀 수 없습니다.[7] 따라서 키에 대한 확률 분포는 연속적인 수로 생각합니다. 아래 그림은 키라는 확률 변수에 대한 분포인 확률 밀도 함수(Probability density function, PDF)와 확률 간의 관계를 나타낸 모습입니다.

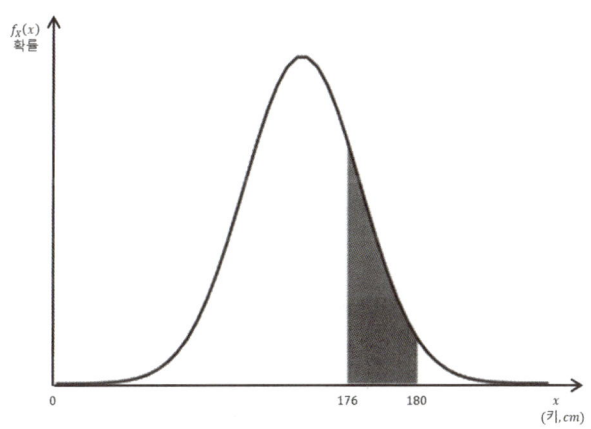

[그림 2-17] 연속 랜덤 변수 및 확률 밀도 예시 - 키 분포도

[그림 2-17]에서 표현하는 그래프의 가로축은 확률 변수인 키, 세로축은 확률 밀도 함수입니다. 무작위로 한 사람을 뽑아 키가 얼마나 될지 추정하는 확률을 생각해 보겠습니다. 측정하는 사람마다 유효한 키의 단위가 cm일 수도 있고, 더 세밀하게 cm 단위의 소수점 첫째 자리까지 허용할 수도 있으며, 그림과 같이 4cm 간격으로 생각할 수도 있습니다. 키라는 확률 변수의 속성이 연속적인 분포 관계이므로 하나의 수로 명확히 표현할 수 없어 확률을 표현할 때는 확률 변수의 범위를 명시해야 합니다. 위 그림에서는 176~180cm까지 범위의 확률은 회색으로 칠한 영역이며, [수

---

[7]. 흔히 사람의 키를 센티미터 단위로 이야기하지만, 계속해서 더 작은 길이 단위로까지 엄밀하게 이야기한다면 사람의 키를 '얼마다.'라고 정확히 측정할 수 없다는 의미입니다.

[식 2-39]와 같이 표현합니다.

$$P(176 \leq X \leq 180) = \int_{176}^{180} f_X(x)dx \qquad (2\text{-}39)$$

Note

정리하자면 연속형 확률 변수에서 확률 분포 함수를 확률 자체로 착각할 수 있지만 확률 밀도 함수는 확률 변수에 대한 적분을 수행함으로써 비로소 확률이라는 의미를 가집니다.

》 모집단과 샘플링

'우리나라의 성인 남녀의 대표적인 키가 몇 cm인가?'와 같은 문제를 마주했다고 합시다. 이 문제를 해결하고자 우리나라에 있는 모든 사람을 한 명씩 찾아가면서 키를 측정하는 것은 불가능합니다. 따라서 임의로 몇 명을 추려내어 그 사람들을 우리나라의 대표라고 가정하고 키를 측정하고 발표합니다. 이 예시에서 전국의 모든 성인 남녀가 모집단(Population), 대표로 추출한 인원들이 표본(Sample)[8]이며, 표본을 추출하는 행위를 샘플링(Sampling)이라고 합니다.

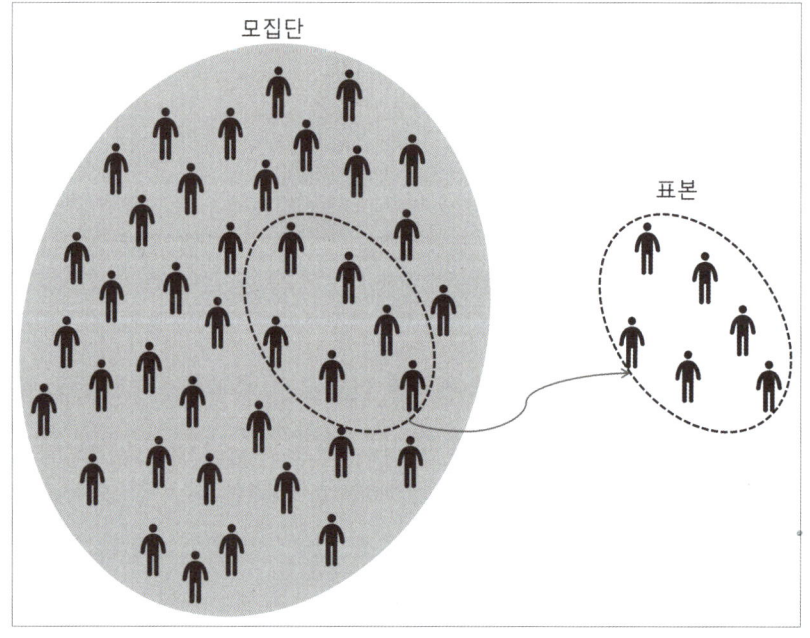

[그림 2-18] 모집단과 표본 샘플링 개념도

---

8. 편의상 이후부터 영문 명명인 '샘플'이라고 표현합니다.

샘플링할 당시에 주의해야 할 점은 샘플의 대상이 한쪽으로 치우치지 않아야 합니다. 예를 들어 키가 190cm 이상의 장신들만 뽑아서 키를 측정한 뒤 '우리나라 성인 남녀의 대표적인 키는 190cm'라고 발표하면 잘못된 샘플링에 대한 오류를 범하는 것입니다. 이것을 샘플링 편향(sampling bias)이라고 합니다. 우리는 추후에도 더 다루겠지만 머신 러닝과 강화 학습의 기본 원리는 모두 각각 주어진 데이터와 환경을 이해하는 것입니다. 그런데 샘플링되어 주어진 데이터와 환경이 편향되었다면 샘플을 토대로 분석한 결과는 옳은 결과라고 기대하기는 힘들 것임을 알아야 합니다.

≫ 평균과 분산

샘플의 대푯값으로 평균(mean, average)을 가장 많이 사용합니다. 평균에는 여러 종류가 있지만 여기선 산술 평균만 다루도록 하겠습니다. 평균은 우리가 보고자 하는 샘플의 데이터값을 모두 더한 뒤 샘플의 수만큼 나눈 값입니다.

$$\bar{x} = \frac{1}{n} \sum_{i=1}^{n} x_i = \mu \qquad (2\text{-}40)$$

표본의 개수가 n개이고 표본을 구성하는 데이터값이 x_i로 표현되었습니다. 이렇게 얻어진 평균값은 샘플로부터 예상되는 대푯값이라고 하여, 주어진 x_i가 모집단이었을 때 이를 기댓값(Expectation value)이라고도 표현합니다. 평균은 그리스 문자로 μ로 표현합니다.

확률 변수에 대한 평균은 아래와 같이 계산됩니다. 위는 이산형, 아래는 연속형의 확률 변수에 대한 평균입니다.

$$\mathbb{E}[X] = \sum_i x_i P(X = x_i) \qquad (2\text{-}41a)$$

$$\mathbb{E}[X] = \int x f_X(x) dx \qquad (2\text{-}41b)$$

[수식 2-41]을 토대로 주사위 눈에 대한 확률 변수의 평균값은 [수식 2-42]와 같이 계산됩니다.

$$\mathbb{E}[X] = 1 * \frac{1}{6} + 2 * \frac{1}{6} + 3 * \frac{1}{6} + 4 * \frac{1}{6} + 5 * \frac{1}{6} + 6 * \frac{1}{6} \quad (2\text{-}42\text{a})$$
$$= \frac{(1+2+3+4+5+6)}{6} \quad (2\text{-}42\text{b})$$
$$= \frac{(21)}{6} \quad (2\text{-}42\text{c})$$
$$= 3.5 \quad (2\text{-}42\text{d})$$

따라서 주사위를 한 번 던지면 예상되는 값은 3.5라고 말할 수 있습니다.

대표하는 평균값을 구했다고 해서 평균과 다른 개별 데이터나 확률 변수를 아예 우리 관심 대상에서 지울 수는 없습니다. 분산(Variance)이 데이터나 확률 변수들이 평균으로부터 얼마나 떨어져 있는가를 나타내는 지표로 이용됩니다. 수치가 클수록 자료형이 멀리 퍼져 있으며 작을수록 자료형이 평균에 밀집되어 있음을 의미합니다.

분산은 다음 식으로 정의됩니다.

$$Var = \mathbb{E}[(X-\mu)^2] \quad (2\text{-}43)$$

확률 변수에 대한 분산은 [수식 2-44]와 같습니다. 위쪽은 이산형, 아래쪽은 연속형 확률 변수의 분산입니다.

$$Var(X) = \sum_i (x_i - \mu)^2 P(X = x_i) \quad (2\text{-}44\text{a})$$
$$Var(X) = \int (x - \mu)^2 f_X(x) dx \quad (2\text{-}44\text{b})$$

주사위 눈에 대한 확률 변수의 분산을 계산해 보겠습니다. 평균값은 위에서 3.5라고 계산했으므로 이를 이용하면 분산값을 계산할 수 있습니다.

$$Var(X) = \{(1-3.5)^2 + (2-3.5)^2 + (3-3.5)^2$$
$$+ (4-3.5)^2 + (5-3.5)^2 + (6-3.5)^2\} * \frac{1}{6} \quad (2\text{-}45\text{a})$$
$$= \frac{17.5}{6} \quad (2\text{-}45\text{b})$$
$$= 2.91\dot{6} \quad (2\text{-}45\text{c})$$

통계 분석에서는 주로 분산값 자체가 너무 크게 나오므로 분산에 제곱근을 적용한 표준 편차(standard deviation)를 확률 변수의 퍼짐, 산포 정도를 나타내는 데 주로 이용합니다. 그리스 문자로

σ를 이용합니다.

$$\sigma(X) = \sqrt{Var(X)} \qquad (2\text{-}46a)$$
$$= \sqrt{\mathbb{E}[(X-\mu)^2]} \qquad (2\text{-}46b)$$

따라서 주사위 눈에 대한 확률 변수의 표준 편차는 분산을 이미 구했으므로 계산을 크게 사용할 필요도 없이 [수식 2-47]과 같이 얻어집니다. 소수점 네 번째 자리 밑으로는 절삭합니다.

$$\sigma(X) = \sqrt{2.916} \qquad (2\text{-}47a)$$
$$= 1.7078... \qquad (2\text{-}47b)$$

넘파이를 이용한 간단한 파이썬 코드를 통해 주사위 눈의 확률 변수에 대한 평균, 분산 그리고 표준 편차를 다음과 같이 각각 구할 수 있습니다.

```
x = np.array([1,2,3,4,5,6])  ①
print(f'평균: {np.mean(x)}')  ②
print(f'분산: {np.var(x)}')  ③
print(f'표준 편차: {np.std(x)}')  ④
```

① 주사위 눈을 넘파이 배열로 변수를 정의합니다.

②~④ 평균, 분산 그리고 표준 편차 클래스를 이용해서 각각의 결과를 호출합니다.

결과
```
평균: 3.5
분산: 2.9166666666666665
표준 편차: 1.707825127659933
```

Note
변수가 넘파이 변수로 정의되어 있다면 "변수.속성이름()"으로도 넘파이 함수를 호출할 수 있습니다. 예를 들면 위 예시에서 x의 평균은 "x.mean()"으로도 커맨드를 호출할 수 있습니다.

기준이 되는 샘플로부터 평균이 다른 샘플, 분산이 다른 샘플의 분포가 어떻게 달라지는지 다음 그림을 통해 시각화하겠습니다. 굵은 실선이 기준 데이터의 샘플로 평균이 0, 분산이 1, 파선이 평균이 1이고 분산이 1인 샘플 그리고 파-점선이 평균이 0이고 분산이 10인 샘플입니다.

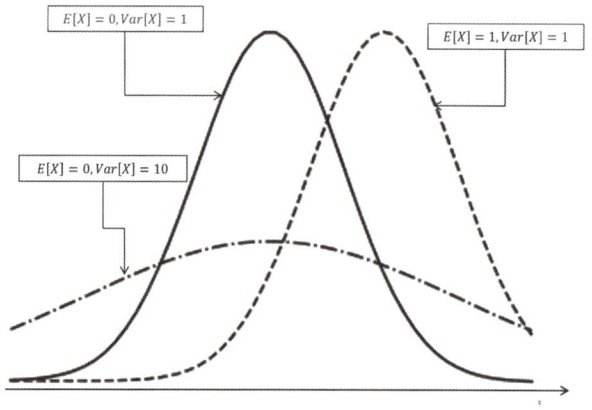

[그림 2-19] 서로 다른 평균, 분산값을 가지는 샘플 분포

≫ 확률 분포 예시

샘플이 분포하는 모습은 각양각색입니다. 이에 대해서 굉장히 다양한 확률 분포가 있지만 본 책은 대표적인 네 가지의 확률 분포를 살펴보겠습니다.

1. 균등 분포

균등 분포(Uniform distribution)는 확률 밀도 함수가 주어진 영역에서 하나의 값으로 고정된 값입니다. 균등 분포를 갖는 확률 변수 X가 정의역(a,b)에 정의되었다면 확률 밀도 함수, 평균 그리고 분산은 아래와 같습니다.

$$X \sim U(a,b) \quad (2\text{-}48\text{a})$$

$$\mathbb{E}[X] = \frac{(b+2)}{2} \quad (2\text{-}48\text{b})$$

$$Var[X] = \frac{(b-a)^2}{12} \quad (2\text{-}48\text{c})$$

$$f_X(x) = \begin{cases} \frac{1}{(b-a)}, & \text{if } a \leq x \leq b \\ 0, & \text{otherwise} \end{cases} \quad (2\text{-}48\text{d})$$

$$(2\text{-}48\text{e})$$

그림으로 나타내면 다음과 같습니다.

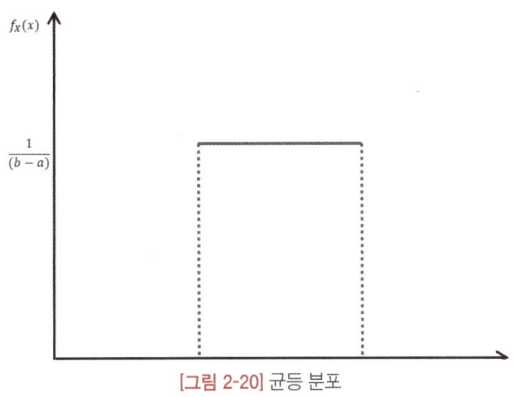

[그림 2-20] 균등 분포

균등 분포로부터 샘플을 추출하는 방식은 아래 코드를 통해 만들 수 있습니다.

```
# 샘플의 하한선: -2, 상한선: 2, 샘플의 개수: 1000
x = np.random.uniform(-2,2,1000)
```

2. 정규 분포

정규 분포(Normal distribution) 혹은 가우시안 분포(Gaussian distribution)라고 불리는 분포는 다소 복잡한 확률 밀도 함수로 이루어진 함수입니다. 거의 모든 자연에서 보이는 연속 확률 변수는 정규 분포를 따른다고 봐도 무방합니다. 정규 분포는 모든 정의역(확률 변수가 속할 수 있는 범위)에서 정의되고 평균(μ)과 표준 편차(σ)가 각각 정해져 있으면 아래와 같이 표현됩니다.

$$X \sim N(x|\mu,\sigma) \quad (2\text{-}49a)$$
$$\mathbb{E}[X] = \mu \quad (2\text{-}49b)$$
$$Var[X] = \sigma^2 \quad (2\text{-}49c)$$
$$f_X(x) = \frac{1}{\sqrt{2\pi\sigma^2}} e^{-\frac{(x-\mu)^2}{\sigma^2}} \quad (2\text{-}49d)$$
$$(2\text{-}49e)$$

정규 분포를 그림으로 표현하면 [그림 2-21]과 같습니다.

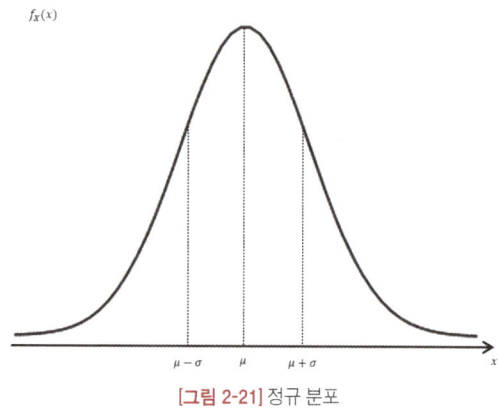

[그림 2-21] 정규 분포

정규 분포로부터 샘플을 추출하는 방식은 다음 코드를 통해서 만들 수 있습니다.

```
# 샘플 평균: 0, 표준 편차: 1 샘플의 개수: 1000
x = np.random.normal(0,1,1000)
```

Note
정규 분포의 평균이 0이고, 표준 편차가 1인 경우에는 표준 정규 분포(Standard normal distribution)라고 부릅니다.

3. 포아송 분포

3장 잭의 차량 렌털 문제를 풀 때 보게 될 특수한 확률 분포 형태입니다. 주어진 시간 동안 몇 번의 사건이 발생하였는지 확률을 구하고자 할 때 이용됩니다. 포아송 분포(Poisson distribution)의 기댓값(λ)이 의미하는 바는 관찰하는 일정 시간 동안 사건이 발생된 횟수로 식으로 표현해 보면 [수식 2-50]과 같습니다.

$$\lambda = \frac{\text{The number of events}}{\text{Event observation period}} \qquad (2\text{-}50)$$

포아송 분포에 대한 기댓값, 분산 그리고 확률 질량 함수의 정보는 [수식 2-51]과 같습니다.

$$X \sim Poisson(x|\lambda) \qquad (2\text{-}51a)$$
$$\mathbb{E}[X] = \lambda \qquad (2\text{-}51b)$$
$$Var[X] = \lambda \qquad (2\text{-}51c)$$
$$f_{X,\lambda}(x) = \frac{\lambda^x e^{-x}}{x!} \qquad (2\text{-}51d)$$
$$\qquad (2\text{-}51e)$$

기댓값(λ)이 1, 3, 5일 때 확률 질량 함수[9]는 아래 그림과 같습니다.

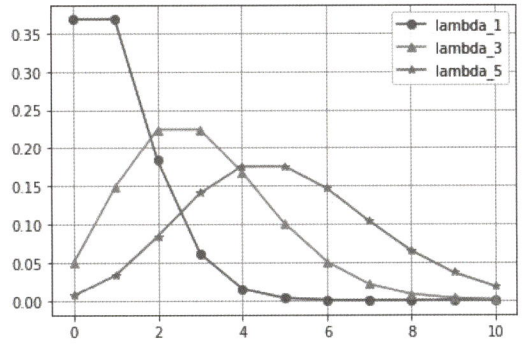

[그림 2-22] 포아송 분포를 따르는 확률 질량 함수

4. 다항 분포

마지막으로 주사위 눈과 같이 경우의 수가 이산형으로 주어진 확률 변수의 확률 분포는 다항 분포(multinomial distribution)를 따릅니다. 예시로 주사위는 눈이 6개이므로 1부터 6까지의 눈은 실제로는 1/6로 같은 각각의 확률 $p_1, p_2 ... p_6$을 가지며 여기서 n번 주사위 눈을 굴렸다면 확률 밀도 함수와 그에 대한 평균과 분산을 알고 싶을 때입니다. 주사위 눈이 아닌 m개의 일반화된 확률 변수에 대한 다항 분포와 각각의 변수의 평균과 분산은 [수식 2-52]를 따릅니다.

$$f(x|n, p) = \frac{n!}{x_1! x_2! ... x_m!} p_1^{x_1} p_2^{x_2} ... p_m^{x_m} \quad (2\text{-}52a)$$

$$\mathbb{E}[x_i|n, p] = np_i \quad (2\text{-}52b)$$

$$Var[x_i|n, p] = np_i(1 - p_i) \quad (2\text{-}52c)$$

아래 코드를 이용해서 10번을 던진 주사위 눈 샘플 1,000개를 구할 수 있습니다.

```
# 주사위 던지는 횟수: 10
# 주사위 눈의 각 확률: [1/6,1/6,1/6,1/6,1/6,1/6]
# 샘플의 개수: 1,000
p = [1/6,1/6,1/6,1/6,1/6,1/6]
x = np.random.multinomial(10,p,1000)
# 첫 번째 샘플: 주사위를 10번 던졌을 때 각각의 눈이 나온 횟수: 매번 시행할 때마다
```

---

9. 확률 질량 함수(PMF, probability mass function)는 이산형 확률 변수에서 확률 밀도 함수와 대응되는 개념입니다. 확률 밀도 함수의 전체 영역을 적분하면 1이 되는 것처럼 확률 질량 함숫값을 모두 덧셈하면 1이 됩니다.

다른 결과 출력
```
print(x[0])
```

결과
```
[3 1 1 1 2 2]
```

Note

넘파이의 난수(Random seed) 생성 원리로 발생한 현상으로 책에서 쓴 결과와 여러분이 호출한 결과가 다를 수 있습니다. 난수 생성 방식을 고정하고 싶으면 난수 생성 번호를 부여합니다. 프로그램을 종료하고 재호출하여도 결과가 동일하게 나올 것입니다. 넘파이의 난수 생성 시드 번호를 아래 예시와 같이 설정합니다. 번호는 여러분이 선택한 정수 번호를 입력하면 됩니다.

```
np.random.seed(123)
```

≫ 조건부 확률 및 독립 사건

어떤 사건의 결과를 상세히 알려면 결과의 원인이 되는 사항들을 점검해야 합니다. 가령, 인공지능이 S라는 상태를 보고 A라는 행동을 취하는 확률을 구하는 과정이 일종의 조건부 확률(Conditional probability)입니다. 사전적인 정의는 주어진 사건(B)이 일어났다는 가정하에 다른 사건(A)이 일어날 확률을 의미하며, 수식으로는 $P(A|B)$라고 표현합니다.

조건부 확률 수식을 풀어내면 다음과 같습니다.

$$P(A|B) = \frac{P(A, B)}{P(B)} \quad (2-53)$$

$P(A,B)$는 A 사건과 B 사건이 모두 일어날 확률을 의미합니다. 예시로 동전을 2회 던지는 경우를 생각해 보겠습니다. 1차시(A)에 동전이 앞면이 나오고, 2차시(B)에 동전이 뒷면이 나올 확률을 다음 과정으로 구할 수 있습니다. 앞면이 나오는 경우를 H, 뒷면이 나오는 경우를 T라고 표현하며 앞에 나온 알파벳이 1차시의 결과, 다음 나온 알파벳이 2차시의 결과입니다.

- 위 경우의 수 중에서 문제의 조건에 맞는 확률(HT):

	1차시 앞	1차시 뒤
2차시 앞	HH	TH
2차시 뒤	**HT**	TT

[표 2-2] 두 번 던진 주사위 눈의 모든 경우의 수

[표 2-2]를 보면 주사위를 두 번 던졌을 때 발생하는 모든 사건에 대해서 표로 정리하였습니다. 모든 경우 중 앞서 보고자 한 사건은 볼드체로 표현되었고, 발생 확률은 총 4개 경우의 수 중 하나이므로 1/4입니다. 첫 번째 차시에서 동전 앞면이 나왔을 때 두 번째 차시에서 동전 앞면이 나오는 확률은 조건부 확률의 수식으로 전개해서 풀이됩니다.

$$P(B|A) = \frac{P(A,B)}{P(B)} \quad (2\text{-}54a)$$
$$= \frac{1/4}{1/2} \quad (2\text{-}54b)$$
$$= \frac{1}{2} \quad (2\text{-}54c)$$

여기서 이 문제를 수식을 내려놓고 생각해 봅시다. 동전을 수차례 던지는 사건이 각각의 회차에 영향을 미칠까요? 몇 번을 동전을 던져도 앞면이 나오는 확률과 뒷면이 나올 확률은 모두 각각 $\frac{1}{2}$입니다. 위 문제에서는 1차시에 동전의 눈을 확인하는 조건을 걸고 2차시의 동전 뒷면이 나오는 확률을 구했지만 결국은 조건을 걸지 않아도 상관없는 무방한 사건임을 알 수 있었습니다. 이런 사건의 관계를 독립(independent)이라고 부릅니다. 따라서 독립 사건은 [수식 2-55]를 만족합니다.

$$P(A)P(B) = P(A,B) \quad (2\text{-}55)$$

독립 사건과 반대로 종속 사건(Dependent)이 있는데, 하나의 사건이 다른 사건에 영향을 끼치는 경우입니다.

$$P(A)P(B) \neq P(A,B) \quad (2\text{-}56)$$

≫ 베이즈 통계 이론

이제 조금은 난이도를 높여서 베이즈 통계 이론(Bayes statistics)을 엿보도록 하겠습니다. 베이즈 통계 이론은 연역적 추론법과 맥을 같이합니다. 예를 들어 [그림 2-23]과 같이 공원에서 양복을 입

고 달리는 사람을 보고 "저 사람은 왜 뛸까?"를 예측하는 문제를 마주했다고 생각해 봅시다.

[그림 2-23] 합리적인 추측에 대한 예시

실제로 왜 그 사람이 달리는지에 대한 수많은 이유가 있을 수 있겠지만, 일반적으로 우리의 생각으로는 '그 사람이 바쁘기 때문에 뛴다.'고 자연스럽게 추론합니다. 운동을 목표로 하여 운동복을 입고 나왔을 것으로 생각했으며, 괴물을 만났다고 한다는 생각은 실제 세상에서는 괴물이 없기에 가능성이 낮다고 판단하는 것입니다.

이렇게 관찰된 대상으로부터 우리의 사전 지식을 이용해 그 원인을 찾아 나가는 방식을 베이즈 사후 확률(Posterior probability) 이론이라고 합니다. 그 유명한 공식은 [수식 2-57]과 같습니다.

$$P(\theta|X) = \frac{P(X|\theta)P(\theta)}{P(X)} \qquad (2\text{-}57)$$

여기서 θ는 가지고 있는 지식, X는 관찰을 표현하는 확률 변수입니다.

위 수식의 왼쪽, $P(\theta|X)$는 사후 확률로서 '주어진 관찰을 기반으로 어떤 원인이 있을까?'를 의미하며, 오른쪽은 그 확률 변수의 관계식을 표현해 줍니다. 오른쪽 수식의 각 항의 의미는 다음과 같습니다.

- $P(X|\theta)$: 우도(Likelihood)라고 하여 사전 지식을 근거로 하여 관찰을 본 확률 분포로 간단히 말해서 '가장 그럴싸한 추정', 위의 예시에선 바쁘기 때문에 뛸 것으로 추정하는 것입니다. 확률 함수의 값이 클

수록 강하게 결과를 추측합니다.

- $P(\theta)$: 사전 지식(Prior)으로서 우리가 그동안 배워 왔던 지식을 말합니다. 괴물은 이 세상에 존재하지 않으며 운동할 때는 운동복을 입는다는 생각에 대한 확률 분포입니다.
- $P(X)$: 근거(Evidence)에 대한 확률 분포로 진짜로 우리가 관찰한 것에 대한 이유를 말합니다. 위 예시에서는 진짜로 양복을 입는 사람이 달리는 모든 경우에 대한 확률 분포를 이루는 것입니다.

실제로 베이즈 확률 이론에서 근거라는 확률 분포는 계산하기가 매우 어려운 확률 변수로서 영어로 이를 'Intractable'하다고 표현합니다. 하지만 근거를 대략 변하지 않는 상수라고 가정하면 사후 확률은 우도와 사전 지식의 곱과 비례합니다.

$$P(\theta|X) \approx P(X|\theta)P(\theta) \qquad (2\text{-}58)$$

베이즈 사후 확률을 기반으로 학습하는 방식은 글로써 표현하면 아무런 사전 지식이 없는 상태에서 점진적인 관찰을 통해 해당 사건이 발생한 이유에 대한 지식을 업데이트하는 과정이라고 정리할 수 있겠습니다. 마치 세상을 경험해 보지 못한 갓난아이가 양복을 입고 뛰는 사람이 왜 뛰는지 이해하지 못하는 단계에서 점차 시간이 지나고 많은 것을 배우고 난 뒤 그런 차림으로 뛰는 것은 바쁜 이유가 있었으리라 추정하는 것과 같은 원리입니다.

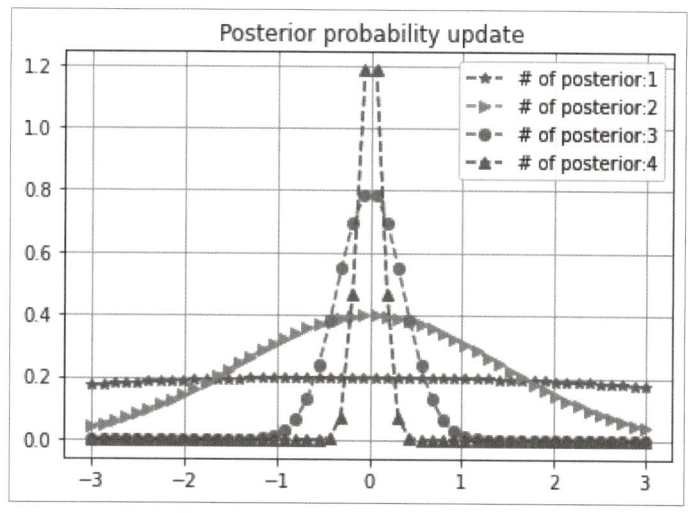

[그림 2-24] 학습 횟수에 따른 사후 확률 분포

[그림 2-24]은 별표로 표현된 정규 분포부터 시작하여 세모로 강조된 정규 분포로 사후 확률 업데이트를 보여 주는 그림입니다. X축 변수에 해당하는 부분이 우리가 생각하는 관찰에 대한 원인의 요소라고 보면 됩니다. 괴물의 등장, 운동 중 혹은 바쁘다 같은 모든 경우의 수들이 x축으로 표현된 것이며, Y축은 각 변수에 해당하는 확률 밀도값을 나타냅니다. 초기 별표로 표현된 정규 분포는 아직 사후 확률이 덜 업데이트되었으므로 어떤 원인에서 확률이 크게 나타날지 결정하지 못하지만, 수차례 학습함으로써 $x=0$인 부근, 바쁘다는 이유에서 점차 높은 확률을 가지는 확신을 점차 가지는 것을 보여 줍니다.

2.3 최적화

지금까지 기초적인 수학 지식을 살펴보았다면 이번 단계에는 문제의 해답을 구하는 기술에 관해서 이야기해 보겠습니다. 아마 많은 독자 여러분이 이론적으로 잘 구성된 함수에 변수를 입력하면 문제가 간단히 해결되는 경우에 대해서 해답을 많이 구해 봤겠지만 실제 자연 현상에서 나타나는 문제들은 그렇게 이상적인 경우가 잘 나타나지 않습니다. 앞에서 배운 선형 대수학에서 행렬이 정방 행렬이 아닌 경우, 역행렬을 구하기 어려운 형태의 행렬인 경우엔 선형 방정식을 풀이하기 어렵다는 사실을 배우고 왔습니다.

앞으로 우리가 마주할 문제는 대부분 손으로 직접 정답을 구하기 어려운 방식입니다. 따라서, 컴퓨터의 빠른 연산 속도의 힘을 빌려 그 해답을 수치 해법이라는 근사 방식을 이용해서 구합니다. 다양한 수치 해법이 존재하지만, 본 책에서는 **최적화**(Optimization) 문제에 대한 수치 해법을 다루도록 하겠습니다.

2.3.1 뉴턴-랩슨법(Newton-Raphson method)

아래와 같은 이차 함수의 근을 구하는 문제를 살펴보겠습니다.

$$x^2 + 3x - 1 = 0 \qquad (2\text{-}59)$$

[수식 2-59]의 근은 이차 함수 근의 공식을 이용해 구할 수 있습니다. 이는 우리가 미리 근의 공식을 알고 있다는 전제하에 문제를 풀이하는 방식입니다. 그렇다면 이차 함수 근의 공식을 모르는 상황이라면 이 문제를 어떻게 푸는지 해답을 살펴보도록 하겠습니다.

정답이 아닌 초깃값 x_0를 3으로 설정하고 그림을 그려 보겠습니다.

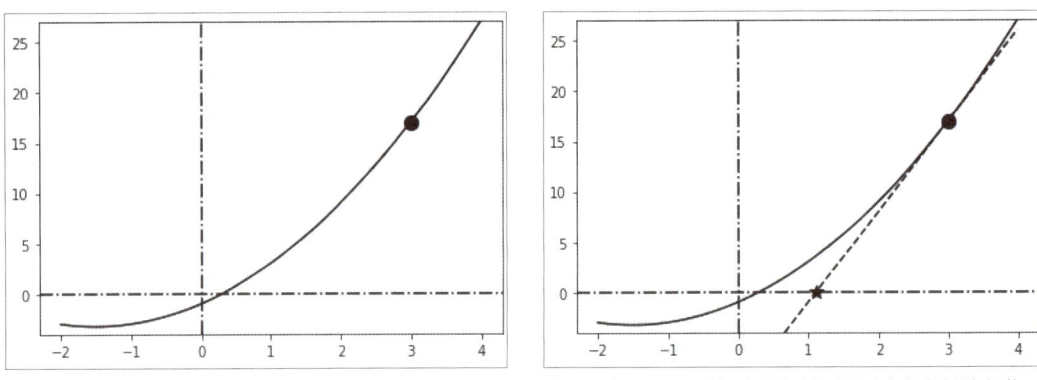

[그림 2-25] 뉴턴-랩슨법을 이용한 근 추정법(왼쪽: 최초 시작 근의 위치(검은 원), 오른쪽: 1회 뉴턴-랩슨법을 이용하여 추정한 근(별표))

검은 점으로 표현한 좌표입니다. 초깃값 x_0는 명백히 위 이차 함수의 근이 아닙니다. 여기서 이야기하는 뉴턴-랩슨 방법의 아이디어는 초깃값의 1차 미분 함숫값을 이용하는 것입니다. [그림 2-25]의 오른쪽처럼 초기 근의 추정치와 그 함숫값에서 1차 미분 함수를 구하여 접선이 $y=0$에서 만난 지점(그림의 별표)을 새롭게 추정한 근 x_1으로 구합니다. x_1과 x_0의 관계식은 [수식 2-60]과 같습니다.

$$x_1 = x_0 - \frac{f(x_0)}{f'(x_0)} \qquad (2\text{-}60)$$

[수식 2-60] 중 오른쪽 항의 분모가 우리가 목표로 하는 $f(x)=0$을 만족할 때까지 미분 함수를 이용해서 새로운 추정치를 구하는 위의 방식을 말합니다. 여기까지 보았다면 독자 여러분은 수치해법으로 이 문제를 해결할 준비는 완료되었습니다. x_2를 x_1을 구했던 방식처럼 계산하고, x_3를 x_2를 구했던 방식처럼 계산을 반복하여 우리가 원하는 n차시의 x_n이 $f(x_n) \approx 0$을 만족하는지 파악하면 됩니다.

이 방식을 컴퓨터 변수를 정의한다는 의미로 다시 표현하면 [수식 2-61]과 같습니다.

$$x_{i+1} \leftarrow x_i - \frac{f(x_i)}{f'(x_i)} \qquad (2\text{-}61)$$

where,

$$i = 0, 1, 2, \ldots n$$

$$x_0 = -4$$

[수식 2-61]은 등호가 아닌 왼쪽 화살표로 표현되었습니다. 이는 변수 x를 우측의 식대로 새로 정의하겠다는 표현이며, 아래 첨자는 반복법을 시행한 차시를 의미합니다. 이제 우리는 파이썬 코

드를 통해서 지금까지 살펴본 문제의 근을 구하는 방식을 직접 실습해 보겠습니다.

근을 구하고자 하는 함수 *f(x)*와 그것의 1차 미분 함수 *f'(x)*를 정의하겠습니다.

```
def fx(x): ①
    return x**2+3*x-1

def grad(x): ②
    return 2*x+3
```

① [수식 2-59]를 구현하는 함수입니다.
② 해석적으로 구한 [수식 2-59]의 1차 미분 함수입니다.

다음으로 [수식 2-61], 뉴턴-랩슨 방식을 정의합니다.

```
def Newton_Rapshon(x):
    return x-fx(x)/grad(x)
```

초깃값 $x_0=3$을 설정하고 반복법을 시행합니다. 필자는 10회 반복을 수행했습니다.

```
x=3 ①
for i in range(10): ②
    x = Newton_Raphson(x) ③
    print(f'{i+1}회차- 추정근: {x}, 함숫값: {fx(x)}') ④
```

① 초기 추정근을 입력합니다.
② 10번의 반복문을 수행합니다.
③ 반복문 내부에서 뉴턴-랩슨 식을 계산하면서 추정근을 업데이트해 나갑니다.
④ 추정해 나가는 근과 함숫값을 차례로 호출하는 구문입니다.

결과
```
1회차- 추정근: 1.1111111111111112, 함숫값: 3.567901234567902
2회차- 추정근: 0.4278959810874704, 함숫값: 0.46678291389322
3회차- 추정근: 0.3068357894401178, 함숫값: 0.014655570001693707
```

```
4회차- 추정근: 0.30278019952781177, 함숫값: 1.6447809536801472e-05
5회차- 추정근: 0.3027756377377663, 함숫값: 2.0810020373573934e-11
6회차- 추정근: 0.3027756377319946, 함숫값: 0.0
7회차- 추정근: 0.3027756377319946, 함숫값: 0.0
8회차- 추정근: 0.3027756377319946, 함숫값: 0.0
9회차- 추정근: 0.3027756377319946, 함숫값: 0.0
10회차- 추정근: 0.3027756377319946, 함숫값: 0.0
```

매우 간단한 1차원 방정식의 근을 수치 해법을 통하여 문제를 풀어 보았습니다. 만약에 초깃값 $x_0=-4$를 설정하고 계산하면 어떤 결과가 나오는지, 또 왜 그런 결과가 나오는지에 대한 부분은 독자 여러분들의 몫으로 남겨 두도록 하겠습니다.

2.3.2 경사 하강법(Gradient descent method)

뉴턴-랩슨법에서는 구하고자 하는 함수를 근을 구하는 데 이용하였습니다. 여기서 한 단계 나아가서 우리가 알고자 하는 함수가 특정한 값을 목표로 향하는 문제를 살펴보겠습니다. 우리가 차차 만들어 낼 강화 학습 인공지능을 일종의 함수라고 생각하면, 상황을 입력받아 그에 맞는 적합한 값을 찾는 문제를 풀어야 합니다. 인공지능이 가진 지능 혹은 인공지능의 매개 변수를 θ, 입력받는 상황을 x 그리고 해당하는 상황의 최적의 출력을 y라고 표현하겠습니다.

$$\hat{y} = f_\theta(x) \qquad (2\text{-}62)$$

[수식 2-62]의 왼쪽 항 y 위의 ^ 표시는 정확한 정답이 아닌 수식, 여기서는 인공지능이 추정한 결과를 의미합니다. 오른쪽 항의 함수 f의 아래 첨자로 인공지능의 매개 변수를 붙인 의미는 해당 수식이 인공지능 매개 변수로 만들어진 함수를 말합니다. 그렇다면 우리가 만드는 최적의 결과를 도출하는 인공지능은 아래 [수식 2-63]을 만족해야 합니다.

$$y \approx \hat{y} \qquad (2\text{-}63)$$

[수식 2-63]의 왼쪽 항은 주어진 입력에 대한 실제 결과, 오른쪽 항은 주어진 입력에 대한 모델의 결과라고 표현합니다. 학습 시작에는 어떠한 지식도 가지지 않은 인공지능은 주어진 문제를 해결할 목표로 매개 변수를 변화시키는 과정이 필요합니다. 여기서 그 목표란 아래 식을 통하여 $y \approx$

$\hat{y}$를 만족시키는 것입니다.

$$L_\theta(x) = \sum (y - \hat{y})^2 \qquad (2\text{-}64\text{a})$$
$$= \sum (y - f_\theta(x))^2 \qquad (2\text{-}64\text{b})$$

위 식을 손실 함수(Loss function), 비용 함수(Cost function) 혹은 목적 함수(Objective function)라고 부르며, 우리가 최소화 혹은 최대화해야 할 대상입니다.[10] $y \approx \hat{y}$를 만족시키고자 합 기호 안의 항이 최소화되어야 합니다.

앞서 배운 바를 생각해 보면 [수식 2-64]를 최소화하는 방법을 떠올릴 수 있습니다. 바로 뉴턴-랩슨 방식을 응용하는 것입니다. 뉴턴-랩슨 방식은 주어진 함수의 근, 다른 표현으로 함숫값이 0이 되는 지점을 반복적으로 찾아가는 방식입니다. 그래서 우리가 얻고자 하는 θ를 경사 하강법이라고 불리는 [수식 2-65] 방법으로 업데이트할 수 있습니다.

$$\theta \leftarrow \theta - \alpha \nabla_\theta L_\theta(x) \qquad (2\text{-}65)$$

알고리즘 식 오른쪽에 $\nabla_\theta L(x)$라고 하는 다소 어려워 보이는 수식이 보입니다. 이 뜻은 x와 θ로 만들어지는 목적 함수를 θ에 대해서만 1차 미분하겠다는 의 미이며, 목적 함수의 그래디언트(Gradient)라고 부릅니다. α는 학습률(Learning rate)이라고 하며 적절한 상수로 업데이트하는 정도를 나타냅니다. 다시 말하자면 학습률이 큰 값일수록 θ는 빠르게 업데이트되며, 작을수록 θ는 느리게 업데이트됩니다. 위 알고리즘을 반복하면 할수록 $L_\theta(x)$ 값이 점차 작아지며 $\nabla_\theta L_\theta(x)$ 값 또한 점차 0으로 변해 갑니다.

목적 함수 자체를 분자로, 그래디언트를 분모로 나누면 뉴턴-랩슨 방법처럼 되는데 왜 저렇게 식을 쓰는지 헷갈릴 수도 있습니다. 그 이유는 매개 변수가 1차원이라면 그렇게 사용해도 무방하지만 여러 매개 변수가 모여 있는 2차원 이상의 벡터라면 목적 함수가 스칼라이며 그래디언트를 분모로 나누는 방식은 차원이 맞지 않아 이용할 수 없기 때문입니다. 그 대안으로 $y \approx \hat{y}$을 만족한다면 그래디언트가 0으로 간다는 사실을 이용하는 것입니다. [수식 2-66]으로 n차원의 매개 변수 θ와 그래디언트 $\nabla_\theta L_\theta(x)$가 어떻게 이루어져 있는지 확인하길 바랍니다.

---

10. 식의 형태가 제곱꼴로 구성되어 있으며 제곱꼴의 식은 최소로 만드는 데 목적이 있으므로 이 방식을 최소화하는 최적화 방법을 최소제곱법(Least square method)이라고 합니다. 이 책에서는 목적 함수라는 용어로 통일하도록 하겠습니다.

$$\theta = \begin{bmatrix} \theta_1 \\ \theta_2 \\ \vdots \\ \theta_n \end{bmatrix} \quad (2\text{-}66a)$$

$$\nabla_\theta L_\theta(x) = \begin{bmatrix} \frac{\partial L}{\partial \theta_1} \\ \frac{\partial L}{\partial \theta_2} \\ \vdots \\ \frac{\partial L}{\partial \theta_n} \end{bmatrix} \quad (2\text{-}66b)$$

그림과 함께 경사 하강법에 대해서 부연 설명하겠습니다. 고정된 x에서 2차원의 θ가 주어졌을 때 목적 함수의 식이 [수식 2-67]과 같다고 설정해 보겠습니다.

$$\theta = \begin{bmatrix} \theta_1 \\ \theta_2 \end{bmatrix} \quad (2\text{-}67a)$$

$$L_\theta(x) = \theta_1^2 + \theta_2^2 \quad (2\text{-}67b)$$

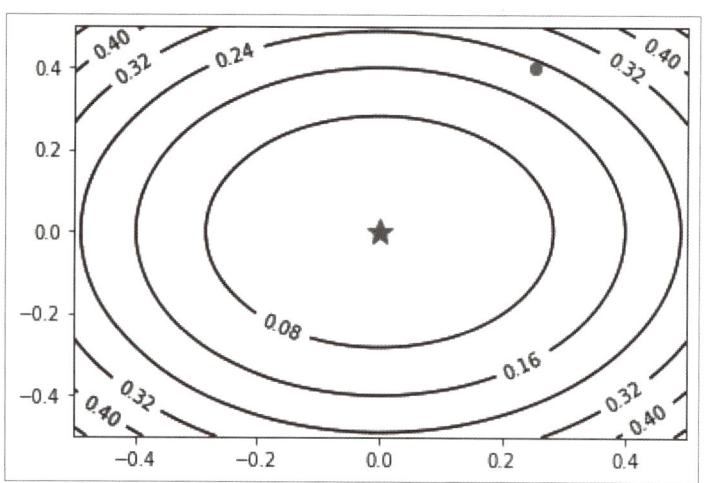

[그림 2-26] 수식 2-56의 목적 함수 등고선도

[그림 2-26]은 매개 변수 θ에 따른 목적 함수의 등고선도(Contour line)이며, 선을 가로지르는 숫자들은 목적 함수의 수치를 나타냅니다. 그러므로, 가로축이 θ_1, 세로축이 θ_2를 가리키며, 정중앙의 별표로 표시된 지점, $\begin{bmatrix}\theta_1\\\theta_2\end{bmatrix}=\begin{bmatrix}0\\0\end{bmatrix}$이 목적 함수의 최솟값이 되는 지점입니다. 그림의 우측 상단 부분의 둥근 점을 초깃값 $\begin{bmatrix}0.25\\0.4\end{bmatrix}$으로 두고 경사 하강법 식을 진행해 보면 [그림 2-27]의 왼쪽과 같습니다. 여기서 학습률 α는 0.1로 두고 10회 반복하였습니다.

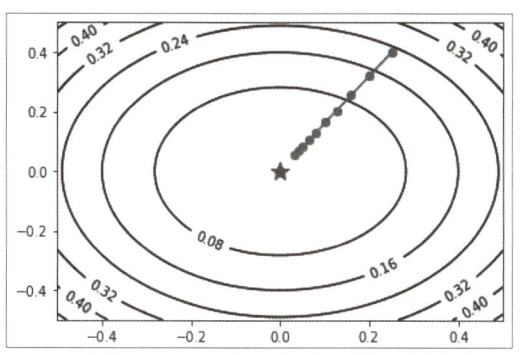 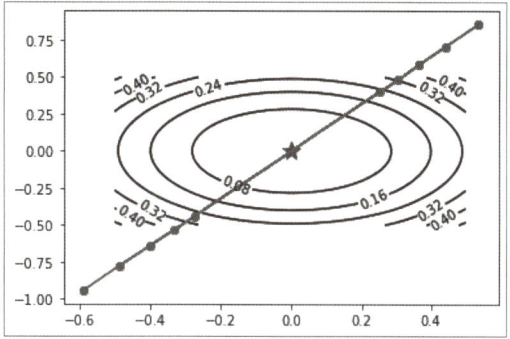

[그림 2-27] 경사 하강법 업데이트 그림. 학습률 0.1(왼쪽)과 학습률 1.05(오른쪽)일 때 상황

점차 학습이 진행될수록 매개 변수 θ 값이 우리가 원하는 지점으로 향하여 목적 함수의 최솟값이 되는 지점으로 향함을 알 수 있습니다. 만약 학습률이 지나치게 큰 값이 나온다면 [그림 2-27]의 오른쪽과 같은 결과가 나옵니다. 학습률이 지나치게 작으면 10회 반복으로도 만족할 만한 결과가 나오지 않지만 그렇다고 지나치게 학습률을 키워 버리면 해를 찾지 못하고 오른쪽 그림과 같이 발산하는 결과를 초래합니다. 따라서 경사 하강법을 이용할 때는 학습률에 대한 조작이 필요합니다. 또한, 학습률의 크기뿐만이 아니라 매개 변수가 업데이트되는 방향을 설정하는 것에도 더욱 개선할 부분이 있습니다. 이런 개선된 최적화 알고리즘은 최적화 기법을 소개하는 각론에서 다뤄 보도록 하겠습니다.

그림 부분을 제외한 경사 하강법 문제를 풀이한 결과는 아래와 같습니다.

```
th1 = np.linspace(-0.5,0.5)  ①
th2 = np.linspace(-0.5,0.5)  ②
Th1, Th2 = np.meshgrid(th1,th2)  ③
obj = Th1**2+Th2**2  ④

t1 = 0.25  ⑤
t2 = 0.4   ⑥
t1s, t2s = [],[]  ⑦
for i in range(10):  ⑧
    t1s.append(t1)  ⑨
    t2s.append(t2)  ⑩
    t1 = t1-0.1*2*(t1)  ⑪
    t2 = t2-0.1*2*(t2)  ⑫
```

①~④ 계산에서 이용되지는 않지만 2차원 그림을 그리는 도구로 meshgrid라는 넘파이 클래스를 통해 매개 변수를 2차원으로 확장해 주는 역할을 합니다.

⑤~⑥ 각각 θ_1과 θ_2의 초깃값을 지정합니다.

⑦ 반복 수행할 때마다 각 매개 변수가 어떻게 업데이트되는지를 추적하도록 빈 리스트를 만들어 줍니다.

⑧ 반복문을 실행합니다.

⑨~⑩ θ_1과 θ_2가 어떻게 업데이트되는지 결과를 빈 리스트에 차례대로 입력해 줍니다.

⑪~⑫ 학습률을 0.1로 설정하고 각각의 변수를 경사 하강법으로 계산하는 구문입니다.

여기서 목적 함수는 상대적으로 매우 단순한 형태로 주어져 있습니다. 실제 공학 문제에서 마주하는 목적 함수 형태는 등고선의 형태가 매우 복잡해서 단순한 경사 하강법을 이용해서 문제를 풀이하기가 굉장히 어렵습니다.

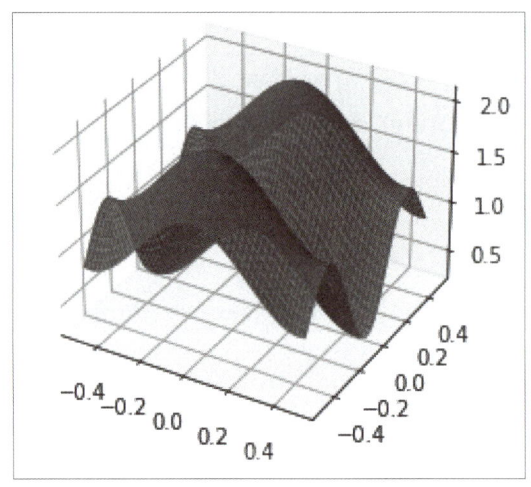

[그림 2-28] 복잡한 2차원 목적 함수의 개형 예시

2차원 매개 변수 환경에서의 목적 함수 예시입니다. 3D 형태의 그림에서도 정확히 어느 지점이 최솟값인지 명확히 드러나지 않습니다. 뉴턴-랩슨 방식에서 필자가 독자 여러분에게 드렸던 질문이었던 초깃값이 다를 때 추정한 근이 다르게 나왔던 경우와 비슷하게, 매개 변수 공간 내에서 최소 지점인 전역 최솟값(Global minima)이 아닌 일부 국한된 영역에서 국부 최솟값(Local minima)에 빠지게 되는 가능성이 높습니다. 그래서 수치 최적화를 연구하는 사람들은 단순한 스칼라값 학습률 값을 이용하는 것뿐만 아니라 확률론적 경사 하강법(SGD), RMSProp, Adam 등 국부 최솟값의 극복 방안을 연구하였습니다. 몇 가지 머신 러닝 분야에서 많이 이용하는 경사 하강법에서 발전된

최적화 방식에 대해서 간략히 설명하도록 하겠습니다.

> **Note**
>
> 각각의 방법의 이름은 처음에 언급할 땐 국문으로 표기하였지만, 이후에는 머신 러닝 분야에서 익숙한 방식대로 영문 약어로 표기합니다.

» 확률적 경사 하강법(Stochastic gradient descent method, SGD)

앞선 목적 함수의 수식을 조금 더 상세히 보면 목적 함수는 매개 변수 θ 외에도 입력받는 관찰 x, 혹은 지도 학습에서 데이터에 의존되는 함수이기도 합니다. 정확한 목적 함수의 식은 모든 상태에 관해서 제곱식의 합을 이용해야 합니다. 모든 상태 또는 데이터에 대해서 목적 함수를 구하는 것은 배치 경사 하강법(Batch gradient descent method)입니다. 하지만 배치 경사 하강법을 이용하는 것은 계산하는 데 컴퓨터 메모리 비용이 많이 들고, 실제 상태와 데이터를 모두 구한다는 것은 불가능에 가깝기에 실용적인 대안을 찾아야 합니다.

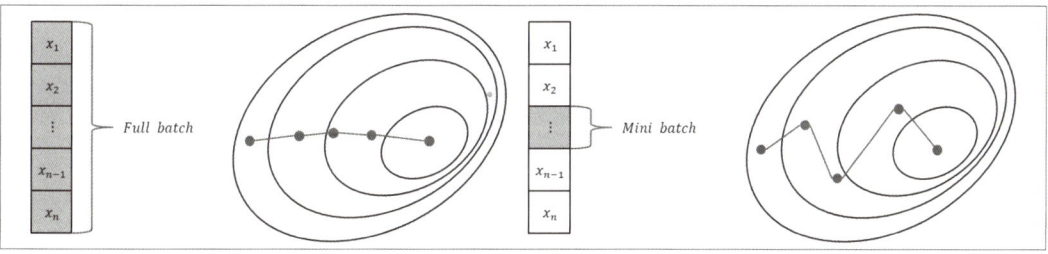

[그림 2-29] 배치와 목적 함수 업데이트의 관계

SGD는 모든 상태 중에서 부분 상태를 선택해서 만든 목적 함수를 하강시키는 방식을 이용합니다.

$$L_\theta(x) = \frac{1}{m}\sum_{i=1}^{m}(y_i - \hat{y}_i)^2 \qquad (2\text{-}68a)$$

$$= \frac{1}{m}\sum_{i=1}^{m}(y_i - f_\theta(x_i))^2 \qquad (2\text{-}68b)$$

SGD 목적 함수는 배치 경사 하강법의 목적 함수보다 컴퓨터 메모리를 적게 요구하지만, 전체 상태에서 샘플링을 통해서 얻어 낸 값이므로 목적 함수의 참값과 대조해서 추정의 오차를 더 정확히 계산합니다.

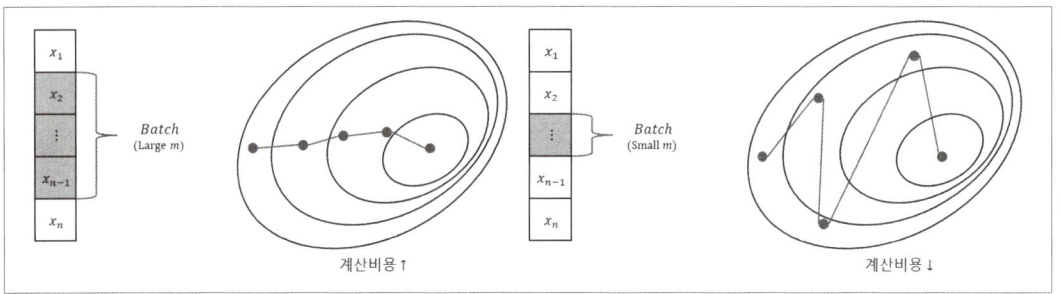

[그림 2-30] 배치 크기에 따른 업데이트 방향

[수식 2-68]에서 m 값은 우리가 샘플링한 상태 혹은 데이터의 개수를 의미하고 샘플링된 상태 혹은 데이터를 미니 배치(mini batch)라고 합니다. m 값이 작을수록 샘플링된 상태가 모집단 상태와 이질적인 확률이 높으므로 학습할 때 국부 최솟값에 빠질 위험이 높은 위험성이 있지만, 메모리의 부하가 적게 들면서 학습 속도 측면에서 강점을 보입니다. 반대로 m 값이 커질수록 샘플링 상태가 모집단 상태와 비슷할 것이므로 학습할 때 국부 최솟값에 걸리는 위험성에서 관대하지만, 컴퓨터의 계산 비용 부분에서 단점이 드러납니다.

> **Note**
> 일반적으로 머신 러닝에서 언급하는 배치는 미니 배치를 의미합니다.

≫ 모멘텀 방식(Momentum method)

목적 함수가 최적화 과정을 거치는 동안 국부 최솟값에 빠질 때 이를 극복하는 목적에 초점을 둔 방법입니다. 순간적으로 학습률을 높이는 효과로 국부 최솟값 근처 목적 함수의 장애물을 극복하는 방식입니다.

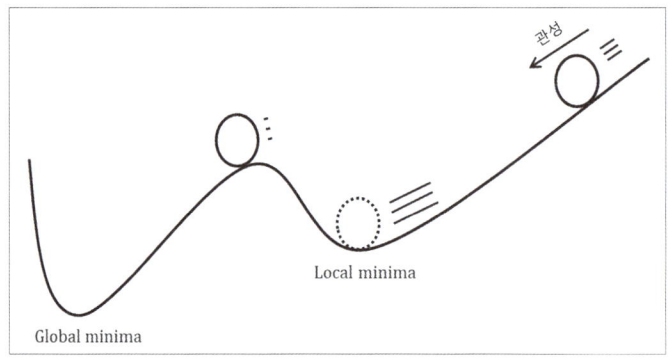

[그림 2-31] 모멘텀 방식의 개념도

$$v \leftarrow mv - \alpha \nabla_\theta L_\theta(x) \quad (2\text{-}69a)$$
$$\theta \leftarrow \theta + v \quad (2\text{-}69b)$$

[수식 2-69]의 m을 0으로 두면 SGD 방법과 같은 식입니다. m은 관성(Momentum)의 앞 글자를 딴 스칼라값으로 높을수록 이전 단계의 최적화 속도를 유지하는 성질이 있습니다. 일반적으로 관성 효과를 주면서 적절한 학습 성능을 보이고자 0.9 값을 이용합니다.

≫ 적응형 경사 하강법(Adaptive gradient descent method, Adagrad)

θ의 원소를 개별적으로 접근하는 의미를 가진 학습 방식입니다. 학습하는 동안 많이 변화한 매개 변수 θ_i는 업데이트를 작게 하고, 상대적으로 변화하지 않은 매개 변수 θ_i는 업데이트를 크게 하는 방법입니다.

$$G_i \leftarrow G_i + (\nabla_{\theta_i} L_{\theta_i}(x))^2 \quad (2\text{-}70a)$$
$$\theta_i \leftarrow \theta_i - \frac{\alpha}{\sqrt{G_i + \epsilon}} \nabla_{\theta_i} L_{\theta_i}(x) \quad (2\text{-}70b)$$

where,
$$i = 1, 2, ..., n$$

G_i를 통해 i 번째 매개 변수 θ_i가 학습하면서 변화한 기록을 이용합니다. 학습 초기부터 해당 업데이트 횟수까지 변화한 정도가 많다면 매개 변수가 업데이트되는 [수식 2-70]의 아래 식에서 분모 항을 통해 학습률에 최종적으로 작아지는 결과를 불러옵니다. 반대로 학습하면서 변화한 정도가 작은 매개 변수는 초기 학습률을 그대로 가지고 상대적으로 빠르게 업데이트하는 효과를 부릅니다. 참고로 그리스 문자 ϵ은 분모가 0이 되는 것을 방지하고자 인위적으로 넣은 매우 작은 스칼라 값입니다.

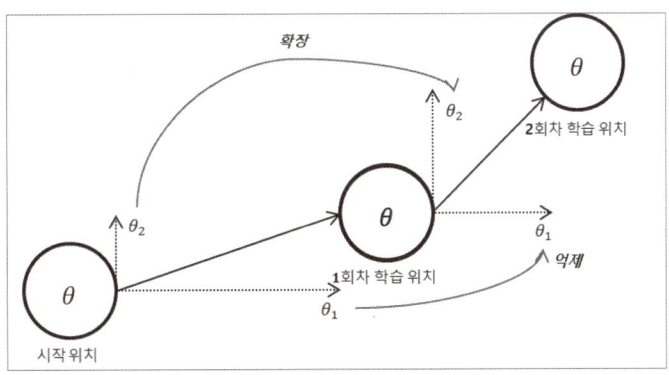

[그림 2-32] Adagrad 방식의 매개 변수 업데이트 개념도

다시 표현한다면 매개 변수 θ는 다차원 벡터로 구성되어 있을 때 특정 방향은 빠르게, 다른 방향은 느리게 업데이트함으로써 전체적인 학습 방향을 재구성하는 알고리즘으로 이해하면 되겠습니다. 다만 Adagrad 방식은 실제로는 학습을 많이 할 매개 변수가 의도한 대로 업데이트되지 않고, 학습을 억제할 매개 변수만 억제되는 경우가 많아 전체적으로 학습이 잘되지 않는 경우가 있다고 많이 보고됩니다.

≫ 평균 제곱근 전파법(Root Mean Squared propagation method, RMSProp)

Adagrad 방법의 단점을 개선한 알고리즘입니다. 학습을 많이 시킬 매개 변수가 억제되는 현상을 막고자 학습하면서 변화한 기록을 더할 때 가중치를 이용합니다.

$$G_i \leftarrow \gamma G_i + (1-\gamma)(\nabla_{\theta_i} L_{\theta_i}(x))^2 \quad (2\text{-}71\text{a})$$

$$\theta_i \leftarrow \theta_i - \frac{\alpha}{\sqrt{G_i + \epsilon}} \nabla_{\theta_i} L_{\theta_i}(x) \quad (2\text{-}71\text{b})$$

where,

$$i = 1, 2, ..., n$$

γ는 감쇠 상수(decaying factor)라고 하여 1보다 작은 양수값을 취하는 상수입니다. 이는 이전 기록들이 지나치게 누적되어 학습되어야 할 상황에서 학습되지 못하는 상황을 억제하는 현상을 방지해주는 역할을 수행합니다. 보통 감쇠 상수는 0.9 정도의 값을 취합니다.

≫ 적응형 모멘트 추정(Adaptive moment estimation method, Adam)

머신 러닝에서 가장 많이 사용하는 최적화 기법입니다. 매개 변수 학습 정도를 조절하는 momentum 방법과 학습 방향을 조절하는 RMSProp 방식이 혼합된 기법입니다. 다만 momentum 부분을 적용할 때는 Adagrad에서 RMSProp으로 바꾼 것처럼 감쇠 상수와 유사한 상수가 추가됩니다. Adam식은 [수식 2-72]와 같습니다.

$$v \leftarrow \beta_1 v + (1-\beta_1)\nabla_\theta L_\theta(x) \quad (2\text{-}72\text{a})$$

$$G \leftarrow \beta_2 G - (1-\beta_2)(\nabla_\theta L_\theta(x))^2 \quad (2\text{-}72\text{b})$$

$$\theta \leftarrow \theta - \alpha \frac{v}{\sqrt{G+\epsilon}} \quad (2\text{-}72\text{c})$$

Adam은 이렇게 3개의 업데이트 식으로 구성되고 복잡해 보이지만 우리가 이미 본 방식들을 상기시켜 보면 위에서부터 momentum 계산 **v**를 수행 그리고 RMSProp 방향 설정 **G**를 구한 뒤, 최종적으로 매개 변수를 업데이트한다는 것을 알 수 있습니다. β_1과 β_2는 momentum과 RMSProp 각각의 감쇠 상수로 일반적인 머신 러닝 패키지는 특별한 값을 입력하지 않는 이상 문헌에서 보고된 최적의 수치인 0.9와 0.999를 이용합니다.

앞에서 설명한 최적화 알고리즘을 이용해서 최적화 성능을 평가하는 목적 함수에 대해서 각각 대응시킨 결과는 [그림 2-33]입니다.

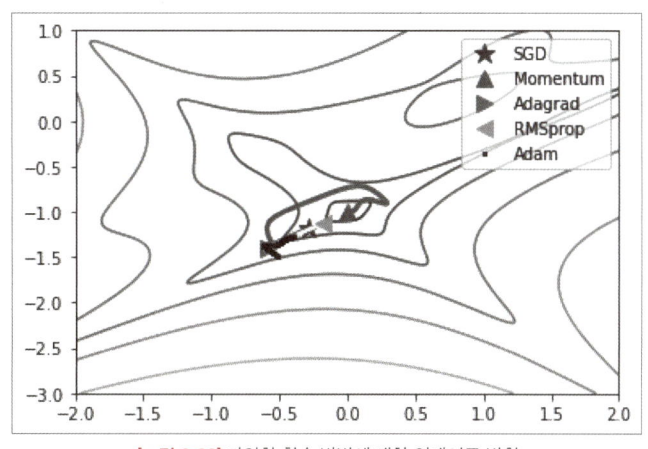

[그림 2-33] 다양한 학습 방법에 대한 업데이트 방향

목적 함수는 GoldStein-Price 함수를 이용했으며 매개 변수의 시작 위치는 x, y좌표 각각 (-0.5,-1.5)입니다. 동일한 시작 위치에서 각각의 알고리즘을 비교한 결과 Momentum 방식이 전역 최솟값에 수렴하는 최고의 성능을 보여 주었습니다. Adagrad는 거의 학습하지 못한 결과가 나왔습니다. 이론적으로 가장 잘 나올 것으로 예상한 Adam 방식이 본 목적 함수에서 성능이 잘 나오지 않았습니다. 이와 같이 인공지능의 최적화 문제를 풀 때는 알고리즘의 종류에서 시작해서 매개 변수의 시작점, 알고리즘에 이용되는 기타 상숫값들이 최종 결과에 민감한 영향을 미치므로 인공지능을 연구하는 사람들에게 최적화 문제는 상당히 까다로운 문제 중 하나로 영원히 풀어야 할 숙제로 남아 있습니다.

2.4 목적 함수

독자 여러분은 최적화 기법을 살펴보면서 목적 함수의 한 형태를 보았고, 목적 함수를 줄임으로써 우리가 원하는 목적을 달성할 수 있음을 보았습니다. 하지만 목적 함수는 인공지능이 마주할 문제에 따라 의존적이고 개별적인 방식이므로 함수가 만들어진 배경에 대해서 이해가 필요합니다. 본 책은 강화 학습에서 주로 사용하는 목적 함수에 관해서 이야기하여 추후 우리가 배울 최적화 수식에 대해서 독자 여러분이 이해하는 데 도움이 되고자 합니다.

2.4.1 최소 제곱

데이터[11]와 모델의 차이를 줄이는 회귀(Regression) 분석 방식에서 주로 이용하는 목적 함수의 형태입니다. 회귀 분석에 대해서 데이터와 모델의 차이를 잔차(residual)라고 표현하며 이는 [수식 2-73]과 같습니다.

$$r = y - f_\theta(x) \qquad (2-73)$$

목적 함수의 잔차를 줄이는 기준은 1) 잔차의 합, 2) 잔차 절댓값의 합 그리고 3) 잔차 최소 극대화로 정리되겠습니다. 다음 그림을 통해서 최소 제곱법 이외의 방식들에 대한 문제점을 살펴보겠습니다.[12] 각 그림에서 실선은 실제 데이터를 설명하는 정답 모델을, 점선은 추정한 모델의 모습을 나타냅니다.

---

[11]. 여기에서 말하는 데이터 최적화의 대상을 말하며 머신 러닝에서 말하는 레이블(Label)과 같은 역할을 합니다.

[12]. 해당 개념은 Chapra 교수님의 『Numerical Analysis methods for Engineers』에서 소개된 내용을 발췌하였음을 밝힙니다.

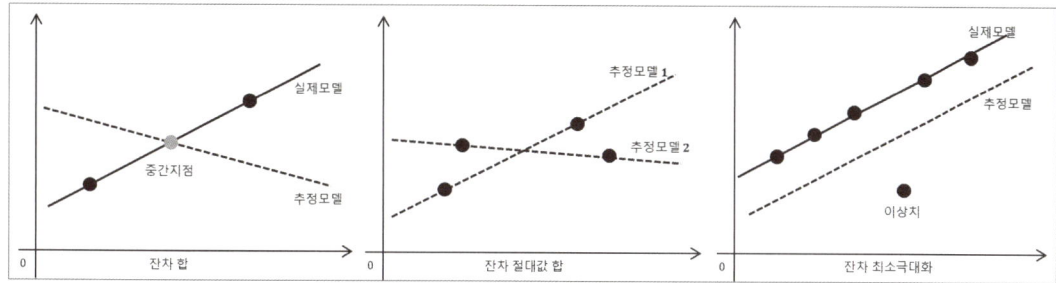

[그림 2-34] 잔차를 구하는 다양한 방법에 예상되는 문제점

- **잔차의 합**: [그림 2-34]의 왼쪽은 데이터 분포의 중심이 되는 지점으로부터 완전히 부호가 바뀌는 모습을 나타냅니다. 잔차의 합 자체는 0으로 가겠지만 개별 데이터-모델 간의 잔차는 양의 차이, 음의 차이가 매우 크게 나타납니다. 이러한 차이를 전체 데이터에서 합을 취하면 잔차의 합은 0이 되지만 실제 모델과 추정한 모델의 모습은 상당히 다른 값을 보여 줍니다.

- **잔차 절댓값 합**: [그림 2-34]의 중간으로 절댓값으로 인하여 실제 계산 시 부호가 ±로 분기되는 경우가 나옵니다. 그로 인해 추정된 각각의 경우에 잔차를 최소화하는 추정된 모델이 2개 발생합니다.

- **잔차 단순 최소화**: 모델을 선택할 때 모델과 개별 데이터 간의 에러를 단순하게 최소화하는 방법을 추구합니다. [그림 2-34]의 오른쪽과 같이 데이터 가운데 실제 모델에서 벗어난 이상치 데이터가 문제를 발생시킵니다. 추정된 모델은 이상에서 발생한 잔차를 최소화하고자 정상 데이터의 잔차를 오히려 증가시키는 모델을 생성합니다.

이와 같은 문제점으로 인하여 잔차를 부호의 문제와 이상치 데이터에 대한 모든 영역을 다루고자 잔차의 제곱을 취해 해당 문제를 해결합니다.

$$r^2 = \{y - f_\theta(x)\}^2 \qquad (2\text{-}74)$$

이제 [수식 2-74]를 전체 데이터에 합하고 그 개수만큼 나누어서 평균을 취하면 딥 러닝에서 많이 쓰이는 목적 함수 형태인 평균 제곱 오차(Mean Squared Error)로 바뀝니다.

$$\begin{aligned} \text{MSE} &= \frac{1}{n}\sum_{i=1}^{n}\{y_i - f_\theta(x_i)\}^2 & (2\text{-}75a) \\ &= \frac{1}{n}\sum_{i=1}^{n} r^2 & (2\text{-}75b) \end{aligned}$$

넘파이와 파이토치(Pytorch)를 통해서 평균 제곱 오차를 구현해 보겠습니다. 파이토치에서는 목적 함수 API인 nn.MSELoss를 이용하여 쉽게 계산할 수 있습니다.

```
import numpy as np ①
import torch ②
import torch.nn as nn ③
```

필요 패키지를 먼저 호출합니다.

① 넘파이 패키지를 호출하며, ② 파이토치 패키지를 호출합니다.

③ 파이토치 패키지 내부의 연산 부분을 담당해 주는 nn 클래스를 정의해 줍니다.

```
a = np.array([[1,2,3]]) ④
b = np.array([[3,2,1]]) ⑤
a_torch = torch.Tensor(a) ⑥
b_torch = torch.Tensor(b) ⑦
```

두 개의 1x3 크기의 텐서 a, b를 정의합니다.

④~⑤ 넘파이 형태의 텐서를 정의합니다.

⑥~⑦ 넘파이 텐서를 이용해 파이토치의 텐서를 정의합니다.

Note

파이토치는 파이토치 형태의 자료형끼리 연산이 가능하므로 위와 같이 정의해 줍니다.

변수 정의가 완료되었으므로 목적 함수를 정의합니다.

```
numpy_L2 = np.mean((a-b)**2) ⑧
criterion = nn.MSELoss() ⑨
torch_L2 = criterion(a_torch,b_torch) ⑩
print(f'Numpy L2-norm: {numpy_L2}') ⑪
print(f'Torch L2-norm: {torch_L2}') ⑫
```

⑧ 넘파이 형태의 평균 제곱 오차를 계산합니다.

⑨ 파이토치 내부의 평균 제곱 오차를 계산해 주는 클래스를 함수로 호출합니다.

⑩ 파이토치의 평균 제곱 오차를 계산해 줍니다.

결과

```
Numpy L2-norm: 2.6666666666666665
Torch L2-norm: 2.6666667461395264
```

2.4.2 확률 엔트로피와 쿨백-라이블러 발산

잔차를 줄여야 할 대상은 확률 함수가 될 수 있습니다. 우리는 정보 확률 함수의 목적 함수인 아래 3가지 항목에 대해서 살펴보겠습니다.

- 확률 엔트로피(Entropy)
- 교차 엔트로피(Cross entropy)
- 쿨백-라이블러 발산(Kullback-Leibler divergence, KL-발산)

무작정 식을 쓰기에 앞서 간단한 정보 이론(Information theory)에서 말하는 정보량에 관해서 이야기 하겠습니다.

정보 이론에서 말하는 확률의 불확실성 정도를 정보량(Information)이라고 하여 이를 수치화한 값으로 [수식 2-76]을 사용합니다.

$$I(X) = -\log P(X) \qquad (2\text{-}76)$$

예시로 두 가지 사건에 대한 정보량을 파악해 보겠습니다. 하나는 주사위 눈이 짝수가 나오는 사건, 나머지는 주사위 눈이 1~6 사이의 눈이 나오는 사건입니다.

- 주사위 눈 짝수(2, 4, 6):

$$I(X_{even}) = -\log P(X_{even}) \qquad (2\text{-}77a)$$
$$= -\log \frac{3}{6} \qquad (2\text{-}77b)$$
$$= 0.693147\ldots \qquad (2\text{-}77c)$$

- 모든 주사위 눈(1, 2, 3, 4, 5, 6):

$$I(X_{all}) = -\log P(X_{all}) \qquad (2\text{-}78a)$$
$$= -\log \frac{6}{6} \qquad (2\text{-}78b)$$
$$= -\log 1 \qquad (2\text{-}78c)$$
$$= 0 \qquad (2\text{-}78d)$$

주사위를 던지는 사건에서도 짝수가 나오는 사건과 무조건 발생할 사건을 통해 확신하기 어려운 사건의 정보량이 많다는 것을 살펴보았습니다. 즉, 확률 함수를 잘 파악한다는 것은 정보량을 적게 만든다는 의미와 일맥상통합니다. 이제 순차적으로 확률 엔트로피, 교차 엔트로피 그리고 KL-발산에 대해서 살펴보겠습니다.

확률 엔트로피는 정보량의 기댓값으로 정의됩니다. [수식 2-79]는 각각 불연속형 확률 변수(a), 연속형 확률 변수(b)에 대한 엔트로피를 표현합니다.

$$H_d(X) = -\sum P(X) \log P(X) \qquad (2\text{-}79a)$$
$$H_c(X) = -\int P(X=x) \log P(X=x) dx \qquad (2\text{-}79b)$$

정규 분포를 따르는 확률 변수의 확률 엔트로피를 구하면 분산이 큰 경우가 확률 엔트로피 값이 크며, 작은 경우가 확률 엔트로피 값이 작게 나타납니다. 베이즈 통계 이론에서 학습한 인공지능이 높은 확률로 사건의 원인을 추정한다는 그림을 상기하길 바랍니다.

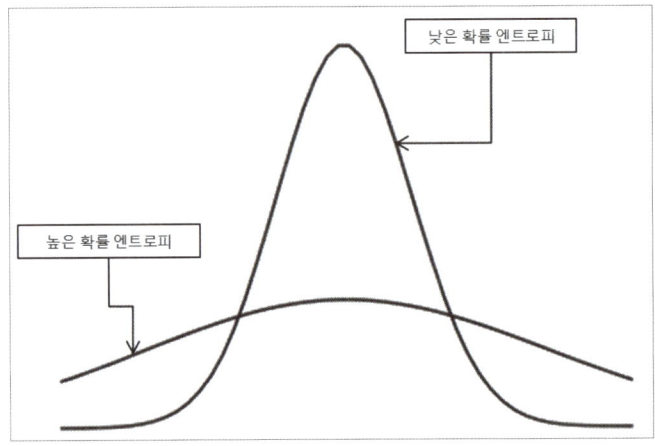

[그림 2-35] 확률 분포에 따른 엔트로피 값의 높낮이

넘파이를 이용해 주사위 눈의 확률 엔트로피를 계산해 보겠습니다.

```
dice = np.array([1,1,1,1,1,1])/6
numpy_entropy = -np.sum(dice*np.log(dice))
print(f'Numpy Entropy: {numpy_entropy}')
```

> **결과**
>
> Numpy Entropy: 1.7917594692280547

교차 엔트로피는 기준 확률 분포 P(X)를 통해 바라본 모델 확률 분포 Q(X)의 정보량입니다. [수식 2-80]은 각각 불연속형 확률 변수(a), 연속형 확률 변수(b)에 대한 교차 엔트로피를 표현합니다.

$$H_d(X) = -\sum P(X) \log Q(X) \quad (2\text{-}80a)$$
$$H_c(X) = -\int P(X = x) \log Q(X = x) dx \quad (2\text{-}80b)$$

교차 엔트로피를 글로 표현하자면 레이블에 해당하는 기준 확률 분포 P(X)로 추론값에 해당하는 모델 확률 분포 Q(X)를 파악하고자 추가로 관찰해야 할 사건의 수입니다. 즉, 모델 확률 분포가 기준 확률 분포와 이질적인 정도가 크면 교차 엔트로피가 크고, 이질적인 정도가 작으면 교차 엔트로피 값이 작다고 이해하면 되겠습니다. 보통 지도 학습의 경우에 기준 확률 분포(레이블)는 불가침의 영역이므로 확률 분포의 목적 함수를 정의할 때 가장 많이 쓰는 방식입니다. 교차 엔트로피를 충분히 낮추면 P(X)에 해당하는 확률 밀도 함수가 Q(X)의 확률 밀도 함수와 매우 유사해집니다. 이렇게 확률 밀도 함수를 데이터로부터 추정하는 전반적인 과정을 "밀도 추정(Density estimation)"이라고 합니다.

넘파이를 이용해 교차 엔트로피를 구현해 보겠습니다. 파이토치를 이용한 교차 엔트로피를 구하는 방식은 뒤에서 살펴볼 MNIST 예제를 통해 추가로 살펴볼 테니 생략하도록 하겠습니다. 임의로 두 정규 분포를 생성하고, 두 분포의 교차 엔트로피를 미리 작성해 둔 함수를 이용해 계산합니다.

```python
def CrossEntropy(Inference, Target):
    '''
    Inference: 추론 확률 분포
    Target: 기준 확률 분포
    '''
    # 수치를 안정화하고자 log 부분에 아주 작은 수를 더함
    return -np.sum(Target*np.log(Inference+1e-15))

infer = np.array([0.1,0.25,0.3,0.15,0.2])
target = np.array([0,0,1,0,0])
value = CrossEntropy(infer,target)
```

```
print(f'Cross entropy: {value}')
```

결과

```
Cross entropy: 1.2039728043259326
```

KL 발산 함수는 통계학에서 이용하는 두 확률 분포 함수가 얼마나 다른지 척도를 나타내는 함수입니다.

$$D_{KL}(P||Q) = -\sum P(X) \log \frac{Q(X)}{P(X)} \qquad (2\text{-}81a)$$
$$= -\sum P(X) \log Q(X) - \left(-\sum P(X) \log P(X)\right) \qquad (2\text{-}81b)$$

KL 발산 함수는 지금까지 우리가 살펴본 교차 엔트로피와 엔트로피의 관계식으로 풀어낼 수 있습니다. 교차 엔트로피로부터 기준 확률 분포 $P(X)$ 고유의 불확실성을 제거하는 값으로 계산됩니다. 앞서 살펴보았듯이 지도 학습에서는 기준 확률 분포 $P(X)$의 엔트로피가 0이라고 생각하므로 KL 발산 함수와 교차 엔트로피를 동일하게 사용해도 무방합니다. 참고로 교차 엔트로피와 KL 발산 함수는 최소 제곱법과는 달리 기준 확률 분포 $P(X)$와 모델 확률 분포 $Q(X)$의 순서를 바꿔 쓸 수 없다는 점을 유의하길 바랍니다.

2.5 인공 신경망

구체적인 인공지능을 구성하는 방법에 대해서 배워 보겠습니다. 인공 신경망(Artificial Neural Network) 기법이란 동물이 감각 기관을 통해 받은 외부 자극을 전기 신호로 변환시킨 후 이를 대뇌에서 전기 신호를 처리하는 방식을 모사한 알고리즘입니다. 앞서 살펴보았던 수학적 지식과 알고리즘 기법을 통해서 실제 생명체가 외부 신호를 받고 적절하게 이용하는 주체인 딥 러닝 인공지능의 개념을 살펴보도록 하겠습니다.

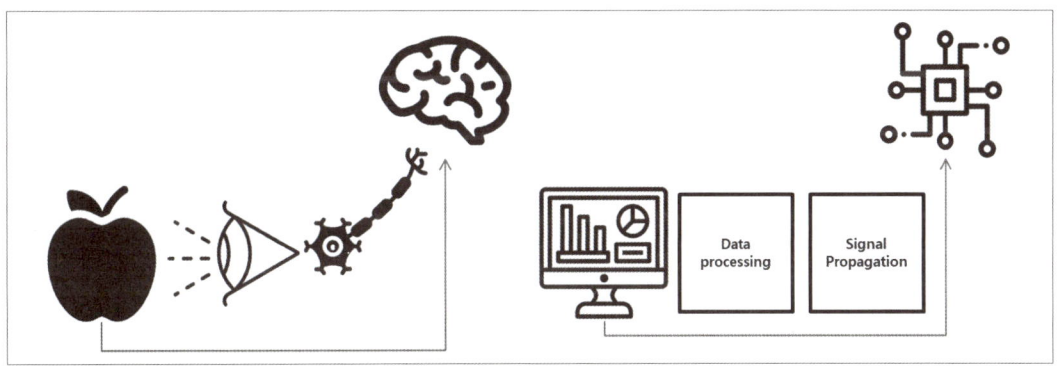

[그림 2-36] 생물(좌)과 기계(우)의 신호 인식 및 처리 방식

2.5.1 신호 전·후 처리

그림을 보면 외부의 신호 대상들이 표현되어 있습니다. 외부 신호는 눈으로 보는 시각 정보, 귀로 듣는 청각 신호 같은 외부 감각들의 모든 형태가 되겠습니다. 대뇌는 이런 외부 신호들을 있는 그대로 받아들일 수 없으므로 신호의 입력 단계에서 신호 형태를 한번 정렬하는 과정을 거칩니다. 이러한 과정을 정규화(normalization)라고 합니다.

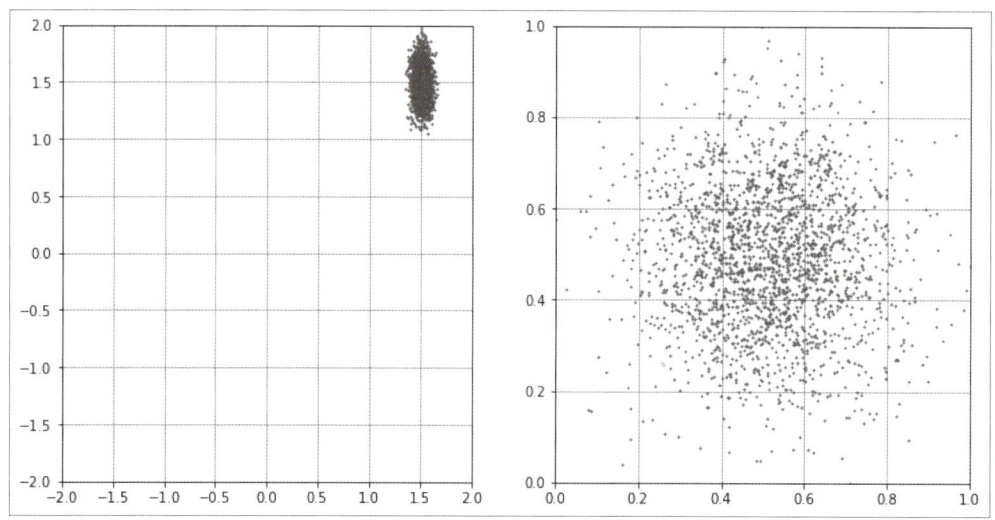

[그림 2-37] 정규화 과정 전·후의 데이터 분포

[그림 2-37]를 보면 정규화 과정이 되어 있지 않은 데이터들은 한쪽으로 몰려 있고 각각의 신호가 규모가 너무 작거나 크기를 분별하기가 쉽지 않습니다. 하지만 정규화 과정을 거치고 난 후 신호들이 적절하게 분리되어 각 데이터를 판별하기가 한결 수월해짐을 볼 수 있습니다. 데이터 x에 대한 정규화 수식은 아래와 같으며 입력되는 신호들은 0~1 사이의 값을 받는 것이 일반적입니다.

$$\hat{x} = \frac{x - x_{min}}{x_{max} - x_{min}} \qquad (2\text{-}82a)$$

$$x = \hat{x}(x_{max} - x_{min}) + x_{min} \qquad (2\text{-}82b)$$

[수식 2-82]의 (a)를 데이터 전처리(Preprocessing), (b)를 데이터 후처리(Postprocessing) 과정이라고 합니다. 후처리 과정은 주로 회귀 분석에서 인공지능이 출력한 결과를 원래 데이터 형식으로 변환하고자 필요한 식입니다. 식에서 나오는 아래 첨자는 학습할 당시 이용되었던 학습 데이터의 최솟값, 최댓값을 의미합니다.

2.5.2 순방향 전파

전처리가 완료된 식이 인공지능으로 전달되는 단계입니다. 우리가 처리할 데이터들은 상당히 복잡한 문제를 풀어야 하므로 최종 결과를 도출할 때까지 많은 전기 신호의 가공이 필요합니다. 동물 같은 경우 뉴런(neuron)이라고 하는 신경 세포가 전기 신호를 통과시키며 가공하는 역할을 하는데, 인공지능에도 이런 역할을 해 주어야 하는 대상이 필요합니다. 딥 러닝에서도 같은 용어로 뉴런이라고 부르는 인공 신경망 신호를 계속해서 가공해 주는 역할을 하는 대상이 있습니다.

예를 들어 입력 신호가 128차원 벡터인 복잡한 신호라고 가정해 봅시다. 이런 벡터를 최대한 단순한 2차원 벡터로 만들어 주는 인공 뉴런을 만들고자 우리는 선형 대수학 개념을 사용할 수 있습니다.

$$Y = \theta^T X + b \qquad (2-83)$$

X는 입력 신호, θ^T는 인공 뉴런 혹은 가중치, b는 출력 신호의 방향을 바꾸는 편향 그리고 Y는 뉴런을 통과한 출력 신호를 표현합니다. 우리가 원하는 바는 입력 신호 X가 128차원의 신호 벡터, 출력 신호 Y가 2차원을 구성해야 하므로 인공 뉴런 θ^T는 다음과 같이 2x128 크기의 행렬로 구성됩니다.

$$\theta^T \in \mathbb{R}^{2 \times 128}$$
$$b \in \mathbb{R}^2$$
$$X \in \mathbb{R}^{128}$$
$$Y \in \mathbb{R}^2$$

계산 그래프(Computational graph)를 통해 입력 신호가 인공 뉴런을 통과해서 출력 신호로 바뀌는 과정을 도식화해서 표현할 수 있습니다.

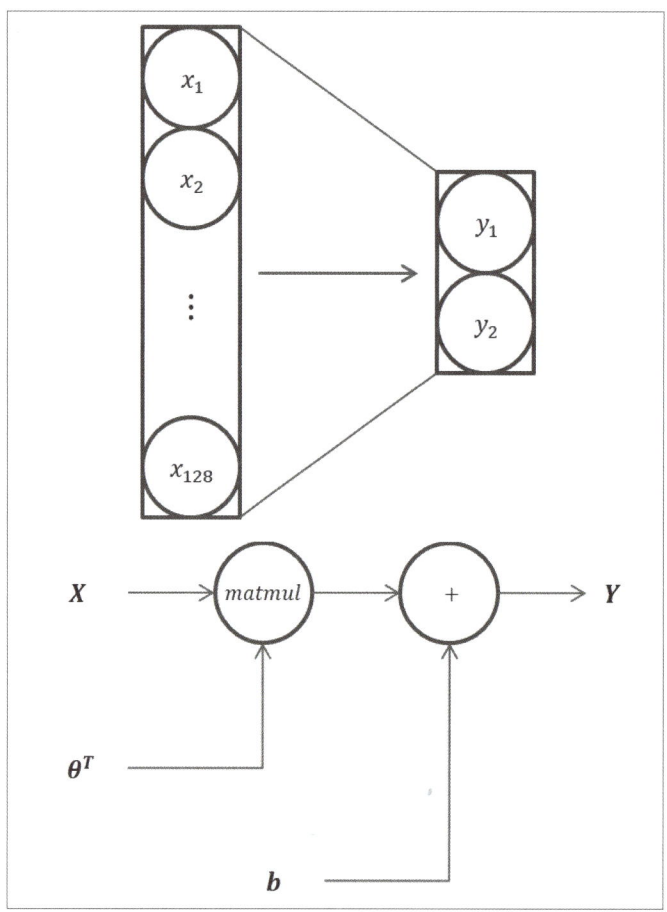

[그림 2-38] 단층 신경망의 형태(위)와 계산 그래프(아래)

[그림 2-38]은 1층(Layer) 신경망 모델을 통과한 모습을 표현합니다. 위쪽이 신경망을 통해 신호가 바뀌는 모습을, 아래쪽 그림은 내부에서 어떤 연산이 일어나는지 표현한 계산 그래프가 됩니다. 계산 그래프는 입력 신호와 가중치가 행렬 곱을 수행하고 편향치를 더한다는 표현이 그려져 있습니다. 계산 그래프에서 두 입력값을 연산하라는 지시자를 노드(node)라고 부릅니다. [그림 2-38]의 입력 신호는 모든 인공 뉴런과 행렬 곱 연산을 통해 신호가 바뀌므로 이런 인공 신경망 계층의 이름을 다른 말로 완전 연결 계층(Fully connected layer)이라고 이야기합니다.

완전 연결 계층 연산을 파이토치로 실습해 보겠습니다.

```
import torch ①
import torch.nn as nn ②
```

```
x = torch.rand(size=(1,128))  ③
linear1 = nn.Linear(128,2)  ④
y = linear1(x)  ⑤
print(f'y 형태 : {y.shape}')  ⑥
```

①~② 파이토치 패키지를 호출합니다.

③ 임의의 입력 신호 x를 정의합니다. 입력 신호는 128차원의 벡터 1개로 구성되어 있다는 것을 의미합니다.

④ 완전 연결 계층에 필요한 파라미터를 생성하고 연산까지 관장하는 클래스입니다. 첫 번째 입력 인자는 입력 신호의 차원, 두 번째 입력 인자는 출력 신호의 차원을 입력해 줍니다. 본 예시에서는 128개의 신호를 입력받고 2개의 신호를 호출하도록 가중치와 편향을 자동 생성하고 함수를 실행하면 행렬 곱과 벡터 덧셈 연산을 자동으로 실행하는 것을 표현하였습니다.

⑤ 입력 신호와 가중치 행렬, 편향 벡터의 곱셈, 덧셈 연산을 진행합니다.

⑥ 출력 신호의 차원 형태를 분석합니다.

결과

```
y 형태 : torch.Size([1, 2])
```

간단한 문제에서는 1층 신경망 모델을 설정하고도 문제가 풀리지만 대부분 우리가 풀어야 할 문제는 복잡하므로 단순한 하나의 선형 대수식으로 문제를 해결할 수 없어 여러 층의 뉴런이 필요합니다. 이와 같이 풀기 어려운 문제를 비선형 문제(Non-linear problem)라고 부르며, 해를 구하고자 여러 층으로 이루어진 인공 신경망을 이용합니다.

주의할 점은 선형 방정식으로 계속 신경망을 이어 나가면 안 됩니다. 왜냐하면 단순히 인공 뉴런을 통과한 신호를 별도의 조작 없이 계속해서 인공 뉴런을 통과시키면 결국에는 하나의 선형 방정식과 동일하기 때문입니다. 왜 그런지 [수식 2-84]와 같이 보겠습니다.

$$X_1 = \theta_0^T X_0 + b_0 \qquad (2\text{-}84a)$$
$$X_2 = \theta_1^T X_1 + b_1 \qquad (2\text{-}84b)$$
$$\quad = \theta_1^T \theta_0^T X_0 + \theta_1^T b_0 + b_1 \qquad (2\text{-}84c)$$
$$\quad = \theta^T X_0 + b \qquad (2\text{-}84d)$$

아래 첨자는 신호가 통과하는 층을 나타내는 숫자입니다. 1층을 통과한 신호가 연속적으로 2층까지 통과하여도 위 식과 같이 별다른 조치가 취해지지 않으면 결국에는 1층 신경망과 동일한 결과를 보여 줍니다. [수식 2-84] 중 (a)와 (d)가 결과적으로 큰 차이가 없습니다. 이를 방지하고자 활성화 함수(Activation function)라는 개념을 통해 다층의 인공 신경망이 1층 신경망과 차이를 두게 합니다. 앞으로 입력 신호는 입력층, 출력 신호에는 출력층 그리고 입력층-출력층 중간 사이의 신호를 은닉층(hidden layer)이라는 용어로 통일하겠습니다. [그림 2-38]은 은닉층이 1층인 신경망 개념도와 그에 맞는 계산 그래프를 보여 줍니다.

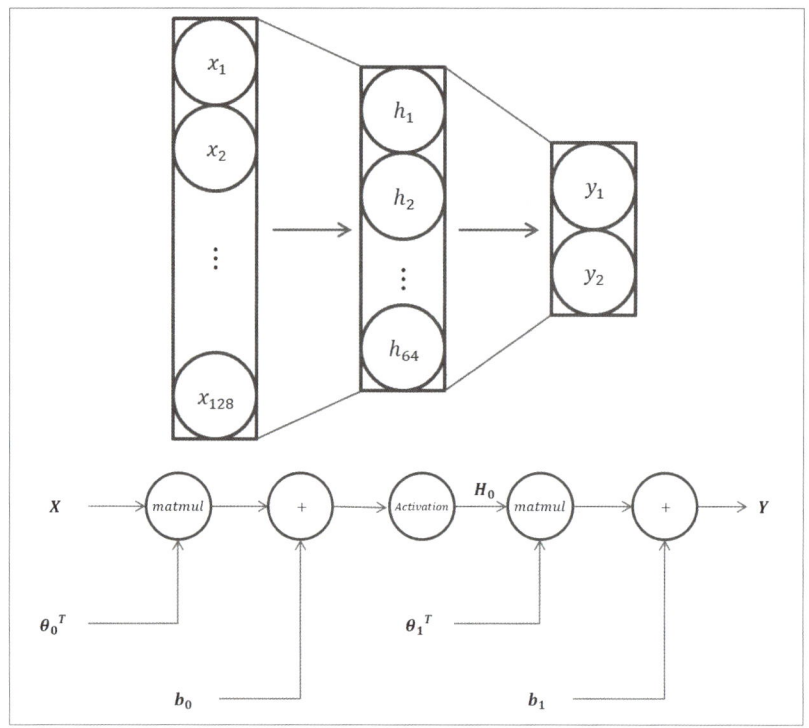

[그림 2-39] 3층 신경망의 형태(위)와 계산 그래프(아래)

[수식 2-85]는 활성화 함수(σ)를 추가하여 순방향 전파를 하는 계산을 나타냅니다.

$$H_0 = \sigma(\theta_0^T X_0 + b_0) \qquad (2\text{-}85a)$$
$$Y = \theta_1^T H_0 + b_1 \qquad (2\text{-}85b)$$
$$= \theta_1^T \sigma(\theta_0^T X_0 + b) \qquad (2\text{-}85c)$$

≫ 활성화 함수

다층의 신경망이 한 층의 신경망과 같지 않도록 신호를 바꿔 주는 함수입니다. 대표적인 함수로 Sigmoid, tanh 그리고 Relu 함수들이 있습니다.

- **Sigmoid:** 어떤 신호를 입력받아도 출력값은 0~1 사이의 값으로 바꿔 주는 함수입니다.

$$\sigma(x) = \frac{1}{1+e^{-x}} \qquad (2-86)$$

- **Tanh:** Sigmoid 함수와 유사한 형태를 가진 함수입니다. 하지만 tanh 함수는 출력값이 -1~1 사이로 Sigmoid 함수보다 정의역이 확장된 함수입니다.

$$\tanh(x) = \frac{e^x - e^{-x}}{e^x + e^{-x}} \qquad (2-87)$$

- **Relu:** 입력 신호가 음수를 0으로 처리하고, 양수면 그대로 통과하는 함수입니다.

$$\text{Relu}(x) = \max(0, x) \qquad (2-88)$$

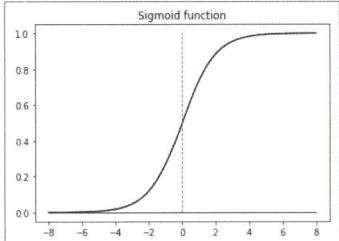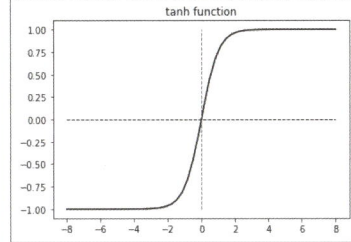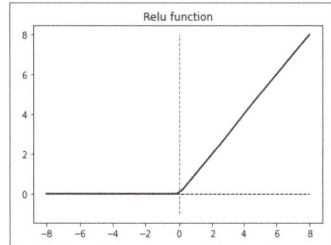

[그림 2-40] 활성화 함수의 개형. 왼쪽부터 Sigmoid, tanh 그리고 Relu

풀고자 하는 문제의 형태에 따라 인공지능을 만드는 사람이 적절한 활성화 함수를 선택합니다.

실습으로 Relu 활성화 함수가 포함된 입력-은닉-출력의 3층 신경망을 구성해 보겠습니다. 입력 신호는 128차원, 은닉층의 신호는 64차원 그리고 출력 신호는 2차원 벡터라고 가정하고 실습을 진행하겠습니다. Relu 활성화 함수를 통과한 신호는 최솟값을 0으로 가지며, 최댓값은 활성화 함수를 통과하기 전 신호의 최댓값과 동일합니다.

```
x = torch.rand(size=(1,128))  ①


hidden_linear = nn.Linear(128,64)  ②
Relu_activation = nn.ReLU()  ③
output_linear = nn.Linear(64,2)  ④
```

① 1x128차원의 난수 입력 신호를 생성합니다.
② 첫 번째 은닉층으로 128차원의 신호를 입력받고, 64차원의 신호를 출력하는 클래스를 정의합니다.

③ 클래스 이름과 같은 Relu 활성화 함수를 정의해 줍니다.

④ 은닉층의 신호로부터 2차원 벡터의 최종 출력층을 정의합니다.

```
h1 = hidden_linear(x)  ⑤
h1 = Relu_activation(h1)  ⑥
y = output_linear(h1)  ⑦
y = Relu_activation(y)  ⑧

print(f'y 형태: {y.shape}')  ⑨
print(f'y 최대, 최소: {y.max()}, {y.min()}')  ⑩
```

⑤ 은닉 신호의 입력 신호와 은닉층의 매개 변수 행렬, 벡터 선형 연산을 진행합니다.

⑥ 은닉층 신호를 활성화 함수로 연산하여 비선형성을 추가합니다.

⑦ 활성화 함수를 통과한 은닉 신호를 마지막 출력 신호로 변환합니다.

⑧ 출력 신호 또한 최종 활성화 함수를 통과하도록 합니다.

⑨~⑩ 출력 신호의 형태와 최댓값, 최솟값을 출력합니다.

결과

```
y 형태: torch.Size([1, 2])
y 최대, 최소: 0.14450599253177643, 0.0
```

> **Note**
>
> 출력층은 우리가 원하는 데이터 혹은 결과와 같아야 합니다. 만약 원하는 결과가 0보다 작은 값일 때 Relu 함수를 출력층에 통과시키면 절대로 원하는 결과를 얻지 못합니다. 따라서 문제 상황에 맞는 적절한 활성화 함수를 선택하는 것이 중요합니다.

> **Note**
>
> 파이토치도 넘파이와 같이 난수 시드 번호를 부여해 난수 생성 규칙을 고정할 수 있습니다. "torch.manual_seed(번호)"를 통해 진행합니다. 마찬가지로 난수 시드 번호는 마음에 드는 양의 정수를 입력하면 됩니다.

```
torch.manual_seed(123)
```

2.5.3 역방향 전파

입력 신호가 복잡한 문제를 풀고자 신호로 변환하는 과정을 살펴보았습니다. 하지만 인공 신경망의 가중치와 편향이 해당 문제를 풀려면 적절한 매개 변수로 만드는 과정이 필요합니다. 역방향 전파를 통해 초기에 임의로 설정되었던 매개 변수가 문제 풀이에 적절한 형태로 만들고자 최적화를 수행합니다.

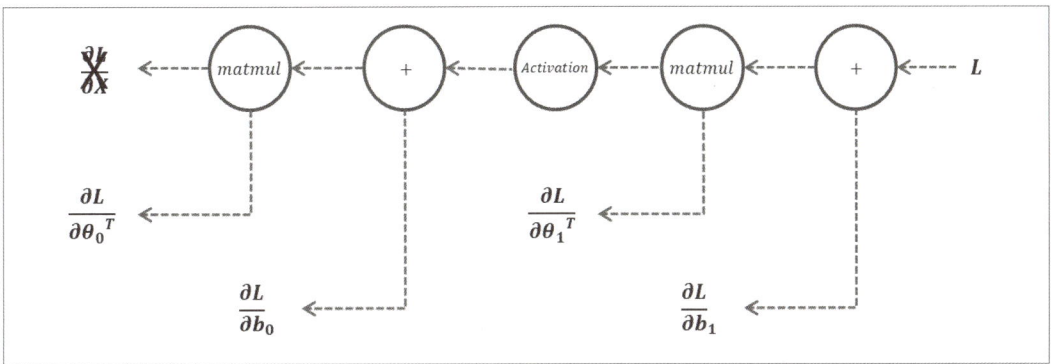

[그림 2-41] 역방향 전파의 계산 그래프

[그림 2-41]의 역방향 전파(Backward propagation) 계산 그래프를 보면 인공 신경망의 매개 변수인 가중치 행렬과 편향 벡터에 대한 목적 함수의 미분값을 계산 그래프 노드의 미분 연산을 통해 해석적으로 계산되는 것이 표현되어 있습니다.[13]

> **Note**
>
> 입력 신호의 목적 함수에 대한 미분값은 계산 그래프를 통해 해석적으로 수치를 얻을 수 있지만 대부분의 신경망 모델의 학습에 대해서 사용하지 않는 부분이므로 그림에 "X" 표시했다는 점을 밝힙니다.

역방향 전파를 통해 가중치와 편향에 대한 미분값을 구했다면 앞서 살펴본 SGD, Adam과 같은 최적화 알고리즘을 통해 우리에게 필요한 인공 신경망 매개 변수로 학습시킬 수 있습니다. 인공 신경망의 학습 매개 변수를 학습하기 위한 목적 함수에 대한 미분값은 특별한 패키지가 없으면 개별적으로 구해야 하지만 머신 러닝 패키지를 통해 손쉽게 구할 수 있습니다. 다음 섹션에서 본격적으로 파이토치 패키지를 이용해 이를 손쉽게 계산하는 방법을 학습해 보겠습니다.

---

[13] https://cs231n.github.io/optimization-2/ 자세한 내용은 스탠포드 cs231 강의를 참조하길 바랍니다.

2.6 초간단 파이토치 튜토리얼

이번 섹션부턴 파이토치 패키지를 이용해 매우 간단한 딥 러닝 알고리즘 예제 2개를 구현해 보겠습니다. 하나는 손 글씨 이미지 분류 문제인 MNIST 분류기, 나머지 하나는 비선형 회귀 문제를 다루어 보겠습니다.

2.6.1 MNIST

MNIST 손 글씨 데이터 세트 문제는 0부터 9까지 숫자를 사람이 쓴 손 글씨 이미지를 딥 러닝 알고리즘에 대입시켜 무슨 숫자인지 정확히 맞히는 것이 해결해야 할 목표입니다.

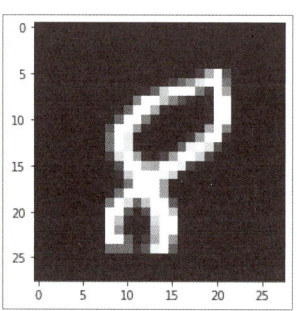

[그림 2-42] MNIST 데이터 예시

[그림 2-42]와 같이 '8'이라고 쓰인 1x28x28 크기의 흑백 이미지 데이터를 인공지능이 '8'이라고 분류하는 딥 러닝 알고리즘을 만들어 보겠습니다. 순서대로 코드와 함께 진행합니다.

≫ 필요 패키지 호출 및 데이터 다운로드

필요한 패키지들을 호출합니다. 파이토치, MNIST 데이터를 다운로드받을 torchvision 그리고 기타 패키지를 같이 부르겠습니다.

```python
import torch  ①
import torch.nn as nn  ②
import torch.nn.functional as F  ③
import torch.optim as optim  ④
import torchvision.datasets as dataset  ⑤
import torchvision.transforms as transforms  ⑥

import random  ⑦
import numpy as np  ⑧
import matplotlib.pyplot as plt  ⑨
```

①~④ 파이토치에 관련된 패키지입니다. 그중에서 ④는 파이토치 중 최적화를 담당하는 클래스입니다.

⑤~⑥ 파이토치 설치 과정에서 같이 설치된 패키지로 이미지를 담당하는 torchvision 패키지입니다. 해당 패키지 내부에는 지금 우리가 살펴볼 MNIST 데이터 및 기타 등등의 이미지 데이터 세트와 미리 학습된 이미지 분석에 최적화된 모델들이 들어 있습니다. 그중 우리는 데이터 세트와 이미지를 전처리하는 데 필요한 클래스만 호출합니다.

패키지 호출이 완료되었으면 다음 코드를 통해 MNIST 데이터를 불러옵니다.

```python
mnist_train = dataset.MNIST(root='./MNIST_data', train=True,
transform=transforms.ToTensor(),
                            download=True)

mnist_test = dataset.MNIST(root='./MNIST_data', train=False,
transform=transforms.ToTensor(),
                            download=True)
```

mnist_train은 학습용 데이터 세트(Train dataset)로 60,000장의 이미지와 그에 해당하는 레이블로 구성되어 있으며, mnist_test는 시험용 데이터 세트(Test dataset)로 10,000장의 이미지와 해당하는 레이블로 구성되어 있습니다. 지도 학습에서는 원칙적으로 과적합(overfitting)을 검사하고자 검증용 데이터 세트(Valid dataset)를 학습용 데이터 세트부터 분리해야 하지만 본 문제는 매우 간단하고 코드를 다루는 것이 목적이니 따로 만들지는 않겠습니다.

> **Note**
> 과적합은 훈련용 데이터 세트에만 지나칠 정도로 잘 학습하여 훈련용 데이터 세트 이외의 데이터에는 정확도가 현저히 낮아지는 현상을 의미합니다.

입력 인자들이 의미하는 바는 순서대로 "MNIST_data"라는 디렉터리를 만들어서 데이터를 관리하고, 학습 여부, 자료 형태는 파이토치 텐서 형태로 그리고 이미지 데이터가 컴퓨터에 없으면 자동으로 다운로드를 진행하라는 의미입니다.

다음 커맨드를 통해 데이터와 이미지에 대해서 파악해 봅니다.

```
# sample
img, label = mnist_train[0]   ①
plt.imshow(img[0,:,:],cmap='gray')   ②
print(f'레이블(숫자): {label}')   ③
```

① mnist_train의 첫 번째 데이터를 분석합니다. 데이터 하나하나는 (입력 데이터, 레이블)로 구성되어 있어서 img는 입력 데이터 이미지, label은 레이블 번호를 부여받습니다.

② matplotlib 패키지의 imshow 클래스로 이미지를 출력합니다. MNIST 데이터 이미지는 색이 없는 형태의 28x28 크기의 행렬이므로 불필요한 입력 차원을 생략하고 그림의 색상을 회색 조로 출력하도록 정의합니다.

③ 이미지에 부여된 레이블을 화면에 출력합니다.

결과

레이블(숫자): 5

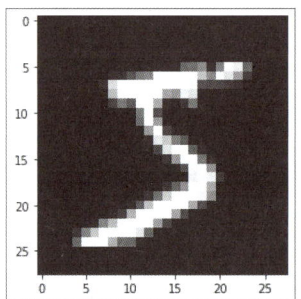

[그림 2-43] 출력된 MNIST 시험용 데이터

≫ 데이터 전처리 및 데이터 세트 정렬

RGB나 흑백 이미지의 픽셀값은 일반적으로 0~255까지의 값을 가져 이를 정규화하고자 255 값을 나눠 주는 것이 일반적입니다. 하지만 우리가 앞서 받은 MNIST 데이터 세트는 정규화가 미리 완료되어 있으므로 별도의 입력 신호 전처리를 생략합니다.

60,000장의 이미지 데이터를 한 번에 경사 하강법을 이용해 학습시키면 컴퓨터 계산에 비용적인 단점이 발생하므로 배치 데이터를 생성하겠습니다.

```
train_loader = torch.utils.data.DataLoader(mnist_train,batch_size=32,shuffle=True,drop_last=False)
test_loader = torch.utils.data.DataLoader(mnist_test,batch_size=32,shuffle=False,drop_last=False)
```

이제 학습 데이터의 배치는 train_loader로, 시험용 데이터의 배치는 test_loader로 정의했습니다. 위와 같이 작성하면 학습 데이터, 시험 데이터 모두 배치의 크기는 32개씩 묶였으며, 학습 데이터는 순서를 섞었으며, 시험용 데이터는 원래 순서대로 순차적으로 추출하겠다는 의미입니다. 후에 train_loader와 test_loader를 반복문으로 데이터와 레이블을 분리하겠지만 다음과 같이 데이터-레이블 배치를 통해 해당 정보를 확인할 수 있습니다.

```
data_batch, label_batch = next(iter(train_loader))
print(f'데이터 배치: {data_batch.shape}')
print(f'레이블 배치: {label_batch.shape}')
```

결과

```
데이터 배치: torch.Size([32, 1, 28, 28])
레이블 배치: torch.Size([32])
```

데이터 배치는 32개의 1x28x28의 이미지 텐서로 구성되어 있음을, 레이블 배치는 32개의 1~9까지 숫자가 적힌 스칼라 텐서로 구성되어 있음을 확인하였습니다.

≫ 인공 신경망 모델 생성

파이토치로 인공 신경망을 만들어 보겠습니다. 우선 아래와 같이 MNIST 데이터 세트 전용의 인공 신경망 모델을 작성해 보겠습니다.

```
class MNIST_full(nn.Module):   ①
    def __init__(self):   ②
        super(MNIST_full,self).__init__()   ③
        self.lin1 = nn.Linear(784,256)   ④
        self.lin2 = nn.Linear(256,128)   ⑤
        self.lin3 = nn.Linear(128,10)   ⑥
```

① 인공 신경망 클래스를 호출합니다. 인공 신경망의 여러 기능은 파이토치 클래스 중 nn.Module을 통해 상속받아서 이용됩니다.

②~③ 상속받은 파이썬 클래스의 초기 구문을 담당하는 역할을 합니다.

④~⑥까지 본격적인 인공 신경망의 뉴런 노드를 구성하는 역할을 합니다. 여기서 입력 신호 1x28x28 형태의 이미지 텐서를 간단하게 784차원의 벡터로 변환시킨다고 가정합니다. ④의 self.lin1 = nn.Linear(784,256) 구문이 첫 번째 층을 의미하며 자동으로 가중치 행렬과 편향 벡터를 생성해 주며 256차원의 벡터로 출력 신호가 반환합니다. 이렇게 두 번째 층 그리고 출력층까지 차례대로 작성합니다. 출력층은 0~9까지 10개의 숫자에 대한 확률 함수를 추정해야 하므로 10차원의 벡터로 설정하였습니다. 클래스 초기화 부분에서 설정된 함수는 순방향 전파에서 이용됩니다.

다음 순방향 전파를 담당하는 forward 함수 구문입니다.

```
    def forward(self,x):
        x = x.view(-1,784)   ⑦
        x = F.relu(self.lin1(x))   ⑧
        x = F.relu(self.lin2(x))   ⑨
        x = F.softmax(self.lin3(x),dim=1)   ⑩
        return x
```

입력 신호 x를 함수 입력 인자로 기본적으로 설정하며 초기화 함수 부분에서 정의한 신경망 매개변수를 순차적으로 정의합니다.

⑦ 1x28x28 크기의 이미지 텐서를 view 클래스를 통해 1x784차원의 벡터로 신호를 바꾸어 주었습니다. 입력 신호 차원에서 -1은 이미지 텐서가 1개만 입력받으면 1에 해당하고, 이미지 텐서가 32개가 들어와 입력 차원이 32x28x28이라면 32에 해당합니다. 784라는 숫자는 28x28의 결과임을 상기하길 바랍니다.

⑧~⑨ 은닉층을 두 번 통과하며 활성화 함수를 Relu 적용했습니다.

⑩ 마지막 출력층의 연산으로 F.softmax라는 우리가 앞서 보지 못했던 소프트맥스(Softmax) 활성화 함수를 택합니다. 이 활성화 함수는 출력되는 벡터의 모든 값을 0~1 사이의 값으로 만들며 모든 원소를 합하면 1로 만드는 함수입니다. 따라서 최종 신호가 이산형 확률 함수의 형태로 나올 때 주로 이용되는 함수입니다.

$$\text{softmax}(x) = \frac{e^x}{\sum e^x} \qquad (2\text{-}89)$$

Note

'dim=1' 옵션은 소프트맥스 함수 변환을 취하는 대상이 배치에 대해서 하는 것이 아닌 10차원 벡터에 대해서 하는 것임을 의미합니다.

이렇게 만든 모델과 Adam 최적화 알고리즘을 정의하겠습니다.

```
model = MNIST_full() ①
optimizer = optim.Adam(model.parameters(),lr=0.001) ②
```

① 인공 신경망 모델을 정의하는 구문입니다.

② 최적화 도구로 Adam 알고리즘을 사용하며 최적화의 대상은 앞서 정의한 인공 신경망 모델의 매개 변수(가중치 행렬, 편향 벡터)가 됩니다. 또한 학습률은 0.001로 설정되었습니다.

≫ 목적 함수 정의

아래와 같이 교차 엔트로피 함수를 목적 함수로 정의합니다.

```
criterion = nn.CrossEntropyLoss()
```

이제 criterion(추정 모델, 레이블)을 이용해서 확률 변수와 레이블 간의 목적 함숫값을 구합니다. 구체적으로 교차 엔트로피가 여기에서 어떤 역할을 수행하는지 다음 그림을 통해서 살펴보겠습니다.

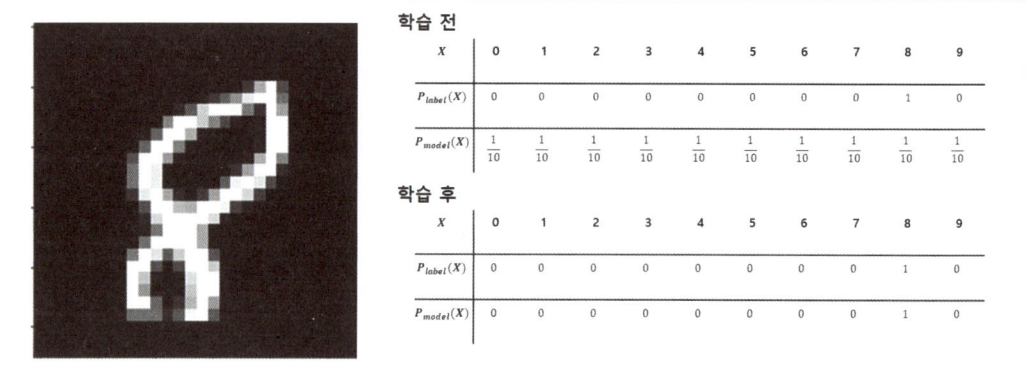

[그림 2-44] 데이터와 원-핫 인코딩된 레이블 그리고 모델의 추론 확률 분포

학습하기 전 인공 신경망 모델은 MNIST 데이터에 대한 최적화가 이루어지지 않으므로 데이터에 대한 확률 함수를 [그림 2-44]의 위쪽에 나오는 표와 같이 생각합니다. 레이블에 대해서는 8에 대한 이미지의 확률 함수를 1만 1이고 나머지는 0으로 분포 삼아야 하지만 신경망 모델은 이를 인지하지 못하고 모든 확률 변수를 거의 동일하게 설정합니다. 교차 엔트로피를 목적 함수로 정의하고 이를 줄이는 최적화 과정을 거치면 모델의 목적 함수는 줄어들어 아래쪽 표와 같이 8에 대한 확률 변수만 강하게 추정하고 나머지는 0으로 추정합니다.

≫ 학습

데이터 처리, 모델 생성, 목적 함수에 대한 정의까지 모두 마쳤으면 최적화를 통해 학습을 수행합니다. 전체 학습 데이터의 반복 횟수(epoch)는 3회로 설정하였습니다.

```
for epoch in range(3):    ①
    print(f'Epoch: {epoch+1}')    ②
    loss_buffer = []    ③
```

전체 데이터 세트를 모두 최적화하면 1회의 에포크(epoch)가 진행되었다고 표현합니다. 본 예시는 3회 에포크를 최적화합니다. ③은 매 에포크 차시 목적 함수가 성공적으로 감소하는지 확인하고자 빈 리스트를 생성합니다.

```
for idx,(x,y) in enumerate(train_loader):    ④
    y_onehot = torch.zeros((y.shape[0],10))    ⑤
    y_onehot[range(y.shape[0]),y]=1    ⑥
```

④ 앞에서 설정한 학습용 배치로 묶인 데이터 세트의 (이미지, 레이블)을 모두 반복해서 호출합니다.

⑤~⑥ 배치가 아닌 레이블의 차원에서 스칼라 형태로 주어진 데이터를 확률 변수로 바꿔 주는 원-핫 인코딩(one-hot encoding) 구문입니다. [그림 2-44]와 같이 레이블이 8이면 8번째 인덱스만 1이고 나머지 숫자에 대해서 0으로 만들어 줍니다.

```
y_infer = model(x)  ⑦
loss = criterion(y_infer,y)  ⑧
optimizer.zero_grad()  ⑨
loss.backward()  ⑩
optimizer.step()  ⑪
loss_buffer.append(loss.item())  ⑫
```

⑦ 입력 데이터를 인공 신경망으로 전파하고 계산된 출력된 신호를 y_infer로 정의합니다.

⑧ 출력 신호와 레이블의 차이를 교차 엔트로피로 계산합니다.

⑨ 최적화로 정의된 모든 매개 변수의 기울기를 모두 0으로 초기화해 주는 함수입니다. 해당 과정을 진행하지 않으면 반복할 때마다 생성된 기울기가 이후 결과에 영향을 초래합니다.

⑩ 목적 함수로부터 인공 신경망의 역방향 전파를 수행하며, ⑪을 이용해 Adam 최적화 알고리즘을 1회 진행합니다.

⑫ 학습이 잘 이루어지는지 목적 함숫값 item() 클래스로 파이토치의 실수 형태로 변환시킨 후 ③의 리스트에 입력시킵니다.

```
if idx % 600 == 0:  ⑬
    print(f' Iteration:{idx}  Train loss {np.mean(loss_buffer):.3f}')  ⑭
```

⑬~⑭ 600번의 최적화 순서마다 최적화 횟수와 목적 함수를 터미널에 출력합니다.

마지막으로 학습이 잘 이루어지는지 로그를 출력합니다. 학습이 잘된다면 학습 단계의 목적 함수는 점차 감소하는 경향을 보여 줍니다. 출력 주기 혹은 출력 로그 형태는 독자 여러분들이 보고 싶은 형태로 바꾸어도 무방합니다.

> **결과**
>
> ```
> Epoch: 1
>  Iteration:0   Train loss 2.302
> Iteration:600   Train loss 1.630
> Iteration:1200   Train loss 1.587
> Iteration:1800   Train loss 1.567
> Epoch: 2
>  Iteration:0   Train loss 1.491
> Iteration:600   Train loss 1.515
>  Iteration:1200   Train loss 1.513
>  Iteration:1800   Train loss 1.511
> Epoch: 3
>  Iteration:0   Train loss 1.485
> Iteration:600   Train loss 1.503
>  Iteration:1200   Train loss 1.501
>  Iteration:1800   Train loss 1.500
> ```

학습용 데이터로만 판단한 목적 함수의 변화 추이를 화면으로 표시하였습니다. 1회 반복의 첫 번째 데이터 배치의 반복 때 목적 함숫값이 2.3인 반면 점차 학습이 진행되면서 목적 함수가 1.5까지 낮아지는 것을 확인하였습니다. MNIST 데이터 세트는 상당히 풀기 쉬운 데이터 세트이므로 학습 초반에 학습이 거의 다 이루어진 것을 확인할 수 있습니다.

≫ 시험용 데이터 정확도 측정

학습에 전혀 관여하지 않았던 시험용 데이터에 대한 정확도를 추정해 보겠습니다. 이 과정에서도 레이블에 대해서 원-핫 인코딩을 수행하고, 모델이 추정한 가장 높은 확률 변수의 번호(index)를 추정하여 비교 분석합니다.

```
acc = [] ①
for x,y in test_loader: ②
    y_infer = model(x) ③
    correct_prediction = torch.argmax(y_infer, 1) == y ④
    acc.append(correct_prediction.float().mean()) ⑤
```

```
print(f'Test loss {np.mean(loss_buffer):f}, Accuracy: {np.mean(acc)*100:f}%')  ⑥
```

① 전체 시험용 데이터 세트의 정확도를 기억하도록 빈 리스트를 제작합니다.
② 시험용 데이터 세트 전체를 반복 구문으로 호출을 시작합니다.
③ 이미지 데이터로 인공 신경망의 출력 신호를 입력받습니다.
④ 레이블의 번호와 출력 신호가 최댓값을 나타내는 변수의 번호와 동일한지 파악합니다. 두 값이 동일하다면 1을, 동일하지 않다면 0 값을 출력하므로 완벽하게 둘의 값이 모든 데이터 세트에 같다면 반복하는 동안 모든 correction_prediction 값은 1을 출력합니다.
⑤ 32개씩의 배치로 묶은 correction_prediction의 값의 평균을 낸 값을 빈 리스트에 입력합니다. ⑥ 테스트 데이터 세트의 목적 함수와 리스트에 입력된 정답 비율의 평균을 백분율로 출력합니다.

결과

```
Test loss 1.499997, Accuracy: 96.016371%
```

시험용 데이터에 대해서 이미지 예측 정확도가 96%가 나옴을 확인했습니다.

≫ 단일 데이터에 대한 평가

아래 구문을 통해 단일 데이터를 인공지능이 어떻게 평가했는지 확인해 볼 수 있습니다.

```
img,label=random.choice(mnist_test)  ①
plt.imshow(img[0,:,:],cmap='gray')  ②
y_infer = model(img)  ③
print(f'실제 이미지의 숫자 {label}')  ④
print(f'예측 이미지의 숫자 {torch.argmax(y_infer,1)}')  ⑤
```

① 파이썬의 랜덤 패키지를 이용해 시험용 데이터 세트 중 임의로 하나를 선택해 이미지와 해당하는 레이블을 선택합니다.

그 외 나머지 과정은 앞서 데이터 세트를 확인하는 과정과 동일합니다. 해당 셀을 여러 번 실행해 보면서 어떤 데이터가 잘 추정했는지 못 했는지를 판단해 보길 바랍니다.

2.6.2 회귀 분석

두 번째 실습으로 1차원 회귀 분석 문제를 풀어 보겠습니다. $y=f(x)$ 형태의 수식을 풀어 볼 것인데 인공 신경망의 힘을 느끼고자 계산하기 다소 어려운 비선형 방정식을 설정하고 회귀 분석을 진행하겠습니다. 필자가 설정한 비선형 방정식은 다음과 같습니다.

$$y = f(x) \qquad (2\text{-}90a)$$
$$= -0.01x^3 + 2cos(x)e^{-x^2} \qquad (2\text{-}90b)$$

[수식 2-90]의 형태는 다소 복잡한 형태의 비선형 방정식이므로 1차원 회귀 분석 문제라고 할지라도 평범한 회귀 분석 공식으로도 찾기 까다로운 문제입니다. 하지만, 우리는 인공 신경망 학습을 통해 적절한 회귀 분석식을 도출하도록 하겠습니다.

≫ **패키지 호출**

계산에 필요한 패키지를 호출하겠습니다. 대표적으로 파이토치, 넘파이 그리고 계산 결과를 확인할 matplotlib를 호출합니다.

```
import torch
import torch.nn as nn
import torch.nn.functional as F
import torch.optim as optim
from torch.utils.data import Dataset, DataLoader

import numpy as np
import matplotlib.pyplot as plt
```

Note

파이토치는 빠르게 연산할 수 있는 그래픽 카드(GPU)를 활용할 수 있는 환경이 제공된다면 'CUDA' 장치를 다음과 같이 손쉽게 호출할 수 있습니다.

```
device = torch.device('cuda' if torch.cuda.is_available() else 'cpu')
print(device)
```

> **결과**
>
> cuda

'CUDA'를 이용하지 못하는 환경에서는 자동으로 CPU로 기본 연산이 적용됩니다. 텐서에 해당하는 연산 장치들이 모두 동일한 장치에 할당되지 않는다면 연산이 진행되지 않으므로 주의하길 바랍니다.

≫ 데이터 생성

본 문제는 외부 데이터 파일을 호출할 필요 없이 [수식 2-90]을 근거로 학습, 검증 그리고 시험용 데이터 세트를 생성할 수 있습니다.

```
# 비선형 회귀 1차원 문제 설정
xs = np.linspace(-5,5,2000) ①
ys = [] ②
for idx,x in enumerate(xs): ③
    xs[idx] = x+0.1*np.random.normal() ④
    y_value = -0.01*x**3+2*np.cos(x)*np.exp(-x**2)+0.1*np.random.normal() ⑤
    ys.append(y_value) ⑥
ys = np.array(ys) ⑦
plt.plot(xs,ys,'o',markersize=1) ⑧
```

위의 세트는 용도와 구분 없이 전체 데이터를 생성하는 과정입니다.

① 회귀 분석의 입력 데이터는 구간 $-5 \leq x \leq 5$의 균등 간격으로 2,000개로 생성합니다.

② 수식에 해당하는 레이블을 저장하도록 빈 리스트를 만듭니다.

③ 모든 입력 데이터를 반복시키면서, ④를 이용해 정규 분포 영역 내에서 잡음(noise)이 추가됩니다.

⑤ 잡음이 추가된 입력 데이터에 해당하는 [수식 2-91]을 작성합니다.

⑥ 앞서 구현된 함숫값을 레이블의 리스트로 저장합니다.

⑦ 레이블을 넘파이 배열 자료형으로 변환시키며, ⑧로 데이터가 올바르게 생성되었는지 그림을 그립니다.

> 결과

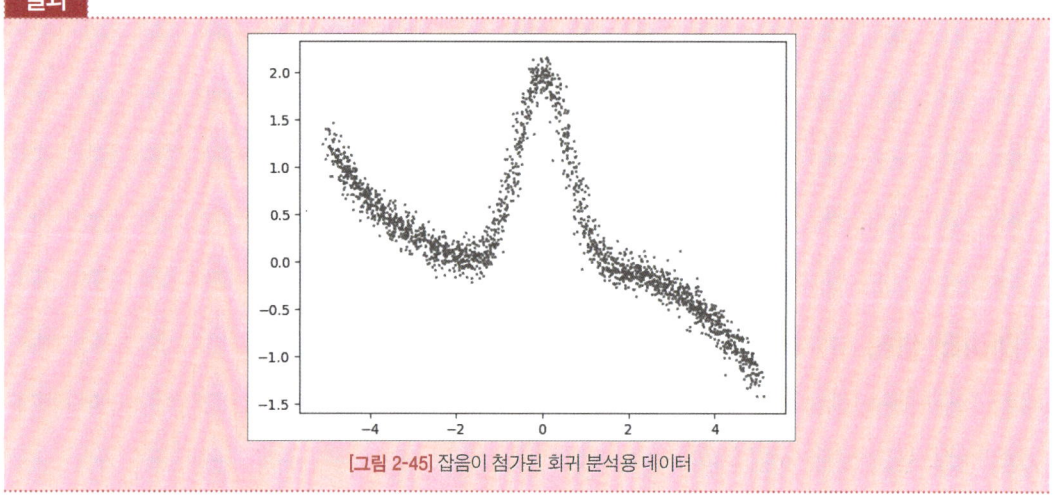

[그림 2-45] 잡음이 첨가된 회귀 분석용 데이터

≫ 데이터 분류

전체 데이터 쌍(입력, 레이블)을 훈련, 검증 그리고 시험 용도에 맞게 분류합니다.

```
test_idx = np.random.randint(0,len(xs),int(0.2*len(xs)))  ①
x_test = xs[test_idx]  ②
y_test = ys[test_idx]  ③

mask = np.ones(len(xs),dtype=bool)  ④
mask[test_idx] = False  ⑤
xs = xs[mask,...]  ⑥
ys = ys[mask,...]  ⑦
```

시험용 데이터 세트는 전체 데이터 세트 개수의 20%인 400개를 추출합니다.

① 전체 데이터 세트 중에서 20%에 해당하는 임의의 정수 번호를 추출하고, ②~③ 테스트용 데이터와 레이블을 새롭게 정의합니다.

④~⑦ 미리 정의했던 전체 데이터 세트에서 테스트 용도의 데이터 세트를 마스킹(masking)하여 없애 버립니다. 따라서 전체 데이터 세트는 2,000개에서 시험용 데이터 세트 400개가 추출되어 1,600개로 변화하였습니다.

나머지 1,600개의 데이터 세트 중에서 20%인 320개의 데이터 세트는 학습이 잘 이루어지는지 검증하는 용도의 검증용 데이터 세트(Validation dataset)로 분류합니다.

```
validation_idx = np.random.randint(0,len(xs),int(0.2*len(xs)))  ⑧
x_valid = xs[validation_idx]  ⑨
y_valid = ys[validation_idx]  ⑩


mask = np.ones(len(xs),dtype=bool)  ⑪
mask[validation_idx]=False  ⑫
x_train = xs[mask,...]  ⑬
y_train = ys[mask,...]  ⑭
```

⑧~⑩ 전체 남은 데이터 세트 중에서 20%를 추출하고 검증용 데이터 세트를 정의하는 구문입니다.

⑪~⑭ 모든 데이터 세트를 추출하고 남은 데이터를 마스킹하고 학습용 데이터 세트로 정의하는 구문입니다.

≫ 사용자 정의 데이터 세트 제작

데이터 세트를 적절하게 전처리하고 배치 사이즈에 맞게 자동 분류하는 과정을 우리의 취향대로 바꿉니다. 다음과 같이 사용자 정의 데이터 세트를 제작하고 데이터 로더 유틸을 이용해 이를 호출합니다.

```
class MyDataset(Dataset):  ①
    def __init__(self,x,y):  ②
        self.x = torch.Tensor(x).to(device).view(-1,1)  ③
        self.y = torch.Tensor(y).to(device).view(-1,1)  ④

    def __getitem__(self,idx):  ⑤
        return self.x[idx],self.y[idx]  ⑥

    def __len__(self):  ⑦
        return len(self.x)  ⑧
```

① 사용자 정의용 데이터 세트의 클래스를 호출합니다. 데이터 세트 클래스는 앞서 호출한 패키지 중 Dataset 클래스를 상속받아 활용합니다.

② 클래스 초기에 입력받을 인자들을 지정하여 x는 데이터, y는 레이블을 의미합니다.

③~④ 입력받은 데이터와 레이블을 텐서 자료 형태로 변환합니다. 추가로 .to(device)의 속성을 이용해 CPU 혹은 GPU 장치로 자료형을 할당하며, .view(-1,1) 속성의 1차원 벡터로 수의 차원을 변환시킵니다.

⑤~⑥ 고유한 함수로서 인덱스를 입력받아 해당하는 데이터와 레이블을 출력하도록 합니다. 후에 살펴보겠지만 인덱스는 우리가 정의하여 주는 것이 아니라 DataLoader 기능을 통해 자동으로 생성되어 호출됩니다.

⑦~⑧ 사용자 정의로 제작한 데이터 세트의 전체 크기를 하는 함수를 작성합니다.

```
x_min,x_max = x_train.min(),x_train.max()  ①
y_min,y_max = y_train.min(),y_train.max()  ②
```

①~② 정규화를 위해 훈련 데이터와 레이블의 최솟값, 최댓값을 호출합니다.

```
def normalization(x,y):  ③
    x = (x-x_min)/(x_max-x_min)  ④
    y = (y-y_min)/(y_max-y_min)  ⑤
    return x,y  ⑥
```

입력 데이터와 레이블의 전처리를 담당하는 함수를 작성합니다.

③ 데이터와 레이블을 입력받습니다.

④~⑤ 데이터와 레이블을 [수식 2-82]의 정규화 수식을 통해 변형하는 작업을 수행합니다.

⑥ 변경된 데이터와 레이블이 출력됩니다.

```
def unnormalization(x,y):  ⑦
    x = x*(x_max-x_min)+x_min  ⑧
    y = y*(y_max-y_min)+y_min  ⑨
    return x,y  ⑩
```

정규화된 데이터와 레이블을 원래대로 바꾸어 주는 함수입니다.

⑦ 데이터와 레이블을 입력받습니다.

⑧~⑨ 정규화된 식을 원래대로 바꾸어 줍니다.

> **Note**
> 정규화 함수와 비정규화 함수에서 사용된 최댓값, 최솟값은 앞서 정의한 프로그램 전체에서 정의된 전역 변수(global variable)로 활용되는 점을 확인하길 바랍니다.

정규화 과정과 사용자 정의 데이터 세트를 다음과 같이 활용합니다.

```
# 훈련-검증 데이터 정규화
x_train,y_train = normalization(x_train,y_train) ①
x_valid,y_valid = normalization(x_valid,y_valid) ②

# 데이터 세트 및 데이터 로더 정의
train_dataset = MyDataset(x_train,y_train) ③
valid_dataset = MyDataset(x_valid,y_valid) ④
```

학습 단계에서는 훈련, 검증 단계만 이용하므로 정규화 과정과 사용자 정의용 데이터 세트에는 훈련용 데이터 세트와 검증용 데이터 세트를 적용합니다.

그리고 이를 이용한 데이터 세트를 파이토치에서 이용할 수 있도록 DataLoader를 설정합니다.

```
train_dataloader = DataLoader(train_dataset,batch_size=32,shuffle=True) ①
valid_dataloader = DataLoader(valid_dataset,batch_size=32,shuffle=False) ②
```

① 훈련용 데이터 세트는 사용자 정의용 데이터 세트를 입력받고, 32개의 배치로 데이터를 나누어 순서를 섞고 데이터 로더로 정의함을 의미합니다.

② 검증용 데이터 세트를 입력받고, 32개의 배치로 나누어 순서를 섞지 않고 데이터 로더로 정의함을 의미합니다.

≫ 신경망 제작

신경망 구조를 제작합니다. 간단한 완전 연결 계층으로 은닉 3층을 설정하고 모든 은닉 노드를 32개로 구성합니다. 또한 출력층을 제외한 모든 활성화 함수는 tanh를 이용하였습니다.

```
class MyModel(nn.Module):
    def __init__(self):
        super(MyModel,self).__init__()
        self.lin1 = nn.Linear(1,32)
```

```
        self.lin2 = nn.Linear(32,32)
        self.lin3 = nn.Linear(32,32)
        self.lin4 = nn.Linear(32,1)

    def forward(self,x):
        x = F.tanh(self.lin1(x))
        x = F.tanh(self.lin2(x))
        x = F.tanh(self.lin3(x))
        x = self.lin4(x)
        return x
```

추가로 모델 변수와 최적화 도구 그리고 목적 함수 유틸을 불러옵니다.

```
model = MyModel().to(device) ①
optimizer = optim.Adam(model.parameters(),lr=1e-04,weight_decay=1e-12) ②
criterion = nn.MSELoss() ③
```

① 인공 신경망 모델을 호출합니다. 신경망을 호출할 때 .to(device) 속성을 이용해 신경망의 매개 변수들을 연산 장치에 적용해 줍니다.

② 최적화 알고리즘은 Adam, 학습률은 10^{-4}로, 과적합을 방지하도록 가중치 감쇠(weight decay) 옵션을 10^{-12}로 설정하였습니다.

③ 목적 함수는 평균 제곱 오차(Mean-Squared-Error)를 이용합니다.

Note

가중치 감쇠는 사용자가 지정한 목적 함수 이외에도 인공 신경망의 학습 매개 변수를 보존하는 도구로 이용됩니다. 베이지안 추정 방식의 '근거'를 확보할 목적으로 유도되었는데, 보통 인공 신경망의 학습 매개 변수 제곱합에 매우 작은 양수를 곱하는 형태로 이용됩니다.

》 학습

```
for epoch in range(2000): ①
    train_loss, valid_loss = 0, 0 ②
    cnt_train, cnt_valid = 0, 0 ③
    for x,y in train_dataloader: ④
```

```
        y_infer = model(x) ⑤
        loss = criterion(y_infer,y) ⑥
        optimizer.zero_grad() ⑦
        loss.backward() ⑧
        optimizer.step() ⑨
        train_loss += loss.item() ⑩
        cnt_train += 1 ⑪
```

① 총 2,000번의 학습을 반복합니다.

②~③ 매 반복 시 학습용 데이터 세트, 검증용 데이터 세트의 학습 추이를 확인하는 목적과 몇 번 반복을 수행했는지 기록하고자 변수를 정의해 줍니다.

④~⑨ 학습 데이터 세트의 반복문을 수행해 줍니다. 데이터로부터 모델의 추정값을 호출(⑤)하고, 목적 함수를 구하며(⑥) 그리고 최적화를 실행합니다(⑦~⑨).

⑩ item 속성을 이용해 학습 데이터 세트의 목적 함수를 누적합니다.

⑪ 몇 번 목적 함수가 반복되었는지 계산합니다.

```
    with torch.no_grad(): ⑫
        for x,y in valid_dataloader: ⑬
        y_infer = model(x) ⑭
            loss = criterion(y_infer,y) ⑮
            valid_loss += loss.item() ⑯
            cnt_valid += 1 ⑰
    if epoch % 100 == 0: ⑱
        print(f'{epoch} Epoch 학습정보') ⑲
        print(f'Loss: {train_loss/cnt_train:.4f}(Train_data),
 {valid_loss/cnt_valid:.4f}(Validation_data)') ⑳
```

⑫ 코드 블록을 통해 블록 내부에 있는 모든 함수는 기울기 연산을 취하지 않음을 정의해 줍니다. 검증용 데이터 세트에서 기울기 연산이 잘못 호출되어 계산 오류가 나는 것을 방지하는 목적으로 사용됩니다.

⑬~⑰ 검증용 데이터 세트를 인공 신경망을 통과시키고, 목적 함수가 적절히 나오는지 구하는 부분입니다.

⑱ 이하의 구문을 통해 매 100회의 반복마다 학습 로그를 출력합니다. 학습용 데이터 세트의 목적 함숫값뿐만 아니라 검증용 데이터 세트의 목적 함숫값이 적절하게 감소해 가는지 모두 확인하였습니다.

결과

```
0 Epoch 학습 정보
Loss: 0.1190(Train_data),  0.0702(Validation_data)
100 Epoch 학습 정보
Loss: 0.0197(Train_data),  0.0166(Validation_data)
...
1800 Epoch 학습 정보
Loss: 0.0015(Train_data),  0.0014(Validation_data)
1900 Epoch 학습 정보
Loss: 0.0015(Train_data),  0.0013(Validation_data)
```

학습이 종료되었으면 시험용 데이터 세트에 대해서도 성능이 제대로 나오는지 평가합니다.

```
x_test,y_test = normalization(x_test,y_test) ①
x_test_torch = torch.Tensor(x_test).view(-1,1) ②
y_test_torch = torch.Tensor(y_test).view(-1,1) ③
y_test_infer = model(x_test_torch) ④
loss = criterion(y_test_infer,y_test_torch).item() ⑤
print(f'테스트 데이터셋 error: {loss}') ⑥
```

① 시험용 데이터 세트를 인공 신경망에 입력시키기 전에 데이터 정규화 과정을 거칩니다.

②~③ 시험용 데이터 세트를 텐서 형태로 바꿔 주고 연산에 맞게 차원을 변형시켜 줍니다.

④~⑤ 인공 신경망의 출력값을 추출하고 목적 함수를 출력합니다.

⑥ 시험용 데이터 세트의 목적 함수가 충분히 작은 값인지 파악하도록 결과를 출력합니다.

결과

```
테스트 데이터 세트 error: 0.0016178543446585536
```

≫ 결과 시각화

이제 우리는 인공 신경망이 [수식 2-90]과 동일한 것임을 시각화 과정을 통하여 분석할 것입니다. 문제의 입력 데이터 세트의 범위와 동일하게 새로운 입력 데이터 세트를 만들고, 그로부터 인공 신경망이 추론한 값이 실제 레이블의 결과와 부합하게 나오는 것을 확인하는 과정을 수행합니다.

입력 데이터를 생성, 추론 및 후처리 과정까지 진행합니다.

```
x_infer = torch.linspace(-5,5,100).view(-1,1)  ①
# x -> normalization
x_infer = (x_infer-x_train.min())/(x_train.max()-x_train.min())  ②
y_infer = model(x_infer)  ③
x_infer = x_infer.detach().cpu().numpy().reshape(-1,)  ④
y_infer = y_infer.detach().cpu().numpy().reshape(-1,)  ⑤
x_infer,y_infer = unnormalization(x_infer,y_infer)  ⑥
```

① 전체 입력 데이터의 범위에 맞도록 새로운 입력 데이터를 만들었습니다.

② 레이블을 제외하고 데이터만 정규화를 진행합니다.

③ 인공 신경망의 추론값을 얻습니다.

④~⑤ 텐서로 만들어진 데이터를 연산 장치를 초기화하고, 넘파이 자료형으로 바꾼 뒤 출력 차원을 벡터 형태로 바꾸어 줍니다.

⑥ 넘파이로 바뀐 입력 데이터와 인공 신경망의 추론 결과를 비정규화시키는 함수를 이용해 원래의 형태로 바꿔 줍니다.

이제 계산된 x_infer와 y_infer를 이용해서 앞서 설정한 데이터 세트와 결과가 합당하게 나오는지 그림을 출력합니다.

```
plt.plot(x_train,y_train,'o',markersize=1,label='Train dataset')  ①
plt.plot(x_infer,y_infer,'-',markersize=1,label='Regression line')  ②
plt.grid()  ③
plt.legend()  ④
```

①~② 훈련용 데이터 세트를 점 형태로 분산시킨 플롯과 새롭게 생성한 데이터를 실선 형태로 표현하는 구문입니다. 각각 무엇을 의미하는지 확인하고자 플롯의 레이블을 설명으로 덧붙입니다.

③~④ 플롯에 격자를 그려 주고 플롯의 레이블을 출력하도록 합니다.

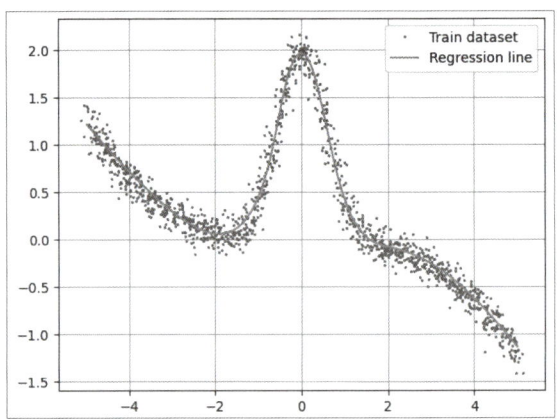
[그림 2-46] 인공 신경망을 이용한 회귀식(실선) 표현

해당 문제를 확장하여 1차원 문제뿐만 아니라 더 복잡한 고차원의 회귀 분석 문제도 적절한 인공 신경망을 사용하면 충분히 해결 가능합니다. 많은 공학 문제에서 실험 데이터로부터 회귀 분석 결과를 추론하는 데 해당 기법을 응용할 수 있습니다. 이는 관심 있는 독자 여러분에게 맡기도록 하겠습니다.

2.7 매개 변수 탐색법

이번 섹션은 실제 학습에 관여하는 매개 변수를 찾는 실용적인 방법에 관해서 이야기하고자 합니다. 앞서 파이토치를 통해 인공 신경망을 구성하고 학습률과 같은 학습에 관여하는 매개 변수를 설정하여 그에 따른 학습 결과를 확인하였습니다.

처음 인공 신경망을 실습하고 맞닥뜨리는 많은 질문 중 하나는 '학습에 관여하는 매개 변수를 어떻게 설정해야 좋은 결과를 얻을 수 있는가?'입니다. 이에 대한 필자의 개인적인 대답은 '상당 부분 인공 신경망을 많이 디자인해 보고 학습한 사람들의 입장으로서 대략적인 감을 무시할 수는 없다.'입니다. 많은 경험을 한 사람들은 어떤 학습 매개 변수를 설정하고 학습을 개시해야 적절한 결과가 나오는지 정밀하지는 않아도 대략 추정할 수 있지만 그렇지 못한 분들은 이런 결과를 미리 짐작하는 것조차 쉽지 않은 일일 것입니다.

그렇다면 그러한 수준까지 도달하려면 반드시 많은 시간을 할애해야 할까요? 다행히도 단순하지만 직관적이고 강력한 매개 변수 탐색 방법 또는 개념은 어렵지만 미리 개발된 패키지를 이용해 학습에 영향을 미치는 매개 변수를 효과적으로 찾을 수 있습니다.

2.7.1 격자 탐색법(Grid search)

≫ 이론

격자 탐색법은 탐색할 매개 변수를 하나하나씩 바꾸어 가면서 최적값을 비교하는 방법으로 매우 직관적으로 매개 변수를 찾는 방법입니다. 찾아야 할 매개 변수가 하나라면 최솟값에서 최댓값까지 일정한 간격으로 나누어 1차원 격자에서 최대화할 목적 함수를 하나씩 계산하여 결과를 구하고, 최적화시킬 매개 변수가 2개라고 하면 찾아야 할 공간은 2차원 평면이 되어 2차원 격자 공간에서 하나씩 값을 검색해 나가며 목적 함수가 최댓값이 되는 지점을 검색합니다. 1차원에서 2차원으로 확장한 것처럼 매개 변수가 하나씩 늘어 감에 따라 찾아야 할 공간의 차원은 하나씩 늘어갑니다.

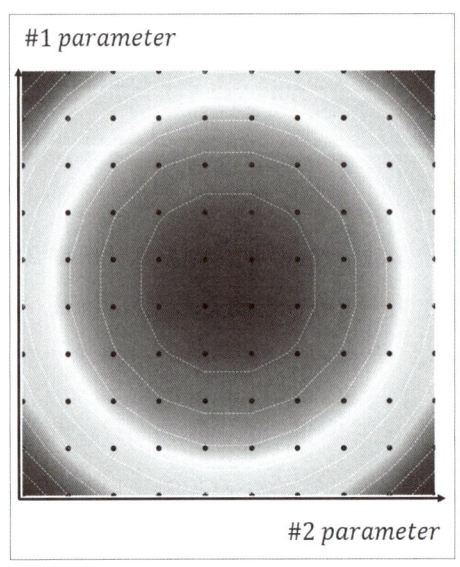

[그림 2-47] 두 개의 매개 변수에서 격자 탐색 개념도

[그림 2-47]은 2차원의 격자 탐색법을 표현하고 있습니다. 첫 번째 매개 변수와 두 번째 매개변수는 각각 독립적으로 작은 값에서부터 큰 값으로 구분되며 해당 값에 매개 변수 쌍으로 표현된 검은 점에서 목적 함수가 크고 작은 값은 색상으로 구분됩니다. 그림과 같이 목적 함수가 강하게 표현되는 중앙 지점에서의 격자값은 학습에 최적화된 결과를 보여 줄 것이며, 반대로 목적 함숫값이 약하게 표현되는 가장자리 매개 변수 쌍에서는 학습 결과가 저조하게 나타날 것입니다. 위 그림은 예시이므로 실제 격자 공간에서는 어떤 매개 변수 쌍이 최적으로 나올 것인지 직접 확인해야 할 것입니다.

격자 탐색법은 모든 변수를 검색하며 찾으므로 꼼꼼하게 최적 매개 변수를 찾을 수는 있지만 치명적인 단점으로 모든 공간에 대해서 검색해야 하고, 입력 매개 변수가 증가할 때마다 계산 비용(Computational cost)이 기하급수적으로 늘어나게 되어 많은 시간이 소요되는 것이 지적됩니다.

≫ 실습

앞서 살펴보았던 파이토치 튜토리얼 예제 중 MNIST 데이터 분류기 학습에 영향을 미치는 매개변수를 최적화하는 과정을 같이 살펴보겠습니다. 인공 신경망을 구성하는 모델의 구조, 신경망 노드의 개수, 은닉층의 개수, 학습률, 배치 사이즈 기타 등등 매우 세밀한 요소들이 학습 결과에 영향을 미치지만 예시에서는 간단하게 학습률과 훈련 데이터의 배치 크기를 최적화할 학습 매개 변수의 대상이라고 상정하고 예제를 진행해 보겠습니다. 참고로 MNIST 분류기를 수행하는 데 필요한 패키지를 호출, 신경망 모델 디자인 그리고 데이터를 호출하는 과정은 중복되므로 생략하였습니다.

```python
param_grids = {
    'batch_size': np.arange(64,128),
    'learning_rate': np.linspace(1e-05, 1e-02),
} ①
```

① 격자 탐색 공간을 정의합니다. 배치 크기는 최소 64에서 최대 127까지의 정수로, 학습률은 최소 1e-05에서 최대 1e-02까지 실수(float)로 50개의 간격으로 나누었습니다.

```python
def grid_search_from_scratch(batch_size,learning_rate): ①
    train_loader = torch.utils.data.DataLoader(
mnist_train,
batch_size=int(batch_size),
shuffle=True,
drop_last=False) ②
    test_loader = torch.utils.data.DataLoader(
mnist_test,
batch_size=32,
shuffle=False,
drop_last=False) ③

    model = MNIST_full() ④
    optimizer = optim.Adam(model.parameters(),lr=learning_rate) ⑤
    criterion = nn.CrossEntropyLoss() ⑥
```

```
            <학습 구문 생략> ⑦

            acc = [] ⑧
            for x,y in test_loader: ⑨
                y_onehot = torch.zeros((len(y),10)) ⑩
                y_onehot[range(len(y)),y]=1 ⑪
                y_infer = model(x) ⑫

                correct_prediction = torch.argmax(y_infer, 1) == y ⑬
                acc.append(correct_prediction.float().mean()) ⑭
            bayes_target = np.mean(acc)*100 ⑮
            return bayes_target ⑯
```

① 최적화 변수를 찾을 목적 함수를 지정합니다. 입력 변수는 최적화의 대상인 배치 크기와 학습률입니다. 앞서 'search_space'를 구성하는 딕셔너리와 일치시켜야 합니다.

② 훈련 데이터 세트를 구성합니다. 매개 변수인 'batch_size'가 입력되는데 주의할 점은 배치 크기는 정수(int)만 받을 수 있으므로 정수형 함수를 명시합니다.

③ 시험용 데이터 세트를 구성합니다.

④ 인공 신경망 모델을 정의합니다.

⑤ 최적화 함수를 정의합니다. 매개 변수인 'learning_rate'는 실수로 받을 수 있으므로 자료형에 대해서 크게 개의치 않습니다.

⑥ 목적 함수를 정의합니다.

⑦ 학습 구문은 지면에서 생략하였습니다. 앞선 MNIST 예제를 참고하길 바랍니다.

⑧~⑮ 시험용 데이터 세트를 이용해 모델의 정확도를 추정합니다.

⑯ 최대화할 목적 함수로 백분율로 계산된 모델의 정확도를 반환합니다.

격자 탐색법을 시행하는 구문입니다.

```
best_target = -np.inf ①
cnt = 0 ②
print(f'| {"iter":^10} | {"target":^10} | {"batch_...":^10} |
{"learni...":^10} |') ③
```

```
print(f'------------------------------------------------')  ④
for batch_size in param_grids['batch_size']:  ⑤
    for learning_rate in param_grids['learning_rate']:  ⑥
        target = grid_search_from_scratch(batch_size,learning_rate)  ⑦
        cnt += 1  ⑧
        print(f'| {cnt:^10} | {target:^10.3f} | {batch_size:^10} | {learning_rate:^10.3e} |')  ⑨
        if target > best_target:  ⑩
            best_target = target  ⑪
            best_info = {
                'batch_size':batch_size,
                'learning_rate':learning_rate
            }  ⑫
print(f'================================================')  ⑬
print(f'탐색 결과 - target:{best_target}, info: {best_info}')  ⑭
```

① 격자 탐색법을 시작하기 전, 최대 목적 함수를 음의 무한대 값으로 초기화합니다.

② 격자 탐색법 반복 횟수를 0으로 초기화합니다.

③~④ 최적화 대상에 대한 정보를 출력합니다.

⑤~⑥ 격자 탐색을 진행합니다. 배치 크기와 학습률을 모두 찾도록 반복문을 겹쳐서 작성합니다.

⑦~⑨ 인공 신경망 학습을 끝내고 목적 함수를 구한 뒤 화면에 정보를 차례대로 기록합니다.

⑩~⑫ 현재 반복 차시에서 계산된 목적 함수가 지금껏 구한 계산 결과보다 최댓값인지 여부를 확인합니다. 최대의 결과가 나왔다면 격자 탐색의 지점은 'best_info'로 기록합니다.

⑬~⑭ 격자 탐색이 종료되면 탐색 결과를 화면으로 출력합니다.

결과

iter	target	batch_...	learni...
1	79.593	64	1.000e-05
2	93.960	64	2.139e-04
3	95.407	64	4.178e-04
4	95.877	64	6.216e-04

```
|    5    |  96.336  |   64   | 8.255e-04 |
<중략>
|   3197  |  91.434  |  127   | 9.388e-03 |
|   3198  |  89.038  |  127   | 9.592e-03 |
|   3199  |  89.657  |  127   | 9.796e-03 |
|   3200  |  85.234  |  127   | 1.000e-02 |

탐색 결과 - target:96.82508111000061, info: {'batch_size': 79, 'learning_
rate': 0.0014371428571428573}
```

화면으로 출력된 로그가 매우 크기에 지면에 다 담을 수 없어서 결과를 일부 생략했습니다. 모든 탐색 공간을 검색하므로 계산 시간이 꽤 오래 걸리는 것을 느꼈을 것입니다. 대신에 필자는 격자 탐색법으로 앞서 작성한 방법보다 시험용 데이터 세트에서 0.8% 정확도가 더 향상된 것을 확인하였습니다.

2.7.2 베이지안 탐색법(Bayesian search)

≫ 이론

앞서 우리가 살펴보았던 베이지안 추정법을 응용해서 학습 매개 변수를 탐색할 수 있습니다. 우리는 베이지안 통계 방식은 현재 가지고 있는 근거, 정보를 토대로 인공지능의 지식을 새로 바꾸는 과정이라고 짧게 살펴보았습니다. 베이지안 최대화 알고리즘은 우리가 알고자 하는 값을 최대화하는 방법을 기본 방향으로 삼는데, 이를 이용해서 우리가 알고 싶은 매개 변수를 찾는 방법을 찾을 수 있습니다. 베이지안 최대화 알고리즘은 두 가지 과정을 거칩니다.

첫 번째 과정은 대체 모델(Surrogate model) 추정 과정입니다. 초기에 가지고 있던 데이터 혹은 근거를 이용해 새로운 값을 추정해 나가는 과정을 응용하는데 이는 [수식 2-57]을 이용합니다. 대체 모델 추정 과정은 여러 가지를 이용할 수 있지만 대표적인 한 가지 예시를 보겠습니다.

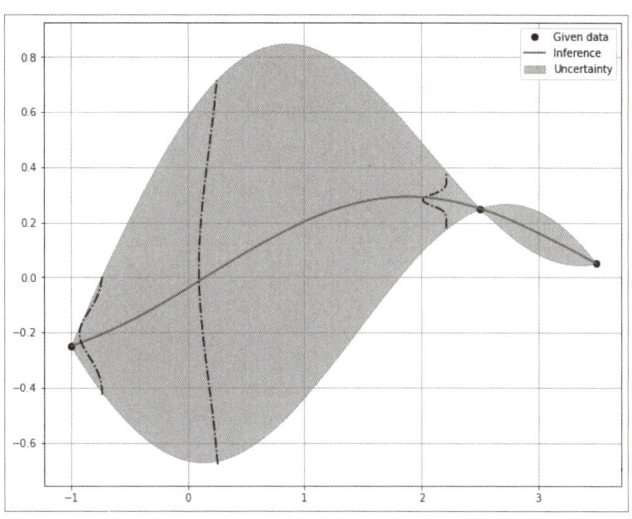

[그림 2-48] 대체 모델 - 가우시안 프로세스

[그림 2-48]에 비추어 본 개념을 살펴보겠습니다. 그림에서 x값이 -1, 2.5 그리고 3.5인 세 지점에서 검은 점으로 표현된 데이터가 존재합니다. 실선은 세 가지 데이터를 기반으로 특별한 수식을 통해 계산된 추정 함숫값입니다. 구체적으로 설명하진 않지만 특별한 수식의 원리는 데이터 가까이에 있는 함수의 추정값은 데이터와 유사하고 그 정확도를 높게 그리고 데이터와 거리가 멀리 떨어진 추정 지점에서는 정규 분포 함수를 응용해 추정값을 계산하지만 그 추정이 정확하지 않음을 평가하는 방법을 정규 분포를 이용해 계산하는 것입니다. 이 과정을 가우시안 프로세스(Gaussian Process)라고 부릅니다. 참고로 파선으로 표현된 정규 분포 함수 개형은 추정한 함숫값이 95%의 신뢰도로 해당 구간 내에 있을 것이라고 확신하는 부분입니다. 그러므로 데이터와 이격된 지점에서는 추정한 값이 정확할 것이라는 확신이 부족하다는 것을 의미합니다. 요약하자면, 대체 모델을 구하는 방식은 정규 분포 내에 함숫값이 있을 것이라는 개념을 응용하는 것입니다.

두 번째 과정은 획득 함수(acquisition function)를 수행합니다. 대체 모델 추정 과정을 통해 우리는 미리 주어진 데이터 이외의 데이터에서 어떤 함숫값이 나오는지 그 분포를 정규 분포를 통해 구성해 보았습니다. 획득 함수를 수행함으로써 구체적인 함숫값과 함수가 나오는 데이터를 구체화할 수 있습니다. 가장 널리 사용되는 획득 함수 방식은 기대-향상(Expected Improvement, EI)이 이용됩니다.

$$EI(x) = \mathbb{E}[\max(f(x) - f(x^+), 0)] \quad (2\text{-}91a)$$
$$= (\mu(x) - f(x^+))\Phi(Z) + \sigma(x)\phi(Z) \quad (2\text{-}91b)$$

where,
$$Z = \frac{\mu(x) - f(x^+)}{\sigma(x)}$$

[수식 2-91]은 기대-향상 함수를 수식으로 전개한 결과입니다. [수식 2-91a]는 기대-향상 함수의 정의로서 그 의미는 추정할 위치 x에서 추정한 함수가 주어진 데이터 중 가장 큰 값보다 큰 여부를 확인합니다. 새롭게 추정한 함수가 지금까지 알고 있는 데이터 및 추정한 함수보다 크다면 함수를 옳게 추정했다는 의도를 담고 있습니다. [수식 2-91b]는 추정 모델 함수가 정규 분포, 즉 가우시안 함수를 이용했으므로 [수식 2-91a]에 가우시안 함수를 대입하여 유도된 결과입니다.

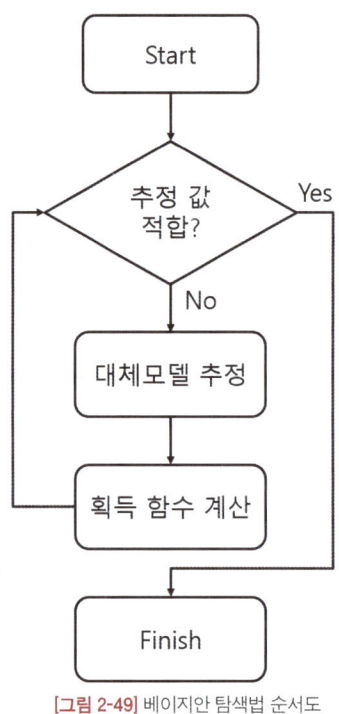

[그림 2-49] 베이지안 탐색법 순서도

가우시안 프로세스를 거쳐 기대-향상 수식을 구하면 우리는 기대-향상의 입력 변수가 가장 큰 값이 추정될 때 해당 입력값 x가 최적의 함수를 출력하도록 하는 매개 변수로 대입하면 됩니다. 만약 처음으로 추정한 매개 변수가 적절한 목표 함수를 출력하지 못하면 "대리 모델 추정-획득 함수" 과정을 계속 반복해 나가며 최적의 매개 변수를 찾는 과정을 수행하면 최적의 결과를 이론적으로 구할 수 있는 것이 바로 베이지안 탐색법입니다. [그림 2-48]을 이용해 다시 살펴보면 실제 모델대로 베이지안 최적화 과정을 이상적으로 추정했다고 가정할 시, 대리 추정-획득 함수 추정 과정을 반복하다 보면 x가 약 1.8인 지점에 추정 함숫값이 가장 크게 나오므로 최적 함숫값은 약 0.3이며 베이지안 최적값은 1.8에 가까운 결과를 추정하게 될 것입니다. 본 예시는 1차원에서 예시를 들었고 대리 모델 추정 및 획득 함수를 다변수 함수로 바꾸면 여러 가지 매개 변수를 동시에 추정할 수 있습니다.

> **Note**
> 베이지안 최적화 방식은 함수의 목표가 최대로 되도록 반복합니다. 만약 우리가 설정한 목적 함수가 최소가 되는 문제를 마주하였다면 베이지안 최적화에서는 목적 함수에 -부호를 붙여서 최대화를 진행하도록 바꿀 수 있습니다.

지금까지 본 개념은 다소 지루할 수 있으며 본 과정을 하나씩 전개하는 것은 이 책의 범위를 넘어서기에 이를 과감히 생략하였습니다.[14] 다행히도 공개된 베이지안 탐색법 패키지가 있어서 우리는 어려운 베이지안 탐색법 수식을 구현할 필요 없이 간편하게 위 강력한 기법을 손쉽게 이용할 수 있습니다.

≫ 실습

격자 탐색법의 예제와 마찬가지로 MNIST 분류기의 학습 매개 변수를 검색해 보겠습니다. 탐색할 매개 변수는 배치 크기, 학습률 2가지로 상정하였습니다.

```
import bayes_opt ①
```

① 베이지안 최적화를 손쉽게 해 주는 패키지를 호출합니다.

```
search_space = {
    "batch_size": (10, 256),
    "learning_rate": (1e-05, 1e-02)
} ①
```

① 베이지안 최적화를 할 공간을 설정합니다. 스크립트와 같이 베이지안 최적화를 이용해서 찾을 매개 변수와 범위를 key-value 형태로 지정합니다. 예시와 같이 찾을 범위는 튜플(tuple) 형태로 작성합니다.

---

14. http://krasserm.github.io/2018/03/21/bayesian-optimization/ 링크의 더욱 상세한 설명을 추천합니다.

목적 함수는 격자 탐색법의 목적 함수의 예시와 완전히 동일하므로 지면의 낭비를 막고자 생략하였습니다. 목적 함수의 함수명은 'objective_function'으로 설정하였습니다.

```
optimizer = bayes_opt.BayesianOptimization(
    f = objective_function,
    pbounds=search_space,
    verbose=2,
    random_state=123
) ①
```

① 베이지안 최적화 함수를 정의합니다. 입력 변수는 순서대로 앞에서 정의한 목적 함수, 최적화 탐색을 진행할 매개 변수, 최적화되는 과정 동안 화면에 출력될 정보 그리고 초기 난수 번호를 부여합니다.

```
optimizer.maximize(
    init_points=2,
    n_iter=15,
) ①
```

① 베이지안 최적화를 이용해 목적 함수를 최적화합니다. 입력 변수는 획득 함수에서 수식을 벗어나 탐색할 매개 변수의 난수 개수 그리고 베이지안 최적화 탐색 횟수를 입력합니다.

결과

iter	target	batch_...	learni...
1	96.1	181.3	0.002869
2	82.39	65.81	0.005518
3	94.35	182.6	0.006338
4	59.41	173.4	1e-05
5	67.24	191.2	1e-05
6	92.93	74.62	0.004742
7	96.39	79.84	0.001153
8	65.36	85.78	0.01
9	72.96	53.76	0.01
10	96.11	77.39	0.00114
11	96.07	255.9	0.002739

```
| 12    | 95.37   | 250.4   | 0.002895 |
| 13    | 93.79   | 243.5   | 0.008427 |
| 14    | 52.0    | 236.1   | 1e-05    |
| 15    | 94.1    | 10.01   | 0.001933 |
| 16    | 60.55   | 16.55   | 0.008773 |
| 17    | 93.64   | 129.5   | 0.005111 |
```

<결과>에서 베이지안 최적화 반복 횟수 15와 탐험 횟수 2를 더해서 총 17회 반복 수행되었음을 확인하길 바랍니다. 본 패키지는 최적화 기능이 수행되면 반복 횟수, 목적 함숫값 그리고 'search_space'에서 정의한 탐색할 매개 변수 정보를 동시에 보여 줍니다. 위 결과 표에서는 7회차 반복에서 시험용 데이터 정확도는 96.39%로 배치 크기는 79, 학습률은 0.001153으로 탐색한 것이 확인되었습니다. 필자가 미리 작성한 결과와 대비하여 시험용 데이터 세트에 대해서 모델이 대략 0.3% 더 나은 정확도로 추정함을 확인하였습니다.

지금까지 방법과 시간은 소요되지만 꼼꼼하게 분석하는 격자 탐색법과 베이지안 탐색법으로 빠르고 효율적으로 학습 매개 변수를 추정하는 두 가지 학습 매개 변수를 찾는 방법을 살펴보았습니다. 각각 상황에 맞게 적절한 기법을 사용하는 것은 독자 여러분의 몫으로 남겨 두겠습니다. 독자 여러분이 시간이 무한정으로 남는다면 최고의 결과를 확인하고자 격자 탐색법을 사용하여도 좋지만, 반대로 시간이나 계산에 관한 제약 사항이 있다면 빠르게 결과를 확인할 수 있는 베이지안 탐색법을 이용해야 할 것입니다.

이번 장에서는 강화 학습 문제 상황을 논리적으로 표현한 마르코프 의사 결정 과정과 에이전트가 컴퓨터로 표현된 환경에서 최대 보상을 끌어내는 방법 중 하나인 동적 계획법에 대해서 살펴보겠습니다.

3장

마르코프 의사 결정과 동적 계획법 풀이 전략

3.1 마르코프 의사 결정
3.2 동적 계획법
3.3 [실습] 잭의 렌터카 업체 운영 전략 -
 동적 계획법을 이용한 마르코프 의사 결정

3.1 마르코프 의사 결정

환경을 컴퓨터로 표현하고자 논리적인 표현법이 필요합니다. 우리가 해결할 수 있는 강화 학습 환경이 수식으로 표현된 마르코프 의사 결정(Markov Decision Process, MDP)으로 설명됩니다. 마르코프 의사 결정을 바로 이야기하기 전에 마르코프 속성(Markov Property)에 대해서 살펴보고 가겠습니다.

> "미래의 상태는 과거에 무슨 상태를 겪었어도 현재 상태에만 의존한다."

[그림 2-5]에서 표현하는 에이전트의 관찰, 행동, 보상의 순환 과정을 다음 순환 시점 $t+1$에서도 알고 싶다면, 과거의 순환 과정 기록이 모두 필요 없이, 현재의 순환 과정만 알아도 되는 말입니다. 그래서 강화 학습 현재 시점의 환경이 에이전트와 환경이 지난 과거에 무슨 일을 겪었는지와 무관하며, 이에 따라 에이전트가 행동에 대한 의사 결정을 내릴 때 에이전트는 마르코프 의사 결정을 내린다고 표현합니다. 이러한 마르코프 의사 결정의 속성을 이해하고 해결하고자 우리는 마르코프 의사 결정의 입력값에 해당하는 '상태'와 목표로 하는 출력값인 '리턴'을 깊이 있게 살펴보겠습니다.

≫ 상태

에이전트가 관찰을 통해 환경에 특정 행동을 취하고 보상받고, 행동을 통해 바뀐 환경을 또다시 관찰하고 행동을 취하며 그리고 보상받는 일련의 과정들이 기록(H)으로 남겨지게 됩니다.

$$S_t = f(H_t) \quad (3\text{-}1\text{a})$$
$$H_t = [O_1, R_1, A_1, \ldots, A_{t-1}, O_t, R_t] \quad (3\text{-}1\text{b})$$

현재 상태(State, S_t)란 에이전트가 시작부터 현재까지 인식한 관찰(O_t), 보상(R_t) 그리고 에이전트가 취했던 행동(A_t)들이 만들어 낸 결과이며, 특정 시점 t를 나타내고자 알파벳 S에 아래 첨자를 덧붙여서 표기합니다.

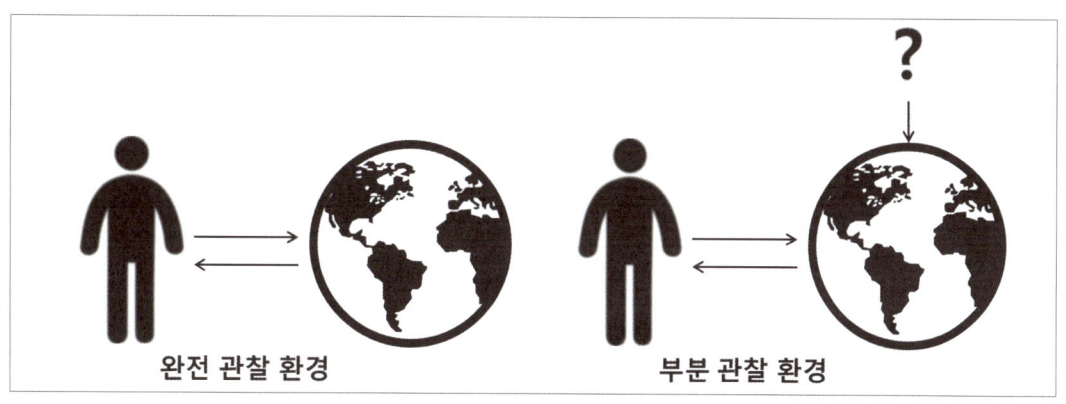

[그림 3-1] 완전 및 부분 관찰 환경의 모식도

강화 학습 환경은 두 가지 형태로 나뉩니다. 하나는 완전 관찰 가능 환경, 나머지는 부분 관찰 가능 환경으로서 전자는 에이전트와 환경이 직접 상호 간 영향을 주는 경우이며, 후자는 에이전트와 환경이 직접 영향을 미치지 못하는 경우입니다. [그림 3-1]의 부분 관찰 환경에서 지구로 표현된 환경에 영향을 끼치는 요소가 에이전트 이외에도 알 수 없는 무엇인가가 있다는 것이 표현되었습니다. 부분 관찰 가능 환경(Partially observable environment)은 바둑, 포커 게임 그리고 트레이딩 봇과 같이 에이전트 이외의 다른 요소들에 영향받습니다. 우리가 앞으로 다룰 대부분의 문제는 완전히 관찰 가능한 환경(Fully observable environment)에서 국한될 것이며, 여기에서는 관찰과 상태가 같습니다.

그림 예시를 통해 상태에 대한 속성을 면밀히 살펴보도록 하겠습니다.

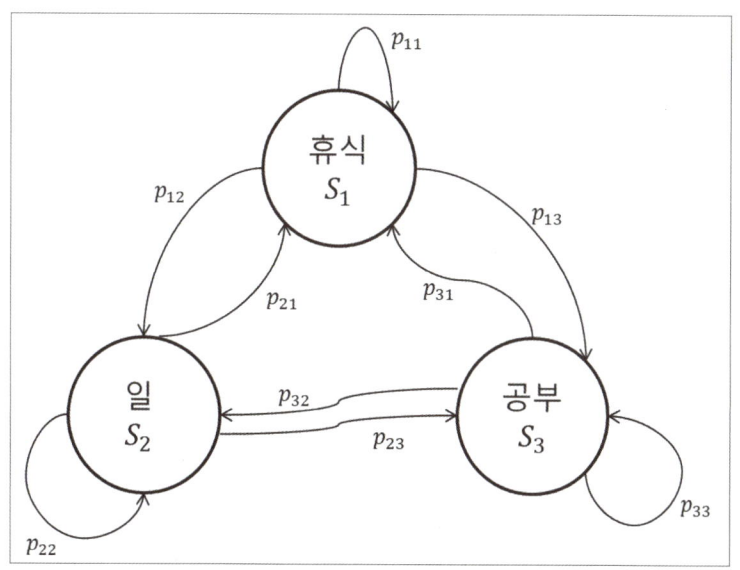

[그림 3-2] 상태와 상태 변환 확률 예시

3장 마르코프 의사 결정과 동적 계획법 풀이 전략

사람이 하루 겪는 대표적인 일을 각각의 상태로 나눠 보았습니다. 휴식, 일 그리고 공부의 상태로 나눴을 때 현재의 상태가 다음 순간의 특정 상태로 바뀔 확률이 있습니다. 각각의 확률은 상태의 수가 n이면 n×n 개수만큼 존재하며 정방 행렬로 표현됩니다. 이러한 정방 행렬을 상태 변환 확률 행렬(State transitional probability matrix)이라고 합니다.

$$P_{ss'} = P(S_{t+1} = s' | S_t = s) \tag{3-2a}$$

$$= \begin{bmatrix} p_{11} & \cdots & p_{1n} \\ \vdots & \ddots & \vdots \\ p_{n1} & \cdots & p_{nn} \end{bmatrix} \tag{3-2b}$$

Note

상태 변환 확률 행렬에서 행은 현재를, 열은 다음 상태를 표현합니다.

[수식 3-2]로 앞으로 상태 변환 확률 행렬의 수식 표현을 정의하겠습니다. 대시 '표현은 앞으로 다음 상태를 나타내는 기호이며 상태와 행동에서 주로 많이 표현될 것입니다. 따라서 상태 변환 행렬을 "현재 시점 t에서 상태가 s일 때, 다음 시점 t+1에서 상태 s'로 바뀌는 확률의 모음"으로 정리할 수 있습니다. 상태 변환 확률은 에이전트가 다음 특정 상태로의 변화로 의도하려고 해도 환경 자체가 영향을 끼치는 요인이므로 에이전트가 이 정보를 알기에는 다소 제약이 있습니다. 마치 일을 마치고 휴식하려고 하는데 고려하지 못한 추가적인 일이 발생해서 계속 일해야 하는 상황을 생각하면 됩니다.

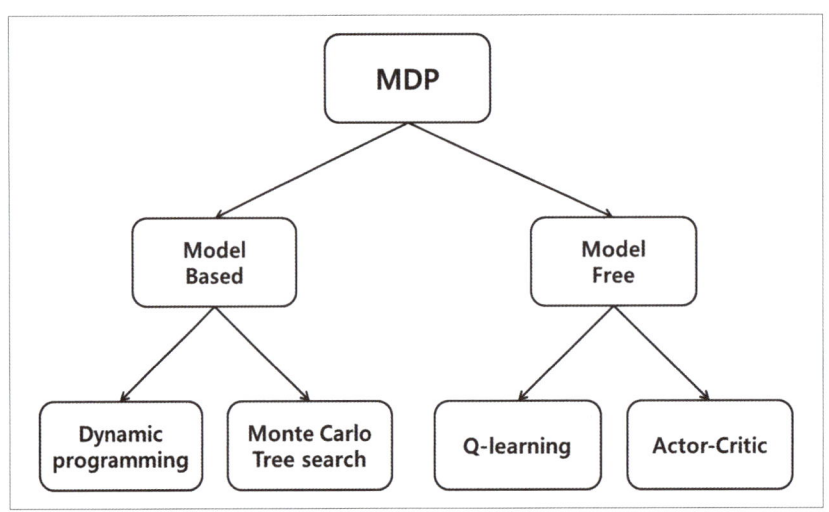

[그림 3-3] 학습 전략에 따른 마르코프 의사 결정 해결 알고리즘

마르코프 환경을 풀이하는 방식으로 에이전트가 최적의 행동을 취하고자 계획을 세울 때 환경의 '모델'을 사용하는지 유무에 따라 나뉩니다. 환경에 대한 모델을 사용하는 "모델-의존 학습(model-based)"과 사용하지 않는 "모델-비의존 학습(model-free)"으로 나뉩니다. 주의할 점은 여기서의 모델이 신경망 모델을 지칭하는 것이 아닌 환경을 의미합니다. 앞으로 혼동을 피하도록 특별한 언급이 없는 한, 모델은 강화 학습의 환경에 대한 모델을 지칭하는 표현으로 명명하겠습니다.

≫ 리턴

상태와 상태 변환에 대해서 이해되었다면 다음은 구체적인 보상에 관해 이야기해 보겠습니다. [그림 3-2]의 상황을 발전시켜 문제를 더 살펴보겠습니다. 마르코프 환경은 현재 상태에서 다음 상태로 진행될 때마다 에이전트에게 그에 따른 보상을 제공합니다.

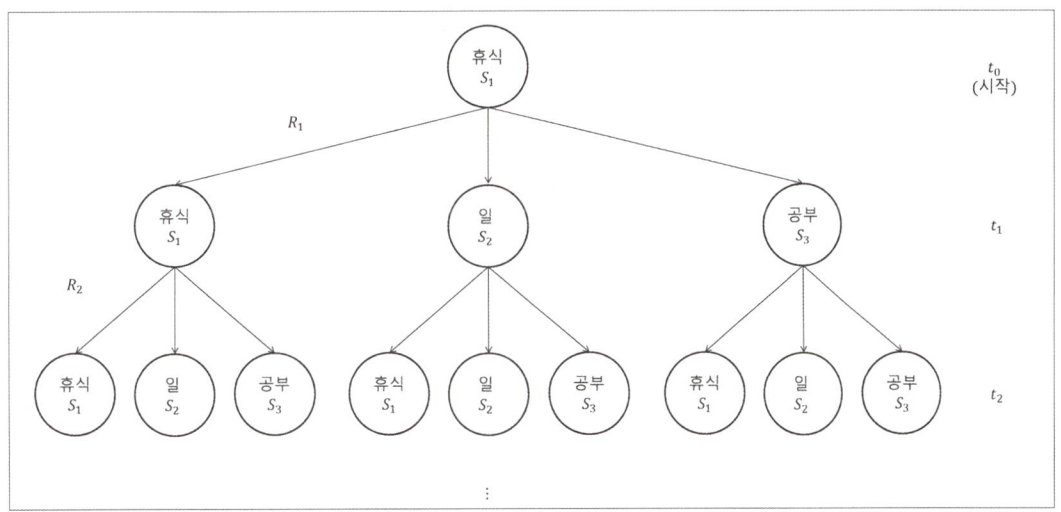

[그림 3-4] 시간에 따른 상태 변환과 보상 트리 구조

강화 학습은 t 시점이 한 번 바뀌고 종료되는 것이 아니라 t+1, t+2,…차시로 진행될 때마다 무수히 많은 상태가 변화하므로 현재 상태에서부터 학습이 진행되는 동안 에이전트가 받을 수 있는 보상의 조합은 그 경우의 수가 무수히 많습니다. [그림 3-4]를 보면 '휴식'이라는 상태에서부터 시작해서 시간이 진행될 때마다 에이전트의 상태가 변화하며 각각의 보상(R)이 출력됩니다.

> **Note**
> 트리 구조는 크게 노드 Node, 에지 Edge 두 가지 요소로 구성되어 있습니다. [그림 3-4]에서 노드 상태를 표현하는 둥근 원에 해당하고, 에지는 상태를 변화시킨 행동, 화살표로 표현되어 있습니다.

엄밀한 보상은 주어진 상태와 환경에서 고정적으로 발생하는 것이 아니라 환경의 요소에 따라 확률적으로 발생합니다. 그래서 우리는 확률 요소를 대표하는 결과로 보상을 기댓값 형태로 이용합니다. 보상은 고정된 상황에서 특정 상태와 행동을 표현하고자 R_s^a로 작성합니다.

$$R_s^a = \mathbb{E}[R_{t+1}|S_t = s, A_t = a] \qquad (3-3)$$

리턴(Return, G_t)이란 t 시점부터 마르코프 환경 종료 시점까지 얻을 모든 보상의 '할인된 합'입니다. 리턴을 각 시점의 보상을 단순 합으로 계산하면 마르코프 과정의 종료 시점에서 리턴을 계산할 때 수렴하지 않을 수 있는 계산적인 문제, 경제학적으로 적절치 않은 요소로 인해 각각의 시점에서 나오는 보상을 0보다 크고 1 이하인 할인율(Discount factor, γ)을 이용하여 합을 구합니다.

$$G_t = R_{t+1} + \gamma R_{t+2} + \gamma^2 R_{t+3} + \ldots \qquad (3\text{-}4a)$$
$$= \sum_{i=0}^{\infty} \gamma^i R_{t+i+1} \qquad (3\text{-}4b)$$

where,
$$0 \leq \gamma \leq 1$$

할인율이라는 개념을 쓰는 이유와 경제학적인 이유에 대해서 생각해 보겠습니다. 독자 여러분이 열심히 일하고 그 대가로 급여 100만 원을 받는다고 가정해 보겠습니다.

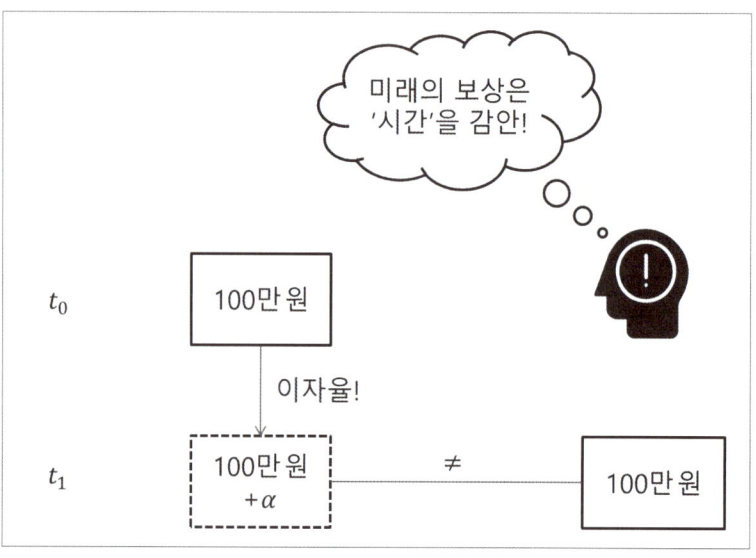

[그림 3-5] 할인율이 등장하는 이유 - 경제학적인 관점

그런데 일을 끝마치고 급여를 받아야 할 때 고용주의 사정으로 인해 급여 날짜가 다음 달로 미루어진다면 여러분은 금전적인 상황에 많은 문제를 직면하게 됩니다. 즉, 여러분에게 돌아갈 급여 100만 원은 현재의 가치가 미래의 가치보다 더 크다는 것입니다. 그래서 미래에 받을 보상을 현재로 환산하고자 1보다 작은 양수인 할인율을 다음 보상에 대해서 곱하고 누적합을 계산하여 리턴을 얻습니다. 리턴은 마르코프 의사 결정에서 구하고자 하는 최종 목표이므로 목표(Goal)의 알파벳 G를 따와서 시점 t를 아래 첨자에 달아서 표현합니다.

Note
할인율이 1에 가까울수록 미래의 보상은 현재의 보상과 동등하게 보고, 0에 가까울수록 현재의 보상만을 중요시하는 것과 같은 의미를 내포합니다.

≫ 정책

지금까지 살펴본 상태, 보상 및 할인 누적 보상은 매우 중요한 개념 한 가지를 생략하고 이야기하였습니다. 중요한 개념은 바로 행동이며, 지금까지 우리는 이를 간과하고 있었습니다.

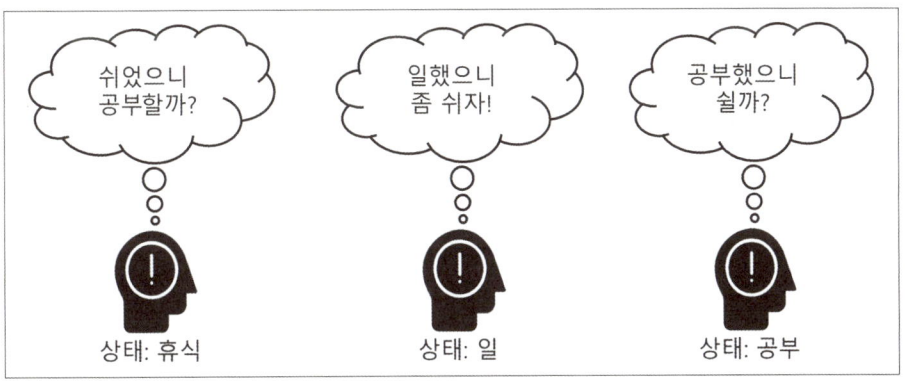

[그림 3-6] 현재 상태에 따른 행동의 고려

[그림 3-2]를 바탕으로 사람의 사고를 분석해 보겠습니다. 현재 취하고 있는 상태에 따라서 다음 어떤 상태로 가는 행동을 할 생각입니다. 이를 다르게 표현하면 특정 상태로 진행하는 행동의 확률로 대입할 수 있습니다. [그림 3-6]과 같이 에이전트가 사고한다면 대부분의 상태에서 휴식을 취하겠다는 행동 확률이 매우 높게 분포될 것입니다.

에이전트의 목표는 매 상태의 행동을 잘 판단해서 리턴을 최대화하는 것입니다. 에이전트는 주어진 상태에 최적의 행동을 결정하도록 이끌어 주는 행동 확률 함수의 분포를 파악하는 것이 중요한데 이때 행동 확률 함수의 분포를 정책(Policy)이라고 합니다. 정책은 그리스 문자 π를 이용하여 표기합니다.

$$\pi(a|s) = P(A_t = a | S_t = s) \quad (3-5)$$

[그림 3-7]은 [그림 3-6]을 어떤 행동을 취할지 생각하는 에이전트의 정책을 모사합니다. 에이전트는 각각의 상태에 따라서 가장 높은 확률 분포를 보이는 행동을 선택하게 되는데 대다수의 경우 휴식을 취하게 될 것으로 예상됩니다.

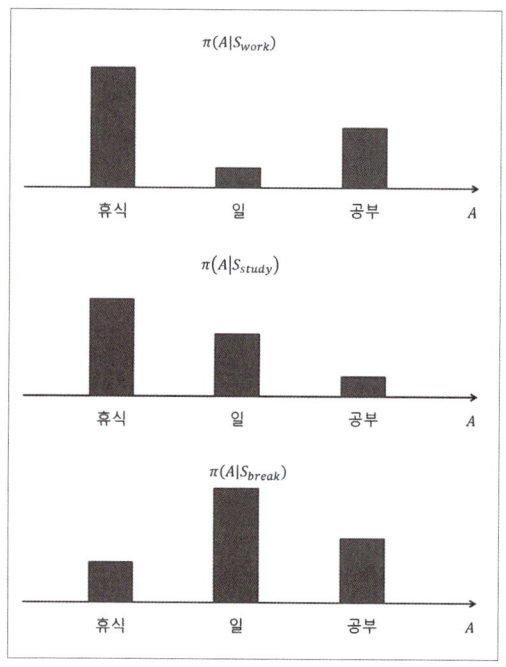

[그림 3-7] 상태에 따른 정책의 분포

≫ 가치 함수

가치 함수(Value function)란 에이전트가 처한 현재 상태로부터 얻을 할인 누적 보상의 기댓값입니다. 상태가 변할 때마다 에이전트가 받는 보상의 종류는 매우 다양하므로 하나의 가치를 구하고자 가치 함수 표본을 샘플링해야 합니다. [그림 3-8]은 이러한 가치 함수를 구하는 방법을 표현해 주고 있습니다.

$$V(s) = \mathbb{E}[G_t | S_t = s] \quad (3-6)$$

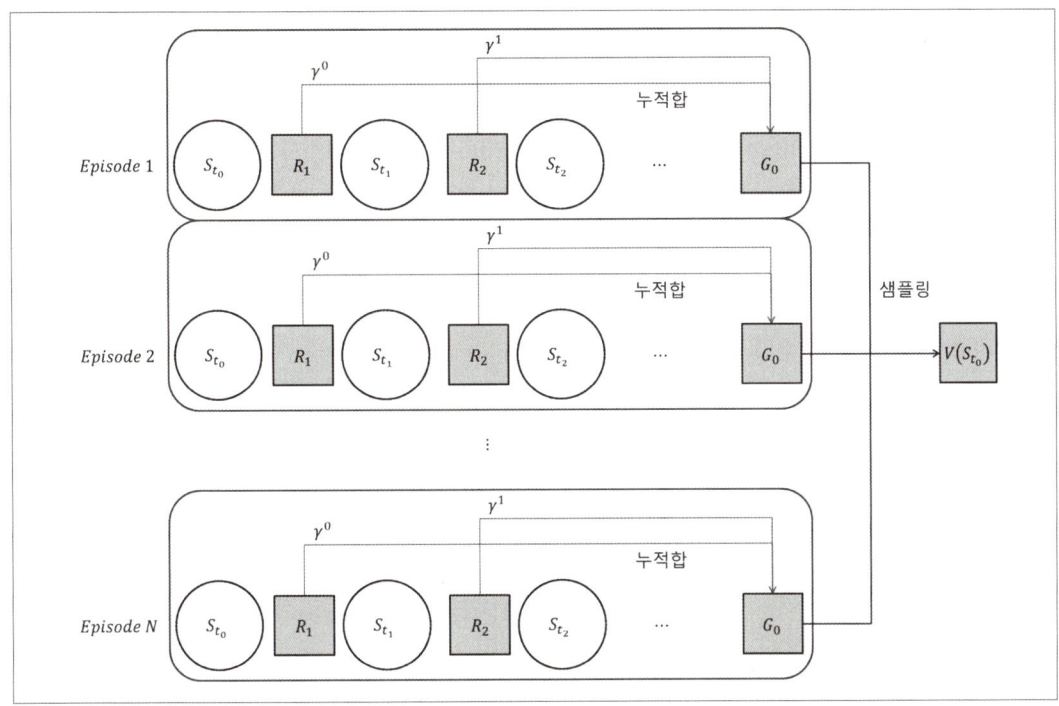

[그림 3-8] 최초 상태의 가치 계산

가치 함수 [수식 3-6]을 더 전개하면 재미있는 관계를 발견할 수 있습니다.

$$V(s) = \mathbb{E}[G_t | S_t = s] \quad (3\text{-}7a)$$
$$= \mathbb{E}[R_{t+1} + \gamma R_{t+2} + \gamma^2 R_{t+3} + \ldots | S_t = s] \quad (3\text{-}7b)$$
$$= \mathbb{E}[R_{t+1} + \gamma(R_{t+2} + \gamma R_{t+2} + \ldots) | S_t = s] \quad (3\text{-}7c)$$
$$= \mathbb{E}[R_{t+1} + \gamma G_t | S_t = s] \quad (3\text{-}7d)$$

전개한 [수식 3-7]의 마지막을 샘플링해서 보면 현재의 가치는 미래의 가치로 표현한 점화식 관계에 있습니다. 현재의 가치를 구하는 큰 문제는 상대적으로 작은 문제인 미래의 가치를 이용해 풀이 가능하여 "동적 계획법(Dynamic programming)" 자료 구조를 만족하고 있습니다. 해당 형태의 가치 함수를 다른 표현으로 벨만 방정식(Bellman equation)이라고 부르며 지금부터 벨만 방정식을 더 깊이 있게 다루도록 하겠습니다.

가치 함수에서 한 단계 더 나아가 상태뿐만 아니라 행동에 대한 가치를 평가하는 척도가 있습니다. 이를 액션-가치 함수라고 하며 보편적으로 Q-함수(Q-function)라고 명명합니다.

$$Q(s,a) = \mathbb{E}[G_t | S_t = s, A_t = a] \quad (3\text{–}8a)$$
$$= \mathbb{E}[R_{t+1} + \gamma Q(s', a') | S_t = s, A_t = a] \quad (3\text{–}8b)$$

가치 함수는 '정책'이라는 확률 분포에 종속된 'Q-함수'라는 랜덤 변수의 기댓값과 같습니다. Q-함수라는 확률 변수에 해당하는 확률이 바로 정책이므로 가치 함수를 Q-함수와 정책으로 만들어진 형태의 수식으로 표현됩니다. 가치 함수가 정책이라는 확률 분포에 종속되어 있음을 표현하고자 가치 함수와 Q-함수의 아래 첨자에 π를 표기합니다.

$$V_\pi(s) = \sum_{a \in A} \pi(a|s) Q_\pi(s, a) \quad (3\text{–}9)$$

[수식 3-9]에서 합 기호(시그마, Σ)의 아래 첨자는 모든 행동에 대한 합이라는 의미를 나타냅니다. 수식으로만 가치 함수와 Q-함수의 관계를 파악하기에는 다소 딱딱할 수 있으니 그림과 같이 이해해 보겠습니다.

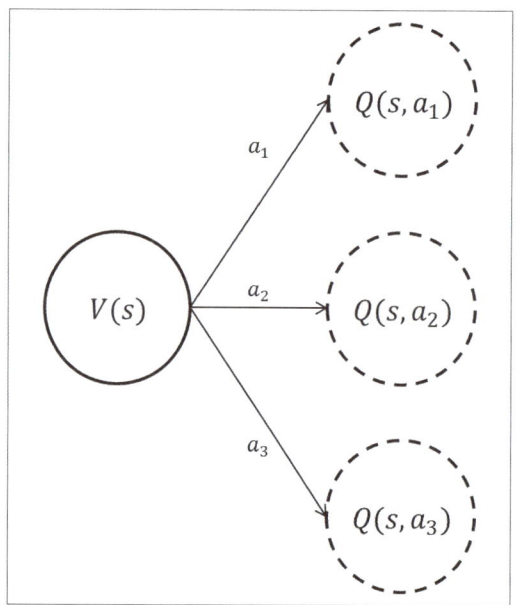

[그림 3-9] 가치 함수와 Q-함수의 관계도 (1)

가치 함수와 Q-함수를 관계도로 표현하면 더 직관적입니다.[15] [그림 3-9]의 환경은 세 가지 행동을 취할 수 있어서 하나의 상태로부터 세 개의 Q-함숫값이 파생되어 나오는 것을 표현합니다.

---

15. Introduction to Reinforcement Learning - David Silver, 2nd lecture note의 아이디어를 이용했습니다.

한 단계 더 나아가 보겠습니다. [수식 3-7]에서의 가치 함수 점화식 관계를 파악하고자 현재 상태 s에서 다음 상태 s'로 바뀌는 것을 고려해야 합니다. 예를 들어 a_1 행동을 취하고 얻은 Q-함수로부터 다음 상태의 관계식은 보상과 상태 변화 확률을 고려했을 때 다음과 같이 표현됩니다.

$$Q_\pi(s, a_1) = R_s^{a_1} + \gamma \sum_{s' \in S} P_{ss'}^{a_1} V_\pi(s') \qquad (3\text{-}10)$$

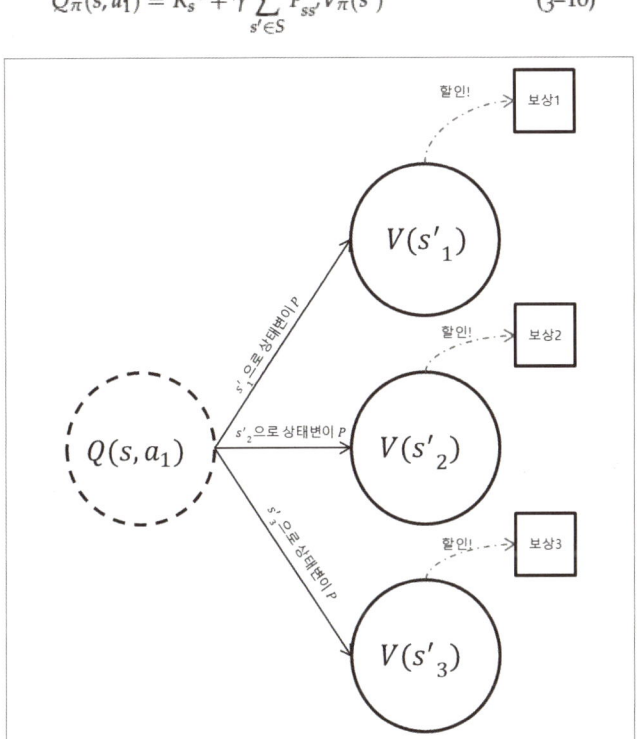

[그림 3-10] 가치 함수와 Q-함수의 관계도 (2)

[그림 3-10]은 [수식 3-10]의 개념을 설명해 주고 있습니다. 수식에서 $s \to s'$로 상태가 변하여 보상이 발생하였고, 실제로 모델이 주어진 행동과 상태에서 $s \to s'$로 바뀌어야 하므로 상태 변화 확률 $P_{ss'}^{a_1}$가 가치 함수와 Q-함수 간의 관계에서 등장합니다. 우리가 가정하고 있는 상태의 개수가 3개이며, 고정된 상태와 행동 아래에서 가치 함수와 상태 변화 확률은 각각 3개입니다. 미래의 보상이 적용되므로 할인율의 개념이 적용되었습니다. [수식 3-10]의 합 기호의 아래 첨자는 다음 시점에서 상태가 취하는 모든 경우에 대해서 가치와 상태 변화 확률의 곱을 고려하는 의미입니다.

> **Note**
> [그림 3-11]은 [그림 3-10]에서의 첫 번째 행동 a_1만을 고려했을 때 나오는 경우였으므로, a_2, a_3를 놓치는 실수를 범하는 것에 주의가 필요합니다.

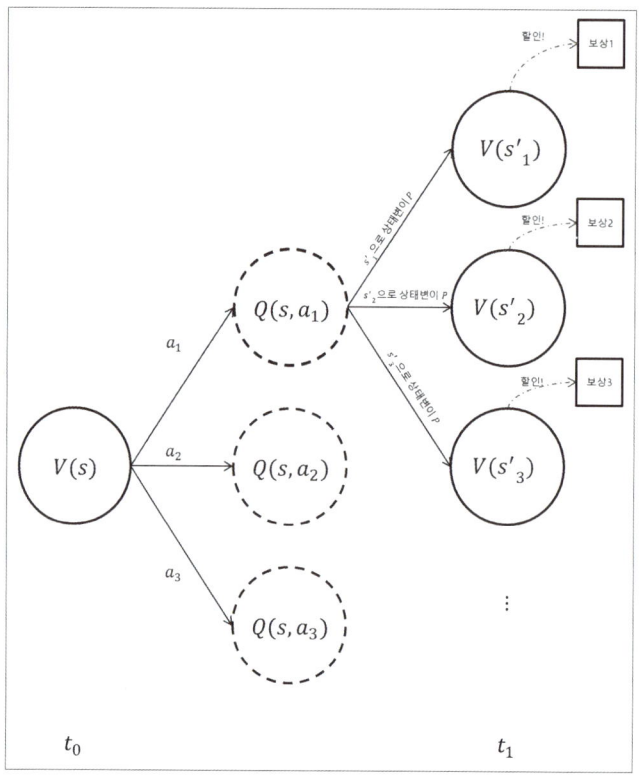

[그림 3-11] 가치 함수의 벨만 기대 방정식 전개 개념도

이제 [수식 3-7]과 [수식 3-8]의 벨만 방정식의 기댓값 부분을 제대로 수식으로 풀어쓸 수 있도록 각각 명확하게 표현할 준비가 되었습니다. 먼저 [수식 3-9]로부터 가치 함수를 다시 전개해 보겠습니다.

$$V_\pi(s) = \sum_{a \in A} \pi(a|s) Q_\pi(s, a) \quad (3\text{-}11a)$$
$$= \sum_{a \in A} \pi(a|s)(R_s^a + \gamma \sum_{s' \in S} P_{ss'}^a V(s')) \quad (3\text{-}11b)$$

행동에 대해 일반화된 [수식 3-10]으로부터 Q-함수를 다시 전개해 보겠습니다.

$$Q_\pi(s, a) = R_s^a + \gamma \sum_{s' \in S} P_{ss'}^a V(s') \quad (3\text{-}12a)$$
$$= R_s^a + \gamma \sum_{s' \in S} P_{ss'}^a (\sum_{a' \in A} \pi(a'|s') Q_\pi(s', a')) \quad (3\text{-}12b)$$

[수식 3-11]과 [수식 3-12]를 통해서 원래의 가치 함수와 Q-함수의 기댓값을 정책으로 구체화해서 표현하였습니다. 두 형태의 수식을 완전히 전개한 벨만 기대 방정식(Bellman expectation equation)이

며, 이는 비로소 구체적으로 가치 함수의 해답을 구현할 수 있게 하는 열쇠가 됩니다.

가치 함수에 대한 벨만 방정식의 해를 구해 보겠습니다. 가치 함수를 정책에 대해서 샘플링하였고 상태 개수가 n개라고 가정하면, 가치 함수와 보상은 n차원의 벡터 그리고 상태 변환 확률 함수는 $n \times n$ 크기의 행렬로 표현됩니다.

$$\begin{bmatrix} v_1 \\ v_2 \\ \vdots \\ v_n \end{bmatrix} = \begin{bmatrix} r_1 \\ r_2 \\ \vdots \\ r_n \end{bmatrix} + \gamma \begin{bmatrix} p_{11} & \cdots & p_{1n} \\ \vdots & \ddots & \vdots \\ p_{n1} & \cdots & p_{nn} \end{bmatrix} \begin{bmatrix} v_1 \\ v_2 \\ \vdots \\ v_n \end{bmatrix} \quad (3\text{-}13)$$

where,

$$v \in \mathbb{R}^n$$
$$r \in \mathbb{R}^n$$
$$P \in \mathbb{R}^{n \times n}$$

[수식 3-13]은 차원을 고려하여 원소를 모두 표현한 선형 방정식 형태의 벨만 방정식입니다. 벡터와 행렬로 벨만 방정식을 표현하였으면 모든 상태 변화에 대한 의미를 포괄하므로 벨만 방정식 [수식 3-6]의 기댓값을 표현을 생략하고 선형 방정식 형태로 전개하겠습니다.

$$v = r + \gamma P v \quad (3\text{-}14a)$$
$$(I - \gamma P)v = r \quad (3\text{-}14b)$$
$$v = (I - \gamma P)^{-1} r \quad (3\text{-}14c)$$

[수식 3-14]의 가치 함수를 구할 때 상태의 개수 n이 적절히 작은 수면 선형 방정식을 역행렬을 구해서 계산해도 무방합니다. 하지만, 위 역행렬 계산량[16]은 계산 복잡도가 $O(n^3)$인 방식이므로 상태의 개수가 커짐에 따라 계산량이 매우 커져 아무리 좋은 컴퓨터로 계산하여도 소요되는 계산 비용의 문제로 해를 구하는 데 현실적으로 어려움을 겪습니다.

> **Note**
> [수식 3-14]는 고정된 행동에 대해서 발생한 상태 변환 확률 행렬을 풀이한 선형 방정식입니다. 행동 경우의 수가 여러 개라면 계산 복잡도는 행동 경우의 수를 같이 고려하여 그만큼 더 복잡해지게 됩니다.

---

16. Gauss-Jordan 소거법 방식입니다. 최적화된 역행렬 연산 방식은 $O(n^{2.373})$까지 낮아지기도 합니다.

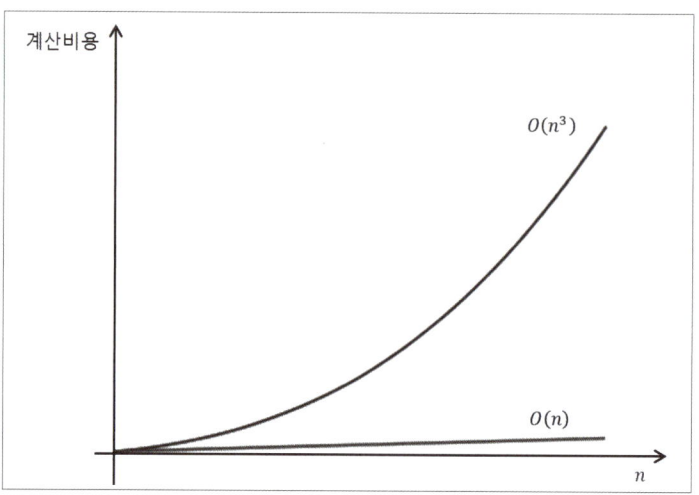

[그림 3-12] 차원 및 알고리즘에 따른 계산 비용 곡선

계산의 대상 개수가 커짐에 따라 계산 비용이 기하급수적으로 증가하는 문제를 차원의 저주(Curse of dimensionality)라고 부릅니다. 역행렬로 문제를 분석하려는 벨만 방정식 풀이법도 바로 이 차원의 저주에 빠져서 합리적인 해결 방법이 아닙니다. 따라서, 우리는 벨만 방정식을 풀 수 있는 현실적인 대안인 동적 계획법을 살펴보겠습니다.

3.2 동적 계획법

벨만 기대 방정식을 선형 방정식 형태로 풀이하는 것은 상태 경우의 수가 많을 때 역행렬 연산의 계산 복잡도 문제로 합리적이지 못한 방법이라는 것을 살펴보았습니다. 그래서 벨만 방정식의 풀이 방법 중 계산 복잡도의 문제에 대한 대응책으로 동적 계획법을 이용합니다. 동적 계획법은 크게 두 가지 특성으로 요약 정리됩니다.

- 복잡한 문제를 작은 문제로 분리하여 풀이한다.
- 각각의 작은 문제를 최적화 가능하여 이를 합치면 큰 문제의 최적화와 동일하다.

동적 계획법이 어떻게 이용되는지 대표적인 예시를 살펴보겠습니다. 일정한 규칙을 가진 수의 배열 중에서 피보나치 수열이라는 특수한 수열이 있습니다. 피보나치 수열은 k번째 수는 k-1번째 피보나치 수와 k-2번째 피보나치 수를 합한 값으로 계산 자체로만 보면 매우 간단한 수열입니다.

$$F_i = F_{i-1} + F_{i-2} \qquad (3\text{-}15a)$$
$$F_0 = 0 \qquad (3\text{-}15b)$$
$$F_0 = 1 \qquad (3\text{-}15c)$$

where,
$$i > 1$$

그래서 피보나치 수열을 0번째부터 대략 5번째 수까지를 나열해 보면 0, 1, 1, 2, 3, 5입니다. 하지만 이를 컴퓨터로 피보나치 수열을 큰 고민 없이 구현한다면 어려움에 봉착하게 되는데 그 예시를 먼저 살펴보겠습니다.

피보나치 수열을 정의대로 구현하면 다음과 같습니다.

```
def fibonacci_1st(n):
    if n <= 1: ①
        return n
    else: ②
        return fibonacci_1st(n-1)+fibonacci_1st(n-2)
```

①은 함수의 입력 인자가 1 이하일 때 값을 그대로 출력하고, ②에서는 1보다 큰 자연수부터 [수식 3-15]의 점화식을 계산하여 출력합니다.

"fibonacci_1st" 함수를 이용해서 35번째 피보나치 수와 계산 속도를 출력해 보겠습니다.

```
import time ①
start = time.time() ②
result = fibonacci_1st(35) ③
finish = time.time() ④
print(f'35번째 피보나치 수: {result}') ⑤
print(f'35까지 피보나치 수열 계산에 소요된 시간: {finish-start}sec') ⑥
```

① 시간 계산에 이용되는 패키지를 호출합니다.

②~③ 시작 시각을 체크하고 피보나치 수열을 계산합니다.

④~⑥ 피보나치 수열이 계산 완료되면 종료 시각을 체크하여 시간이 얼마나 경과하였는지 파악합니다.

결과

```
35번째 피보나치 수: 9227465
35까지 피보나치 수열 계산에 소요된 시간: 2.6796183586120605sec
```

피보나치수를 구하는 다른 방법으로 동적 계획법을 이용한 풀이 방식을 살펴보겠습니다. 메모이제이션(Memoization) 기법을 이용해 피보나치 수열을 계산한 뒤 컴퓨터에 저장시키고, 다음 피보나치 수열을 계산할 때 호출하는 방식입니다.

```
fib={} ①
fib[0] , fib[1] = 0, 1 ②
def fibonacci_2nd(n):
    global fib ③
```

```
    if n in fib.keys():  ④
        return fib[n]
    else:  ⑤
        fib[n] = fibonacci_2nd(n-1)+fibonacci_2nd(n-2)
        return fib[n]
```

①~② 함수 바깥에서 fib라는 딕셔너리 자료형을 만든 뒤 피보나치 수열의 초깃값들을 저장합니다.

③ 함수 내부에서 사용하는 fib라는 변수가 함수 밖에서도 이용 가능한 전역 변수임을 설정하는 구문입니다.

④~⑤ 입력 인자 n이 딕셔너리 자료형에 있으면 해당 값을 반환하고, 없다면 피보나치 수열을 계산하여 딕셔너리 값에 입력하고 출력하라는 구문입니다.

"fibonacci_2nd" 함수를 이용해서 35번째 피보나치 수와 계산 속도를 출력해 보겠습니다.

```
start = time.time()
result2 = fibonacci_2nd(35)
finish = time.time()
print(f'35번째 피보나치 수: {result2}')
print(f'35까지 피보나치 수열 계산에 소요된 시간: {finish-start}sec')
```

결과

```
35번째 피보나치 수: 9227465
35까지 피보나치 수열 계산에 소요된 시간: 5.507469177246094e-05sec
```

앞선 결과와 비교했을 때 계산 시간이 약 5만 배의 차이가 납니다. 같은 계산을 했는데 결괏값들을 저장하고 호출하는 과정이 더해졌다고 어떻게 이런 계산 속도의 차이가 나오는지 그 이유를 분석해 보겠습니다.

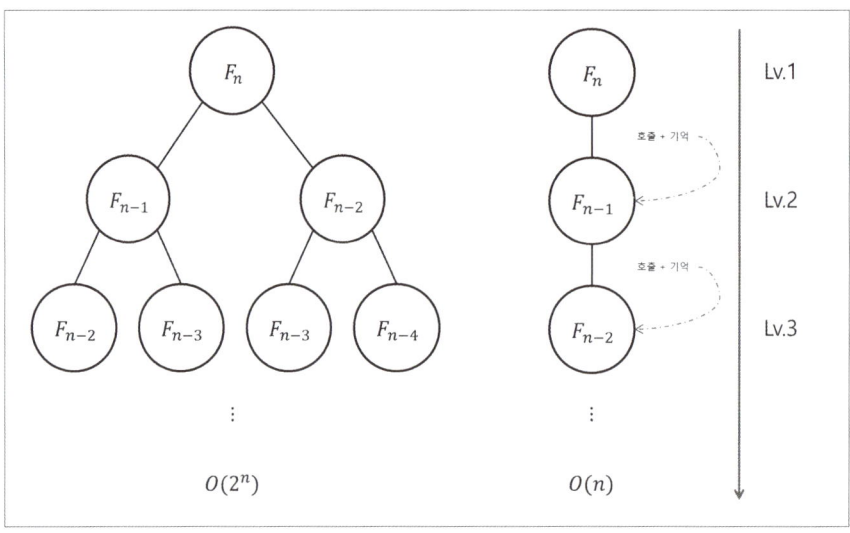

[그림 3-13] 피보나치 수열의 단순 재귀 방식과 동적 계획법의 계산량

[그림 3-13]은 단순 재귀(Recursive) 방식과 동적 계획법의 계산량 차이가 왜 나는지 설명해 주고 있습니다. 그림의 왼쪽 트리 구조의 그림으로 단순 재귀 방식은 F_n 하나의 값을 알고자 최하위 단계까지 매번 단계에서 2개씩 가지가 나뉘는 모습을 보여 주고 있습니다. 그래서 n번째 단계의 값을 알고자 최종적으로 대략 2^n번 정도의 연산이 필요합니다. 반면 오른쪽의 일자로 연결된 동적 계획법 방식은 각 단계로 피보나치 수열을 메모리에 계산 결과를 저장하고 상위 단계가 필요할 때마다 호출합니다. 따라서 n번째 단계의 값을 구하고자 피보나치 자체의 연산은 대략 n번의 단위로 계산할 수 있습니다.

트리 구조 연산 과정에는 중복된 요소들이 있기에 사실상 구하지 않아도 되는 값들을 구태여 계산해서 비합리적인 방식을 택합니다. 하지만 메모이제이션을 기반으로 한 동적 계획법은 F_n 값을 알고자 F_{n-1}과 F_{n-2}의 계산 결과만 이용하므로 합리적인 계산 방식임을 보여 주고 있습니다. 이는 마르코프 의사 결정의 문제를 해결할 때도 적용할 수 있습니다. 마르코프 속성이 다음 상황을 해결하고자 과거의 정보를 살펴볼 필요 없이 오직 현재 정보만 필요한 것처럼 동적 계획법은 큰 문제(다음 상황)를 해결하고자 작은 문제(현재 상황)만을 고려합니다.

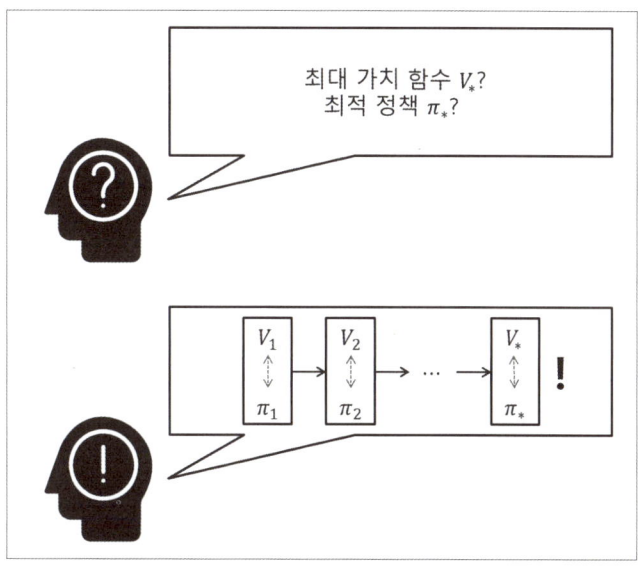

[그림 3-14] 벨만 방정식의 동적 계획법 풀이 구상

벨만 기대 방정식의 해를 구하는 과정은 동적 계획법을 이용합니다. 벨만 기대 방정식의 해는 가치 함수를 최대한으로 끌어내는 정책인 최적 정책(π_*, Optimal policy)과 해당 정책으로 만들어진 가치 함수인 최적 가치 함수(V_*, Optimal value function)입니다.

$$\pi_*(s_t) = \begin{cases} 1, & \text{if } a_t \text{ is optimal} \\ 0, & \text{otherwise} \end{cases} \qquad (3\text{--}16)$$

어차피 에이전트는 행동을 하나만 취할 수 있고 그 행동은 합리적일 때만 시행하므로 합리적인 행동일 때 정책의 확률값은 1이고 그 외의 경우 확률값은 0으로 설정합니다. [수식 3-16] 형태의 정책이 바로 최적 정책입니다. 그래서 최적 정책을 구하는 과정이 최적 가치 함수를 아는 것과 다를 바 없습니다. 하지만 한 번에 최적 가치 함수와 최적 정책을 바로 알기에는 어려우므로 우리는 벨만 기대 방정식을 계산 가능한 작은 벨만 방정식으로 분리하여 해결하는 동적 계획법을 이용할 것입니다.

[그림 3-14]의 생각처럼 한 번의 시도로 최적의 가치 함수와 최적 정책을 구할 수는 없으니 해당 시점마다 최고의 가치 함수를 도출하는 정책을 구하고 그에 따른 가치 함수를 구하고, 다음 시점에서는 이전에 구했던 가치 함수를 토대로 최선의 정책을 구하고 다시 그에 맞는 가치 함수를 구하는 과정을 반복하여 가치 함수와 정책을 업데이트하면 마지막에는 최적 정책과 최적 가치 함수를 구할 수 있다는 아이디어입니다. 이 계산 과정을 순서도로 표현하면 [그림 3-15]와 같습니다.

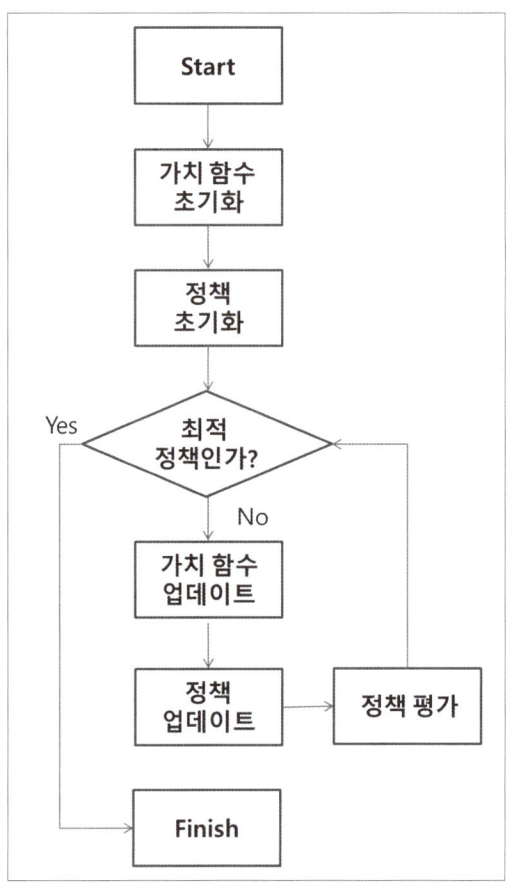

[그림 3-15] 동적 계획법을 활용한 최적 정책 계산 순서도

마르코프 특성대로 과거에 에이전트가 어떤 상태를 경험하였더라도 현재의 가치를 결정짓는 것은 현재의 정책과 바로 이전 상태의 가치 함수입니다. [그림 3-15]는 정책과 가치 함수를 발전시키는 것은 반복되고 있는 현재 상태의 정책과 가치 함수임을 표현하고 있습니다.

≫ 정책 평가

가치 함수 업데이트 식을 상태와 행동에 대해 일반화시키고, 정책이 반영된 에이전트에 정의하는 기호로 다시 표현해 보겠습니다. 여기서 가치 함수의 아래 첨자 k는 업데이트 횟수를 표현합니다.

$$V_{k+1} \leftarrow R + \gamma P V_k \qquad (3\text{-}17)$$

가치 함수와 정책이 초기화된 이후로 k번의 업데이트가 진행되었다면, 가치 함수를 구하는 데 이용되는 보상과 상태 변환 확률 행렬이 [수식 3-17]과 같이 일반화됩니다. 이 과정은 k번째의 정책에 대한 가치를 새롭게 구하는 것과 같으므로 다르게 표현하여 '정책 평가(Policy evaluation)'라고 합니다.

≫ 정책 업데이트

정책 평가 혹은 가치 함수 업데이트가 완료되었으면 정책도 그에 따라 업데이트를 진행합니다. 가치 함수는 정책에 따라 취할 수 있는 경우의 수가 의존되는데 새롭게 업데이트되는 정책 π_{k+1}은 k번 업데이트된 가치 함수 V_k를 가장 크게 만드는 정책을 선택합니다.

$$\pi_{k+1} \leftarrow greedy V_k \qquad (3\text{-}18)$$

[수식 3-18]은 그리디 알고리즘(Greedy algorithm) 혹은 탐욕 알고리즘이라고 하여 주어진 상황에서 최적의 선택을 할 때 무조건 최선의 선택을 하는 옵션만 택하는, 단순하지만 효과적인 알고리즘을 표현하고 있습니다. 즉, [수식 3-18]을 이용하면 정책은 [수식 3-16]으로 변합니다.

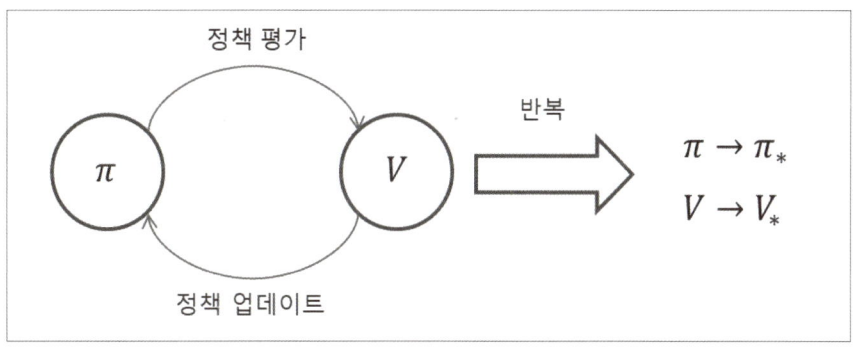

[그림 3-16] 정책-가치 업데이트를 통한 최적화

따라서 동적 계획법을 활용한 가치 함수와 이를 지배하는 정책의 해를 얻는 과정은 과거와 상관없이 현재 구한 가치 함수와 정책을 서로 번갈아 가면서 업데이트하는 과정을 반복함으로써 구할 수 있습니다. 앞서 살펴보았던 동적 계획법을 이용한 피보나치 수열을 구하는 원리와 동일합니다.

3.3

[실습] 잭의 렌터카 업체 운영 전략 - 동적 계획법을 이용한 마르코프 의사 결정

지금까지 배운 개념을 통해 잭의 차량 렌털 문제를 해결해 보겠습니다.[17] 『Introduction to Reinforcement Learning』 교재에 수록된 예시 문제로 마르코프 의사 결정 과정을 설정하고 정책 반복법을 통해 주어진 환경에서 예상될 최대 수익을 계산하는 재미있는 문제입니다. 그림을 통해 해당 문제 상황을 살펴보겠습니다.

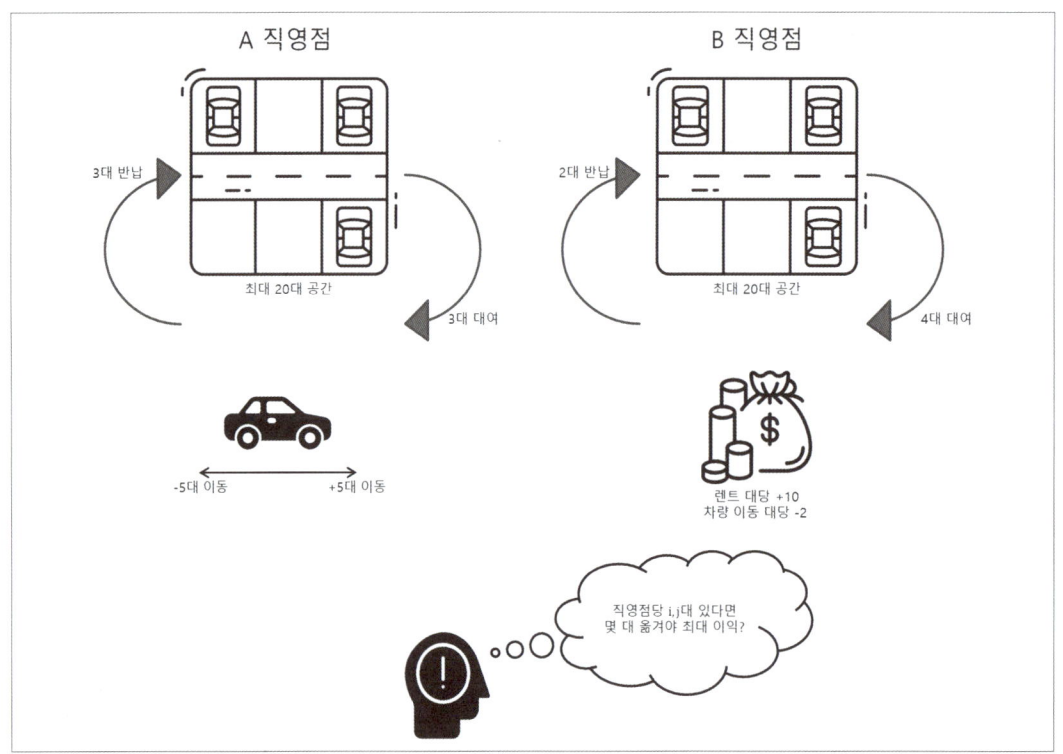

[그림 3-17] 잭의 렌터카 문제 상황

---

17. Introduction to Reinforcement Learning, Chapter 4.2 Jack's car rental problem. Page 98

우리의 주인공 '잭'은 렌터카 업체를 운영하고 있습니다. 두 렌터카 직영점을 운영하여 어떻게 하면 최대 수익을 얻을 수 있을까를 고민하는데, 직영점마다 운영 상황이 달라서 어떻게 운영해야 최대 수익이 나는지를 고민하는 상황입니다. 아래는 세부 상황과 부연 설명입니다.

- 고객이 렌트하면 10의 이익을 얻는다.
- 직영점 간 차량을 이동할 시 2만큼의 목적이 발생한다.
- 직영점 간 차량 수의 균형을 맞출 이동 차량은 하루 최대 5대이다.
- 고객의 렌터카 대여, 반납 확률은 '포아송 분포'를 따른다.
- 직영점 A에서의 (대여, 반납)에 대한 포아송 기대치는 각각 (3,3)이다.
- 직영점 B에서의 (대여, 반납)에 대한 포아송 기대치는 각각 (4,2)이다.
- 두 직영점의 주차 공간은 최대 20대이다. 초과하는 차량은 대형 차고지로 입고된다.
- 할인율은 0.9이다.

문제 조건들이 많고 생각할 여지가 많으니 우리의 '잭'은 고민이 깊어집니다. 직영점 A에서는 포아송 분포의 기댓값으로 대여-반납이 대부분 동일하게 유지되는 반면, 직영점 B에서는 대여-반납의 수가 불균형해 계속해서 차량을 계속 공급해 줘야 이익이 커집니다.

그렇다면 잭은 A, B 직영점에 각각 0부터 20대까지의 임의의 차량이 있다면 이익을 최대화하고자 밤 동안 어느 직영점에서 다른 직영점으로 몇 대의 차량을 옮겨야 다음날 최대 이익을 낼 수 있을지 알고 싶습니다. 이 문제를 벨만 방정식을 통해서 분석해 보도록 하겠습니다.

≫ 문제 상황 설정

필요한 패키지를 호출합니다.

```
Import numpy as np ①
Import matplotlib.pyplot as plt ②
```

잭의 렌터카 문제는 넘파이와 결과를 확인할 matplotlib 패키지로 해결 가능합니다.

액션을 정의하겠습니다.

```
actions = np.arange(-5,5+1) ③
```

차량은 유입 혹은 유출로 최대 5대씩 이동 가능하므로 다음과 같이 정의합니다. 액션은 유입, 유출에 대한 방향이 있으므로 +를 차량의 유입, -를 차량의 유출로 생각해 보겠습니다. ③ -5부터 +5까지 정수를 생성합니다. 넘파이의 arange 클래스를 이용하는데 입력 인자는 시작과 끝값을 입력해 줍니다.

> **Note**
> 넘파이 arange 클래스의 입력 인자 중 끝값은 우리가 원하는 값보다 하나가 적은 숫자가 나오므로 +1을 하는 것을 확인해야 합니다.

상태와 가치 함수에 대해서 설정하겠습니다.

```
states = []   ④
for i in range(20+1):   ⑤
    for j in range(20+1):   ⑥
        states.append([i,j])   ⑦
```

④ 모든 상태를 기록할 빈 리스트를 생성합니다.

⑤ A 직영점의 주차 대수에 해당하는 반복문을 수행합니다. 최대 주차 대수는 20대까지이므로 0부터 20대까지 21개의 경우가 있습니다.

⑥ B 직영점의 주차 대수에 맞게 반복문을 수행합니다. 두 직영점 간의 상태 관계는 독립적인 관계이므로 반복문 내에 반복문으로 설정합니다.

⑦ 첫 번째 원소를 A 직영점, 두 번째 원소를 B 직영점의 주차 대수로 입력하여 모든 상태의 경우를 입력합니다. 반복문을 교차하므로 모든 상태 경우의 수는 21*21, 즉 441가지입니다.

가치 함수를 생성합니다.

```
value = np.zeros((20+1, 20+1))   ⑧
new_value = np.zeros((20+1,20+1))   ⑨
```

⑧ 현재 시점에 해당하는 가치 함수를 정의합니다. A 직영점 21가지 경우, B 직영점 21가지 경우이므로 21x21 크기의 원소는 0인 행렬로 생성합니다.

⑨ 벨만 방정식에서 다음 시점의 가치 함수에 해당하는 부분입니다. 역시 같은 크기의 원소는 0인 행렬로 설정합니다.

정책에 대해 초기화해 주겠습니다.

```
policy = np.zeros((20+1, 20+1))  ⑩
```

⑩ 모든 상태에 대해서 정책을 0으로 초기화하였습니다. 벨만 방정식을 통해 가치 함수-정책의 상호 업데이트를 통해 최적 정책이 업데이트될 것입니다. 여기서 각 상태에서의 정책은 자동차가 몇 대 유출입 되었는지를 표현합니다. 따라서 21x21 크기의 정책 행렬의 최솟값은 -5, 최댓값은 +5를 가지게 될 것입니다.

여기까지 구현한 부분은 문제를 다음과 같이 푸는 전략을 의미합니다. 직영점 A, B당 현재 있는 차량의 수를 (i,j)대로 대응했다면 0부터 20까지의 임의의 모든 경우의 순서쌍에 대한 정책과 가치를 격자와 같이 고려하겠다는 의미입니다.[18]

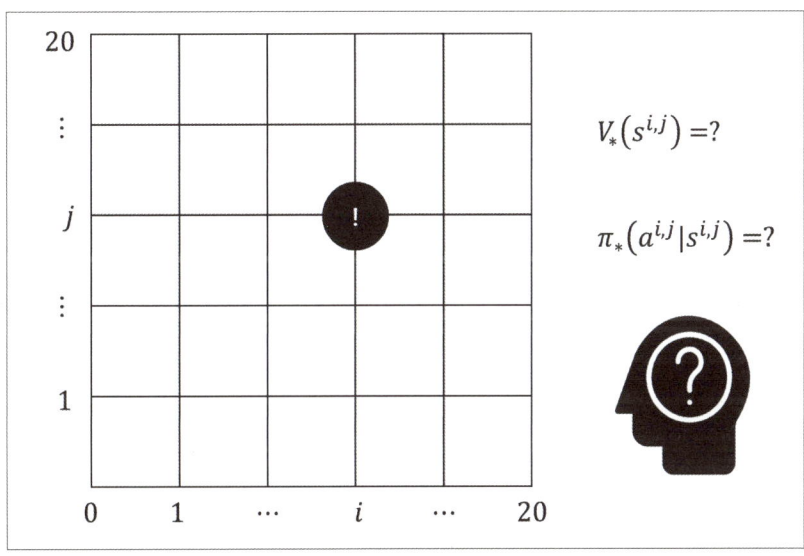

[그림 3-18] Grid world로 표현한 문제의 상황

마지막으로 포아송 분포를 정의하겠습니다. 포아송 분포는 기댓값을 계산할 때 연산량 감소를 목적으로 딕셔너리를 이용해 메모이제이션을 활용합니다.

```
p_dict = {}  ⑪

def poisson_distribution(x,lamb):  ⑫
```

---

18. 벨만 방정식의 격자 형태로 묘사하여 표현한 방법을 영문 그대로 그리드 월드(Grid world), 번역하면 격자 세계라고 일컫습니다.

```
        global p_dict  ⑬
        key = (x,lamb)  ⑭
        if key not in p_dict.keys():  ⑮
            p_dict[key] = lamb**x*np.exp(-lamb)/np.math.factorial(x)  ⑯
        return p_dict[key]  ⑰
```

⑪ 포아송 분포를 기록하도록 딕셔너리 값을 생성합니다.

⑫ 포아송 분포를 계산하는 함수를 설정하며 입력 인자로 사건의 발생 횟수 x와 기대치 λ를 입력받습니다.

⑬ 함수 내부에서 이용할 p_dict 변수를 프로그램 전체에서 사용할 전역 변수로 정의합니다.

⑭~⑯ 포아송 분포 결과의 키값을 정의합니다. 함수의 입력 변수가 튜플 형태로 키값으로 전달받아 포아송 분포 안에 키값이 존재하지 않을 때만 포아송 확률 분포 [수식 2-52]를 계산하고 저장합니다.

⑰ 함수의 출력값은 키값을 활용한 포아송 확률 분포입니다.

추가로 한 가지 트릭을 생각하겠습니다. 포아송 분포에서 사건이 발생할 횟수 x가 이론적으로는 주차된 차량수 20대까지 가능하지만, 해당 문제에서 가정한 경우에서는 사건 발생 횟수가 8 이상을 넘어가면 확률값 자체가 매우 작아집니다. 쉽게 표현하면 하루에 8대 이상의 차가 렌트 또는 반납할 경우가 거의 없습니다. 문제의 가정에서는 정의되지 않았으나 계산의 편의성을 위해 렌트 및 반납의 상한선은 8대까지로 고려합니다.

```
poisson_upper_bound = 8+1
```

》 가치 함수 업데이트

정책 평가를 위한 가치 함수를 업데이트하는 구문을 Calculate_nextV_function이라는 함수로 정의하고 설명하겠습니다.

```
def Calculate_nextV_function(state,action,state_value,gamma=0.9):  ①
    returns = -2*np.abs(action)  ②
    
    A_cars = int(max(min(state[0]-action,20),0))  ③
    B_cars = int(max(min(state[1]+action,20),0))  ④
    
    for rentA in range(poisson_upper_bound):  ⑤
```

```python
            for rentB in range(poisson_upper_bound): ⑥
                for returnA in range(poisson_upper_bound): ⑦
                    for returnB in range(poisson_upper_bound): ⑧
                        rent_prob = poisson_distribution(rentA,3)*poisson_distribution(rentB,4) ⑨

                        Alot_rent_fin = min(A_cars,rentA) ⑩
                        Blot_rent_fin = min(B_cars,rentB) ⑪
                        reward = (Alot_rent_fin+Blot_rent_fin)*10 ⑫

                        return_prob = poisson_distribution(returnA,3)*poisson_distribution(returnB,2) ⑬

                        next_A_cars = int(max(min(A_cars-Alot_rent_fin+returnA,20),0)) ⑭
                        next_B_cars = int(max(min(B_cars-Blot_rent_fin+returnB,20),0)) ⑮
                        total_prob = rent_prob*return_prob ⑯

                        returns += total_prob*(reward+gamma*state_value[next_A_cars,next_B_cars]) ⑰
    return returns
```

① 함수를 정의하는 구문과 입력 인자를 설정하는 부분입니다. 입력 인자는 순서대로 현재 시점의 상태, 행동, 그리고 가치 함수입니다. 할인율은 특별한 값을 입력하지 않는 이상 고정값으로 0.9로 자동 설정되어 있습니다.

② 현재 취한 행동으로 인한 보상의 감소를 미리 계산합니다. 차량을 이동시킨 대수마다 -2 값을 리턴으로 부여합니다.

③~④ A 직영점, B 직영점에 있는 차량 대수의 변화를 계산해 줍니다. 액션 값이 양의 정수를 가지면 A 직영점에서 B 직영점으로 이동하는 것을 의미합니다. ③은 처음 A 직영점의 차량 대수 state[0]로부터 차량의 유출(입)을 계산하고 최대 차량 보관 대수인 20과 값을 비교합니다. 20대 이상 차량을 보관할 수 없으므로 최솟값을 먼저 계산한 다음, 유출 대수는 원래 보유한 차량보다 많을 수 없으므로 0과의 최댓값으로 비교하고 안전하게 정수형을 취해 줍니다. ④는 B 직영점에 해당하는 연산을 방향을 고려해서 계산

해 주는 것을 보여 줍니다.

⑤~⑧ 손님들이 직영점에 영향을 끼치는 바를 계산합니다. A, B 두 직영점 각각에 렌트하는 경우와 반납하는 경우가 있으므로 총 4개의 반복문이 묶여서 계산됩니다. 앞서 poisson_upper_bound로 8대 이상의 차량이 한 번에 대여나 반납되는 경우는 없다는 전제를 이용합니다.

⑨ 두 직영점 간에 해당하는 반납 대수의 확률을 구해서 총 손님들이 두 직영점에 rentA, rentB만큼 반납하는 확률을 구합니다. 두 직영점은 서로 독립 확률로 구성되므로 두 확률을 곱하여 전체 사건이 발생할 확률을 구할 수 있습니다.

⑩~⑪ 두 직영점에서 대여된 차량의 대수를 구합니다. 아무리 손님들이 차량을 많이 대여하려고 해도 현재 주차된 차량보다 많은 차량을 대여할 수는 없습니다.

⑫ 보상을 구합니다.

⑬ 고객들이 직영점에 returnA, returnB만큼 반납할 확률을 구합니다. 대여할 때와 마찬가지로 반납하는 사건도 직영점 간의 관계가 독립이므로 단순 확률 곱으로 계산 가능합니다.

⑭~⑮ 대여와 반납이 종료된 이후의 각 직영점에 남아 있는 차량 대수를 구합니다. 각각의 경우는 문제의 조건에 맞게 0보다 작은 차량 대수와 20대보다 큰 차량의 대수는 허용되지 않는 점이 적용되었습니다.

⑯ 상태 변환 확률 함수를 구합니다. 차량의 대여와 반납되는 경우가 각각 독립이므로 곱셈 연산으로 총 확률을 계산합니다.

⑰ [수식 3-17]을 구현하여 최종 리턴의 기댓값, 가치 함수를 구합니다.

≫ 정책, 가치 함수 업데이트

학습이 어떻게 진행되는지를 확인하도록 반복 차시마다 정책과 가치 함수를 저장할 리스트를 생성합니다.

```
iter_policy = []  ①
iter_value = []  ②
iter_policy.append(policy)  ③
iter_value.append(value)  ④
```

①~② 각각 반복 회차에 해당하는 정책과 가치 함수를 저장할 빈 리스트를 만듭니다.

③~④ 초기 정책과 가치 함수를 저장합니다. 학습 진행이 안 되었으므로 각각 정책과 가치 함수 모두 21x21 크기의 0 행렬이 채워집니다.

반복문 업데이트를 시행합니다. 정책이 더 이상 업데이트되지 않을 때까지 반복 시행합니다.

```
it = 0   ①
while True:   ②
    print(f'반복 회차: {it+1}')   ③
    for i,j in states:   ④
        action_buffer = []   ⑤
        for action in actions:   ⑥
            if ((i)=action and action >= 0) or (action < 0 and j >= np.abs(action))):   ⑦
                action_buffer.append(Calculate_nextV_function([i,j],action,value))
            else:
                action_buffer.append(-np.inf)
```

① 반복 횟수가 얼마나 시행되었는지 세도록 변수 it를 정의했습니다.

② 충분히 학습될 때까지 무한 반복을 시행합니다. 충분히 학습되었는지 여부는 ⑫에서 다시 살펴보겠습니다.

③ 정책 업데이트가 시작될 때마다 화면에 횟수를 출력합니다.

④ 현재 시점에서 모든 상태를 다 점검합니다. 첫 번째 원소 i는 A 직영점을, 두 번째 원소 j는 B 직영점을 의미합니다.

⑤ 주어진 상태에서 취할 수 있는 11개의 행동(차량의 이동 대수)으로 나오는 가치 함수를 저장할 버퍼를 만들었습니다.

⑥ 11개의 행동을 모두 시뮬레이션해 봅니다.

⑦ 조건문으로 행동이 현재 상태와 부합할 때만 가치 함수를 계산하도록 조건문을 설정하였습니다.

> **Note**
> 조건문의 내용은 A 직영점에 현재 주차된 차량이 B 직영점으로 갈 차량 수보다 많을 때나, B 직영점에 현재 주차된 차량이 A 직영점으로 갈 차량 수보다 많을 때만 가치 함수를 계산하라는 내용입니다. 조건문을 위반할 시 해당하는 가치 함수는 -np.inf를 이용해 음의 무한값을 전달해 무가치한 값을 전달합니다.

```
# Greedy-algorithm -> Optimal policy
        act_idx = np.argmax(action_buffer) ⑧
        new_policy[i,j] = actions[act_idx] ⑨

        #Optimal policy -> Optimal Value iteration
        new_value[i,j] = Calculate_nextV_function([i,j],actions[act_
idx],value) ⑩
```

⑧~⑨ 탐욕 알고리즘을 수행합니다. 넘파이의 argmax 클래스로 현재 상태에서 11개의 행동 중 가장 큰 가치를 보여 준 행동을 선택하고 새롭게 정의할 정책에 그 행동을 설정합니다.

⑩ 새로운 가치 함수를 계산합니다.

```
it += 1 ⑪
    if np.sum(policy!=new_policy) < 1e-04: ⑫
        break

    value = new_value.copy() ⑬
    policy = new_policy.copy() ⑭

    iter_policy.append(policy) ⑮
    iter_value.append(value) ⑯
```

⑪ 반복 횟수가 1회라고 표시합니다. 반복이 진행되었다는 의미는 렌터카 영업 일수가 하루 늘었다는 의미와 일맥상통합니다.

⑫ 현재의 정책과 다음 시점의 정책 차이가 1e-04보다 작은지 여부를 검사해 지금까지 이루어진 반복문을 종료합니다. 새롭게 업데이트할 정책이 현재 정책과 차이가 없다면 반복하여 업데이트하는 의미가 없기 때문입니다.

⑬~⑭ 현재 구한 상태 함수와 정책을 업데이트하는 구문입니다.

⑮~⑯ 정책과 가치 함수를 빈 리스트에 추가해 학습 기록을 남깁니다.

모든 상태에 대해 몇 대의 차량을 보낼지 결정하는 정책과 그에 따른 최적 가치 함수를 등고선 그림을 통해 분석해 보겠습니다. 등고선 그림은 다음 스크립트를 이용해 얻을 수 있습니다.

> **결과**
> ```
> fig,ax = plt.subplot() ①
> cs = ax.contour(policy,level=10,colors='k') ②
> ax.clabel(cs,inline=1,fontsize=10) ③
> ax.set_title("Policy") ④
> ```

① matplotlib를 이용해 등고선도를 그릴 틀을 지정합니다.

② countour 클래스를 이용해 등고선도를 그립니다. 현재 policy로 저장된 정책을 등고선도로 그립니다. 등고선의 선의 개수는 10개, 선의 색은 검은색으로 지정했습니다.

③ 등고선의 옵션을 추가합니다. 각 줄에 해당하는 값을 입력하고, 수치의 크기는 10으로 설정했습니다.

④ 플롯의 제목을 설정해 줍니다.

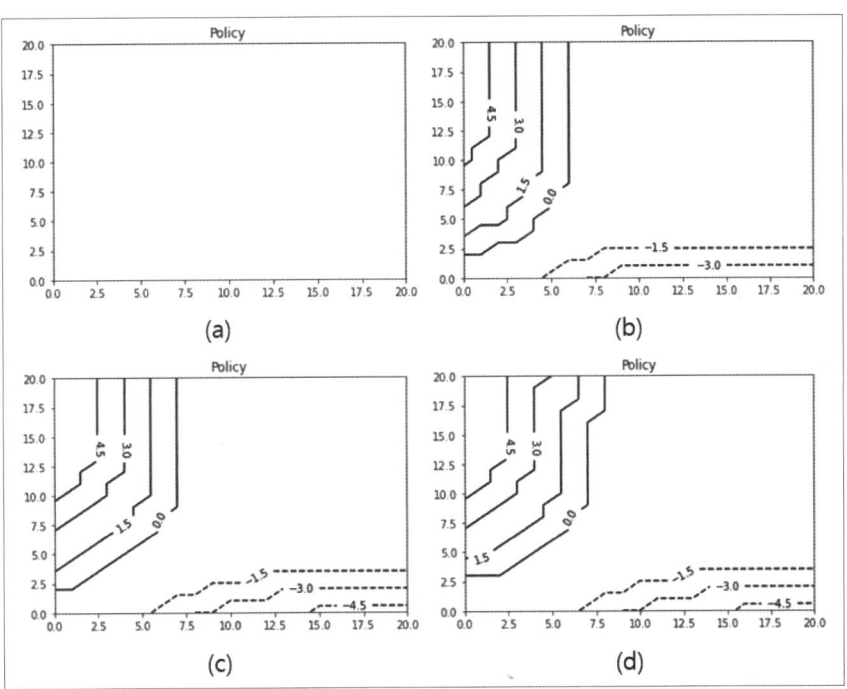

[그림 3-19] 정책 업데이트

[그림 3-19]는 그동안 기록된 정책들을 위 스크립트를 이용해 얻은 결과들을 모아 봤습니다. (a) 학습 시작 전, 영업을 막 시작했을 당시에는 에이전트에게 주어진 가치 함수와 정책이 설정되어 있지 않아서 초깃값인 0이므로 등고선도가 표현되지 않았지만, 점차 반복 횟수, 영업 일수가 늘어감에 따라 학습이 진행되어 가며 (d) 최종 단계에서 정책이 업그레이드되어 주어진 상태에서

3장 마르코프 의사 결정과 동적 계획법 풀이 전략 **163**

가장 합리적인 행동이 무엇인지 보입니다.

다음은 가치 함수를 확인해 보겠습니다.

```
fig,ax = plt.subplot()
cs = ax.contour(value,level=10,colors='k')
ax.clabel(cs,inline=1,fontsize=10)
ax.set_title("Expected return")
```

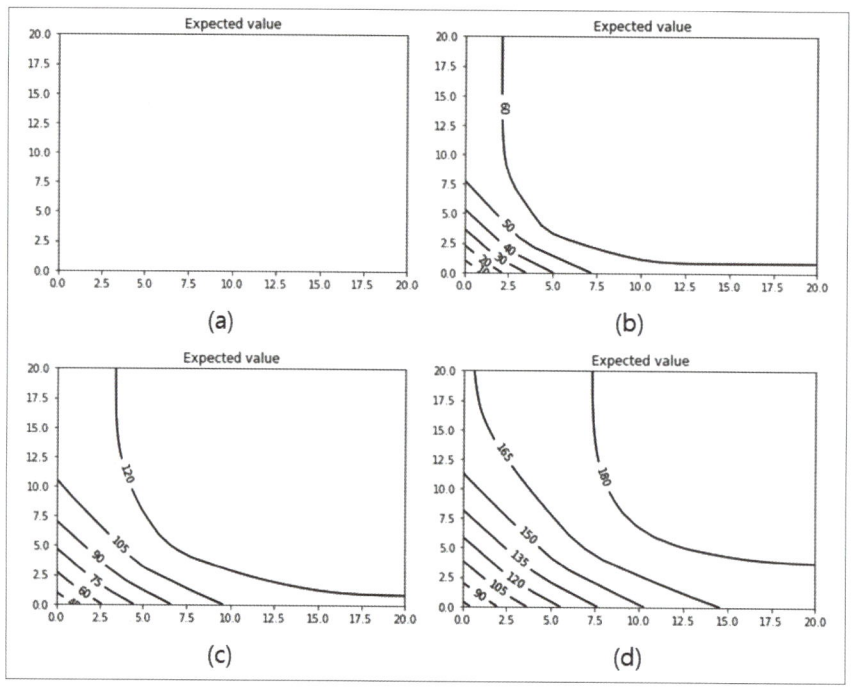

[그림 3-20] 가치 함수 업데이트

[그림 3-20]은 영업 시작일로부터 3일의 영업일이 지난 상태, 3회를 반복하고 얻은 업데이트된 기대 가치 함수를 등고선도로 표현하였습니다. 각 영업일 시점에서 최적 정책으로 구한 기대 가치 함숫값을 통해 각 직영점에서 주차된 차량 대수가 몇 대여야 최대 가치 함수가 나타날지 표현됩니다. [그림 3-19]와 [그림 3-20]을 통해 결과를 해석하면 다음과 같습니다. (10, 1) 좌푯값을 통해 A 직영점이 10대, B 직영점이 1대의 차량을 보유하고 있다면, A 직영점은 최대의 이익을 얻고자 3대의 차량을 밤 동안 보내야 하는 것을 확인할 수 있습니다. 이런 정책을 유지하면 3일 뒤 예상된 가치 함수를 통해 직영점 간 차량 대수의 상태를 통해 예상되는 수익을 확인할 수 있습니다.

앞 장에서 우리는 동적 계획법을 이용해서 벨만 방정식을 만족하는 마르코프 의사 결정 과정의 해법에 대해 살펴보았습니다. 이 방식은 에이전트가 환경에 대한 모든 정보를 파악하고 문제를 해결한다는 점에서 진정한 강화 학습이라고 볼 수는 없습니다.

4장

벨만 방정식부터 강화 학습까지

4.1 몬테-카를로 추정법
4.2 시간차 학습
4.3 Monte-Carlo vs Temporal Difference
4.4 에이전트 학습

4.1 몬테-카를로 추정법

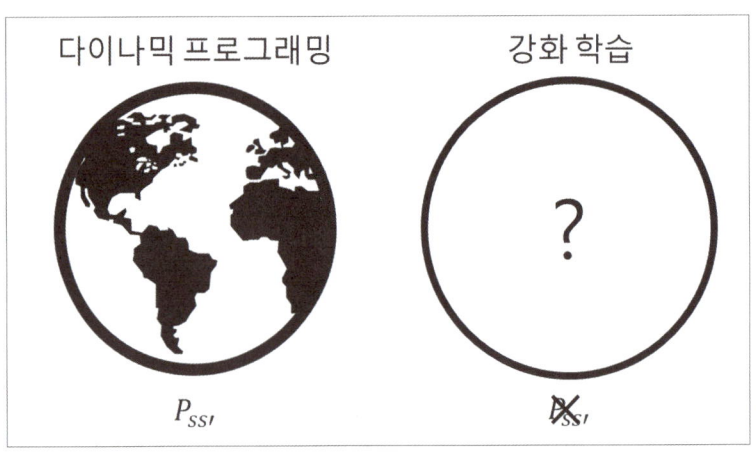

[그림 4-1] 다이나믹 프로그래밍과 강화 학습의 차이

앞서 살펴본 동적 계획법은 환경의 모든 정보를 파악하고 벨만 방정식의 수식 관계를 이용해 마르코프 의사 결정을 해결하였습니다. 강화 학습이란 정확히 파악할 수 없는 환경에 대한 수학적인 정보를 모른 채 에이전트가 환경과 상호 작용하면서 주어진 상태에 대한 최대 가치를 얻어 내는 것입니다. [그림 4-1]은 마르코프 의사 결정 과정을 해결하는 방법을 표현합니다. 동적 계획법은 마치 환경을 세세하게 다 파악해 그것을 수식 모델로 적절히 계산하는 반면, 강화 학습은 환경에 대한 정보를 세밀하게 파악하지 못하는 모습을 보여 줍니다. 따라서 마르코프 의사 결정을 해결하는 문제는 동적 계획법 풀이 방식이 이상적이지만 실현하기가 불가능에 가까우므로 강화 학습 전략을 주로 채택해야 합니다. 이번 장부터는 강화 학습 방법을 통해 에이전트가 환경과 어떻게 상호 작용하며 학습하는지 구체적인 방법에 대해 살펴보도록 하겠습니다.

몬테-카를로(Monte-Carlo) 추정법은 특정 값을 알고 싶으나 해석적으로 정확하게 계산하기 어려울 때 대안으로 사용하는 확률을 기반으로 한 근사법입니다. 예를 들어 우리가 원주율 π 값을 정확히 알고 싶다고 가정해 보겠습니다. 원주율 값 π는 3.141592…로 정확하게 구하기 불가능한 수입니다. 이런 원주율 값을 몬테-카를로 추정법으로 근사한 방법을 살펴보겠습니다. [그림 4-2]는 사분면의 원의 넓이를 표현합니다.

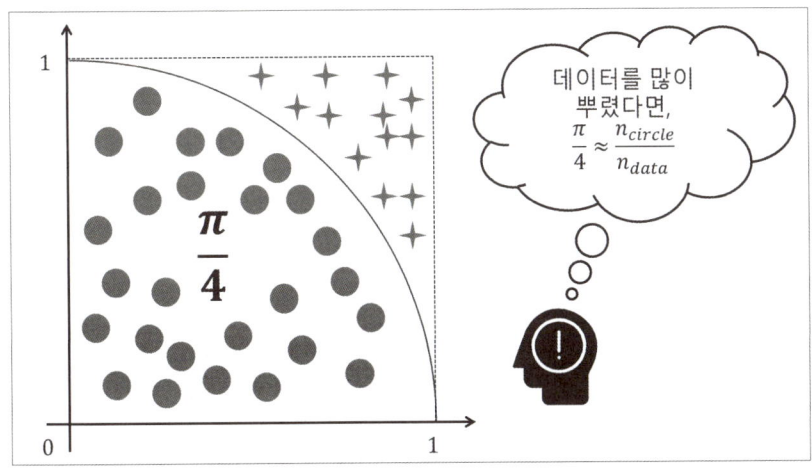

[그림 4-2] 사분원의 넓이와 원주율 넓이 몬테카를로 추정

반지름이 1인 사분면의 원의 넓이가 $\frac{\pi}{4}$라는 값을 알 때, 우리는 그림의 영역 안에서 나오는 모든 x, y 좌표에 임의의 점(데이터)을 흩뿌릴 수 있습니다. 사분원 안에 들어가 있는 점, 사분원 바깥에 있는 점 그리고 우리가 총 흩뿌린 데이터(점)의 개수를 통해 다음 관계식을 도출할 수 있습니다.

$$\frac{\pi}{4} \approx \frac{\text{Number of points inside Quarter-circle}}{\text{Number of points in domain area}} \quad (4-1)$$

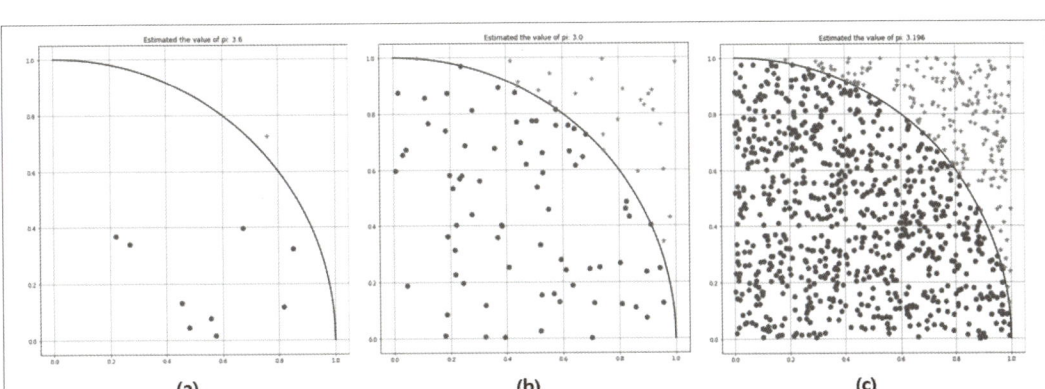

(a)　　　　　　　　　　　(b)　　　　　　　　　　　(c)

[그림 4-3] 몬테-카를로 추정법을 이용한 원주율 결과

원주율 값은 흩뿌린 점의 개수가 많으면 많을수록 값이 정확하게 추산됩니다. 비록 해석적인 방법은 아니지만 이와 같이 반복 시행으로 특정 값을 얻어 내는 과정을 몬테-카를로 추정법이라고 합니다. [그림 4-2]는 몬테-카를로 추정법을 이용하여 얻은 원주율 값을 보여 줍니다. 왼쪽부터 원주율을 구하고자 임의로 흩뿌린 데이터가 각각 10개, 100개 그리고 1,000개를 사용한 모습이고, 그에 따른 원주율 결과는 3.6, 3.0, 3.196이 나왔습니다. 이는 추정을 위해 시행한 실험 횟수나 데이터가 많으면 많을수록 결과는 참값에 가까워지는 모습을 확인할 수 있습니다.

> **Note**
> 원주율을 구하는 예시처럼 정확한 방식은 아니나 어림잡아 추산하는 방식을 통틀어 휴리스틱(Heuristic) 방식이라고 일컬으며, 그중에서도 가장 대표적인 방법이 몬테-카를로 추정법입니다.

앞서 살펴본 벨만 기대 방정식을 몬테-카를로 방식으로 해석할 수 있습니다. [수식 3-7]의 리턴은 환경이라는 모집단에서 해석적으로 얻은 결과이므로 정확한 값을 알기는 불가능하지만, 우리는 에이전트를 무수히 많은 시행 횟수 동안 환경에 대입시켜 샘플링된 리턴값을 얻을 수 있습니다. n번 수행하여 얻은 n개의 리턴을 산술 평균 내면 이는 리턴의 기댓값으로 정의된 가치 함수를 몬테-카를로 방식으로 근사한 결과와 비슷해져 갑니다. 그래서 [수식 3-7]의 가치 함수를 다음과 같이 현실적인 방법으로 근사할 수 있습니다.

$$V(s) \simeq \frac{1}{n} \sum_{i=1}^{n} G_i(s) \qquad (4-2)$$

where,

$$n \gg 1$$

애당초 기댓값과 산술 평균의 차이는 해당하는 랜덤 변수가 모집단과 샘플의 차이 여부였습니다. 마치 원주율을 몬테-카를로 방식으로 어림 추산했을 때 샘플 개수가 작으면 실제 값하고 차이가 크게 나타나지만 샘플 수가 커질수록 산술 평균이 기댓값에 가까워지며 정확한 값으로 점차 수렴하는 모습을 보입니다. [수식 4-2]의 아랫부분이 가리키는 의미는 회차 시 n이 매우 큰 수를 나타냅니다.

이제 가치 함수를 [수식 4-2]를 전개하여 다른 형태로 작성하겠습니다.

$$V_n \simeq \frac{1}{n} \sum_{i=1}^{n} G_i \qquad (4\text{-}3\text{a})$$

$$\simeq \frac{1}{n} \sum_{i=1}^{n} (G_n + \frac{n-1}{n-1} \sum_{i=1}^{n-1} G_i) \qquad (4\text{-}3\text{b})$$

$$\simeq \frac{1}{n} \sum_{i=1}^{n} (G_n + (n-1)V_{n-1}) \qquad (4\text{-}3\text{c})$$

$$\simeq V_{n-1} + \frac{1}{n}(G_n - V_{n-1}) \qquad (4\text{-}3\text{d})$$

where,

$$n \gg 1$$

[수식 4-3]은 n회 반복하여 얻은 가치 함수가 n-1회를 반복하여 얻은 가치 함수와 n번째 리턴값을 통해 계산됨을 보여 줍니다. 이는 작은 문제에서 사용했던 답을 이용해서 큰 문제를 푸는 다이내믹 프로그래밍의 개념을 이용해 [수식 4-3]의 가치 함수를 업데이트 수식으로 표현할 수 있습니다.

$$V \leftarrow V + \alpha(G - V) \qquad (4\text{-}4)$$

where,

$$MC\ target = G$$
$$MC\ error = \delta$$
$$= G - V$$

여기에서 α는 업데이트를 얼마나 진행할지 결정하는 학습률로서 [수식 4-3]의 $\frac{1}{n}$과 대응되어 0에서 1 사이의 양수를 가집니다. 몬테-카를로의 가치 함수 업데이트 식의 목표치는 G이며, 영문으로 MC target으로 부릅니다. 그리고 목표치와 현재 값의 차이는 영문으로 Target error로 표현하며 그리스 문자 δ로 간략히 표현합니다.

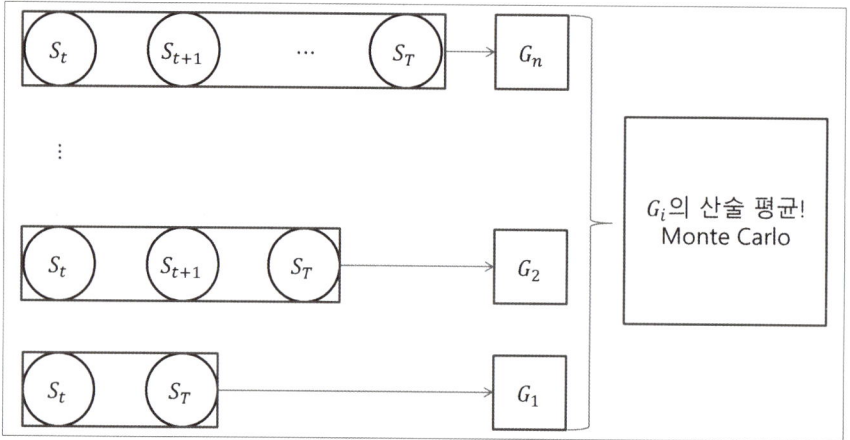

[그림 4-4] 몬테-카를로 방법을 통한 t 시점 상태의 리턴

[그림 4-4]를 음미하면 각각의 에피소드(episode) 종료 시점 T의 상태로 도달할 수 있는 경우의 수가 매우 많습니다. 바로 한 번의 시점 진행으로 상황이 종료될 수 있거나, 많은 시간이 지나고 여러 상태를 거쳐서 환경이 종료되는 경우 등 매우 다양하게 리턴이 계산됩니다. 하지만 이런 모든 리턴들을 평균 내면 적절한 리턴, 기대되는 가치 함수를 계산할 수 있습니다.

Note

에피소드란 환경의 시작부터 끝까지 일련의 과정을 의미합니다.

4.2 시간차 학습

몬테-카를로 방식은 에피소드가 종료될 때까지 기다려야 하는 부분에서 장단점이 있습니다. 가장 큰 문제점으로 에피소드가 종료될 때까지 에이전트는 많은 상태를 관찰해야 하며, 이것은 적절한 가치 함수로 수렴하는 것을 어렵게 하는 주요 원인입니다.

시간차 학습(Temporal difference learning)은 그 단점을 보완하는 방식입니다. 가장 간단한 형태의 시간차 학습부터 일반화된 시간차 학습에 관해서 살펴보고 몬테-카를로 방식과의 차별점과 그 특징을 살펴보겠습니다.

4.2.1 TD(0)

가중치를 부여하지 않은 시간차 학습 방식입니다. [수식 3-7]을 샘플링하여 얻은 리턴을 다른 형태로 작성해 보겠습니다.

$$G_t = R_{t+1} + \gamma V(S_{t+1}) \qquad (4\text{-}5)$$

이 형태를 [수식 4-4]에 적용하면 가치 함수의 업데이트 식을 다른 방식으로 전개할 수 있습니다. 상태 시점이 한 시점을 앞섰다는 개념은 대시 표시로 간략하게 표현하겠습니다.

$$V \leftarrow V + \alpha(R + \gamma V' - V) \qquad (4\text{-}6)$$

where,

$$TD\ target = R + \gamma V$$
$$TD\ error = \delta$$
$$= R + \gamma V' - V$$

[수식 4-6]이 가중치가 없는 시간차 학습 방식을 이용한 가치 함수 업데이트 수식입니다. 시간차 학습 방식의 수식 목표치, 영문으로 TD target에 해당하는 값은 [수식 4-6]의 $R+\gamma V'$입니다. 또한, 가치 함수의 목표치와 현재 값의 차이는 TD-error 그리스 문자 δ로 표현하며 이는 $R+\gamma V'-V$입니다. 시간차 학습 방식은 단 한 번의 시점이 이동된 상태에서 보상과 가치 함수와 현재 가치 함수와의 차이를 이용해 가치 함수를 업데이트하는 방식이므로 몬테-카를로 방식과 차이점이 명확히 드러나는 부분입니다.

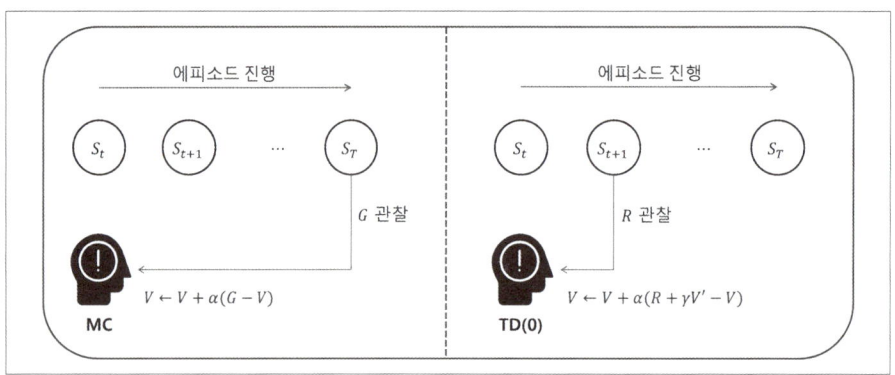

[그림 4-5] 몬테-카를로 가치 함수 업데이트 방식과 TD(0) 가치 함수 업데이트 방식

[그림 4-5]와 같이 몬테 카를로는 현재 가치 함수를 구하고자 에이전트는 종료 시점까지 모든 상태를 반복하며 시행착오를 겪는 반면에 TD(0) 방식은 현재 가치 함수를 알고자 바로 다음 상태의 변화를 얻고 그 결과를 업데이트하는 방식을 취합니다. 쉽게 말해서 몬테-카를로 방식은 현재의 가치를 알고자 먼 미래까지 결과를 살펴보는 방식이며, TD(0)는 현재의 가치를 알고자 바로 다음 미래의 예상되는 결과를 이용하는 전략입니다.

≫ 몬테-카를로 vs 시간차 학습 방식

따라서 현재 가치 함수의 값이라는 부분에 대해서만 집중해 보면 몬테-카를로 방식은 에피소드의 종료 시점까지 상태에 대한 많은 경우의 수를 다 거쳐 가야 하지만 시간차 학습 방식은 단 한 시점 변경의 경우만 다루므로 살펴볼 경우의 수가 상대적으로 적습니다.

몬테-카를로 방법은 모든 상태를 다 탐색하므로 현재 가치를 올바르게 평가하는 장점이 있지만 역설적으로 모든 상태를 다 탐색한다는 점이 가치 함수를 학습하는 것을 어렵게 만드는 원인이 됩니다. 그 이유는 하나의 에피소드가 종료될 때 얻는 샘플링 리턴이 기댓값의 리턴과 동일하다는 전제와 환경이 복잡할수록 무수히 많은 에피소드를 경험해야 올바른 값을 구할 수 있기 때문입니다. 반면에, TD(0)는 바로 다음 상태만을 탐색하므로 가치 함수를 학습하는 데 몬테-카를로 방식보다 경우의 수가 적으므로 학습 방식에 유리한 입장이지만 바로 다음 시점의 상태만을 이용해 학습하므로 공정하게 가치 함수를 평가했다고 이야기하기에는 몬테-카를로 방식보다 근거가 부족합니다.

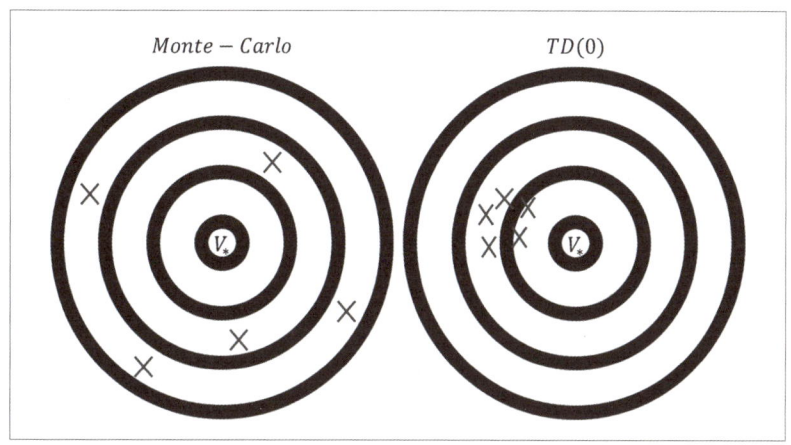

[그림 4-6] 몬테-카를로와 TD(0)의 Variance, Bias의 특성 개념도

[그림 4-6]에서 보여 주는 개념은 우리가 맞혀야 할 가치 함수가 과녁의 중앙이라고 고려하면 몬테-카를로 학습 방식은 전체적인 추정이 과녁의 중앙을 향해 분포하지만 분포가 넓게 형성되었고, 시간차 학습 방식은 전체적인 추정이 과녁의 중앙에는 벗어나 있지만 분포가 한 곳을 향해 집중적으로 모여 있습니다. 간단하게 영문으로 표현하면 몬테-카를로 방식은 "High-variance, Low bias" 특성을, 시간차 학습 방식은 "Low-variance, High-bias" 특성을 보인다고 말합니다. 과녁의 중앙을 맞히는 문제와 분포를 줄이는 문제는 동시에 풀면 이상적이지만, 하나를 포기해야 하는 트레이드-오프(trade-off) 관계의 딜레마에 놓여 있습니다. 이런 트레이드-오프 관계를 정량적으로 분석하고자 우리는 가중치가 첨가된 일반화된 시간차 학습 방식을 살펴보아야 합니다.[19]

---

19. 이후부터는 상당히 많은 수식을 전개해 가면서 시간차 학습 방식을 살펴봅니다. 분석에 초점을 둔 부분이었으므로 이해하기 어렵다면 생략해도 무방합니다.

4.2.2 TD(λ)

TD(0) 학습 방식은 현재 상태부터 한 시점이 진행된 상태의 리턴을 이용해 가치 함수를 업데이트하였습니다. n 시점에서 종료되었다고 가정할 때 리턴을 이용하여 가치 함수의 트레이드 오프 딜레마의 최적점을 알고자 분석하기 리턴을 분석해야 합니다. 변경된 리턴에 대한 수식 하나를 정의하겠습니다.

$$G_{t:t+n} = R_{t+1} + \gamma R_{t+2} + \gamma^2 R_{t+3} \dots \quad (4\text{-}7a)$$

$$= R_{t+1} + \sum_{n=1}^{\infty} \gamma^n R_{t+1+n} \quad (4\text{-}7b)$$

[수식 4-7]의 시그마 항은 에피소드 종료 시점이 지난 후 보상은 0으로 고정되므로 무한 급수로 표현해도 무방합니다. n은 1부터 특정한 양의 정수 n까지 굉장히 많은 경우에서 하나하나 가중치 λ를 곱해 주어 이를 통해 전체 누적 보상 합 G_t의 보편적인 값을 보고 이를 분석하고자 하는 방식으로 바로 TD(λ) 방식입니다. 0부터 1 사이의 양수인 가중치 λ로 적용한 리턴을 G_t^λ라고 표현하며 이는 무한 등비 급수를 이용해서 수식을 전개할 수 있습니다.

$$G_{t:t+n}^\lambda = (1-\lambda)(G_{t:t+1} + \lambda G_{t:t+2} + \lambda^2 G_{t:t+3} + \dots) \quad (4\text{-}8a)$$

$$= (1-\lambda) \sum_{n=1}^{\infty} \lambda^{n-1} G_{t:t+n} \quad (4\text{-}8b)$$

[수식 4-8]이 가중치 λ 누적 보상합으로 표현되는 수식입니다. [수식 4-9]를 더 일반화해서 살펴보겠습니다. 실제 에피소드가 종료되는 시점이 T라면 [수식 4-8]을 분리해서 생각할 수 있습니다.

$$G_{t:t+n}^\lambda = (1-\lambda) \sum_{n=1}^{\infty} \lambda^{n-1} G_{t:t+n} \quad (4\text{-}9a)$$

$$= (1-\lambda) \sum_{n=1}^{T-t-1} \lambda^{n-1} G_{t:t+n} + (1-\lambda) \sum_{n=T-t-1}^{\infty} \lambda^{n-1} G_{t:t+n} \quad (4\text{-}9b)$$

$$= (1-\lambda) \sum_{n=1}^{T-t-1} \lambda^{n-1} G_{t:t+n} + (1-\lambda) \sum_{n=T-t-1}^{\infty} \lambda^{n-1} G_t \quad (4\text{-}9c)$$

$$= (1-\lambda) \sum_{n=1}^{T-t-1} \lambda^{n-1} G_{t:t+n} + \lambda^{T-t-1} G_t \quad (4\text{-}9d)$$

> **Note**
> [수식 4-9]의 $(1-\lambda)$이 나오는 이유는 누적 보상합의 각 가중치 λ^n를 모두 더해서 1이 나오게 해 줘야 합니다. 무한 등비급수 관계식, $\sum_{n=1}^{\infty}\lambda^{n-1}=\frac{1}{1-\lambda}$에서 유도된 수입니다.

[수식 4-9]를 전개하는 과정에서 독자 여러분이 다소 헷갈릴 수 있는 부분이 있을 것이라 예상하여 상세히 설명하겠습니다. 시그마의 시작 지점 n을 $T-t-1$ 시점으로 나누어 식을 분리한 뒤 시그마를 분석합니다. 두 번째 시그마를 기준으로 $G_{t:t+n}$의 항을 분석한 결과 최종 에피소드가 종료되는 시점 T까지 계산하므로, 종료 시점 T 이후엔 어떤 보상도 에이전트에 제공되지 않으므로 $G_{t:t+n}$을 G_t로 바꾸어도 같은 결과가 나옵니다.

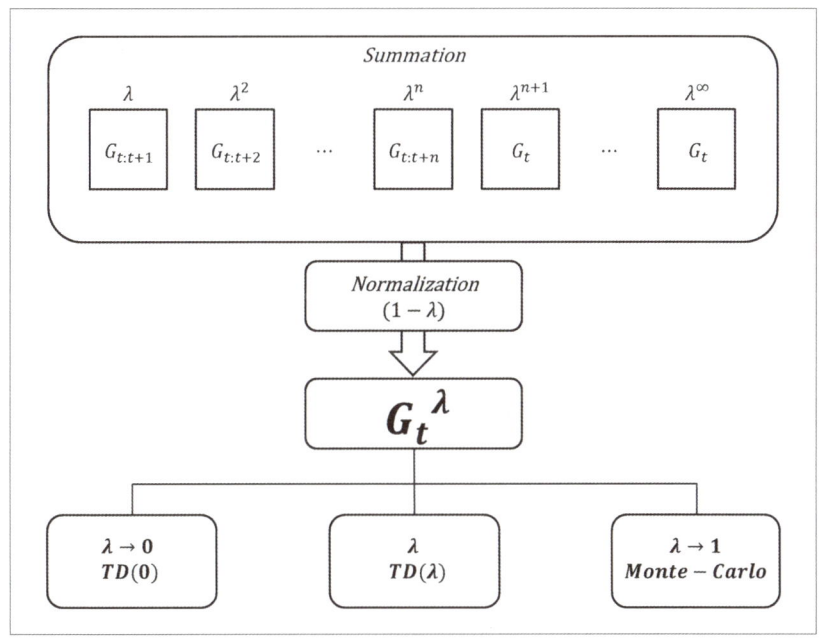

[그림 4-7] TD(λ) 방식의 Target 개념도

이렇게 해서 구한 [수식 4-9]에 λ를 0과 1을 대응해 보면 그 결과는 각각 시간차 학습 방식의 TD target과 MC target이 각각 구해집니다.[20] [수식 4-9]의 λ를 0부터 1까지 조정해 나가면서 어느 수준의 시간차 학습 방식이 최적화되는지 분석할 수 있습니다.

---

20. 0의 0 제곱은 1과 같습니다. $0^0=1$

4.3 Monte-Carlo vs Temporal Difference

≫ Eligibility traces

한글로 적격성 추적이라고 해석되는 본 개념은 어떤 사건이 일어났을 때 해당하는 원인 분석법을 1) 발생 빈도 초점(Frequency heuristic), 2) 최신 발생 초점(Recency heuristic)을 두는 관점을 모두 아울러 추적하는 분석 방법입니다.

[그림 4-8] 번개가 칠 때까지의 전조: 종소리, 전구

[그림 4-8]과 같이 번개가 치기 전 종이 울리는 상태와 전등이 들어오는 상태를 겪었습니다. 번개가 치는데 주요한 알림 상태로 자주 울렸던 종이 주요한 역할을 했는지를 추정하는 것이 발생 빈도 초점 방식이며, 번개가 치기 이전에 있었던 전등이 들어온 상태를 주요 역할로 추정하는 것이 최신 발생 초점 방식입니다. 이를 정량적으로 분석하는 방식이 Eligibility traces이며 시간에 대한 점화식 형태로 수식이 전개됩니다.

$$E_0(s) = 0 \qquad (4\text{-}10\text{a})$$
$$E_t(s) = \gamma \lambda E_{t-1}(s) + \mathbf{1}(S_t = s) \qquad (4\text{-}10\text{b})$$

[수식 4-10]은 시작 시점에서 그 값이 0부터 시작해서 t 시점의 상태 S_t가 보고자 하는 상태 s인 경우에만 신호를 첨가하고 이전의 신호들을 시간에 따라 할인하며 누적합을 하는 것을 보여 줍니다.

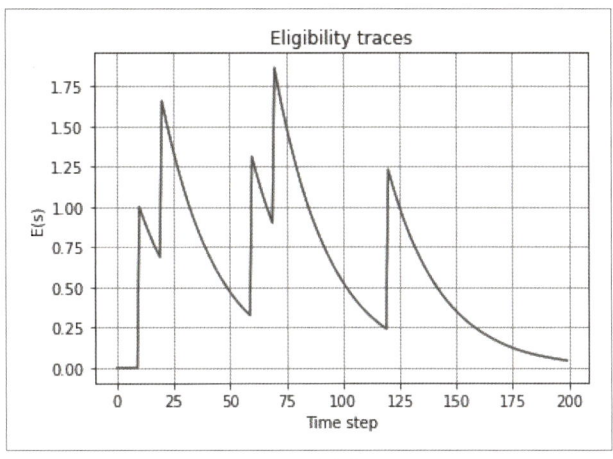

[그림 4-9] $\lambda=0.96, \gamma=0.999$에서의 Eligibility trace 곡선

[그림 4-9]는 상태 s의 시간에 따른 eligibility trace입니다. 특정 시점마다 에이전트는 상태 s를 겪으면서 그때마다 신호가 강해짐을 보여 줍니다. 신호가 들어오지 않으면 시간이 점차 지남에 따라 신호가 약해지는데 그 정도는 할인율 γ과 TD 가중치 λ에 의존하게 됩니다.

≫ TD-error

Eligibility trace를 접목한 가치 함수 업데이트 식을 새롭게 정의할 수 있습니다. 먼저 앞서 언급한 TD-error를 수식으로 표현하겠습니다.

$$\delta_t = G_t^\lambda - V(S_t) \qquad (4\text{-}11)$$

Eligibility traces[수식 4-10], TD-error[수식 4-11]를 이용해 가치 함수의 업데이트 [수식 4-6]을 다시 표현할 수 있습니다.

$$V(S_t) \leftarrow V(S_t) + \alpha \delta_t E_t(s) \qquad (4\text{-}12)$$

[수식 4-12]가 eligibility trace와 TD-error를 접목한 가치 함수 업데이트 식입니다. 여기서 가중치 λ를 0부터 1까지 변화시켜 가면 [그림 4-7]과 같이 TD(0)에서 Monte-Carlo 업데이트 식으로 이어지는지 확인해 보겠습니다.

≫ 경우 1. λ=0

시간이 흘러도 eligibility traces 값은 1로 고정됩니다.

$$E_t(s) = \mathbf{1}(S_t = s) \qquad (4\text{-}13\text{a})$$
$$V(S_t) \leftarrow V(S_t) + \alpha\delta_t\mathbf{1}(S_t = s) \qquad (4\text{-}13\text{b})$$
$$V(S_t) \leftarrow V(S_t) + \alpha\{R_{t+1} + \gamma V(S_{t+1} - V(S_t))\} \qquad (4\text{-}13\text{c})$$

따라서, 해당 경우의 가중치 업데이트 수식은 TD(0)의 방식과 같습니다.

≫ 경우 2. λ=1

Eligibility trace 값은 더 이상 1로 고정되어 있지 않으므로 점화식으로 매 시점의 가치 함수 업데이트 식을 고려해 줘야 합니다. 특정 시점 k에서 상태 s를 겪었을 때 Eligibility trace를 수식으로 우선 표현하겠습니다.

$$E_t(s) = \begin{cases} 0, & t < k \\ \gamma^{t-k}, & t \geq k \end{cases} \qquad (4\text{-}14)$$

[수식 4-14]는 직관적으로 생각할 수 있습니다. 우리의 논의 대상 시점 t가 k보다 앞서 발생했다면 상태 s에 대한 신호를 겪어 보지 않았으므로 eligibility trace의 값은 0이며, 반대로 시점 t가 k보다 미래라면 그 신호는 시간이 지날수록 할인되는 것을 표현합니다. 추가로 가중치 λ는 1이므로 eligibility trace 값은 할인율만 고려하면 됩니다.

TD-error는 에피소드의 최초 시점부터 종료까지 상태 s에 대한 모든 Eligibility trace를 고려합니다.

$$\sum_{t=1}^{T} \alpha\delta_t E_t(s) \qquad (4\text{-}15)$$

[수식 4-14]와 [수식 4-15]를 합하여 TD-error를 작성하고 관계식을 풀어 보겠습니다.

$$\sum_{t=1}^{T} \alpha\delta_t E_t(s) = \sum_{t=k}^{T} \alpha\gamma^{t-k}\delta_t \qquad (4\text{-}16\text{a})$$
$$= \alpha(\delta_k + \gamma\delta_{k+1} + \cdots + \gamma^{T-k-1}\delta_{T-1} + \gamma^{T-k}\delta_T) \qquad (4\text{-}16\text{b})$$

[수식 4-16]의 오른쪽 항의 괄호 안 요소들을 상세히 전개해 보겠습니다.

$$\delta_k = R_{k+1} + \gamma V(S_{k+1}) - V(S_k)$$
$$\gamma \delta_{k+1} = \gamma R_{k+2} + \gamma^2 V(S_{k+2}) - \gamma V(S_{k+1})$$
$$\vdots \qquad (4\text{--}17)$$
$$\gamma^{T-k-1}\delta_{T-1} = \gamma^{T-k-1}R_T + \gamma^{T-k}V(S_T) - \gamma^{T-k-1}V(S_{T-1})$$
$$\gamma^{T-k}\delta_T = -\gamma^{T-k}V(S_{T-1})$$

$$\therefore \alpha(\delta_k + \gamma\delta_{k+1} + \cdots + \gamma^{T-k-1}\delta_{T-1} + \gamma^{T-k}\delta_T) = \sum_{n=k}^{T} \gamma^{n-k}R_{n+1} - V(S_k)$$
$$= G_k - V(S_k)$$

따라서 가중치 업데이트 수식은 몬테-카를로 방식과 동일합니다.

≫ 경우 3. 0<λ<1

시점 k에서 상태 s를 처음 마주했으면 Eligibility trace는 가중치 λ를 반영한 것 이외에 [수식 4-14]와 크게 달라지지 않습니다.

$$E_t(s) = \begin{cases} 0, & t < k \\ (\gamma\lambda)^{t-k}, & t \geq k \end{cases} \qquad (4\text{--}18)$$

에피소드의 최초 시점부터 종료 시점까지 상태 s에 대한 모든 Eligibility trace를 고려한 수식을 새로 작성합니다.

$$\sum_{t=1}^{T} \alpha\delta_t E_t(s) = \sum_{t=k}^{T} \alpha(\gamma\lambda)^{t-k}\delta_t \qquad (4\text{--}19a)$$
$$= \alpha\{\delta_k + (\gamma\lambda)\delta_{k+1} + \cdots + (\gamma\lambda)^{T-k-1}\delta_{T-1} + (\gamma\lambda)^{T-k}\delta_T\}$$
$$(4\text{--}19b)$$

[수식 4-19]를 전개해서 가치 함수 업데이트 식 형태로 표현해 보겠습니다.

$$\delta_k = \{R_{k+1} + \gamma V(S_{k+1}) - V(S_k)\}$$
$$\gamma\lambda\delta_{k+1} = (\gamma\lambda)^1\{R_{k+2} + \gamma V(S_{k+2}) - V(S_{k+1})\}$$
$$\vdots \quad (4-20)$$
$$(\gamma\lambda)^{T-k-1}\delta_{T-1} = (\gamma\lambda)^{T-k-1}\{R_T + \gamma^{T-k}V(S_T) - V(S_{T-1})\}$$
$$(\gamma\lambda)^{T-k}\delta_T = (\gamma\lambda)^{T-k}\{-V(S_{T-1})\}$$

[수식 4-20]의 오른쪽 항들을 모두 더해서 정리하여 전개하면 λ-리턴과 현재 가치 함수 $V(S_k)$의 차이인 TD-error가 전개됩니다.

$$\sum_{n=0}^{T}(\gamma\lambda)^n\{R_{k+1+n} + \gamma V(S_{k+1+n}) - \gamma\lambda V(S_{k+n})\} - V(S_k) = G_t^\lambda - V(S_k)$$
$$(4-21)$$

따라서 이 경우에도 Eligibility trace를 통해 TD-error가 도출되었습니다.

가중치 λ의 값에 관해서 Eligibility trace로 TD-error가 도출된다는 것을 이해하였고 차후 배울 알고리즘과 구현하기 쉬운 Eligibility trace 개념을 합하여 몬테-카를로 방식과 시간차 학습 방식 사이의 적절한 학습 전략을 찾아낼 준비가 완료되었습니다.

4.4 에이전트 학습

3장의 [그림 3-14]를 떠올리며 강화 학습의 본질 목표를 다시 생각해 보겠습니다. 가치 함수를 최적화시키고자 정책도 같이 최적화시켜야 합니다. 그래서 우리는 [수식 3-17]을 이용해서 정책을 업데이트시켜 최적 정책을 구했습니다. [수식 3-17]을 복습 차원에서 가치 함수를 구성하는 요소까지 모두 포함하여 새로 작성해 보겠습니다.

$$\pi_*(a|s) = \underset{a \in A}{\mathrm{argmax}} \{R_s^a + \gamma P_{ss'}^a V(s')\} \qquad (4-22)$$

[수식 3-17]은 모델을 알고 있는 상황에서 정책 업데이트하는 것을 내포했습니다. 하지만, 지금 우리가 살펴보는 강화 학습은 에이전트는 모델에 대한 정보가 없기에 상태 변환 확률 행렬도 알 수 없으며, 행동이 첨부된 보상도 구체적으로 알 수가 없습니다. 참고로, 'argmax' 기호는 뒤따라 나오는 수식 값을 최대로 하는 변수를 선택하라는 뜻입니다. 강화 학습에서 정책을 업데이트하고자 가치 함수를 바로 사용하기는 매우 어렵습니다. 그 대신에 우리는 앞서 배웠던 Q-함수를 통해 정책 업데이트를 시행합니다.

$$\pi_*(a|s) = \underset{a \in A}{\mathrm{argmax}} \, Q(s,a) \qquad (4-23)$$

[수식 4-23]을 고려하면 최적 정책을 구하는 과정은 Q-함수를 업데이트하며 정책을 업데이트하고 다시 Q-함수를 업데이트하는 반복법을 통한 최적화 알고리즘은 그 초깃값에 굉장히 민감하게 반응한다는 점을 '경사 하강법'의 예시를 통해서 배웠습니다. Q-함수도 마찬가지로 우리가 임의로 설정한 초깃값이 최적의 위치에서 설정되었다면 반복법을 통해 그 결과가 전역 최적값에 수렴하겠지만, 그렇지 않은 경우에 수렴된 값이 모든 상태 공간에서 최적값이 아닌 국부 최솟값에 머무르는 문제가 있습니다.

≫ ε-greedy

따라서 우리는 최적 정책을 학습하는 과정마다 다른 최적점이 있지 않을까 하는 의문을 계속 키워 나가야 합니다. 이렇게 의문을 계속 키워 나가며 다른 최적 지점을 탐구하는 생각을 'Exploration'이라고 하며, 반복법을 통해 초기의 학습 방향대로 최적 정책을 꾸준히 찾아가는 생각을 'Exploitation'이라고 합니다.[22] 에이전트는 모델을 완전히 알고 있지 못하므로 스스로 학습하고 있는 와중에도 다른 학습 경로에 대한 탐험을 부여하는 전략이 필요합니다.

ε-greedy(Epsilon greedy) 방법은 Q-함수를 기반으로 한 학습 방식에서 가장 많이 이용하는 행동 선택 전략입니다. 1보다 작은 양수 ε를 이용해 Q-함숫값 중 최댓값을 반환하지 않는 행동에 대해서도 에이전트가 행동을 취할 수 있는 확률을 보장해 줍니다. 취할 수 있는 행동의 개수가 m이라고 가정할 때, ε-greedy 방식의 정책 수식과 개념입니다.

$$\pi_*(a|s) = \begin{cases} \frac{\epsilon}{m} + 1 - \epsilon, & \text{if } a = \text{argmax}_{a \in A} Q(s, a) \\ \frac{\epsilon}{m}, & \text{otherwise} \end{cases} \quad (4\text{-}24)$$

> **Note**
> ε는 그리스 문자로 엡실론(Epsilon)으로 발음하며, ε-greedy를 한글로 '엡실론 탐욕법'이라고 부릅니다.

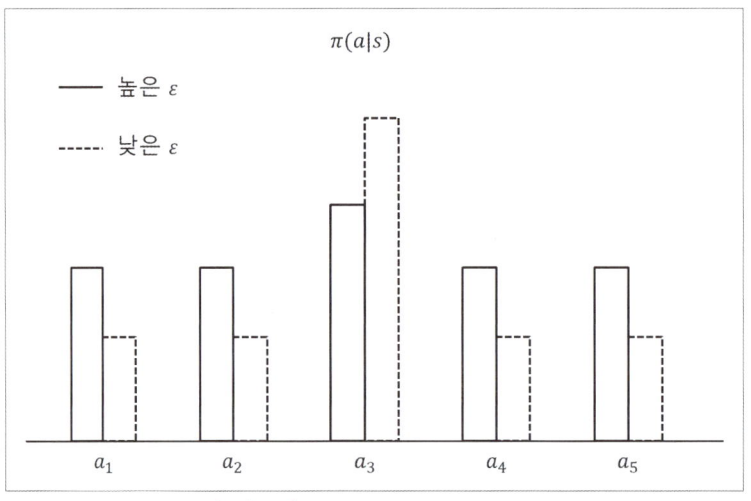

[그림 4-10] 5개 행동에서의 ε-greedy 정책

---

22. 각각 한글로 '탐험'과 '활용' 정도로 번역되지만 한글로써 그 의미가 제대로 전달되지 않기에 영문 표기를 그대로 사용하겠습니다.

ε-greedy 방법으로 행동을 추출할 때는 Exploration을 할지, Exploitation을 할지 확률에 맡겨야 합니다. 그래서 주사위를 굴리듯이 임의로 생성한 확률값이 ε보다 작으면 Exploration을, ε보다 크면 Exploitation을 수행하도록 코드를 작성합니다. 작성 예시는 이후에 다룰 예제 문제에서 등장하니 해당 부분을 유의하여 살펴보길 바랍니다.

[그림 4-10]처럼 ε 값이 커지면 잘 학습되었다고 할지라도 Exploration을 과도하게 진행할 염려가 있습니다. 실선으로 표현된 높은 ε 값을 가진 정책은 5개 행동의 확률 분포가 상대적으로 특정 행동에 편중되어 있지 않습니다. 세 번째 행동인 a_3의 확률이 다른 행동의 그것보다 조금 크게 나옵니다. 점선으로 표현된 낮은 ε 값을 가진 정책은 행동의 확률 분포가 a_3에 치중되어 나타남을 보여 줍니다. 실제로 a_3가 해당 상황에서 최고의 행동이었다면 낮은 ε 값을 취한 정책이 합리적이지만, 반대로 a_3가 해당 상황에서 최고의 행동이 아니라면 높은 ε 값을 취한 정책이 더 합리적일 것입니다.

ε-greedy 방식의 학습 전략은 초기에는 상대적으로 큰 ε 값을 취하지만 점차 작은 값으로 수렴하도록 조정하는 Epsilon-decay(엡실론-감쇠) 방식을 이용합니다. 스크립트 형태는 아래와 같습니다.

```
def epsilon_decay(eps,step,decay_rate=0.99,fin_eps=0.2): ①
    if eps <= fin_eps: ②
        eps = fin_eps
    else: ③
        eps *= decay_rate**step
    return eps
```

① 함수를 정의합니다. 입력 인자는 현재의 ε, 학습 횟수, 감쇠 속도 그리고 Epsilon-decay의 하한선인 fin_eps를 설정합니다.

②~③ 계산 담당 부분입니다. 현재 ε이 하한선보다 작으면 ε를 하한선으로 설정하고 함숫값을 전달하며, 그렇지 않은 경우에 현재의 step만큼 감쇠값을 계속하여 곱해 줍니다.

위 함수를 이용해서 학습 횟수에 따른 ε 값의 감쇠 모습을 그래프로 그리면 [그림 4-11]과 같이 표현됩니다. 현실적으로 ε-greedy 값을 프로그래밍 코드를 이용할 때 임의의 난수를 생성하고 해당 난수가 학습 단계에서 설정된 ε보다 크면 그림의 흰색 영역에 있으므로 Exploitation을, 반대의 경우 그림에서 회색 영역에 있으므로 Exploration을 취하도록 조정합니다. 다시 정리하면, 학습이 진행됨에 따라 에이전트가 가진 ε 값이 점차 감소되어 대략 60번 정도의 학습 이후부터는 0.2로 고정되어 있으며 적절히 Exploration과 Exploitation을 선택하고 있음을 보여 줍니다.

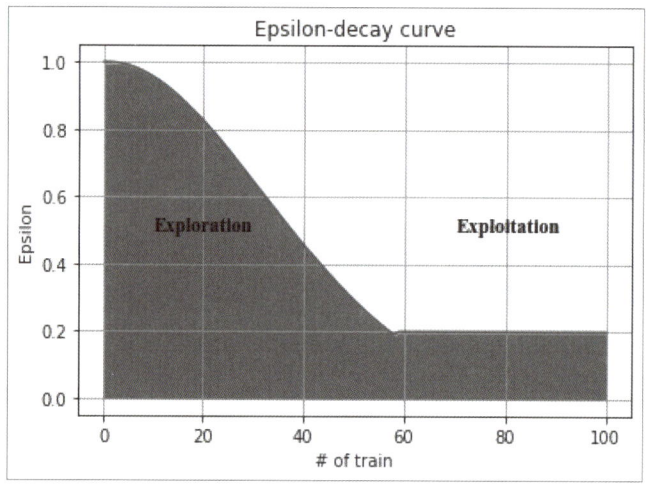

[그림 4-11] 학습 횟수에 따른 Epsilon 값의 변화

Note
상수를 계속 곱해 나가는 Epsilon-decay 방식은 ε 값을 급격히 바꾸는 경향이 있습니다. 그러므로 문제에 따라 선형 감쇠 방식 혹은 정규 분포 함수를 응용한 방법으로 ε 값을 천천히 감쇠하는 기법을 이용하기도 합니다.

4.4.1 SARSA

시간차 학습의 가치 함수 업데이트 [수식 4-6]에 가치 함수 대신 행동을 고려한 보상인 Q-함수를 부여하여 새로운 형태의 수식으로 전개해 보겠습니다.

$$Q(s,a) \leftarrow Q(s,a) + \alpha\{R + \gamma Q(s',a') - Q(s,a)\} \qquad (4\text{-}25)$$

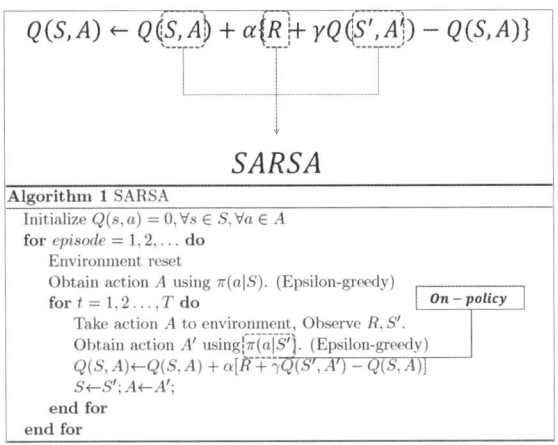

[그림 4-12] SARSA의 업데이트 식과 의사 코드

가치 함수만으로는 행동에 대해 생각할 수 없으니 Q-함수를 도입해서 최적 정책을 찾습니다. 현재 상태에서 에이전트의 정책에 ε-greedy와 같은 방식을 이용해 최적의 행동을 선택, 다음 시점에서도 에이전트가 가진 정책에 ε-greedy 방식을 이용해 다음 시점에서의 상태 s'와 그에 맞는 행동 a'를 도입한 Q-함숫값으로 현재의 Q-함숫값을 업데이트합니다.

[수식 4-25]는 Q-함숫값을 알고자 필요한 요소 (s, a, R, s', a')를 모아서 SARSA 알고리즘이라고 부릅니다. SARSA는 현재 시점에서 행동을 구하고자 정책을 이용하며, 다음 시점에서도 다음 시점의 행동을 구하고자 정책을 그대로 이용합니다. 이렇게 강화 학습 과정에서 정책을 이용하는 방식을 통틀어 정책 기반(On-policy) 학습이라고 부릅니다.

4.4.2 Q-learning

독자 여러분이 SARSA 알고리즘을 보면서 직관적으로 이해가 안 되는 부분이 있으리라 생각합니다. 그 이유는 다음 시점에서 행동 a'를 구하는 데 현재 시점에서의 정책을 이용해서 다음 시점의 행동이 올바르게 평가 가능한지의 여부 때문입니다. 그래서 a'를 구하는 데 현재 시점의 정책을 이용하지 않고 Q-함숫값을 가능한 모든 행동에 대해서 평가하는 방법을 이용하는 다른 방식의 학습법을 생각할 수 있습니다.

$$a' = \underset{a \in A}{\mathrm{argmax}}\, Q(s', a) \qquad (4\text{-}26)$$

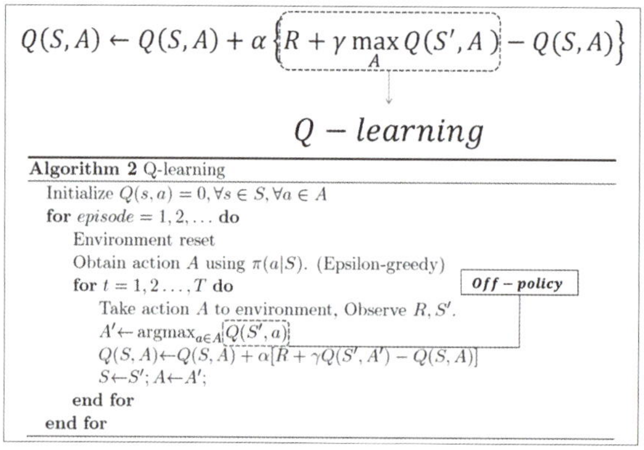

$$Q(S,A) \leftarrow Q(S,A) + \alpha \{R + \gamma \max_A Q(S',A) - Q(S,A)\}$$

$$Q - learning$$

Algorithm 2 Q-learning
Initialize $Q(s,a) = 0, \forall s \in S, \forall a \in A$
for $episode = 1, 2, \ldots$ do
　Environment reset
　Obtain action A using $\pi(a|S)$. (Epsilon-greedy)　　　Off − policy
　for $t = 1, 2 \ldots, T$ do
　　Take action A to environment, Observe R, S'.
　　$A' \leftarrow \text{argmax}_{a \in A} Q(S', a)$
　　$Q(S,A) \leftarrow Q(S,A) + \alpha[R + \gamma Q(S',A') - Q(S,A)]$
　　$S \leftarrow S'; A \leftarrow A';$
　end for
end for

[그림 4-13] Q-learning의 업데이트 식과 의사 코드

[수식 4-26]을 [수식 4-25]에 적용하여 식을 다시 전개해 보겠습니다.

$$Q(s,a) \leftarrow Q(s,a) + \alpha \{R + \gamma Q(s', \underset{a \in A}{\text{argmax}}\, Q(s',a)) - Q(s,a)\} \quad (4\text{-}27\text{a})$$

$$Q(s,a) \leftarrow Q(s,a) + \alpha \{R + \gamma \max_a Q(s',a) - Q(s,a)\} \quad (4\text{-}27\text{b})$$

[수식 4-27]은 다음 행동을 선택하는 과정에서 정책을 이용하지 않고 에이전트 스스로 평가하는 Q-함숫값에 의존하는 것을 말해 줍니다. 이런 특성으로 SARSA와는 달리 Q-learning이라고 불리는 [수식 4-27] 알고리즘은 정책을 이용하지 않으므로 비정책 기반 학습(Off-policy)으로 분류됩니다.

Q-learning은 본인이 가진 Q-함숫값을 통해 학습합니다. 강화 학습에서 에이전트는 모델을 모른다는 전제를 가지므로 본인이 가진 Q-함숫값도 완전하지 못하다는 것을 인지해야 합니다. 실습에서 자세히 살펴보겠지만, 아쉽게도 Q-학습은 모델에 대한 불완전한 지식을 인정하지 않으므로 Exploitation과 Exploration의 적절한 조화가 이루어지지 못하여 상대적으로 SARSA 방식보다 저조한 결과를 보여 줍니다.

4.4.3 실습

『Introduction to Reinforcement Learning』 교재에 수록된 Cliff-walking, 이른바 절벽 걷기 문제를 우리가 살펴본 Q-learning, SARSA 강화 학습 알고리즘으로 해결하겠습니다.

≫ 문제 개요

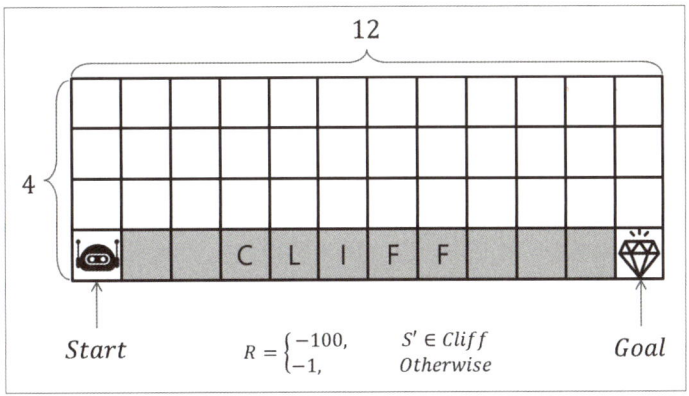

[그림 4-14] 시각화한 Cliff-walking 문제

절벽 걷기는 격자로 이루어진 공간에서 에이전트가 최단 경로를 찾아가는 문제입니다. [그림 4-14]와 같이 에이전트가 시작점에서 도착 지점까지 이동하는 데 중간에 거대한 절벽이 있습니다. 에이전트가 절벽에 빠지면 해당 에피소드는 바로 종료되며 -100의 보상을 받습니다.

또한, 최단 경로를 찾아야 하므로 시간이 행동을 취할 때마다 -1의 보상을 받습니다. 에이전트가 취할 수 있는 행동은 각 상태에서 상하좌우로 이동하며 제자리에 있는 것은 허용되지 않습니다. 격자 공간은 4×12 크기의 행렬이고, 시작 위치에서 목표 지점까지 절벽을 제외하고 13번을 움직이면 되므로 이론적으로 에이전트가 받을 최대 누적 보상은 -13입니다.

≫ 패키지 호출

패키지들을 우선 호출하겠습니다.

```
from collections import defaultdict  ①
from IPython.display import clear_output  ②
import numpy as np  ③
import matplotlib.pyplot as plt  ④
```

```
import pandas as pd ⑤
import gym ⑥
```

① 상태와 함수를 입력으로 받는 Q-함수를 손쉽게 사용하도록 딕셔너리 패키지를 호출합니다.

② 주피터 노트북에 해당하는 패키지입니다. 반복 구문이 수행될 때마다 출력 화면을 지우고 새로운 값으로 출력하는 클래스를 이용하겠습니다.

③ 계산을 위한 넘파이 패키지, ④ 그림을 그리기 위한 matplotlib를 호출합니다.

⑤ 학습의 추이를 파악하고자 지수 이동 평균(Exponential Moving Average, EMA)을 이용할 판다스 패키지를 이용합니다.

⑥ 강화 학습 환경이 구현된 OpenAI gym 패키지를 이용합니다.

> **Note**
> 지수 이동 평균이란 과거로부터 얻었던 모든 결과와 현재 구한 결과를 이용해 시간이 흘러가며 주어진 시스템이 어떻게 변해 왔는지 알려 주는 도구입니다. 주로 주식 거래에서 주가의 흐름 추이를 보여 주는 데 이용됩니다.

≫ OpenAI-gym[23]

해당 환경을 직접 모델링할 수 있지만 우리는 미리 제작된 패키지 gym을 사용해 다양한 강화 학습 환경을 손쉽게 이용할 수 있습니다. 인공지능과 관련한 다양한 프로젝트를 하는 "OpenAI" 기업에서 만든 강화 학습 패키지 gym은 상당히 간편하고 직관적으로 강화 학습을 사용할 수 있으며 무료로 공개되고 있습니다. 앞으로 다양한 강화 학습을 풀기 전에 앞서 기본적인 gym 패키지를 어떻게 사용하는지 간략히 살펴보겠습니다.

```
env = gym.make('CliffWalking-v0')
```

아래와 같이 Gym 패키지를 호출한 뒤 절벽 걷기 문제인 "Cliff walking" 환경을 설정합니다.

gym 패키지는 친절하게 호출한 환경에 대한 설명을 문서화하였습니다.

```
# Cliff walking에 대한 설명문
print(env.__doc__)
```

---

23. https://www.gymlibrary.ml/

. 'env' 클래스의 __doc__ 함수를 이용해 환경의 개요를 확인할 수 있습니다.

> **결과**
> ```
> This is a simple implementation of the Gridworld Cliff
>     reinforcement learning task.
> ...
> state = env.reset()
> ```

에피소드는 .reset() 속성을 통해 개시합니다. 주어진 함수가 호출되면 초기 상태가 출력됩니다.

현재 환경을 시각화하는 방법은 .render() 속성을 이용합니다. 텍스트로 표현되는 환경은 텍스트로, 이미지로 표현되는 이미지로 적절하게 사용자에게 표현됩니다.

```
env.render()
```

> **결과**
> ```
> o o o o o o o o o o o o
> o o o o o o o o o o o o
> o o o o o o o o o o o o
> x C C C C C C C C C C T
> ```

> **Note**
> X는 현재 에이전트, o는 발판, T는 목표를 의미하며, c는 절벽을 표현하고 있습니다.

마지막으로 에이전트가 행동을 취하는 것은 .step()을 이용합니다.

```
next_state, reward, done, infs = env.step(env.action_space.sample())  ①
print(next_state, reward, done,infs)  ②
```

① 환경에 에이전트가 행동을 부여합니다. 함수의 입력 인자는 가능한 자료형인데 예시는 클래스에서 샘플로 제공된 액션, env.action_space.sample()을 부여했습니다. 출력값은 다음 시점 상태, 보상, 에피소드 종료 여부 그리고 부가 정보가 딕셔너리 형태로 표현됩니다.

> **결과**
> ```
> 36 -1 False {'prob': 1.0}
> ```

> **Note**
> Cliff walking의 부가 정보가 'prob'와 1로 구성된 딕셔너리 값으로 구성되어 있습니다. 이는 상태 변환 확률이 1로 설정되었다는 의미입니다. 이 정보를 이용하면 Cliff walking 문제도 격자 세계로 구성되어 있으니 동적 계획법으로도 풀이 가능합니다.

≫ 기본 학습 구문

gym으로 구현한 환경에 맞게 에이전트를 학습하고 결과를 출력하는 구문을 하나의 함수로 정의하겠습니다. 우리가 구현할 에이전트, Q-learning과 SARSA 알고리즘은 몇 가지 속성으로 묶은 클래스를 가정하여 아래와 같이 기본 학습 구문, play_and_train을 작성하겠습니다.

```python
def play_and_train(env, agent, t_max=10**4):  ①
    total_reward = 0.0  ②
    s = env.reset()  ③
    
    for t in range(t_max):  ④
        a = agent.epsilon_action(s)  ⑤
        
        next_s, r, done, _ = env.step(a)  ⑥
        agent.update(s, a, r, next_s)  ⑦
        
        s = next_s  ⑧
        total_reward += r  ⑨
        if done:  ⑩
            break
    
    return total_reward  ⑪
```

① 입력 인자는 순서대로 환경, 에이전트 그리고 최대 시점을 부여했습니다. 최대 시점은 에피소드가 지나치게 오랫동안 진행되는 것을 막고자 기본값으로 10,000을 부여합니다.

② 플레이하면서 에이전트가 얻는 최종 보상을 변수로 지정합니다.

③ reset 함수를 통해 에피소드를 개시하고 초기 상태를 관찰합니다.

④ 계산 가능한 최대 시점 동안 환경과 상호 작용을 시작합니다.

⑤ 추후 구현할 에이전트 클래스로 epsilon_action이라는 함수를 통해 적합한 행동을 계산합니다.

⑥ 환경에 행동을 부여해 다음 상태, 보상, 종료 여부를 획득합니다.

⑦ 에이전트의 update 함수에 (상태, 행동, 보상, 다음 상태)를 입력해 에이전트의 학습을 진행합니다.

⑧ ~ ⑨ 상태 시점을 변경하고 보상을 누적합니다.

⑩ 종료 여부를 검사해 에피소드가 종료되었으면 불필요한 반복문을 종료합니다. 함수의 출력값은 최종 보상, total_reward입니다. 앞서 살펴보았듯이 학습이 이상적으로 이루어진다면 에피소드가 반환할 total_reward 값은 –13입니다.

≫ 에이전트 정의 – 1. Q-learning

Grid world에 맞는 에이전트를 작성해 보겠습니다.

```
class Qlearning(): ①
    def __init__(self,possible_actions,alpha=0.25,epsilon=0.2,gamma=0.99): ②
        self.possible_actions=possible_actions ③
        self.alpha = alpha ④
        self.epsilon = epsilon ⑤
        self.gamma = gamma ⑥
        self.q_value = defaultdict(lambda: defaultdict(lambda: 0)) ⑦
```

① 에이전트는 Q-함수를 기반으로 학습하므로 클래스의 이름을 Qlearning으로 구성하였습니다.

② 클래스의 초기 입력값은 가능한 행동, 학습률, 에이전트가 가지고 있는 epsilon 그리고 할인율입니다.

③ ~ ⑥ 특정 상태에서 취할 수 있는 행동, 학습률, epsilon 값 그리고 할인율을 기본 속성으로 정의해 줍니다.

⑦ 모든 상태의 Q-함숫값을 저장할 변수를 생성하였습니다. Cliff-walking은 상태가 총 48개, 각 상태에 4개의 행동이 있는데, 이를 defaultdict 라이브러리를 이용해 상태를 딕셔너리, 행동을 각 상태 안의 딕셔너리로 만드는 것이 쉬운 방법입니다. 초깃값은 모두 0으로 설정하였습니다.

Q-함숫값 정의, 출력 그리고 exploitation을 위한 $\max_a Q$를 구하는 함수를 클래스 내에 정의하겠습니다.

```
    def _qvalue(self,state,action,q_value): ⑧
        self.q_value[state][action] = q_value
```

```
    def get_qvalue(self,state,action):  ⑨
        return self.q_value[state][action]

    def max_Q(self,state):  ⑩
        possible_actions = self.possible_actions(state)
        Qs = []
        for possible_action in possible_actions:
            Qs.append(self.get_qvalue(state,possible_action))
        Qs = max(Qs)
        return Qs
```

⑧ 상태와 행동에 대해서 Q-함수를 에이전트에 부여하는 함수입니다. "self.q_value"는 상태를 key로 삼았고, value는 내재된 딕셔너리였습니다. 내재한 딕셔너리는 행동을 key로 삼고 value를 Q-함숫값으로 설정하였으므로 (상태, 행동)을 이중 키값으로 호출하고 정의합니다.

⑨ 상태와 행동이 부여되어 있으면 Q-함수를 호출하는 함수입니다.

⑩ 주어진 상태에서 최대 Q-함숫값을 계산하는 함수입니다. 함수는 주어진 상태에서 할 수 있는 행동을 모두 구하고 각 행동에 대해서 Q-함숫값을 계산한 뒤 최댓값을 추출하고 반환하라는 커맨드로 구성되어 있습니다.

[수식 4-26]을 그대로 이용해서 Q-learning 방식 업데이트 수식을 구현합니다.

```
    def update(self,state,action,reward,next_state):  ⑪
        next_q = self.max_Q(next_state)
        rhs = (1-self.alpha)*self.get_qvalue(state,action)+self.alpha*(reward+self.gamma*next_q)
        self.def_qvalue(state,action,rhs)
```

⑪ 입력 인자는 현시점 상태, 행동, 보상 그리고 다음 시점 상태가 되며 업데이트된 Q-함수를 상태와 행동에 업데이트를 진행하였으므로 특별히 함수의 반환값은 정의하지 않습니다.

현재 상태에서 최고의 행동을 추출하는 속성을 구현합니다.

```
    def max_action(self,state):  ⑫
```

```
        Qmax = self.max_Q(state)  ⑬
        possible_actions = self.possible_actions(state)  ⑭
        action = np.random.choice(possible_actions)  ⑮
        for possible_action in possible_actions:  ⑯
            Qvalue = self.get_qvalue(state,possible_action)  ⑰
            if Qvalue >= Qmax:  ⑱
                Qmax = Qvalue  ⑲
                action = possible_action  ⑳
        return action  ㉑
```

⑫ 함수를 정의합니다. 입력 변수는 현재 상태입니다.

⑬ 현재 상태에서 에이전트가 가진 최대의 Q-함숫값을 추출합니다.

⑭~⑯ 현재 상태에서 취할 수 있는 행동에 대해 모두 Q-함숫값 검색을 시작합니다.

⑰~⑳ 가능한 모든 행동에 대해 Q-함숫값의 검색을 시작하고 해당 함숫값이 앞서 구한 최대의 Q-함숫값이면 현재 행동을 최고의 행동으로 판단합니다.

㉑ 검색이 완료된 최고의 행동을 반환해 함수를 종료합니다.

ε-greedy를 이용하여 행동을 취하는 함수를 작성합니다.

```
    def epsilon_action(self,state):  ㉒
        possible_actions = self.possible_actions(state)  ㉓
        p = np.random.uniform(0,1)  ㉔
        if p <= self.epsilon:  ㉕  # Exploration
            best_action = np.random.choice(possible_actions)  ㉖
        else:  ㉗  # Exploitation
            best_action = self.max_action(state)  ㉘
        return best_action  ㉙
```

㉒ 입력 변수를 현재 상태로 받는 함수를 작성합니다.

㉓ 현재 상태의 가능한 모든 행동을 구합니다.

㉔ 넘파이 패키지를 이용해 임의로 0~1 사이의 확률값을 추출합니다.

㉕~㉘ ε-greedy를 수행합니다. 임의로 추출한 확률값이 ε보다 작을 땐 Exploration을, ε보다 클 땐 Exploitation을 수행하여 각각에 맞는 최고의 행동을 구합니다.

㉙ 최고의 행동을 반환해 함수를 종료합니다.

≫ 에이전트 정의 – 2. SARSA

SARSA와 Q-learning의 차이점은 다음 시점에서 행동을 추출할 때 ε-greedy의 사용 유무입니다.

```
class SARSA(Qlearning):    ①
    def update(self,state,action,reward,next_state):    ②
        next_action = self.epsilon_action(next_state)    ③
        next_q = self.get_qvalue(next_state,next_action)    ④
        rhs = (1-self.alpha)*self.get_qvalue(state,action)+self.
alpha*(reward+self.gamma*next_q)    ⑤
        self.def_qvalue(state,action,rhs)    ⑥
```

① SARSA 에이전트를 클래스로 정의하였습니다. 대부분 필요한 기능들은 앞서 정의한 Qlearning 클래스와 동일하므로 Qlearning 클래스를 상속받습니다.

② Q-learning에서 update 함수만 바꿉니다. 입력 변수는 Q-learning 에이전트 클래스의 입력 변수와 동일합니다.

③~⑥ ε-greedy를 이용해 행동을 계산하고 [수식 4-27]에 맞게 현재 상태와 행동의 Q-함수를 업데이트 합니다.

≫ 학습 및 결과

에이전트를 정의합니다.

```
# 각 행동에는 4개의 행동이 가능 - 상, 하, 좌, 우
n_actions = env.action_space.n    ①
Q_agent = Qlearning(lambda s: range(n_actions))    ②
SARSA_agent = SARSA(lambda s: range(n_actions))    ③
```

① 주어진 환경에서 가능한 행동 개수를 전달받습니다. 환경의 클래스에서 action_space.n의 속성을 통해 취할 수 있는 행동의 개수를 받습니다. 주석에서 작성하였듯이 모든 상태는 상, 하, 좌, 우의 4가지 행동 선택지가 있습니다.

②~③ 각각 Q-learning 에이전트, SARSA 에이전트를 정의합니다. 입력 인자로 possible_action을 위와 같이 입력받습니다. Lambda를 이용해 s라는 이름으로 상태 함수를 입력받는데, 이는 가능한 행동으로

정의됩니다. 그리고 기본값으로 저장된 학습에 관여되는 매개 변수인 학습률, ε 그리고 할인율은 각각 초기에 정의된 값인 0.25, 0.2 그리고 0.99로 사용해 학습하였습니다.

```
def moving_average(x, span=100):  ①
    return pd.DataFrame({'x': np.asarray(x)}).x.ewm(span=span).mean().values
```

① 판다스 패키지를 이용해 지수 이동 평균 함수를 정의합니다. 이동하는 경향을 이전 100번의 결과를 중점적으로 반영해 계산하겠다는 함수를 작성하고 그림을 표현하겠습니다.

Note

지수 이동 평균 함수는 더 살펴볼 예제에서도 자주 등장합니다. 이후엔 깃허브 저장소의 material 폴더 내의 util 파일에서 관리하도록 하겠습니다.

본격적인 학습을 시작하겠습니다.

```
rewards_sarsa, rewards_ql = [], []  ①
for i in range(2000):  ②
    rewards_sarsa.append(play_and_train(env, SARSA_agent))  ③
    rewards_ql.append(play_and_train(env, Q_agent))  ④
```

① SARSA와 Q-learning의 결과를 저장할 빈 리스트를 각각 정의합니다.

② 학습 에피소드는 2,000회씩 반복 수행합니다.

③ 앞서 정의한 play_and_train 함수를 이용해 SARSA 에이전트를 학습하고 최종 보상을 기록합니다.

④ Q-learning 에이전트를 학습하고 최종 보상을 기록합니다.

```
if i % 100 == 0:  ⑤
        clear_output(True)  ⑥
        print(f'{i}번째 에피소드 결과')  ⑦
        print(f'SARSA 보상 평균(100번 에피소드) = {np.mean(rewards_sarsa[-100:])}')  ⑧
        print(f'Q-Learning 보상 평균(100번 에피소드) = {np.mean(rewards_ql[-100:])}')  ⑨

        plt.title("epsilon = %s" % Q_agent.epsilon)  ⑩
        plt.plot(moving_average(rewards_sarsa),label='SARSA')  ⑪
```

```
        plt.plot(moving_average(rewards_ql),label='Q-learning')  ⑫

    plt.grid()  ⑬
    plt.legend()  ⑭
    plt.ylim(-1000, 0)  ⑮
    plt.show()  ⑯
```

⑤ 학습이 잘되는지 모니터링하고자 분기를 설정했습니다. 100회의 에피소드마다 화면에 로그를 출력합니다.

⑥ 주피터 노트북 출력 화면을 정리합니다.

⑦~⑨ 텍스트로 해당 에피소드와 지난 100번의 에피소드 동안 SARSA 에이전트와 Q-learning 에이전트의 최종 보상 평균을 출력합니다.

⑩ ~ ⑯ 에피소드마다의 SARSA와 Q-learning 에이전트 최종 보상에 해당하는 지수 이동 평균을 그림으로 표현합니다.

결과

```
1900번째 에피소드 결과
SARSA 보상 평균(100번 에피소드) = -34.58
Q-Learning 보상 평균(100번 에피소드) = -129.61
```

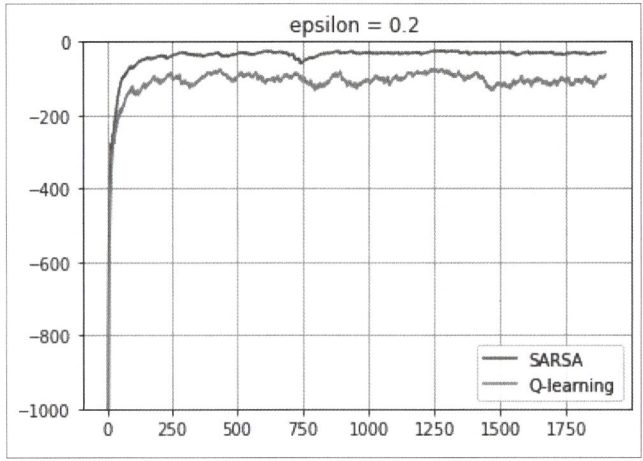

[그림 4-15] SARSA와 Q-learning의 에피소드별 최종 보상 추이

결과를 분석해 보겠습니다. 학습이 진행됨에 따라서 SARSA, Q-learning 에이전트 모두 최종 보

상이 증가하는 모습을 보여 줍니다. 하지만 대부분 SARSA 알고리즘이 앞서 말했다시피 더 높은 최종 보상을 출력하였습니다. 이로써 시점이 이동했을 때 현재 에이전트가 가진 정책을 그대로 사용하는 것이 바람직한 방법은 아니라는 것을 방증하는 예시입니다.

≫ 심화 - SARSA, Q-learning with "Eligibility trace"

지금까지 살펴본 두 알고리즘은 TD(0)를 기반으로 한 학습 방식을 채택했습니다. 하지만 우리가 긴 지면을 할애하여 학습한 몬테-카를로 방식과 시간차 학습 방식의 차이를 실제로 확인하고자 합니다.

Eligibility trace는 특정 상태에 신호가 들어간 개념을 감지하고 가중치를 누증시켜 계산하는 개념을 적용해 [그림 4-16]과 같이 SARSA와 Q-learning의 의사 코드를 작성합니다.

```
Algorithm 1 SARSA with Eligibility trace
Initialize Q(s,a) = 0, ∀s ∈ S, ∀a ∈ A
Initialize E(s) = 0, ∀s ∈ S
for episode = 1, 2, ... do
    Environment reset
    Obtain action A using π(a|S). (Epsilon-greedy)
    for t = 1, 2, ..., T do
        Take action A to environment, Observe R, S'.
        Obtain action A' using π(a|S'). (Epsilon-greedy)
        δ ← R + γQ(S', A') − Q(S, A)
        E(s) ← E(s) + 1
        Q(S, A) ← Q(S, A) + αδE(s)
        E(s) ← γλE(s)
        S ← S'; A ← A';
    end for
end for
```

```
Algorithm 2 Q-learning with Eligibility trace
Initialize Q(s,a) = 0, ∀s ∈ S, ∀a ∈ A
Initialize E(s) = 0, ∀s ∈ S
for episode = 1, 2, ... do
    Environment reset
    Obtain action A using π(a|S). (Epsilon-greedy)
    for t = 1, 2, ..., T do
        Take action A to environment, Observe R, S'.
        A' ← argmax_{a∈A} Q(S', a)
        δ ← R + γQ(S', A') − Q(S, A)
        E(s) ← E(s) + 1
        Q(S, A) ← Q(S, A) + αδE(s)
        E(s) ← γλE(s)
        S ← S'; A ← A';
    end for
end for
```

[그림 4-16] Eligibility trace가 첨가된 SARSA(왼쪽), Q-learning(오른쪽) 알고리즘 의사 코드

Eligibility trace 개념을 첨부한 Q-learning 에이전트와 SARSA를 [그림 4-16]을 기반으로 구현해 보겠습니다. 앞서 작성한 Q-learning 에이전트를 이용하고, 새롭게 첨부되거나 바뀔 변수 및 함수를 유의하여 코드를 작성합니다. 중복된 코드들은 지면의 낭비를 막고자 생략하였습니다.

```
class Qlearning_ET(): ①
    def __init__(self,possible_actions,alpha=0.25,epsilon=0.2,gamma=0.99,lamb=0.75): ②
        self.lamb = lamb ③
        self.E_trace = defaultdict(lambda: defaultdict(lambda: 0)) ④
        〈중복 코드 생략〉
```

① Eligibility trace를 적용한 Q-learning 에이전트를 정의합니다.

② 초기 입력 인자는 앞서 살펴보았던 Q-learning 에이전트와 모두 동일하며, Monte-Carlo와 TD(0)를 구분하는 λ 값이 더 추가로 입력되었습니다.

③ λ 값을 에이전트의 속성으로 저장합니다.

④ Q-함숫값을 업데이트할 때 이용할 eligibility-trace 값을 에이전트의 속성으로 추가합니다. Q-함수와 동일한 차원으로 가지도록 self.E_trace를 정의했습니다.

Eligibility trace를 정의하고 불러오는 함수를 작성합니다.

```
    def def_Etrace(self,state,action,value):  ⑤
        self.E_trace[state][action] = value

    def get_Etrace(self,state,action):  ⑥
        return self.E_trace[state][action]
```

⑤ ~ ⑥ Q-함수와 마찬가지로 Eligibility-trace를 정의내리고 호출하는 함수를 작성합니다.

클래스 내의 업데이트 함수를 작성하겠습니다.

```
    def update(self,state,action,reward,next_state):  ⑦
        next_q = self.max_Q(next_state)  ⑧
        delta = reward+self.gamma*next_q-self.get_qvalue(state,action)  ⑨
        self.def_Etrace(state,action,self.get_Etrace(state,action)+1)  ⑩
        self.def_qvalue(state,action,self.alpha*self.get_
Etrace(state,action)*delta)  ⑪
        self.def_Etrace(state,action,self.alpha*self.gamma*self.get_
Etrace(state,action))  ⑫
```

⑦ 업데이트 수식을 정의합니다.

⑧ 다음 상태의 Q-함수를 구합니다.

⑨ 의사 코드의 δ 값을 정의하는 구문을 구현하였습니다.

⑩ δ 값의 정의 이후 eligibility-trace 값에 1을 증가시킵니다.

⑪ Q-함수를 업데이트시킵니다.

⑫ Eligibility-trace 값에 할인율 γ과 λ를 곱하여 새롭게 Eligibility 값을 정의한 뒤 업데이트 반복 수식을 종료합니다.

TD(0) 방식에서 했던 것과 마찬가지로 Eligibility trace가 첨가된 SARSA는 Q-learning 에이전트로부터 클래스를 상속받아 이용합니다.

```
class SARSA_ET(Qlearning_ET):  ①
    def update(self,state,action,reward,next_state):  ②
        next_action = self.epsilon_action(next_state)  ③
        next_q = self.get_qvalue(next_state,next_action)  ④
        # 이후 4줄의 코드는 Eligibility trace 업데이트 부분과 Q-함수를 추가하는 부분입니다.
        delta = reward+self.gamma*next_q-self.get_qvalue(state,action)
        self.def_Etrace(state,action,self.get_Etrace(state,action)+1)
        self.def_qvalue(state,action,self.alpha*self.get_Etrace(state,action)*delta)
        self.def_Etrace(state,action,self.alpha*self.gamma*self.get_Etrace(state,action))
```

① SARSA 에이전트는 Q-learning 에이전트를 상속받아 이용합니다.

② 두 에이전트의 차이점이 나타나는 update 함수를 새로 정의합니다.

③~④ 다음 시점의 행동을 어떻게 추출하는지 차이가 나타나는 부분입니다. Q-learning은 주어진 상태 중 Q-함수가 최대인 행동을 추출하였으며, SARSA는 ε-greedy를 이용해 행동을 추출하였습니다.

필자는 가중치 λ 값을 0.01로 세팅하고 학습을 진행해 보았습니다. 독자 여러분은 lamb 값을 바꿔 가며 TD(0)에서 몬테-카를로 방식의 결과를 직접 실험해 보길 바랍니다.

```
Qet_agent = Qlearning_ET(lambda s: range(n_actions),lamb=0.01)
SARSAet_agent = SARSA_ET(lambda s: range(n_actions),lamb=0.01)

rewards_sarsaet, rewards_qlet = [], []
for i in range(2000):
    rewards_sarsaet.append(play_and_train(env, SARSAet_agent))
    rewards_qlet.append(play_and_train(env, Qet_agent))
    
    if i % 100 == 0:
        clear_output(True)
```

```python
        print(f'{i}번째 에피소드 결과')
        print(f'SARSA_Etrace 보상 평균(100번 에피소드) = {np.mean(rewards_sarsaet[-100:])}')
        print(f'Q-Learning_Etrace 보상 평균(100번 에피소드) = {np.mean(rewards_qlet[-100:])}')

        plt.title(f"epsilon = {Qet_agent.epsilon}, lambda = {Qet_agent.lamb}")
        plt.plot(moving_average(rewards_sarsaet),label='SARSA E-trace')
        plt.plot(moving_average(rewards_qlet),label='Q-learning E-trace')

        plt.grid()
        plt.legend()
        #plt.ylim(-1000, 0)
        plt.show()
```

결과

```
1900번째 에피소드 결과
SARSA_Etrace 보상 평균(100번 에피소드) = -1159.34
Q-Learning_Etrace 보상 평균(100번 에피소드) = -126.51
```

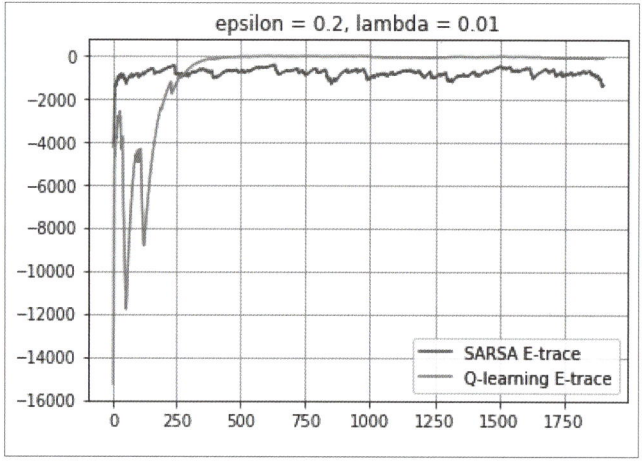

[그림 4-17] λ=0.01로 세팅한 SARSA, Q-learning 에피소드별 결과

아마 독자 여러분은 λ 값을 1로 가깝게 설정하고 실험할 때 최종 보상값이 증가하는 모습을 관찰

하기 어려웠을 것입니다. 이는 강화 학습이 수렴하기 어려운 까다로운 문제라는 특성 때문입니다. 이론적으로는 몬테-카를로 방식을 많이 수행할수록 최적 결과를 찾아가겠지만 찾아가는 방법이 너무나도 많으므로 해를 찾는 과정 중에서 최적화가 잘 이루어지지 않습니다. 따라서 대부분의 강화 학습 연구에서는 몬테-카를로 방식보단 TD(0) 방식을 주로 이용합니다.

이번 장의 마무리로 이렇게 학습한 에이전트가 실제로 어떻게 플레이하는지 아래 코드를 이용해서 화면 환경으로 출력해 보길 바랍니다.

```
import time ①

def play_render(agent,env,time_sleep=0.2): ②
    s = env.reset()
    cnt = 0
    while True: ③
        time.sleep(time_sleep) ④
        clear_output(True) ⑤
        print(f'Step: {cnt}')
        env.render() ⑥
        action = agent.epsilon_action(s) ⑦
        next_s, reward, done, _ = env.step(action) ⑧
        if done: ⑨
            clear_output(True)
            print(f'Step: {cnt}')
            env.render()
            break
        s = next_s ⑩
        cnt+=1 ⑪
```

① 렌더링 화면을 사람이 인지할 수 있도록 시간 패키지를 호출했습니다.

② 렌더링 화면을 볼 수 있도록 함수로 구현했습니다. 입력 인자로 에이전트, 환경 그리고 시간 지연값입니다. 시간 지연 없이 시점을 바꾸어 가며 화면을 렌더링하면 사람이 인지할 수 없는 빠른 속도로 화면이 전환되기에 매 시점 0.2초의 시간 지연을 두어 화면을 전환하였습니다.

③ 에피소드가 종료될 때까지 계속 반복합니다.

④ 시간 지연을 진행합니다. 해당 시간이 지나면 다시 코드가 순서대로 진행됩니다.

⑤ 화면을 한 번 정리하며, ⑥ Cliff-walking 화면 상태를 화면으로 표시합니다.

⑦ ~ ⑩ 에이전트와 환경의 상호 작용을 진행합니다.

⑪ 최종 진행까지 에이전트가 발걸음을 몇 번 옮겼는지 수를 세는 과정을 진행하였습니다.

TD(0), SARSA 에이전트의 플레이를 출력해 보겠습니다.

```
play_render(SARSA_agent,env,0.2)
```

결과

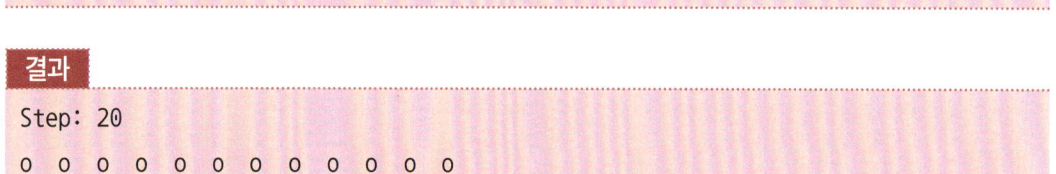

다음 장에서는 격자 공간의 환경에서 벗어나 연속적인 마르코프 환경에서 강화 학습을 풀고자 신경망을 이용한 Q-함수의 학습 방식을 고려해 보고 이번 장에서 살펴본 Q-함수의 업데이트 방식의 성능을 더 높여 보는 방법에 대해서 배워 보겠습니다.

5장

Q-함수는 신경망에 맡긴다 - DQN

5.1   DQN
5.2   파생 알고리즘

5.1 DQN

가로세로 19칸의 격자로 이루어진 바둑 공간에서 인공지능 알파고가 마주할 수 있는 상태의 수는 대략 10^{170}개로 무한에 가까운 수를 다뤄야 합니다. 이렇게 많은 상태를 마주하는 강화 학습 에이전트는 지금까지 보았던 격자 공간으로 문제를 해결하려고 한다면 계산량 측면에서 상당한 어려움에 마주하게 됩니다. 이뿐만 아니라, 이미지를 보고 행동을 취해야 하는 에이전트는 이미지 픽셀 조합 개수만큼의 상태를 인식해야 하는데 알파고와 마찬가지로 차원의 저주에 빠진 어려운 상황입니다. 이번 장에서는 그 해답으로 인공 신경망 기법을 이용한 에이전트에 관해서 이야기할 것이며 이론과 두 가지 실습 예제를 통해 주요 개념을 학습하겠습니다.

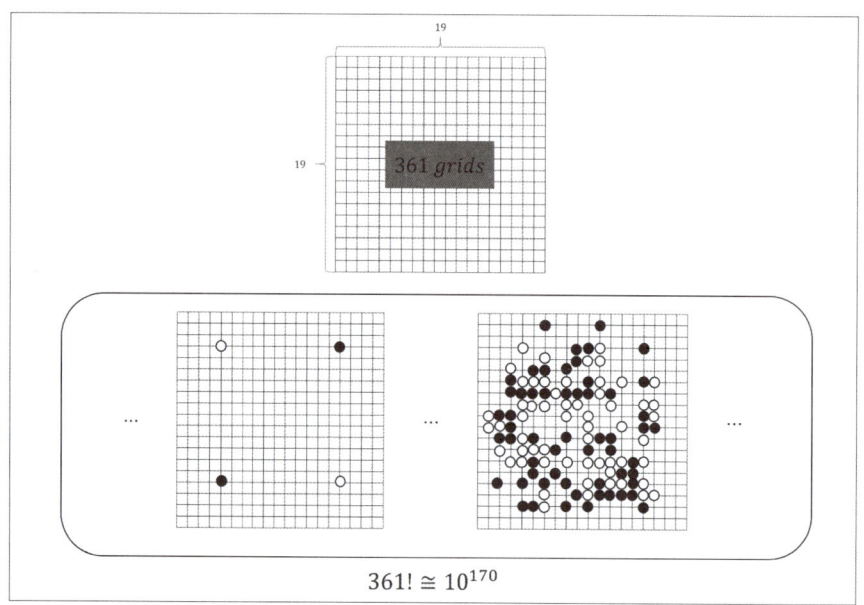

[그림 5-1] 바둑(Go) 게임의 경우의 수

5.1.1 이론

Q-함수를 학습하는 중심 주제는 동일하지만 Q-함숫값을 구하는 데 딥 러닝 방식을 이용하는 아이디어입니다. DQN은 "Deep-Q-Network"의 줄임말입니다. 많은 딥 러닝 방식의 머신 러닝 연구에서 그렇듯, DQN을 기본으로 여러 가지 기법을 적용해 기존의 알고리즘보다 성능이 개선되었다는 후속 연구들이 보고되고 있습니다. DDQN, DRQN, DDPG 등 모든 기법을 하나씩 설명할 수는 없지만 그 중심은 바로 DQN에서 파생된 개념이므로 해당 알고리즘을 상세히 설명하도록 하겠습니다. 원 논문은 「Playing atari with deep reinforcement learning, 2013, Mnih, Volodymyr, et al」입니다.

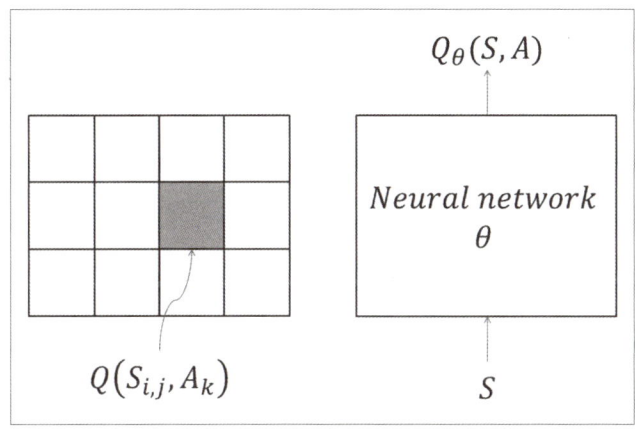

[그림 5-2] 격자 공간의 Q-함수(왼쪽), 인공 신경망을 이용한 Q-함수(오른쪽)

파이토치 패키지를 이용해서 우리는 상태로부터 가치 함수 혹은 Q-함수를 계산하는 인공 신경망을 구성할 수 있습니다. 앞선 방법들과는 달리 모든 상태와 각 행동을 모두 기억할 필요 없이 인공 신경망이 상태에 관한 가치 함수, Q-함수를 맞게 계산합니다. 본 장에서는 Q-함수에 대해서 명확하게 인공 신경망을 사용했다고 표현하고자 Q-함수의 입력 변수에 인공 신경망 파라미터 θ를 명시하겠습니다.

$$Q(s,a) \rightarrow Q_\theta(s,a) \qquad (5\text{-}1)$$

이렇게 인공 신경망을 이용해 아주 많은 경우의 수를 가지는 (상태, 행동)의 조합에서도 그에 맞는 Q-함숫값을 구할 수 있습니다. 여기서 인공 신경망은 연속된 (상태, 행동)에 대해서 그와 유사한 Q-함숫값을 출력하는 일종의 '수식' 역할을 하게 되며 비슷한 (상태, 행동)의 조합은 유사한 Q-함숫값을 출력합니다. 인공 신경망으로 만든 에이전트는 이산화된 격자 공간을 벗어나 연속적인 값을 근사식으로 출력할 수 있게 만드는 역할을 합니다.

[수식 5-1] 형태로 TD(0) 방식의 Q-learning의 업데이트 식을 다시 작성해 보겠습니다.

$$Q_\theta(s, a) \leftarrow Q_\theta(s, a) + \alpha \{R + \gamma \max_a Q_\theta(s', a) - Q_\theta(s, a)\} \quad (5\text{-}2)$$

인공지능 패키지를 통해 인공 신경망을 구성하고 목적 함수를 정의한 후 최적화를 진행하면 에이전트가 직면한 문제를 해결하는 인공 신경망의 파라미터를 구할 수 있습니다. [수식 5-2]의 목적은 Q-함숫값이 TD target에 맞도록 하는 부분이므로 목적 함수를 제곱 오차 형태로 손쉽게 작성할 수 있습니다.

$$Loss = \sum (R + \gamma \max_a Q_\theta(s', a) - Q_\theta(s, a))^2 \quad (5\text{-}3)$$

[수식 5-3]의 목적 함수를 최소화하는 방향으로 경사 하강법을 이용해 인공 신경망 파라미터 θ를 업데이트하는 수식을 전개하겠습니다.

$$\theta \leftarrow \theta - \alpha \nabla_\theta Loss \quad (5\text{-}4a)$$
$$\theta \leftarrow \theta + \alpha (R + \gamma \max_a Q_\theta(s', a) - Q_\theta(s, a)) \nabla_\theta Q_\theta(s, a) \quad (5\text{-}4b)$$

전개된 [수식 5-4]를 살펴보면 벨만 방정식의 가치 함수, Q-함수를 업데이트하는 식과 매우 유사한 형태를 지닙니다. 주의할 점은 TD-target에 있는 신경망 파라미터 $\hat{\theta}$는 우리가 학습해야 할 인공 신경망의 파라미터가 아닙니다. 현재 우리의 논의 대상은 학습해야 할 인공 신경망 파라미터인 θ이므로 $\hat{\theta}$는 상수로 봐도 무방합니다. 자세한 $\hat{\theta}$의 정체는 잠시 뒤에 더 설명할 때 밝히겠습니다. 여기서 질문하겠습니다. [수식 5-4]를 통해서 최적화를 진행하면 우리가 원하는 DQN 알고리즘이 완벽히 구현될까요? 아쉽게도 여기까지만 생각하면 [수식 5-2]에서부터의 근본적인 문제점으로 인하여 에이전트가 원하는 목표에 도달할 수 없습니다. 그 문제점과 해결 방법에 대해서 살펴보겠습니다.

≫ 인공 신경망을 이용한 Q-함수 학습의 문제점

우선 Q-함수가 업데이트는 TD target을 근사시키는 방향으로 학습하는데, 이 방식은 앞서 살펴보았던 TD 방식의 단점으로 지목되는 Low-variance, High-bias 문제에 직면하는 문제입니다.

쉽게 표현하자면 현재 상태와 바로 다음 상태 사이의 최적 Q-함숫값을 구했다고 해서 그 Q-함숫값이 전체 에피소드에서의 최적값은 아니라는 문제입니다. 다음으로 [수식 5-3]과 같이 인공 신경망을 이용해 학습을 진행하면 발생하는 문제가 있습니다. 업데이트를 진행하면 Target에 해당하는 Q-함숫값, $\max_a Q_{\hat{\theta}}(s',a)$와 현재 Q-함숫값이 동시에 업데이트됩니다. 즉, 업데이트의 목표 대상이 바뀌어 버리면 목표치 자체가 불분명해져서 학습이 올바르게 진행되지 않습니다. 마지막으로 많은 상태와 행동에 대한 Q-함숫값이 변화도가 매우 급해 [수식 5-3], 목적 함수를 이용한 경사 하강법을 적용하기에 적합하지 않다는 데 문제점이 있습니다.

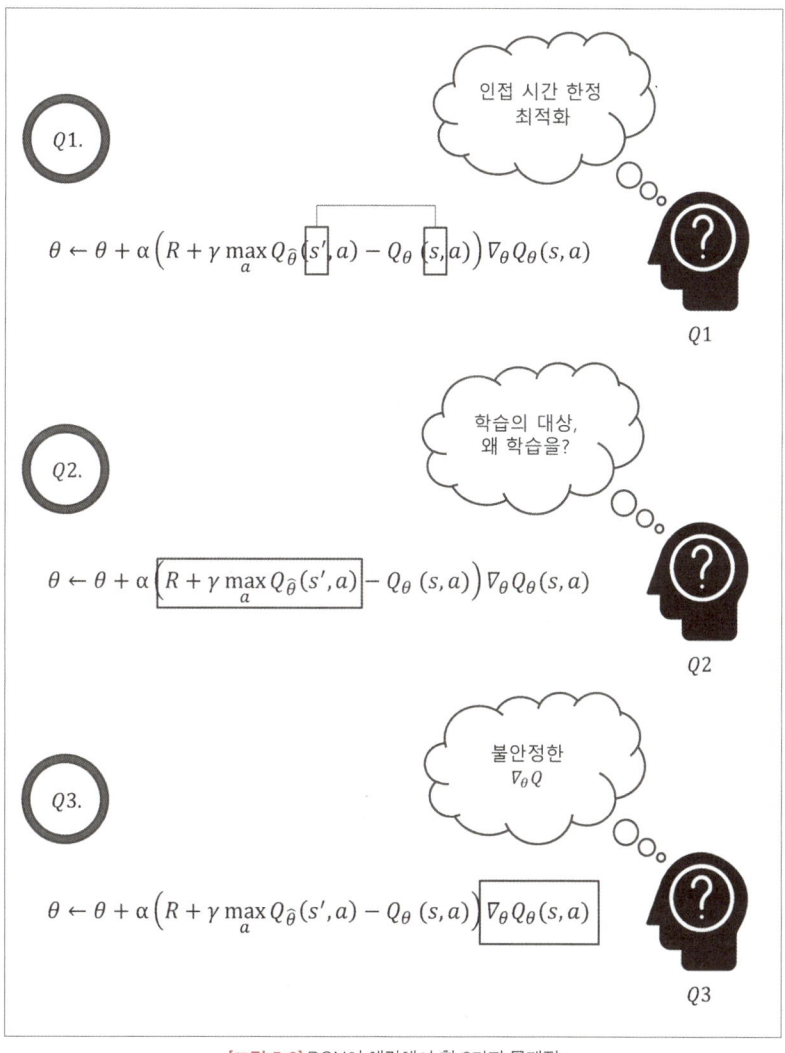

[그림 5-3] DQN이 해결해야 할 3가지 문제점

하지만 다행히도 제기된 문제점들에 대해서 특별한 기법들을 적용해 효과적으로 문제를 풀 수 있게 되었는데, 그 해답은 차례대로 경험 리플레이 버퍼, 타깃 신경망 그리고 보상 클리핑입니다.

≫ 경험 리플레이

시간차 학습 방식을 이용한 Q-함수 학습의 Low-variance, High-bias 문제의 해결 방법입니다. 연속된 시간의 흐름에서 지속해서 학습하면 에이전트는 인접된 시간에서만 최적의 Q-함수를 찾는 학습을 진행합니다. 하지만 이런 Q-함수는 전체 에피소드 환경에 대한 최적값이 아닌 경우가 많으므로 최대한 다양한 시점의 환경 정보를 학습하게 유도합니다.

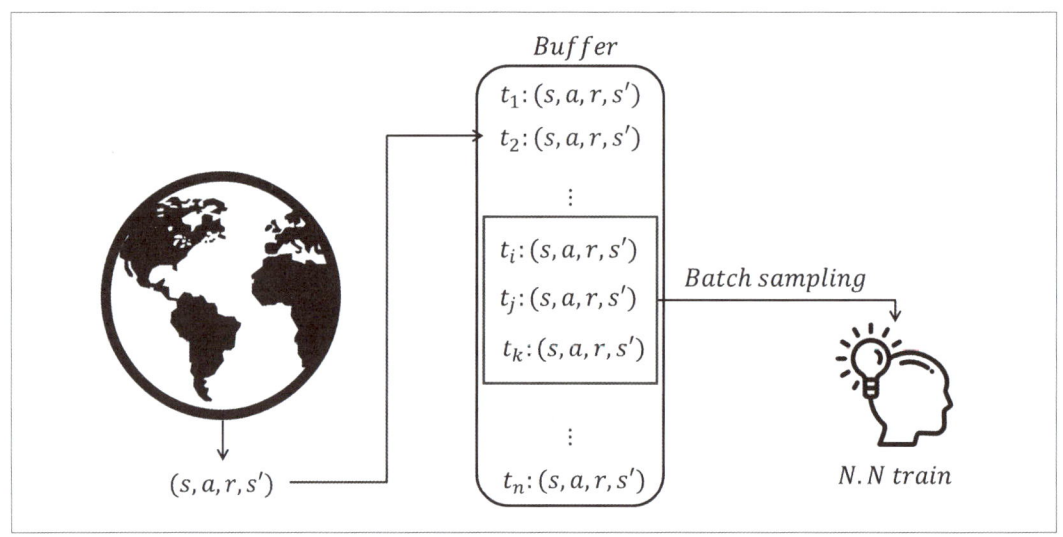

[그림 5-4] 경험 리플레이 버퍼 개념도

그 방법으로 컴퓨터의 메모리를 이용해 에이전트가 겪었던 기록을 저장하는 경험 리플레이 버퍼(Experience replay buffer)를 사용합니다. 경험 리플레이 버퍼의 크기를 정의하고 학습을 진행하기 시작한 시점부터 "(상태, 행동, 보상, 다음 시점 상태)"를 리플레이 버퍼에 기록하고 임의 배치 크기로 샘플링하여 Q-함수를 학습합니다. 임의로 샘플링하여 학습하면 연속된 시간에 대해서만 종속되는 것을 벗어나 다양한 시점에서 최적값을 찾아가는 에이전트 학습을 기대할 수 있습니다. "(상태, 행동, 보상, 다음 시점 상태)"를 transition이라는 용어로 부릅니다.

DQN은 경험 리플레이 버퍼를 이용하므로 하나의 에피소드, 연속된 시간에서 순차적으로 학습하는 방식이 아닙니다. 그래서 Q-함수를 업데이트할 때 에이전트에 영향을 끼치는 요소는 인공 신경망 자체의 행동을 결정짓는 정책이 아닌 경험 리플레이 버퍼의 배치에 영향을 받습니다. 따라서 DQN 알고리즘은 Off-policy 방법의 대표적인 예시로 분류됩니다. 또한 환경에서 바로 에이전트로 피드백이 전달되지 않고 경험 리플레이 버퍼를 통해 정보가 전달되므로 Offline 학습 방식이라고도 부릅니다.

경험 리플레이 버퍼 코드는 OpenAi에서 제공하는 코드를 그대로 이용해서 사용하겠습니다.[24]

```
class ReplayBuffer():  ①
    def __init__(self,size):  ②
        self._storage = []  ③
        self._maxsize = size  ④
        self._next_idx = 0  ⑤
```

① 리플레이 버퍼 클래스를 정의합니다.

② 입력 인자로 리플레이 버퍼의 크기를 입력받습니다. 주석문에 쓰인 바대로 리플레이 버퍼의 크기를 넘어서 계속 transition이 입력된다면 미리 저장된 transition 메모리의 자리에 새로운 transition 메모리가 자리를 잡습니다.

③ 메모리가 저장될 빈 리스트를 정의합니다.

④ 리플레이 버퍼의 최대 크기를 클래스의 속성으로 저장합니다.

⑤ transition의 번호를 기억할 고유 인덱스 인자를 정의하였습니다.

리플레이 버퍼의 크기를 불러올 함수를 정의합니다.

```
    def __len__(self):
        return len(self._storage)
```

리플레이 버퍼에 transition을 추가하는 함수를 "add"라는 이름으로 정의하겠습니다.

```
    def add(self,obs_t,action,reward,obs_tp,done):  ⑥
        transition = (obs_t,action,reward,obs_tp,done)  ⑦
        if self._next_idx >= len(self.storage):  ⑧
            self._storage.append(transition)
```

---

24. 원본 코드 링크: https://github.com/openai/baselines/blob/master/baselines/deepq/replay_buffer.py

```
        else:  ⑨
            self._storage[self._next_idx] = transition
        self._next_idx = (self._next_idx + 1) % self._maxsize  ⑩
```

⑥ add 함수를 작성합니다. 입력 인자는 현재 시점 관찰, 행동, 보상, 다음 시점 관찰 그리고 종료 여부입니다.

⑦ 입력 인자들을 모두 튜플로 묶어 transition이라는 내부 변수로 정의하였습니다.

⑧ 현재 리플레이 버퍼가 가리키는 고유 인덱스 번호가 리플레이 버퍼의 크기보다 크다면 transition을 경험 리플레이에 추가합니다.

⑨ 리플레이 버퍼의 크기가 고유 인덱스 번호보다 크다면 고유 인덱스 번호에 해당하는 메모리에 transition을 덮어씌웁니다.

⑩ Transition을 추가하는 과정을 지났다면 고유 인덱스 번호를 1개씩 증가시킵니다. 또한 고유 인덱스 번호가 순환하도록 메모리 버퍼의 최대 크기를 나눈 나머지 연산을 이용합니다.

> **Note**
> 완전 관찰 환경에서는 관찰(Observation)과 상태(State)가 서로 동일합니다.

클래스의 내부 함수로 샘플을 추출하는 _encode_sample을 정의합니다.

```
    def _encode_sample(self,idxes):  ⑪
        obs_ts, actions, rewards, obs_tps, dones = [],[],[],[],[]  ⑫
        for idx in idxes:  ⑬
            obs_t, action, reward, obs_tp, done = self._storage[idx]  ⑭
            obs_ts.append(obs_t)  ⑮
            actions.append(action)  ⑯
            rewards.append(reward)  ⑰
            obs_tps.append(obs_tp)  ⑱
            dones.append(done)  ⑲
        return (
            np.array(obs_ts),
            np.array(actions),
            np.array(rewards),
            np.array(obs_tps),
```

```
                np.array(dones)
        ) ⑳
```

⑪ 함수를 정의합니다. 입력 인자는 배치에 해당하는 인덱스 번호들을 묶은 자료형입니다.

⑫ 각 transition에 저장된 현재 시점 관찰, 행동, 보상, 다음 시점 관찰 그리고 종료 여부를 각각 저장하도록 빈 리스트를 생성합니다.

⑬~⑭ 인덱스 번호를 반복문을 통해 하나씩 살펴보며 해당하는 메모리를 추출합니다.

⑮~⑲ 배치 번호의 순서에 맞게 transition의 각 원소를 첨가합니다.

⑳ 추출한 transition을 튜플 형태로 묶고 함수 결과를 반환합니다.

Transition을 실제로 샘플링하는 함수를 작성합니다.

```
    def sample(self,batch_size): ㉑
        idxes = np.random.choice(range(self.__len__),batch_size) ㉒
        return self._encode_sample(idxes) ㉓
```

㉑ 우리가 설정할 배치의 크기를 입력 인자로 전달받는 함수를 정의합니다.

㉒ np.random.choice 기능을 이용해 배치 크기에 맞는 난수 정수 배열을 선택합니다. 처음 인자는 현재 메모리의 길이, 두 번째 입력 인자는 배치 크기입니다.

㉓ 선택된 난수 정수 배열을 앞서 정의한 샘플링 코드로 전달하고 그 결과를 반환합니다.

경험 리플레이 버퍼 클래스는 깃허브 저장소 5장의 Replay_buffer.py에 저장하였고 앞으로 모듈화하여 이용하도록 하겠습니다.

≫ 타깃 신경망

인공 신경망을 이용해서 Q-함수를 업데이트하는 과정에서 우리가 목표로 하는 TD target 값 자체가 불안정하게 바뀐다면 학습이 안정적으로 이루어지지 않습니다. 인공 신경망 학습의 큰 특징 중 하나가 학습 목표를 바꾸고 학습을 진행하면 학습 이후의 인공 신경망이 학습 이전의 대상에 대한 기억을 급격하게 잊어버리는 성질이 있습니다. 이는 우리가 앞서 경험 리플레이로 다양한 시점에서 환경 정보를 학습할지라도 학습 대상 인공 신경망 자체가 변하면 학습이 불안정한 방향으로 진동하며 진행됨을 이야기합니다.

> **Note**
> Catastrophic forgetting: 데이터 혹은 확률 분포를 미리 학습시킨 인공 신경망을 이용해 새로운 데이터 혹은 확률 분포를 학습시킨다면 기존의 학습시킨 성질을 잊어버리는 성질을 의미합니다. 이는 새롭게 학습시킬 데이터나 확률 분포가 기존의 그것과 다를수록 본 특성은 더욱 강하게 나타납니다.

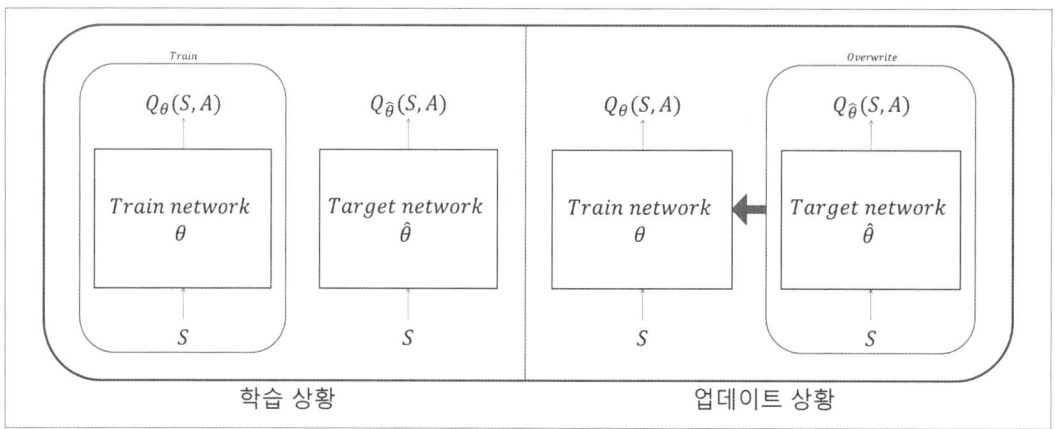

[그림 5-5] 학습-타깃 신경망의 학습 전략 개념도

따라서 DQN에서는 학습하는 훈련 에이전트 신경망(Train agent neural network)과 학습의 대상이 되는 타깃 에이전트 신경망(Target agent neural network)을 분리해서 학습합니다. [수식 5-2]와 [수식 5-3]을 눈여겨본 독자 여러분은 인공 신경망의 파라미터가 θ 외에도 $\hat{\theta}$로 표현된 인공 신경망 에이전트 파라미터에 대해 의문을 가졌을 것입니다. 바로 $\hat{\theta}$이 타깃 에이전트 신경망의 파라미터를 표현합니다.

후에 살펴보겠지만 일정 주기 동안 학습이 완료되면 기존의 타깃 에이전트 신경망은 학습이 전혀 되지 않은 부적절한 에이전트 신경망이므로, 타깃 에이전트 신경망을 훈련 에이전트 신경망의 파라미터로 업데이트해 줍니다. 코드를 통해서 훈련 에이전트 신경망과 타깃 에이전트 신경망을 작성하고 파라미터를 업데이트하는 방법을 살펴보겠습니다.

```
train_agent = model() ①
target_agent = model() ②
target_agent.load_state_dict(train_agent.state_dict()) ③
```

① ~ ② 각각 훈련용 에이전트와 타깃용 에이전트를 정의합니다.
③ 일정 학습 주기에 도달하면 타깃 에이전트 신경망의 매개 변수와 훈련 에이전트의 신경망 매개 변수

를 동기화해 줍니다. 신경망이 업데이트되었다면 신경망의 매개 변숫값이 동기화되었다는 메시지가 출력됩니다.

> **결과**
> <All keys matched successfully>

> **Note**
> ③을 진행할 때 두 인공 신경망의 구조가 다르면 해당 구문은 동작하지 않습니다. 구문을 실행 전 동일한 구조의 신경망을 호출했는지 반드시 확인하길 바랍니다.

훈련 에이전트 신경망을 학습할 때 업데이트되는 파라미터는 오직 훈련 에이전트 신경망, θ입니다. 하지만 [수식 5-3]에서는 타깃 에이전트의 신경망 정보가 TD-target에 이용됩니다. 목적 함수 작성의 예시를 살펴보겠습니다.

```
criterion = nn.MSELoss() ①
Q_value = train_agent(state) ②
action = train_agent.get_action(Q_value) ③
next_state,reward,done,_ = env.step(action) ④
TD_target = reward+gamma*torch.max(target_agent(state),-1).values ⑤
loss = criterion(TD_target.detach(),Q_value) ⑥
```

① 파이토치의 최소 제곱 함수를 호출합니다.

② 주어진 상태에서 인공 신경망을 이용해 Q-함숫값을 추론합니다.

③ 인공 신경망의 내부 함수를 이용해 적절한 행동을 선택합니다.

④ 에이전트가 행동으로 환경과 상호 작용합니다. 다음 상태, 보상, 종료 여부를 환경에서 입력받습니다.

⑤ [수식 5-3]의 TD-target을 계산합니다. 넘파이와 마찬가지로 torch에도 최댓값을 구하는 클래스를 활용하였습니다. 최댓값을 구하려는 차원은 배치 차원이 아니므로 행동의 차원, -1에 대해서 최댓값을 계산하도록 합니다. 또한, torch.max 결과는 최댓값 자체뿐만 아니라 어느 원소 번호에서 가장 큰 값이 나왔는지 정보를 제공하므로 최댓값 자체를 가져오도록 values 속성을 추가로 입력해 줍니다.

⑥ 학습 에이전트의 신경망을 업데이트합니다. 해당 과정은 ②에서 구한 값에서 시작됩니다.

> **Note**
> TD-target은 인공 신경망이 학습하려는 목표이므로 학습 목표를 학습하게 해서는 안 됩니다. 이를 위해서 파이토치 자료형의 .detach() 속성을 이용하여 TD-target을 계산 그래프상에서 벗어나게 합니다.

≫ 보상 클리핑

마지막으로 DQN의 학습에 도움을 주는 보상 클리핑(Reward clipping) 개념에 대해 정리하겠습니다. 인공 신경망을 이용하지 않았던 앞 장의 절벽 걷기 문제의 경우 절벽에 떨어지면 에이전트에 강력한 벌점을 부여함으로써 에이전트에 해당 행동이 올바르지 않은 것을 인지시켜 주었습니다. 하지만 인공 신경망을 이용해서 위와 같은 보상 혹은 벌점 부여 방식을 적용하면 목적 함수의 경사가 매우 불안정한 값을 가져 학습에 지장을 줍니다.

이러한 문제를 해결하고자 인위적으로 보상의 범위를 [-1, 1] 사이로 조정해 줍니다. 이 효과로 인해 목적 함수의 경사가 급격하게 변화하는 것을 방지하여 안정적인 학습을 기대할 수 있습니다. 마치 지도 학습에서 데이터와 레이블의 범위를 정규화하여 [-1, 1] 사이의 수치로 바꾸는 개념과 동일하다고 보면 됩니다. 다만, 해당 방법의 단점으로는 에이전트가 보상이 극명하게 좋고 나쁨을 인지하지 못하게 되는 것이 한계로 지목됩니다.

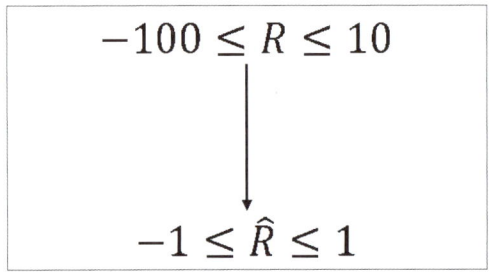

[그림 5-6] 보상 클리핑의 예시

이제 우리는 대략적인 DQN 방식의 원리를 이해하고 그에 따른 학습 방법과 전략을 살펴보았습니다. 실습 과제로 불안정하게 세워진 기둥의 균형을 잡는 CartPole 문제와 비디오 게임을 인간의 수준만큼 스스로 플레이하는 에이전트를 구하는 문제를 차례대로 다루도록 하겠습니다.

5.1.2 실습

≫ 실습 1. 균형 잡기의 고수 에이전트 – CartPole

강화 학습 자료에서 빼놓지 않고 나오는 기본 문제 CartPole입니다. 문제의 목표는 최대한 오랜 시간 동안 에이전트가 [그림 5-7]과 같이 카트가 화면 밖으로 벗어나지 않으면서 뒤집혀 세워진 기둥을 균형을 잡아 가며 세워 두는 것입니다.

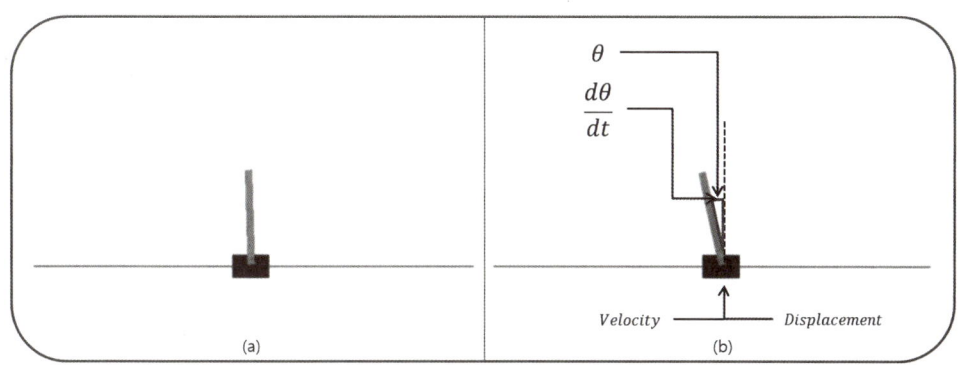

[그림 5-7] CartPole의 렌더링 화면(왼쪽: 카트가 서 있는 상황, 오른쪽: 상태의 4요소와 넘어진 카트 상황)

gym에서 제공하는 API로 상태를 분석하면 정보가 단순해서 풀이가 상대적으로 쉽습니다. 기둥의 각도, 카트의 속도, 카트 위치 그리고 기둥의 각속도 정보를 gym 패키지가 에이전트에 제공해 주는데 각각의 상태는 대략 -1~1까지 범위로 정규화가 자동으로 되어 있어 인공 신경망이 해석하기에 굉장히 쉽게 정리되어 있습니다. [25]

≫ 필요 패키지 호출

코드에서 이용할 필요 패키지들을 호출하겠습니다.

```
import gym  ①

import numpy as np  ②
import pandas as pd  ③
```

---

[25]. 각 상태 원소를 셀 수 있는 소수점 범위로 묶어서 이산화(Discretization)한 후, 격자 공간으로 Q-함수 학습을 이용하는 풀이 방식도 있습니다. 이 방식은 관심 있는 독자 여러분의 몫으로 남겨 두도록 하겠습니다.

```
import torch ④
import torch.nn as nn ⑤
import torch.optim as optim ⑥

import matplotlib.pyplot as plt ⑦
%matplotlib inline

from IPython.display import clear_output ⑧
from IPython.display import Video ⑨
```

≫ 환경 호출 및 추가 설정

CartPole을 Gym 패키지에서 호출합니다.

```
env = gym.make('CartPole-v1') ①
env._max_episode_steps=2000 ②
```

① gym 패키지 중 CartPole을 불러와 환경을 정의합니다.

② 에피소드당 최대 시간 차수를 조절합니다. CartPole은 기본으로 200의 시간 차수를 버티면 문제를 풀었다고 설정되어 있습니다. 책에서는 2000이라고 설정되어 있지만 난이도를 더 높여 보고 싶은 독자분들은 해당 코드의 수치를 변화시키면서 결과를 확인해 보길 바랍니다.

≫ 임의 플레이 확인

본격적인 DQN 알고리즘을 적용하기에 앞서 임의로 행동을 진행해 보고 최종 학습 보상이 어떻게 나오는지 관찰하겠습니다. 환경을 호출한 후 다음 코드를 실행합니다.

```
#  임의대로 플레이해 보고 보상 확인해 보기
state = env.reset() ①
total_reward = 0 ②
while True: ③
    action = env.action_space.sample() ④
    next_state,reward,done,_ = env.step(action) ⑤
    total_reward += reward ⑥
```

```
    if done: break ⑦
print(f'랜덤 플레이 최종 보상: {total_reward}') ⑧
```

① 환경을 초기화하고 최초의 상태를 확인합니다.

② 최종 보상 변수를 0으로 정의합니다.

③ 에피소드가 종료될 때까지 무한히 반복합니다.

④ 환경에 맞는 임의의 행동을 추출합니다. 행동 선택에 기준이 없으므로 좋은 성능은 아닐 것으로 예상됩니다.

⑤ 환경에 주어진 행동을 취하고 다음 상태, 보상, 종료 여부를 확인합니다.

⑥ 최종 보상 변수에 보상값을 누적합을 취합니다.

⑦ 에이전트가 종료되었으면 반복문에서 탈출합니다.

⑧ 최종 보상을 화면에서 확인합니다.

> 결과

```
랜덤 플레이 최종 보상: 15.0
```

'done'이 참값으로 반환되었으므로 1개의 에피소드가 종료되었습니다. 종료된 상황에서 다음 코드를 수행하여 렌더링합니다. 렌더링하면 [그림 5-5]와 같은 카트 모습이 이미지로 출력됩니다.

```
plt.imshow(env.render('rgb_array'))
plt.axis('off')
```

≫ 인공 신경망 생성

Gym 패키지에서 제공하는 상태를 그대로 이용하겠습니다. 상태는 앞서 말한 바처럼 4가지 요소의 4차원의 벡터로 이루어져 있습니다.

```
print(f'상태: {state}')
print(f'상태 차원: {state.shape}')
```

> 결과

```
상태: [-0.03118113  0.03678426  0.0204276   0.04401648]
상태 차원: (4,)
```

이에 따라 인공 신경망을 입력 차원 4차원에서 32개 노드의 은닉 2층 그리고 행동의 차원대로 출력층을 구성하고 모든 활성화 함수는 Relu 함수를 이용하겠습니다.

```
class DQN_SimpleAgent(nn.Module):  ①
    def __init__(self, state_shape, n_actions, epsilon=1):  ②
        super(DQN_SimpleAgent,self).__init__()  ③
        self.epsilon = epsilon  ④
        self.n_actions = n_actions  ⑤
        self.state_shape = state_shape  ⑥

        self.seq = nn.Sequential(
            nn.Linear(state_shape[-1],32),   # 여기서 state_shape[-1]은 4와 부합합니다.
            nn.ReLU(),
            nn.Linear(32,32),
            nn.ReLU(),
            nn.Linear(32,n_actions),
            nn.ReLU()
        )  ⑦
```

①~③ 파이토치 인공 신경망 모델인 DQN 에이전트 클래스를 구성합니다. 입력받을 인자는 상태 차원, 행동의 수 그리고 마지막 에이전트의 ε 값입니다.

④ ε 값을 에이전트의 속성으로 정의합니다.

⑤ 에이전트가 취할 수 있는 행동 개수를 속성으로 정의합니다.

⑥ 상태 차원을 에이전트의 속성으로 정의합니다. CartPole은 [배치 차원, 4]로 구성되어 해당 인자가 에이전트에 전달됩니다.

⑦ 파이토치의 nn 속성 중 Sequential 함수를 이용해 순방향 전파식을 구성합니다. 은닉층이 2개, 각각 신경망 노드가 32개로 구성되어 있으며 활성화 함수는 Relu 함수로 구성된 모습으로 구성되어 있습니다.

> **Note**
> CartPole은 음의 보상이 부여되지 않습니다. 따라서, 인공 신경망의 Q-함수가 계산되는 출력층에 Relu 함수를 추가하였습니다.

DQN 에이전트의 순방향 전파 함수를 작성합니다.

```
    def forward(self, state_t):  ⑧
        qvalues = self.seq(state_t)  ⑨
        return qvalues  ⑩
```

⑧ 순방향 전파 함수 이름을 정의합니다. 입력 인자는 [배치 차원, 4]로 이루어진 상태값입니다.

⑨ Q-함수를 계산합니다. ⑦에서 정의된 Sequential 함수를 그대로 이용하면 순방향 전파가 완료됩니다.

⑩ 계산된 Q-함숫값을 반환해 함수를 종료합니다.

Q-함수를 이용해 Exploration과 Exploitation의 적절한 균형이 맞는 행동을 선택하는 함수를 작성합니다.

```
    def get_actions(self, qvalues):  ⑪
        epsilon = self.epsilon  ⑫
        batch_size, n_actions = qvalues.shape  ⑬

        should_explore = np.random.choice([0, 1], batch_size, p=[1-epsilon, epsilon])  ⑭
        random_actions = np.random.choice(n_actions, size=batch_size)  ⑮
        best_actions = qvalues.argmax(axis=-1)  ⑯
        return np.where(should_explore, random_actions, best_actions)  ⑰
```

⑪ Exploration과 Exploitation을 고려한 행동을 추출한 함수를 정의합니다. 입력 인자는 Q-함숫값입니다.

⑫ 코드 작성의 편의상 에이전트의 ε 값을 불러왔습니다.

⑬ Q-함숫값의 차원을 정의합니다. [배치 차원, 행동의 수]로 구성된 자료형을 분리하였습니다.

⑭ 넘파이의 np.random.choice 기능을 이용해 Exploration과 Exploitation 여부를 선택할 전초 단계를 준비합니다. 첫 번째 입력 인자는 0 또는 1이라고 선언하며, 두 번째 인자는 출력될 배열의 길이로 배치 차원을 입력해 줍니다. 마지막 입력 인자는 0이 선택될 확률, 1이 선택될 확률을 의미합니다. 우리는 epsilon 확률에 맞으면 exploration을 진행하고, 반대일 때는 exploitation을 수행하므로 순차적으로 1-epsilon, epsilon을 입력하였습니다.

⑮ 배치 차원의 크기에 맞게 임의로 선택할 행동을 호출합니다. 이는 exploration에 이용될 변수입니다.

⑯ 인공 신경망 에이전트가 파악한 최대 Q-함숫값을 보여 주는 행동들을 정리합니다. 차원은 배치 차원입니다.

⑰ np.where 함수를 이용해 각 배치에 맞는 행동들을 선택합니다. 첫 번째 인자는 조건문에 해당하는

참-거짓 리스트값을 입력합니다. 두 번째 인자는 첫 번째 인자 중 참인 원소 번호가 선택할 결과이며, 세 번째 인자는 첫 번째 인자 중 거짓인 원소 번호가 선택할 결과입니다. 예를 들어 should_explore의 i번째 원소가 1이었다면 random_actions의 i번째 원소를 선택하며, 반대로 should_explore의 i번째 원소가 0이면 best_actions의 i번째 원소를 선택합니다.

> **Note**
> 논리 연산자에서 0은 거짓과 같으며 1은 참과 같습니다.

≫ Epsilon-decay

학습 단계에 따라 ε 값을 변화시킵니다. 학습 초반에는 에이전트가 가진 ε 값을 크게 하여 Exploration을 많이 하도록 유도하고, 학습 후반으로 갈수록 ε 값을 점차 줄여 나가 Exploitation을 선택하도록 만듭니다. 여기서 급격하게 ε 값을 수정하면 적절한 해답을 찾지 못하므로 완만하게 ε-decay를 수행하도록 [수식 5-5]와 같이 식을 설정하고 코드를 작성합니다. [수식 5-5]의 τ는 감쇠 속도에 영향을 끼치는 상수입니다.

$$\epsilon(t) = \epsilon_{min} + (\epsilon_{max} - \epsilon_{min})e^{-t/\tau} \quad (5\text{-}5)$$

```
def epsilon_decay(t,eps_max=1,eps_min=0.05,eps_decay=200):  ①
    return eps_min+(eps_max-eps_min)*np.exp(-1*t/eps_decay)  ②
```

① 함수를 정의합니다. 입력 인자는 현재 진행 차수, 최대 ε, 최소 ε 그리고 τ입니다.

② [수식 5-5]에 맞게 수식을 작성하고 반환합니다.

이와 같이 코드를 작성하면 학습 후반부에서 ε 값은 0.05로 수렴합니다.

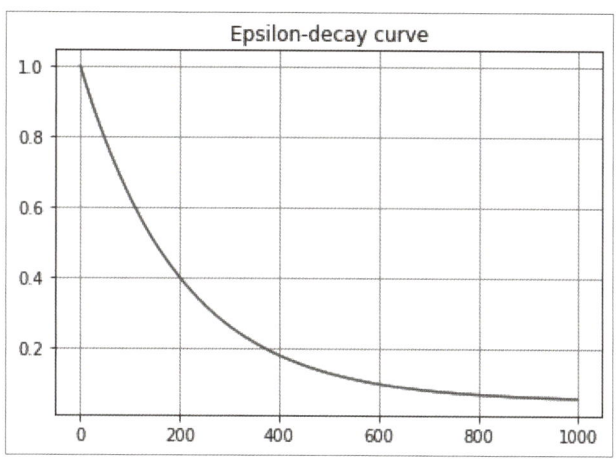

[그림 5-8] Cart-Pole에서 사용한 ε-decay 개형

≫ 학습 매개 변수 정의

```
env = gym.make('CartPole-v0') ①

epsilon_start = 1.0 ②
epsilon_finish = 0.05 ③
epsilon_sig=1000 ④

state = env.reset() ⑤
num_state = state.shape ⑥
num_action = env.action_space.n ⑦

gamma=0.99 ⑧
learning_rate = 1e-04 ⑨
max_episode = 10000 ⑩
num_random_init = 100 ⑪
batch_size=32 ⑫
model_update_period=10 ⑬
```

① 패키지에서 환경을 호출합니다.

②~④ ε-decay를 위한 변수들을 지정합니다. 시작값은 1, 하한값은 0.05 그리고 감쇠 속도는 1000으로 지정합니다.

⑤~⑥ 최초 상태를 호출하고 상태의 차원을 확인합니다.

⑦ 행동의 수를 확인합니다.

⑧ 할인율을 지정합니다.

⑨ 인공 신경망의 학습률을 정의합니다.

⑩ 에이전트가 학습할 에피소드의 수를 정의합니다.

⑪ 최초 경험 리플레이 버퍼에 입력될 transition의 크기를 정의합니다. 본 개념은 후에 더 살펴보겠습니다.

⑫ 경험 리플레이 버퍼로부터 추출할 transition의 배치 크기를 정의합니다.

⑬ 훈련-타깃용 에이전트의 인공 신경망 매개 변수의 업데이트 주기를 설정합니다.

≫ 훈련 및 타깃 신경망 호출

앞서 작성한 인공 신경망 클래스를 호출합니다. DQN은 훈련용, 타깃용 두 개의 신경망을 각각 호출하고 신경망 파라미터를 업데이트합니다. 필자는 'train_agent'로 'target_agent' 변수명을 설정하였습니다.

```
train_agent = DQN_SimpleAgent(state.shape,env.action_space.n,epsilon_start)
optimizer = optim.Adam(train_agent.parameters(),lr=learning_rate)
# 타깃용 파라미터를 호출합니다.
target_agent = DQN_SimpleAgent(state.shape,env.action_space.n,epsilon_start)
target_agent.load_state_dict(train_agent.state_dict())
```

결과
```
<All keys matched successfully>
```

≫ 리플레이 버퍼 호출 및 샘플 경험 입력

리플레이 버퍼를 호출하며 학습 이전에 인공 신경망이 샘플로 이용할 경험을 입력해 줍니다.

```
replay_buffer = ReplayBuffer(5000)  ①

state = env.reset()  ②
for _ in range(num_random_init):  ③
    action = env.action_space.sample()  ④
```

```
        next_state,reward,done,_ = env.step(action)  ⑤
        replay_buffer.add(state,action,reward,next_state,done)  ⑥
        if done:  ⑦
            state = env.reset()
    state = next_state  ⑧
```

① 경험 리플레이 버퍼를 호출합니다. 버퍼 공간은 5000으로 설정하였습니다.

② 환경을 초기화하고 최초 상태를 부여받습니다.

③ 학습을 시작하기 전 최초 경험 리플레이에 입력할 transition의 크기만큼 환경을 반복합니다. 초기 입력된 transition의 크기는 'num_random_init'로 저장된 100개입니다.

④~⑤ 임의로 행동을 선택하고 환경에 부여하여 다음 상태, 보상, 종료 여부를 부여받습니다.

⑥ 경험 리플레이 버퍼에 transition 값을 부여합니다.

⑦~⑧ 환경이 종료될 시 다시 환경을 진행하며 다음 상태를 계속해서 진행합니다.

≫ 목적 함수 설정

```
def TD_loss(batch_sample,train_agent,target_agent,env,gamma=gamma):  ①
    states,actions,rewards,next_states,dones = batch_sample  ②

    states = torch.FloatTensor(states)  ③
    actions = torch.LongTensor(actions)  ④
    rewards = torch.FloatTensor(rewards)  ⑤
    next_states = torch.FloatTensor(next_states)  ⑥
    dones = torch.ByteTensor(dones)  ⑦
    not_dones = 1-dones  ⑧

    train_Q = train_agent(states)  ⑨
    target_Q = target_agent(next_states)  ⑩
    train_Q = train_Q[range(len(actions)), actions]  ⑪

    TD_target = rewards+not_dones*gamma*torch.max(target_Q,dim=-1).values  ⑫
    loss = torch.mean((TD_target.detach()-train_Q)**2)  ⑬
    return loss  ⑭
```

① 목적 함수를 작성합니다. 입력 인자는 transition 배치, 훈련용 에이전트, 타깃용 에이전트, 환경 그리고 할인율입니다.

② transition 배치를 상태, 행동, 보상, 다음 상태, 종료 여부로 나눕니다.

③~⑧ 넘파이 배열 형태의 자료를 각각 파이토치 자료형으로 바꾸어 줍니다. not_dones 변수는 종료 여부를 이용해 dones 변수와 논리값의 반대 결과를 저장합니다.

⑨~⑩ 학습 및 타깃용 에이전트로부터 Q-함수를 계산합니다.

⑪ 학습용 에이전트가 구한 Q-함수 중 해당한 행동에 대한 Q-함숫값만을 추출합니다.

⑫ TD-target을 [수식 5-3]에 맞춰서 작성합니다.

⑬ 목적 함수를 작성합니다. nn.MSELoss를 이용하여 작성해도 무방합니다.

⑭ 계산된 목적 함숫값을 반환합니다.

> **Note**
>
> not_dones가 1 또는 참이면 에피소드가 종료되지 않았으며, 목적 함수는 [수식 5-3]과 같습니다. 반대로 0 또는 거짓이면 에피소드가 종료된 상태이므로 다음 상태가 존재하지 않습니다. 따라서 수식 TD-target 값은 단순히 보상만 남습니다.

≫ 학습 및 모니터링

```
reward_record, TDloss_record = [], [] ①
cnt = 0 ②
```

① 보상 기록, TD-목적 함수 기록을 저장할 빈 리스트를 정의합니다. 두 변수를 통해 학습의 추이를 살펴보겠습니다.

② 학습의 진행을 기록할 카운트 변수를 정의합니다.

```
for ep in range(max_episode): ③
    done = False ④
    state = env.reset() ⑤
    
    total_reward = 0 ⑥
    mean_episode_TD = 0 ⑦
```

③ 에피소드 반복을 진행합니다. 앞서 정의한 최대 에피소드의 수만큼 반복됩니다.

④ 최초 시작이므로 종료 여부 변수를 거짓으로 초기화합니다.

⑤ 환경을 초기화하고 최초 상태를 부여받습니다.

⑥ 에피소드에서 받은 보상을 기록할 변수를 0으로 초기화합니다.

⑦ 에피소드에서 기록된 평균 TD-목적 함수를 0으로 초기화합니다.

```
while True: ⑧
    torch_state = torch.FloatTensor(state) ⑨
    qvalues = train_agent(torch.unsqueeze(torch_state,0)) ⑩
    action = train_agent.get_actions(qvalues) ⑪
    next_state,reward,done,_ = env.step(action[0]) ⑫
    replay_buffer.add(state,action[0],reward,next_state,done) ⑬
```

⑧ 에피소드를 수행합니다. 환경이 종료 여부를 지시할 때까지 반복합니다.

⑨ 최초 상태를 파이토치 자료형으로 변환합니다.

⑩ 훈련용 에이전트에 최초 상태를 순방향 전파하여 Q-함숫값을 구합니다.

⑪의 차원은 [행동 개수]로 되어 있으므로 배치 차원을 부여해 [1, 행동 개수]로 차원을 변형하고자 unsqueeze 함수가 이용되었습니다.

⑪ 훈련용 에이전트 클래스의 get_action 속성과 Q-함수를 이용해 적절한 행동을 선택합니다.

⑫ 환경에 행동을 부여하고 다음 상태, 보상, 종료 여부를 반환받습니다.

⑬ 리플레이 버퍼에 transition을 부여합니다.

```
    batch_sample = replay_buffer.sample(batch_size) ⑭
    loss = TD_loss(batch_sample,train_agent,target_agent,env,gamma=gamma) ⑮
    optimizer.zero_grad() ⑯
    loss.backward() ⑰
    optimizer.step() ⑱
```

⑭ 리플 버퍼에서 배치의 크기만큼 transition을 샘플링합니다.

⑮ TD_loss 함수를 이용해 목적 함수를 계산합니다.

⑯~⑱ 파이토치 기능을 이용해 훈련용 에이전트의 신경망 업데이트를 수행합니다.

```
            mean_episode_TD += loss.item()  ⑲
            total_reward += reward  ⑳
```

⑲ 에피소드의 평균 TD-목적 함수를 누적합니다.

⑳ 에피소드의 보상을 누적합니다.

```
        if cnt % model_update_period == 0:  ㉑
            target_agent.load_state_dict(train_agent.state_dict())  ㉒
```

㉑~㉒ 훈련-타깃 에이전트의 인공 신경망 가중치 매개 변수를 업데이트합니다.

```
        if done:  ㉓
            mean_episode_TD /= cnt  ㉔
            TDloss_record.append(mean_episode_TD)  ㉕
            reward_record.append(total_reward)  ㉖
            break  ㉗
```

㉓~㉗ 환경이 종료 여부를 표현하면 에피소드의 반복을 종료합니다. 목적 함수 기록과 에피소드 보상 기록에 각각 해당하는 값들을 기록합니다.

```
        state = next_state  ㉘
        train_agent.epsilon= epsilon_decay(ep,
                                    eps_max=epsilon_start,
                                    eps_min=epsilon_finish,
                                    eps_decay=epsilon_sig)  ㉙
        cnt += 1  ㉚
```

㉘ 에피소드가 반복되면 현재 기록된 다음 상태를 현재 상태로 바꿉니다.

㉙ 훈련용 에이전트가 가진 ε 값을 epsilon_decay 함수를 이용해 업데이트합니다.

㉚ 업데이트 카운트를 1회 증가시킵니다.

```
    if ep % 50 == 0:  ㉛
        clear_output(True)  ㉜
        print(f'{ep}번째 에피소드 결과')  ㉝
        print(f'Epsilon: {train_agent.epsilon}')  ㉞
```

```
            print(f'최근 50 에피소드 보상 평균 = {np.mean(reward_record[-50:])}')  ㉟
            print(f'최근 50 에피소드 TD 오차 = {np.mean(TDloss_record[-50:])}')  ㊱
```

㉛ 50번째 에피소드마다 학습 기록을 그래프로 기록합니다.

㉜ 주피터 노트북의 출력 화면을 정리합니다.

㉞~㊱ 최근 50번째까지 에피소드의 대략적인 기록을 화면에 수치로 입력합니다.

```
            plt.figure(figsize=[16, 9])  ㊲
            
            plt.subplot(1,2,1)  ㊳
            plt.title("Total Reward")  ㊴
            plt.plot(reward_record)  ㊵
            plt.plot(moving_average(reward_record))  ㊶
            plt.grid()  ㊷
            
            plt.subplot(1,2,2)  ㊸
            plt.title("TD_loss history")  ㊹
            plt.plot(TDloss_record)  ㊺
            plt.plot(moving_average(TDloss_record))  ㊻
            plt.grid()  ㊼
            
            plt.show()  ㊽
```

㊱ 출력 그래프의 크기를 지정합니다.

㊳~㊶ 최종 보상 기록을 좌측 분할 플롯에 표현합니다. 모든 에피소드의 최종 보상 기록과 지수 이동 평균을 같이 보여 주었습니다.

㊸~㊼ TD-목적 함수 기록을 우측 분할 플롯에 표현합니다. 모든 에피소드의 평균 TD-목적 함수와 지수 이동 평균값을 같이 보여 주었습니다.

```
        if np.mean(reward_record[-10:]) >= 180 and np.max(reward_record[-10:]) == 200:  ㊾
            print(f"충분한 보상: {np.mean(reward_record[-50:])}")  ㊿
            print(f"학습 종료")  ㉝
            break  ㉞
```

㊾~㊿ 최근 10번째 에피소드의 최종 보상값이 180이 넘으며, 최소한 200을 보상받았을 때 학습이 완벽히 이루어졌다고 판단하고 학습을 종료합니다.

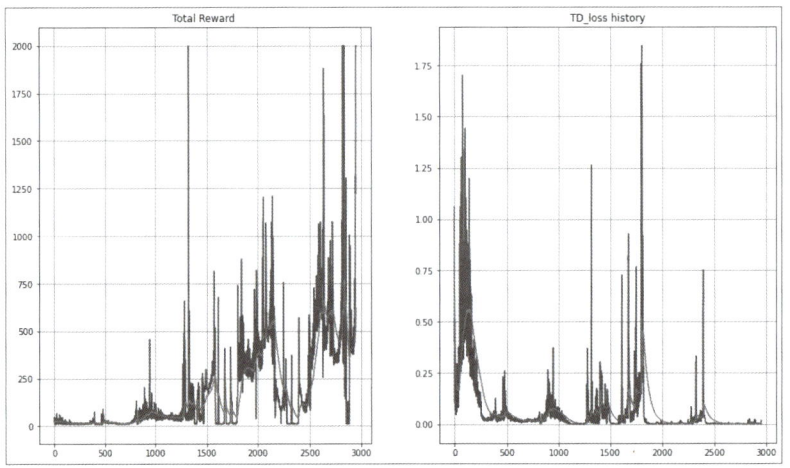

[그림 5-9] 기본 상태를 이용한 DQN 학습 결과(에피소드당 최종 보상(왼쪽)과 TD(0) 목적 함수(오른쪽))[26]

> **결과**
>
> 1150번째 에피소드 결과
> Epsilon: 0.053023641756684184
> 최근 50 에피소드 보상 평균 = 43.86
> 최근 50 에피소드 TD 오차 = 0.0214081884359122
> 충분한 보상: 182.8
> 학습 종료

≫ 플레이 확인

성공적으로 학습시킨 에이전트는 파이토치의 저장 및 불러오기 기능을 통해서 계속해서 이용할 수 있습니다. 아래 커맨드를 통해 에이전트를 파이토치의 모델 파일로 저장하겠습니다.

```
torch.save(train_agent,'. /ckpt/CartPole/SimpleCartPole_bestmodel.pth') ①
train_agent = torch.load('./ckpt/CartPole/SimpleCartPole_bestmodel.pth') ②
```

---

[26]. 필자가 gym 환경의 CartPole 문제가 생각할 최대의 시점을 2000까지 올리고 학습을 시킨 결과이기 때문에 [그림 5-9]의 최종 보상은 상당히 큰 값으로 기록되었습니다. "env._max_episode_steps=2000"과 같이 조정하여 독자 여러분도 원하는 결과로 수정할 수 있습니다.

① 파이토치의 save 기능을 이용해 훈련용 에이전트 기록을 파일로 저장합니다. 입력 인자는 인공 신경망과 저장할 파일명입니다.

② 파이토치의 load 기능으로 저장된 파일을 불러와 훈련용 에이전트를 호출합니다.

깃허브 저장소에 업로드된 필자의 에이전트와 여러분의 학습시킨 에이전트를 비교해 보고 어떤 에이전트가 더 좋은 성능을 보이는지 확인해 보길 바랍니다.

> **Note**
> 파이토치의 pth 파일을 저장할 때 따라 나오는 경로들이 있습니다. 해당 경로를 고려하지 않고 저장하면 에러가 발생하니 주의하길 바랍니다.

OpenAI gym은 강화 학습의 플레이 화면을 쉽게 저장할 수 있는 API를 제공해 줍니다. 아래 기술한 'record' 함수를 이용해서 한 번의 에피소드를 mp4 파일 형태로 저장합니다.

```python
def record(initial_state,agent,env,vid):  ①
    state = initial_state  ②
    sum_rewards = 0  ③
    
    while True:  ④
        vid.capture_frame()  ⑤
        torch_state = torch.FloatTensor(state)  ⑥
        qvalues = train_agent(torch.unsqueeze(torch_state,0))  ⑦
        action = train_agent.get_actions(qvalues)  ⑧
        next_state,reward,done,_ = env.step(action[0])  ⑨
        state = next_state  ⑩
        sum_rewards += reward  ⑪
        if done:  ⑫
            break  ⑬
    vid.close()  ⑭
    return sum_rewards  ⑮
```

① record 함수를 작성합니다. 입력 인자는 초기 상태, 에이전트, 환경 그리고 gym에서 제공하는 비디오 속성인 vid를 입력받습니다.

② 초기 상태의 변수 이름을 재정의하였습니다.

③ 최종 보상을 기록하고자 0으로 초기화된 변수를 정의합니다.

④ 에피소드를 진행합니다. 환경 종료 지시자가 출력되면 반복을 중단합니다.

⑤ video 속성에 현재 gym 렌더링 화면 프레임을 기록합니다.

⑥~⑩ 에이전트와 환경의 상호 작용을 반복합니다.

⑪ 에피소드 보상을 누적합 연산을 진행합니다.

⑫~⑬ 에피소드 종료 지시자가 나오면 반복문을 종료합니다.

⑭ 비디오 속성을 안전하게 종료합니다.

⑮ 에피소드의 최종 보상값을 반환하며 함수를 종료합니다.

```
env = gym.make('CartPole-v0') ①
vid=gym.wrappers.monitoring.video_recorder.VideoRecorder(env,path
='./SimpleCartPole_video.mp4') ②
vid.render_mode="rgb_array" ③
state = env.reset() ④
rewards = record(state,train_agent,env,vid) ⑤
```

① 환경을 정의합니다.

② gym의 wrapper 패키지 중 비디오 속성 변수를 정의합니다. 입력 인자는 환경과 저장될 비디오 파일 명입니다.

③ 비디오에 저장될 렌더링 옵션을 명시해 줍니다.

④~⑤ 초기 상태를 호출하고 비디오 기록 함수를 수행하여 비디오 파일을 저장합니다.

파일이 성공적으로 저장되었으면 'Video' 기능을 이용해 주피터 노트북에서 동영상을 플레이할 수 있습니다.

```
Video(''./SimpleCartPole_video.mp4', width=512, height=512) ①
```

① 비디오 재생 함수를 호출합니다. 입력 인자는 비디오 파일명, 화면의 가로와 세로 크기를 지정하였습니다.

필자와 같은 환경으로 에이전트를 학습시켰다면 오랜 시간 동안 카트가 기둥을 쓰러트리지 않으면서 균형을 잡는 신기한 모습을 관찰할 수 있습니다. 독자 여러분의 결과와 필자의 결과를 같이 비교해 보길 바랍니다. 약간씩 움직이면서 균형을 잡는 에이전트 등 여러 가지 변칙 결과가 나오겠지만 중요한 목표인 기둥을 쓰러트리지 않으면서 최대 보상을 얻는 에이전트를 확인할 수 있습니다.

≫ 실습 2. [고급] 인공지능이 플레이하는 추억의 '벽돌 깨기' - Atari_Breakout

강화 학습 분야의 큰 획을 그은 논문, "「Human-level control through deep reinforcement learning.」"을 구현하겠습니다. 본 논문은 「nature」 학술지에 실려 2만여 건 피인용된 전설적인 연구 결과로, 에이전트가 실제 사람이 플레이하는 환경을 인식하고 게임하는 데 그 성능이 사람의 기록을 능가한다는 내용을 담고 있습니다.

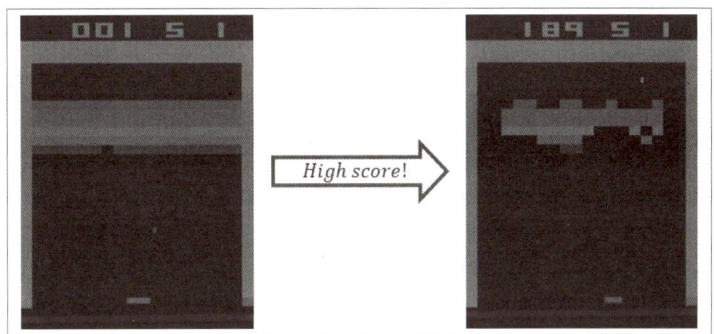

[그림 5-10] Atari-Breakout 목표

논문에서는 여러 가지 게임을 DQN 알고리즘을 이용해서 플레이했는데, 독자 여러분은 그중에서도 아타리 게임사의 Break-out, 벽돌 깨기 문제를 풀어 볼 것입니다. [그림 5-10]의 벽돌 깨기 게임은 화면 하단에 에이전트가 조작 가능한 블록이 있고, 해당 블록을 좌-우로 움직이면서 떨어지는 공을 놓치지 않고 받아쳐 화면 상단에 있는 벽돌들을 없애면서 고득점 결과를 얻는 것을 목표로 합니다.

필요 패키지에서 호출하겠습니다.

```
import sys ①
sys.path.append('../') ②
import numpy as np ③
import copy ④

import torch ⑤
```

```
import torch.nn as nn ⑥
import torch.optim as optim ⑦

from material.atari_util import * ⑧
from material.atari_wrapper import * ⑨
from Replay_buffer import ReplayBuffer ⑩

import gym ⑪
import matplotlib.pyplot as plt ⑫
from PIL import Image ⑬
from IPython.display import clear_output ⑭
from tqdm import trange ⑮

from gym.core import ObservationWrapper ⑯
from gym.spaces import Box ⑰
```

①~② Jupyter notebook에서 불러올 시스템상의 모듈 경로를 입력해 줍니다.

③~④ 넘파이, 변수 저장을 위한 copy를 호출합니다.

⑤~⑦ 파이토치 패키지들을 호출합니다.

⑧~⑨ 벽돌 깨기 환경을 조작하고자 미리 작성해 둔 유틸 모듈을 호출합니다.

⑩ 경험 리플레이 버퍼 파일을 호출합니다.

⑪~⑮ 강화 학습 API gym, matplotlib, 이미지 처리 패키지 Image, 주피터 노트북 출력 화면을 갱신할 clear_output 함수 그리고 계산량을 파악할 trange 함수를 호출합니다.

⑯~⑰ gym에서 제공하는 상태(관찰)에 대한 전처리 기능을 호출합니다.

≫ 전처리 과정

벽돌 깨기 문제에서 에이전트가 받아들이는 상태는 게임 화면 이미지고 이를 신경망에 적용하기 전에 몇 가지 전처리 과정을 취해 줘야 합니다. 기본 이미지를 분석해 보면 (색상, 세로, 가로) 차원이 각각 (3, 160, 210)으로 구성되어 있습니다. 에이전트는 상당한 시간 동안 학습해야 하고 또한 게임 이미지에 불필요한 정보가 포함되어 있으므로 필요한 정보만 이용하도록 이미지를 조작하겠습니다.

1. 이미지 색상 제거

벽돌 깨기 화면에서는 에이전트는 색상이라는 정보를 통해서 이용할 것이 없습니다. 따라서 색상의 차원을 하나로 합치는 과정을 취합니다.

2. 이미지 크기 수정

기본 이미지는 사이즈가 매우 큰 편에 속합니다. 상당 부분 이미지 크기를 압축하여도 괜찮을 수준까지 압축합니다. 압축 이후 (가로, 세로) 이미지의 크기는 (64, 64)로 변경됩니다.

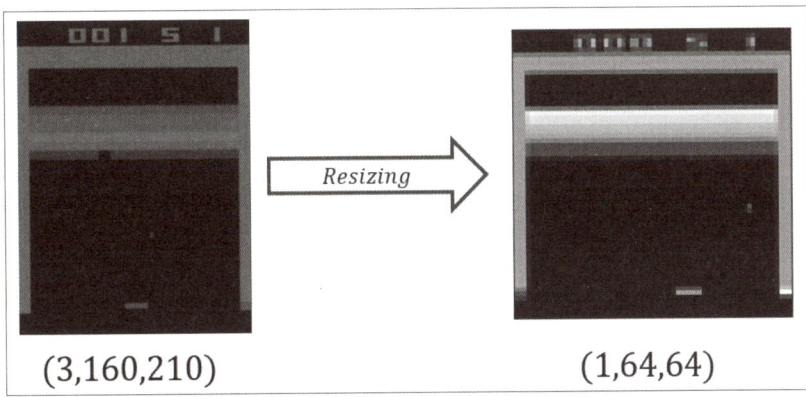

[그림 5-11] Atari-Breakout 이미지 처리

다음 코드를 통해 위의 설명과 같이 이미지를 처리하는 클래스를 생성합니다.

```
class PreprocessAtariObs(ObservationWrapper):  ①
    def __init__(self, env):  ②
        ObservationWrapper.__init__(self, env)  ③
        self.img_size = (1, 64, 64)  ④
        self.observation_space = Box(0.0, 1.0, self.img_size, dtype=np.float32)  ⑤
```

①~③ 상태 전처리용 클래스를 정의합니다. gym에서 호출했던 상태 변형용 "ObservationWrapper"를 부모 클래스로 상속합니다. 정의할 때 입력 인자는 gym의 환경입니다.

④ 전처리한 벽돌 깨기 화면 이미지 크기 차원을 (1, 64, 64)로 지정합니다.

⑤ Box 함수를 이용해서 상태 함수의 자료형을 지정합니다. 이미지 픽셀의 최솟값은 0, 최댓값은 1로 지정하였으며 이미지 차원은 ④에서 지정한 대로 정의하고 데이터 형태를 단정도 실수형 자료로 지정합니다.

색조 이미지를 회색조로 바꾸어 주도록 클래스 내부 함수를 작성합니다.

```python
def _to_gray_scale(self, rgb, channel_weights=[0.8, 0.1, 0.1]):   ⑥
    dummy = 0   ⑦
    for idx,channel_weight in enumerate(channel_weights):   ⑧
        dummy += channel_weight*(rgb[:,:,idx])   ⑨
    return np.expand_dims(dummy,axis=-1)   ⑩
```

⑥ 함수를 정의합니다. 입력 인자는 이미지와 RGB 각각의 3가지 색상에 부여될 가중치 배열입니다. 기본으로 R:G:B를 각각 8:1:1 비율로 맞추었습니다.

⑦ 회색 조로 맞출 이미지 변수를 지정합니다.

⑧~⑨ RGB 3가지 색상에 각각 가중치를 부여하고 하나의 채널로 합쳐 회색 조 이미지를 만들도록 연산합니다.

⑩ 회색 조 채널을 명시하며 함숫값을 반환합니다.

전처리 전체 과정을 포함한 상태를 출력하는 함수를 작성합니다.

```python
def observation(self, img):   ⑪
    img = Image.fromarray(np.uint8(img),'RGB')   ⑫
    img = img.resize((64,64))   ⑬
    img = np.array(img)   ⑭
    img = self._to_gray_scale(img)/255.   ⑮
    return np.array(img,dtype=np.float32).transpose((2,0,1))   ⑯
```

⑪ gym에서 reset과 step 함수를 이용할 때 출력되는 상태 함수입니다. 전처리 이전의 이미지가 입력 인자로 들어갑니다.

⑫~⑭ Image 패키지를 이용해 이미지의 크기를 (64, 64) 형태로 바꾸고 원래 넘파이 자료형으로 복원합니다.

⑮ RGB 색조에서 회색 조로 이미지를 바꾸고 픽셀의 크기를 0~1 사이로 조정합니다.

⑯ 함수의 출력값으로 이미지를 반환합니다. 파이토치의 합성곱 신경망 연산을 위하여 transpose 함수를 사용해 (색조, 가로, 세로) 차원으로 텐서의 차원을 바꾸어 줍니다.

또 에이전트는 공의 위치와 움직이는 방향 그리고 속도라는 정보를 받아 와야 조작 블록으로 공을 튕겨 내는 것을 적절하게 할 수 있습니다. 다시 말해, 하나의 프레임 화면으로는 공의 운동 정보를 알 수 없다는 것이 문제가 됩니다. 따라서, 에이전트에 연속된 4개의 프레임을 하나로 합쳐 시계열(Sequential) 속성의 정보를 제공하도록 조작합니다.

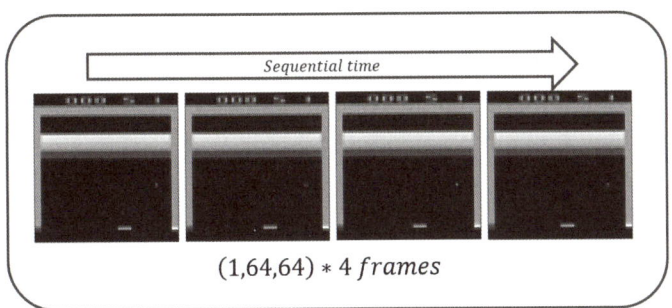 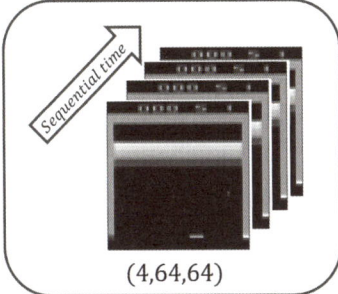

[그림 5-12] 이미지 프레임 합치기 전(왼쪽), 후(오른쪽).

이미지 프레임을 합치는 용도의 gym 클래스를 작성합니다.

```
class FrameBuffer(Wrapper):  ①
    def __init__(self, env, n_frames=4):  ②
        super(FrameBuffer, self).__init__(env)  ③
        n_channels, height, width = env.observation_space.shape  ④
        obs_shape = [n_channels * n_frames, height, width]  ⑤
        self.observation_space = Box(0.0, 1.0, obs_shape, dtype=np.float32)  ⑥
        self.framebuffer = np.zeros(obs_shape)  ⑦
```

① gym의 Wrapper 클래스를 상속받는 클래스를 정의합니다.
②~③ gym의 환경과 합칠 프레임의 개수를 입력 인자로 받고 클래스를 초기화합니다.
④~⑥ 환경의 상태 함수에 대한 정보를 설정합니다.
⑦ 이미지 프레임 버퍼 공간 속성을 작성합니다.

환경의 시점이 변했을 때 상태 함수가 새롭게 합쳐진 프레임을 출력하도록 업데이트 기능을 추가합니다.

```
    def update_buffer(self, img):  ⑧
        offset = self.env.observation_space.shape[0]  ⑨
        cropped_framebuffer = self.framebuffer[:-offset]  ⑩
        self.framebuffer = np.concatenate(
            [img, cropped_framebuffer], axis=0)  ⑪
```

⑧ 이미지를 입력 인자로 받고 함수를 작성합니다.

⑨~⑩ 클래스에서 가지고 있던 이미지 프레임 버퍼에서 하나의 프레임이 빠진 프레임을 추출합니다.

⑪ 하나의 프레임을 생략한 이미지 프레임 버퍼에 이미지를 덧씌워 우리가 원하는 만큼 합쳐진 프레임의 이미지를 업데이트합니다.

행동을 부여하는 step 함수를 조정합니다.

```
def step(self, action): ⑫
    new_img, reward, done, info = self.env.step(action) ⑬
    self.update_buffer(new_img) ⑭
    return self.framebuffer, reward, done, info ⑮
```

⑫ 행동을 입력 인자로 받는 step 함수를 덧씌웁니다.

⑬ 기존 환경의 step 함수를 수행합니다.

⑭ 새로운 이미지를 프레임 버퍼에 덧씌워 합쳐진 프레임의 이미지를 획득합니다.

⑮ 프레임이 합쳐진 상태 함수, 보상, 종료 여부, 정보를 반환합니다.

환경 초기화 함수를 조정합니다.

```
def reset(self): ⑯
    self.framebuffer = np.zeros_like(self.framebuffer) ⑰
    self.update_buffer(self.env.reset()) ⑱
    return self.framebuffer ⑲
```

⑯ gym 클래스의 reset을 덧씌웁니다.

⑰ 이미지 프레임 버퍼를 모두 0 텐서로 바꿉니다.

⑱ gym으로 얻은 초기 상태 함수인 이미지를 프레임 버퍼에 덧씌웁니다.

⑲ 초기화된 상태 함수를 반환합니다.

프레임을 하나로 합치는 스태킹(stacking) 과정까지 마치면 이미지 처리 부분은 모두 완료되었습니다. 나머지 과정은 벽돌 깨기에서 한 목숨을 잃었을 때 자동으로 에이전트가 벽돌을 발사하는 커맨드, 지나칠 정도로 밀집한 프레임을 생략하는 코드 그리고 보상의 크기가 너무 광범위해서 정규화하는 코드들은 모두 OpenAI에서 미리 작성한 코드를 이용하였습니다. 깃허브 저장소의

'material' 디렉터리 내 atari_wrapper.py 파일에 있는 함수들을 사용합니다.

```
def PrimaryAtariWrap(env,clip_rewards=True,full_game=False):    ①
    env = MaxAndSkipEnv(env, skip=4)    ②
    env = EpisodicLifeEnv(env, full_game)    ③
    env = FireResetEnv(env)    ④
    if clip_rewards:    ⑤
        env = ClipRewardEnv(env)    ⑥
    env = PreprocessAtariObs(env)    ⑦
    return env    ⑧
```

① 모든 전처리를 진행하는 함수입니다. 입력 인자는 미리 정의된 벽돌 깨기 환경, 보상 정규화 여부, 전체 게임 모드 여부입니다.

② 4프레임씩 관찰을 스킵하도록 환경을 조작합니다.

③ 게임 종료 여부를 다루는 함수입니다. 추가 입력 인자로 전체 게임 모드를 부여하는데 이는 벽돌 깨기 에이전트의 초기 5개의 목숨이 다할 때 에피소드가 종료될지 아니면 1개의 목숨이 다할 때 에피소드가 종료될지 결정하는 여부입니다. [27]

④ 자동 발사 환경을 조성합니다. 에피소드 내에서 목숨이 줄어들면 다음 시점에서 자동으로 공을 발사해 게임을 시작합니다.

⑤~⑥ 보상을 정규화하는 함수입니다. 보상을 정규화할 시 블록 1개를 깰 때 +1의 보상을 얻도록 고정합니다. 실제 게임 화면에서는 상단의 블록을 깨면 더 높은 점수의 블록을 주는데 해당 효과를 무시합니다.

⑦ 앞 단계에서 이미지를 회색 조로 바꾸고 프레임 합치기까지 완료하는 기능입니다.

⑧ 게임 환경이 조성되었으면 이를 반환합니다.

환경을 미리 조작하는 클래스들이 구현되었으면 이를 바탕으로 환경을 만드는 함수를 구현하겠습니다. Atari-Breakout 문제는 매우 많은 경우의 상태를 다룹니다. 우리가 나중에 학습이 제대로 평가가 완료되었는지 확인하고자 특정 상태를 재현해야 할 경우 난수 생성 번호를 특별하게 입력해야 합니다. 따라서 특별한 난수, seed 번호를 부여할 수 있도록 기능을 추가하겠습니다.

---

27. 깃허브 저장소에 업로드한 버전은 5개의 목숨이 다해야 에피소드가 종료되는 full-version의 게임으로 학습되었습니다. 독자 여러분은 취향에 따라 적절한 옵션을 부여하여 결과를 확인하길 바랍니다.

```
def make_env(clip_rewards=True, seed=None, full_game=False):  ①
    env = gym.make("BreakoutNoFrameskip-v4")  ②
    if seed is not None:  ③
        env.seed(seed)  ④
    env = PrimaryAtariWrap(env, clip_rewards, full_game)  ⑤
    env = FrameBuffer(env, n_frames=4)  ⑥
    return env  ⑦
```

① 손쉽게 환경을 조성하도록 함수화합니다. 보상 정규화 여부, 난수 번호 그리고 에피소드당 목숨 모드를 입력값으로 받습니다.

② 벽돌 깨기 환경을 호출합니다.

③~④ 게임 시작 상태를 일정하게 호출하도록 난수 번호를 부여합니다.

⑤ 최초 환경 전처리 함수를 호출합니다.

⑥~⑦ 4개의 프레임을 합치는 기능을 부여하고 환경을 반환합니다.

≫ 인공 신경망 모델 – 구조

다음은 인공 신경망의 구조를 살펴보겠습니다. 에이전트는 게임 화면 이미지를 인식해야 하므로 그에 따른 적절한 인공 신경망 구조가 필요합니다. 합성곱 신경망을 이용해 신경망 구조를 설정합니다. 간략히 합성곱 신경망의 원리를 비유적으로 표현하면, 커널(Kernel)이라는 이미지를 인식하는 일종의 스캐너가 있습니다. 커널은 이미지의 선, 색, 곡률, 밝기 기타 등등 많은 것을 분석해 낼 수 있는 도구인데 합성곱 연산으로 이미지를 분석하고 특정 수치로 바꾼 뒤, 사람이 이해하기 어려운 정보로 신호를 전달합니다.

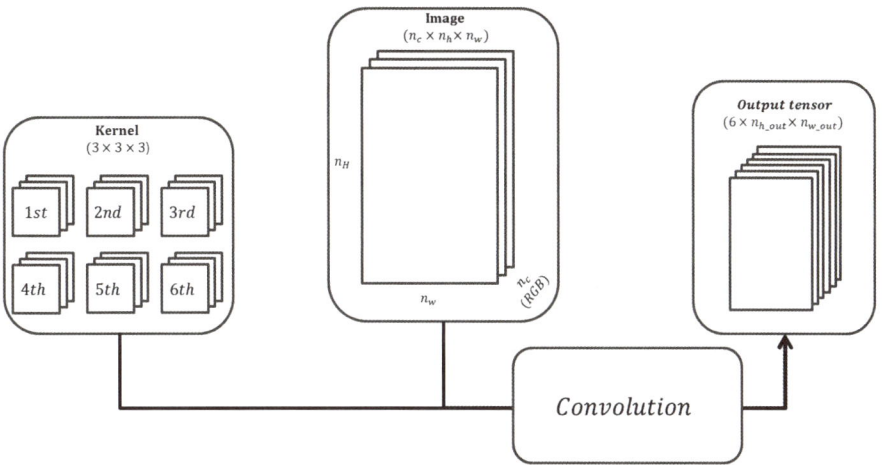

[그림 5-13] CNN 연산 개념도

합성곱 신경망의 학습 목표는 숫자로 구성된 커널을 이미지 분석에 용이한 수의 조합으로 만드는 것입니다. 또, 일반적으로 합성곱 신경망 계층을 깊게 쌓아서 이미지를 추상적으로 분석할수록 이미지 분석 성능이 높아지는 것으로 알려져 있습니다. [그림 5-13]은 RGB 색상의 이미지가 (채널, 세로, 가로) 차원이 $R^{3 \times 3 \times 3}$인 6개의 커널로 수행한 간단한 합성곱 연산의 결과입니다. 출력된 채널의 텐서는 합성곱 연산에 사용된 커널의 개수와 동일하며, 입력 이미지의 (세로, 가로)가 커널과의 연산으로 인해 (세로, 가로)가 변경됨을 보여 줍니다. 합성곱 연산의 출력 차원은 이미지에 패딩, 스트라이드 등 여러 요소로 인해서 다양하게 영향받지만 본 책에서는 여기까지 설명을 줄이겠습니다. 관심 있으신 독자 여러분은 스탠퍼드 대학교의 CS231 강의 중 합성곱 신경망 강의 페이지를 참조하길 바랍니다.[28]

아래 스크립트를 통해 파이토치를 이용한 간단한 합성곱 연산 예시를 확인해 보겠습니다. 참고로 해당 스크립트는 벽돌 깨기 문제에 첨부되지 않았습니다.

```
Image_tensor = torch.Tensor(size=(64,3,64,64))  ①

kernel = nn.Conv2d(3,6,3)  ②

output = kernel(Image_tensor)  ③
```

28. https://cs231n.github.io/convolutional-networks/

```
print(f'입력 텐서 차원: {Image_tensor.shape}')  ④
print(f'출력 텐서 차원: {output.shape}')  ⑤
```

① 샘플 텐서 자료형 이미지를 만듭니다. 배치 차원은 64, 색조는 RGB 3차원, 이미지의 가로 및 세로 크기는 64개로 정의되었습니다.

② 커널 함수를 정의합니다. 이미지의 3가지 색조를 입력받아 6개 고차원 특성값으로 출력하도록 연산합니다. 마지막 커널의 가로와 세로 크기는 3으로 정의되었습니다.

③ 샘플 이미지를 합성곱 연산을 수행합니다.

④~⑤ 입력 이미지 텐서의 차원과 합성곱 연산이 완료된 텐서의 차원을 확인합니다.

결과

```
입력 텐서 차원: torch.Size([64, 3, 64, 64])
출력 텐서 차원: torch.Size([64, 6, 62, 62])
```

합성곱 연산을 이용해 벽돌 깨기 문제를 해결하도록 인공 신경망의 구조를 [그림 5-14]와 같이 디자인하였습니다. RGB 컬러의 이미지를 전처리한 후 4개의 프레임으로 엮은 텐서를 입력으로 받아 순차적으로 연산해 최종적으로 행동의 개수만큼 벡터를 출력하였습니다. 이미지를 잘 인식하는 여러 가지 합성곱 신경망 모델이 있지만 복잡하고 계산 비용이 많이 들어갈 수 있습니다. 관심 있는 독자 여러분은 다른 이미지 처리용 신경망 모델을 이용해 계산을 수행해도 됩니다.

Note

[그림 5-14]에서 표현하는 "Flatten" 구조를 통과하면 고차 랭크로 이루어진 텐서가 1차원 벡터로 변환됩니다. MNIST 예제에서 28x28 크기의 이미지를 784차원의 벡터로 바꾼 것을 떠올리길 바랍니다.

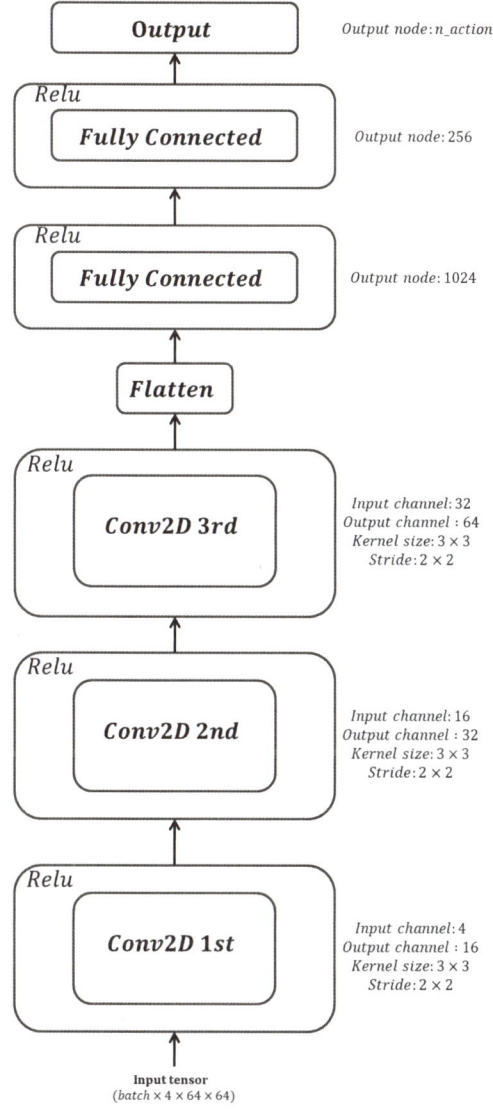

[그림 5-14] 에이전트 신경망 구조도

[그림 5-14]에 맞는 인공 신경망 모델 구조를 생성합니다.

```
class DQNAgent(nn.Module):
    def __init__(self, state_shape, n_actions, epsilon=0):
        super(DQNAgent,self).__init__()
        self.epsilon = epsilon
        self.n_actions = n_actions
```

```
        self.state_shape = state_shape

    self.seq = nn.Sequential(
        nn.Conv2d(4,32,5,stride=2),
        nn.ReLU(),
        nn.Conv2d(32,64,5,stride=2),
        nn.ReLU(),
        nn.Conv2d(64,64,5,stride=2),
        nn.ReLU(),
        nn.Flatten(),
        nn.Linear(1600,256),
        nn.ReLU(),
        nn.Linear(256,n_actions)
    )
```

에이전트의 인공 신경망 모델 클래스로부터 계속됩니다. 인공 신경망의 순방향 전파가 이뤄지는 클래스 내부의 함수로 입력받은 상태에 적합한 Q-함숫값을 출력합니다. 인공 신경망 모델을 정의했을 때 사용한 self.seq를 이용해서 순방향 전파를 진행합니다. 그 외에 행동을 추출하는 함수는 앞선 CartPole 문제와 동일한 코드로 작성되어 있으므로 추가 기술은 생략하도록 하겠습니다.

```
    def forward(self,state):
        Q_function = self.seq(state)
        return Q_function
```

에이전트의 클래스에서 행동을 추출하는 함수를 작성하겠습니다. 이는 CartPole 문제와 동일한 방식으로 작성되었습니다.

```
    def get_actions(self, qvalues):
            epsilon = self.epsilon
        qvalues = qvalues.detach().cpu().numpy()
        batch_size, n_actions = qvalues.shape

        should_explore = np.random.choice([0, 1], batch_size, p=[1-epsilon,
```

```
epsilon])
    random_actions = np.random.choice(n_actions, size=batch_size)
    best_actions = qvalues.argmax(axis=-1)
    return np.where(should_explore, random_actions, best_actions)
```

벽돌 깨기 문제는 다소 난이도가 있는 문제이므로 학습에 따른 ε-decay 식은 지수 함수로 급격하게 떨어지는 방식이 아닌 충분한 Exploration 할 수 있도록 선형 함수 형태로 수식을 작성합니다.

```
def linear_decay(init,finish,step,total_step):  ①
    if step >= total_step:  ②
        return finish  ③
    else:  ④
        return (finish - init) / total_step * (step - total_step) + finish  ⑤
```

① 함수를 정의합니다. 입력 인자로 초기 ε 값, ε의 하한값, 현재 학습 횟수 그리고 총학습을 반복할 횟수입니다.

②~③ 현재 학습 횟수가 우리가 설정한 학습 횟수의 상한을 넘으면 ε의 하한값을 반환합니다.

④~⑤ 현재 학습 횟수가 우리가 설정한 학습 횟수의 상한 이하이면 ε의 초깃값과 하한값을 이용한 일차 감소 함수를 구현해 계산 결과를 반환합니다.

해당 코드가 구현되면 학습 단계에 따른 ε 값은 [그림 5-15]와 같은 추세로 감쇠가 일어납니다. 가로축은 학습 횟수, 세로축은 ε 값입니다.

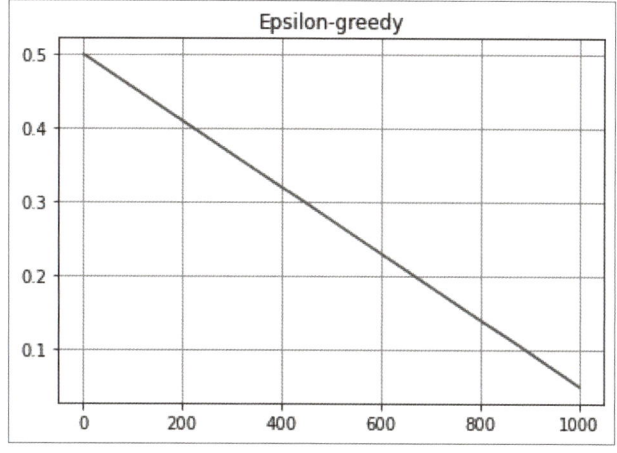

[그림 5-15] 선형 감쇠 ε-greedy

Note

에이전트 정의, 경험 리플레이 버퍼 정의 및 초기 경험 입력 그리고 목적 함수 정의 부분은 본 책의 중복되는 요소를 없애고자 생략하였습니다. 앞서 보았던 CartPole 문제와 깃허브 저장소의 샘플 코드를 확인하길 바랍니다.

학습에 관여할 매개 변수를 정의합니다.

```
test_seed = 123  ①
sample_games = 5  ②
full_game=True  ③

init_eps = 0.5  ④
fin_eps = 0.05  ⑤

replay_buffer_size=10**5  ⑥
batch_size=32  ⑦
learning_rate = 1e-04  ⑧
gamma = 0.99  ⑨

loss_log_period = 100  ⑩
model_update_period = 5000  ⑪

max_episode= 10000000  ⑫
total_steps = 5*1e+05  ⑬

max_grad_norm=10  ⑭
```

①~③ 환경의 난수 생성 번호, 시험 과정 때 수행할 에피소드의 수 그리고 게임 모드를 정의합니다.

④~⑤ ε의 초깃값과 학습 후기의 하한값을 정의합니다.

⑥~⑨ 경험 리플레이 버퍼의 사이즈, 배치 크기, 학습률 그리고 할인율을 정의합니다.

⑩~⑪ 학습 모니터링 주기와 타깃-훈련 에이전트의 신경망 업데이트 주기를 설정합니다.

⑫~⑬ 학습의 최종 에피소드와 ε 값이 하한값으로 설정될 학습 횟수를 설정합니다.

⑭ gradient clipping 기법에 적용될 매개 변수입니다. 뒤에서 부연 설명하겠습니다.

> **Note**
> 위 매개 변수 정의처럼 경험 리플레이 버퍼의 사이즈를 설정하면 RAM 메모리가 50기가 바이트 정도 소모됩니다. 단위를 하나 줄여서 5기가 바이트 정도로 학습해도 적절한 성능이 나오므로 참고하길 바랍니다.

환경 설정과 에이전트를 정의합니다.

```
env = make_env(True,123,True)
env.reset()
n_actions = env.action_space.n
state_shape = env.observation_space.shape

train_agent = DQN_Atari(n_actions,init_eps).to(device)
target_agent = DQN_Atari(n_actions,init_eps).to(device)
optimizer = optim.Adam(train_agent.parameters(),lr=learning_rate)

target_agent.load_state_dict(train_agent.state_dict())
```

CartPole 예시에서 이용하였던 목적 함수를 정의합니다.

```
def TD_loss(batch_sample,train_agent,target_agent,env,gamma=0.99):
    '''
    TD loss 함수 계산 코드
    입력:
        batch_sample - 리플레이로부터 받은 샘플(S,A,R,S',done)
        train_agent - 훈련 에이전트
        target_agent - 타깃 에이전트
        env - 환경
        gamma - 할인율
    출력
        loss - TD-error RMS
        sum((R+gamma*max_a(Q(s,a))-Q(s,a))**2)/n
    '''
    states,actions,rewards,next_states,dones = batch_sample

    states = torch.FloatTensor(states).to(device)
```

```
        actions = torch.LongTensor(actions).to(device)
        rewards = torch.FloatTensor(rewards).to(device)
        next_states = torch.FloatTensor(next_states).to(device)
        dones = torch.ByteTensor(dones).to(device)
        not_dones = 1-dones

        train_Q = train_agent(states)
        target_Q = target_agent(next_states)
        train_Q = train_Q[range(len(actions)), actions]

        TD_target = rewards+not_dones*gamma*torch.max(target_Q,dim=-1).values
        loss = torch.mean((TD_target.detach()-train_Q)**2)
        return loss
```

학습이 잘되었는지 평가하는 함수를 정의하겠습니다.

```
def evaluate_reward_loss(agent,n_games=1,seed=test_seed, full_game=full_game):  ①
    env = make_env(clip_rewards=True,seed=test_seed, full_game=full_game)  ②
    rewards = []  ③
    for ng in range(n_games):  ④
        state = env.reset()  ⑤
        reward = 0  ⑥
        while True:  ⑦
            torch_state = torch.FloatTensor(state).to(device)  ⑧
            qvalues = agent(torch.unsqueeze(torch_state,0)).detach().cpu().numpy()  ⑨
            action = qvalues.argmax(axis=-1)[0]  ⑩
            state,r,done,inf = env.step(action)  ⑪
            reward += r  ⑫
            if done:  ⑬
                break  ⑭
        rewards.append(reward)  ⑮
    return np.mean(rewards)  ⑯
```

① 에이전트, 반복 수행할 에피소드(게임)의 수, 난수 번호 그리고 게임 버전을 입력받습니다.

②~③ 입력 변수 조건대로 환경을 구성하고 에피소드당 보상을 기록할 빈 리스트를 정의합니다.

④ 평가할 에피소드 수만큼 반복을 진행합니다.

⑤~⑭ 에피소드 종료 시점까지 마르코프 의사 결정을 반복합니다.

⑮ 에피소드의 최종 보상을 기록합니다.

⑯ 에피소드마다 최종 보상을 평균값을 반환해 함수를 종료합니다.

다음 단계로 학습을 진행합니다. 에피소드마다 에이전트가 받은 보상, 목적 함수를 기록해 올바르게 학습하고 있는지 추이를 살펴봅니다. 추가로 적절한 주기마다 훈련 에이전트를 타깃 에이전트로 업데이트해 줍니다. Cartpole과는 달리 학습이 굉장히 천천히 진행됩니다. 인내심을 가지고 학습이 되기를 기다려 봅니다. 필자의 경우 적절한 성능을 나타내기까지 대략 12시간 이상의 학습 시간을 요구했습니다.[29]

```
for ep in trange(max_episode):   ①
    done = False   ②
    state = env.reset()   ③
    total_reward = 0   ④
    
    while True:   ⑤
        torch_state = torch.FloatTensor(state).to(device)   ⑥
        qvalues = train_agent(torch.unsqueeze(torch_state,0))   ⑦
        action = train_agent.get_actions(qvalues)   ⑧
        next_state,reward,done,_ = env.step(action[0])   ⑨
 total_reward += reward   ⑩
        replay_buffer.add(state,action[0],reward,next_state,done)   ⑪
        
        batch_sample = replay_buffer.sample(batch_size)   ⑫
        loss = TD_loss(batch_sample,train_agent,target_agent,env,gamma=gamma)   ⑬
        optimizer.zero_grad()   ⑭
```

---

29. 일반적인 사무용 컴퓨터로는 해당 코드를 실행하기에는 다소 버거운 프로그램입니다. 경험 리플레이 버퍼가 차지하는 메모리, 연산 속도 등의 이슈가 문제가 될 수 있으니 컴퓨터 성능에 제약이 있는 독자 여러분은 무료로 사용할 수 있는 구글 코랩(Google colab)을 이용하길 추천합니다.

```
        loss.backward() ⑮
        nn.utils.clip_grad_norm_(train_agent.parameters(),max_grad_norm) ⑯
        optimizer.step() ⑰

        if cnt % model_update_period == 0: ⑱
            target_agent.load_state_dict(train_agent.state_dict()) ⑲

        if done: ⑳
            break ㉑

        state = next_state ㉒
        train_agent.epsilon = linear_decay(init_eps,fin_eps,cnt,total_steps) ㉓
        cnt += 1 ㉔
```

①~⑤ 반복문을 통해 에피소드를 진행하며 환경을 초기화하는 구문입니다. 매 에피소드는 gym에서 종료 지시자가 나올 때까지 반복됩니다.

⑥~⑧ 상태를 에이전트에 입력하고 적절한 행동을 추출합니다.

⑨~⑪ 추출한 행동을 환경에 적용하고 다음 상태, 보상, 종료 여부를 확인 및 Transition을 경험 리플레이에 추가합니다.

⑫~⑬ 경험 리플레이 버퍼로부터 transition을 추출한 뒤 목적 함수를 계산합니다.

⑭~⑰ 목적 함수를 역전파하여 훈련용 에이전트를 학습합니다.

⑱~⑲ 적절한 주기마다 훈련-타깃용 에이전트의 매개 변수를 동기화합니다.

⑳~㉑ 종료 지시자가 나오면 에피소드를 종료합니다.

㉒~㉔ 에피소드 시점이 반복되는 동안 상태-다음 상태의 교환과 ε 값의 감쇠를 적용하고 얼마나 학습이 이루어졌는지 카운트합니다.

Note

nn.utils.clip_grad_norm_(train_agent.parameters(),max_grad_norm) 기능을 추가하였습니다. 때로 인공 신경망의 학습을 진행할 때 목적 함수의 기울기 값이 지나치게 크게 나오거나 기울기 값이 지나치게 작게 나와서 수치 최적화 과정에 문제가 될 수 있습니다. 이런 현상을 기울기 폭발(gradient explosion) 또는 기울기 소실(gradient vanishing)이라고 하는데, 기울기 클리핑(gradient clipping) 기능은 이를 방지하고자 목적 함수 기울기 범위를 제한하는 역할을 합니다.

$$g = \begin{cases} \frac{threshold}{\|g\|}, & \text{if } \|g\| \geq threshold \\ g, & \text{otherwise} \end{cases} \quad (5-6)$$

where,

$$g = \frac{\partial L}{\partial \theta}$$

지면에서는 학습에 필요한 부분만 작성했습니다. 하지만 학습이 제대로 진행되고 있는지 그 추이를 알려면 학습 중간마다 적절한 로그를 분석하는 과정이 요구됩니다. 해당 부분을 추가하면 매우 많은 지면을 낭비하기에 책에서는 로그 분석 과정을 첨부하지 않았습니다. 깃허브 저장소의 코드를 참고해 보고 독자 여러분이 로그 분석 과정을 더하여 직접 학습해 보길 바랍니다. [그림 5-16]은 필자가 약 12시간 정도 학습시키고 얻은 에이전트의 로그 정보들입니다.

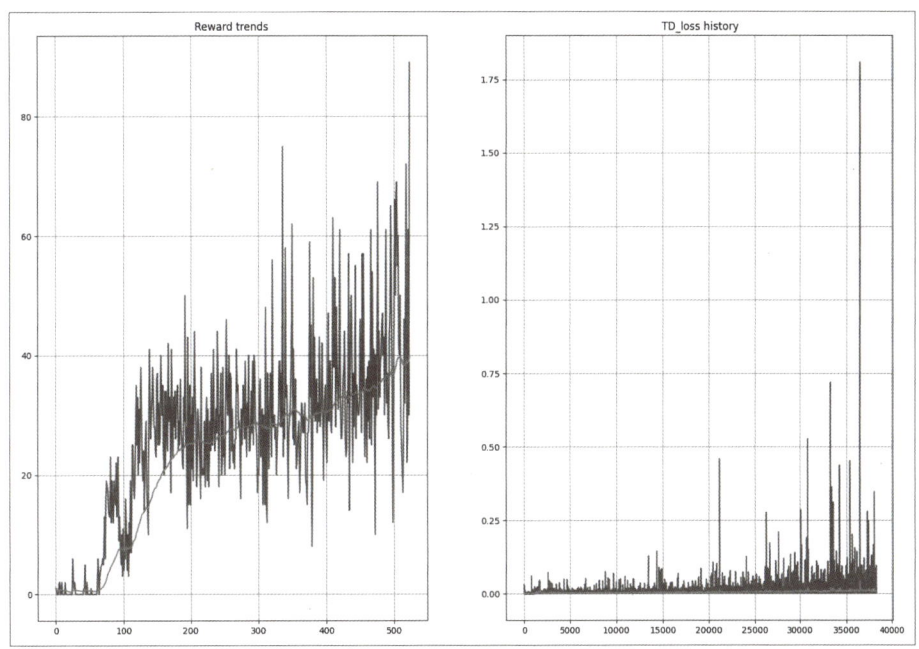

[그림 5-16] Atari-Breakout DQN 학습 결과

결과

```
5240번째 에피소드 결과
Epsilon: 0.05
메모리 버퍼 크기: 100000
최근 에피소드 보상 = 89.0
최근 에피소드 TD 오차 = 0.002136226976290345
```

```
평가용 5게임 평균 보상: 89.0
학습 종료
```

학습이 올바르게 진행되었으면 에이전트를 저장합니다.

```
torch.save(best_agent,'./ckpt/Atari_breakout/Full_DQN_best_agent.pth')
train_agent = torch.load('./ckpt/Atari_breakout/Full_DQN_best_agent.pth')
```

이제 최고의 성능을 보여 주었던 에이전트를 불러와 벽돌 깨기 모습을 시연하고 동영상 파일로 저장해 보겠습니다. 필자가 학습시킨 결과는 5장 비디오 폴더에 저장되어 있으니 독자 여러분이 학습시킨 결과와 비교해서 더 나은 성능을 보여 주는지 확인해 보길 바랍니다.[30]

```
def record(state,agent,env,vid):
    reward = 0
    
    while True:
        vid.capture_frame()
        torch_state = torch.FloatTensor(state).to(device)
        qvalues = agent(torch.unsqueeze(torch_state,0)).detach().cpu().numpy()
        action = qvalues.argmax(axis=-1)[0]
        state,r,done,_ = env.step(action)
        reward += r
        
        if done:
            break
    vid.close()
    return reward

env = make_env(clip_rewards=False,seed=seed)
vid = gym.wrappers.monitoring.video_recorder.VideoRecorder(env,path='./videos/
```

---

30. 본 책에서는 생략되었지만 모니터링 과정에서 이용한 난수 생성 번호를 이용해 학습을 검증하였고, 그 결과를 동영상으로 저장하였습니다.

```
Atari_breakout/Full_Breakout_best.mp4',enabled=True)
vid.render_mode="rgb_array"
state = env.reset()

rewards = record(state,train_agent,env,vid)
```

그리고 동영상을 주피터 노트북에서 실행하면 게임 실행 화면이 재생됩니다.

```
from IPython.display import Video
Video('./videos/Atari_breakout/Full_Breakout_best.mp4',embed=True,width=512,
height=512)
```

결과

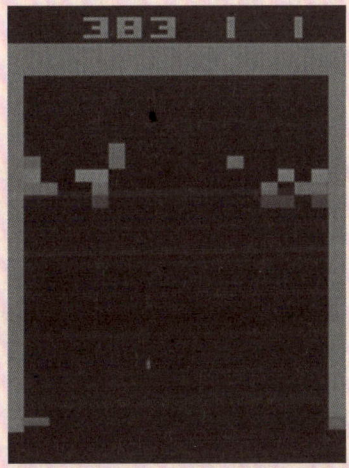

[그림 5-17] DQN으로 학습시킨 벽돌 깨기 게임 화면 일부

Note

깃허브 저장소에는 필자가 미리 학습하고 저장시킨 에이전트의 화면이 기록되어 있습니다. "videos/Atari_breakout"에서 Best_agent로 기록된 비디오 파일을 확인하면 벽돌 깨기의 에이전트가 고득점을 하는 행동을 취하는 재미있는 화면을 볼 수 있습니다.

5.2 파생 알고리즘

DQN의 이론과 실습을 통해서 우리는 에이전트가 환경을 어떻게 학습하는지 살펴보았습니다. DQN 이론은 처음 등장했을 때 상당히 큰 여파를 남기고 의미 있는 알고리즘이라고 여겨졌으나 계속해서 제기되는 의문과 더 나은 학습 방식에 대한 연구가 꾸준히 제기되었습니다. 지금부터는 DQN 알고리즘에서 학습 전략을 약간씩 바꾸어 이전보다 더 나은 결과를 보여 준 대표적인 사례를 몇 가지 살펴보겠습니다.

5.2.1 DDQN

Deep Reinforcement Learning with Double Q-learning(Hado van Hasselt et al. 2015)의 약어로 DQN에서 발생하는 잘못된 가치 추정으로 인한 문제점을 제기하며 해법으로 훈련 신경망과 타깃 신경망을 이용하는 방법에 대해서 논하는 이론입니다.

≫ DQN의 문제점 – Overoptimism due to estimation errors

Q-함수를 이용한 학습 방식은 맨 처음부터 에이전트는 환경의 정보를 모른 채 Q-함수를 추정하고 업데이트를 반복하는 전략을 택합니다. 여기서 발생하는 문제점은 에이전트가 환경으로부터 발생하는 잡음을 완전히 알 수 없기에 애당초 학습 전략이 완전무결한 것은 아니라는 데 있습니다.

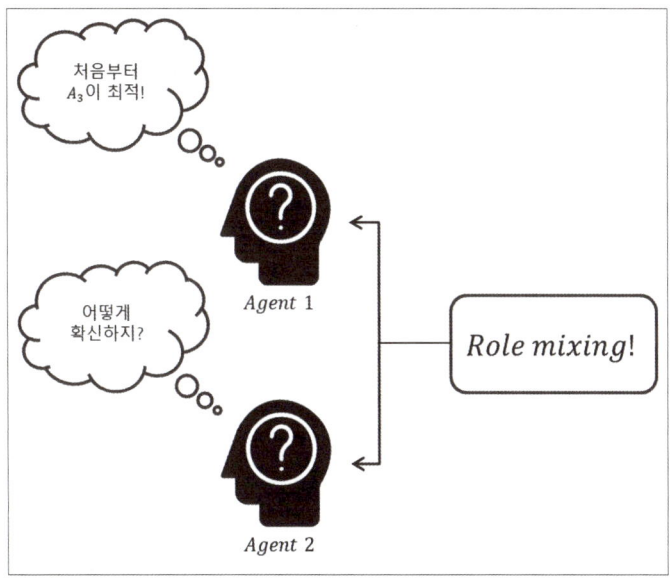

[그림 5-18] Double Q-learning의 아이디어

어려운 수식으로 개념을 설명하기보다 직관적인 예시를 통해 설명하도록 하겠습니다. 학습 초기에 에이전트가 주어진 상태에서 최적이 아닌 다른 행동에 대해 Q-함숫값을 가장 높게 추정했다고 가정해 보겠습니다. 환경으로부터 다양한 보상에 대한 다양한 잡음이 쌓이고 초기에 잘못 추정한 Q-함숫값이 계속해서 누적되어 결국엔 최적의 행동을 잘못 판단하게 되는 우를 범합니다. 이런 문제점은 에이전트가 택할 수 있는 행동의 개수가 많아질수록 오차가 크게 나타나는데 필자는 이론적으로 발생할 수 있는 가치 함수의 잘못된 값에 대한 하한을 아래와 같이 정의했습니다.

$$max_a Q(s,a) \geq V_*(s) + \sqrt{\frac{C}{m-1}} \qquad (5-7)$$

[수식 5-7]의 왼쪽 항은 에이전트가 추정한, 다른 말로 오차를 포함한 가치 함수이며 오른쪽 항은 최적 가치 함수를 포함한 에이전트가 가치 함수를 잘못 추정할 오차의 하한을 의미합니다. C는 0보다 큰 수로 Q-함수와 최적 가치 함수의 mse 목적 함숫값이며, m은 에이전트가 취할 수 있는 행동의 개수입니다.

≫ 해결책

환경의 잡음을 가지고 학습한 에이전트 이외의 다른 에이전트를 도입해 최적의 행동을 추정하고, 그 행동으로부터 Q-함숫값을 이용해 학습의 타깃으로 이용합니다. 이렇게 되면 학습 초기부터 잘못된 Q-함숫값으로부터 얻은 행동만 고려하는 문제를 피하여 학습을 객관적으로 수행하는 효과를 불러옵니다.

사실상 훈련하는 신경망, 타깃이 되는 신경망을 이용해 두 개의 에이전트를 이용했던 DQN과 거의 비슷한 양상으로 학습합니다. 하지만 DDQN(Double DQN) 알고리즘은 TD-target을 두 신경망을 교차해서 이용하는 점이 DQN 학습 방식과 가장 크게 구별됩니다. DDQN의 TD-target은 아래와 같습니다.

$$TD\_target_{DDQN} = R_{t+1} + \gamma Q_{target}(S_{t+1}, \underset{a}{\mathrm{argmax}}\, Q_{train}(S_{t+1}, a)) \quad (5\text{–}8)$$

≫ 구현

환경을 불러오고 변수를 정의하는 부분을 생략하고 학습에 관한 부분만 설명하겠습니다. DQN과 마찬가지로 훈련 에이전트와 타깃 에이전트에 맞는 두 개의 신경망을 정의합니다. 학습 대상은 훈련 에이전트입니다.

```
# A 신경망, B 신경망 생성
train_agent = DQN_SimpleAgent(state.shape,env.action_space.n,epsilon_start)
target_agent = DQN_SimpleAgent(state.shape,env.action_space.n,epsilon_start)
optimizer = optim.Adam(train_agent.parameters(),lr=learning_rate)
```

최적 행동은 훈련 에이전트로부터, TD-target에 이용되는 Q-함숫값은 타깃 에이전트로부터 계산해서 목적 함수 및 신경망의 최적화를 진행해 줍니다. 앞서 DQN에서 사용했던 목적 함수, TD-loss를 조금만 변형시켜 DDQN에 맞는 TD-loss 식으로 함수를 작성합니다.

```
def DDQN_TD_loss(batch_sample,train_agent,target_agent,env,gamma=gamma):
    states,actions,rewards,next_states,dones = batch_sample

    states = torch.FloatTensor(states)
    actions = torch.LongTensor(actions)
    rewards = torch.FloatTensor(rewards)
    next_states = torch.FloatTensor(next_states)
    dones = torch.ByteTensor(dones)
    not_dones = 1-dones
```

```python
train_Q = train_agent(states)
train_actions = torch.argmax(train_Q,dim=-1)
train_Q = train_Q[range(len(actions)), actions]

target_Q = target_agent(next_states)
target_Q = target_Q[range(len(actions)),train_actions]

TD_target = rewards+not_dones*gamma*target_Q
loss = torch.mean((TD_target.detach()-train_Q)**2)
return loss
```

대부분은 TD-loss와 함수 형태가 동일하지만 target_Q 계산에서 미리 추출한 학습 에이전트가 판단한 최적 행동, train_actions를 이용하는 부분을 유념하길 바랍니다. 또한 타깃 에이전트는 detach() 옵션을 이용해 신경망의 계산 그래프에서 해제하여 학습 대상에서 제외합니다.

마지막으로 DDQN은 DQN과 마찬가지로 학습 단계에서는 추가로 일정 주기마다 타깃 신경망과 훈련 신경망을 동기화시켜 줍니다.

```python
target_agent.load_state_dict(train_agent.state_dict())
```

이렇게 구현한 DDQN을 CartPole 문제에 적용해 보겠습니다. 전체 코드는 깃허브 저장소에 업로드되어 있습니다.

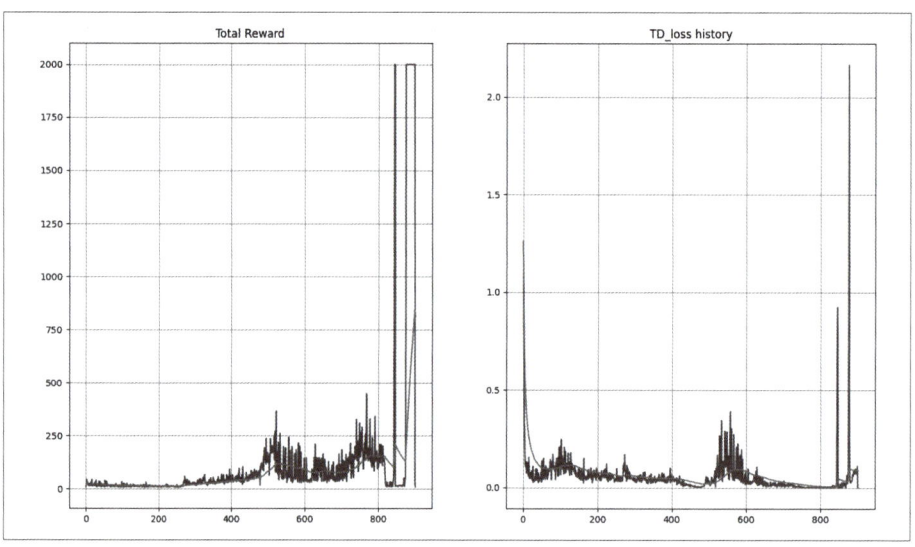

[그림 5-19] DDQN으로 해결한 CartPole 결과(에피소드당 최종 보상(왼쪽)과 TD-목적값 추이(오른쪽))

> **결과**
> 충분한 보상: 1526.08
> 학습 종료

CartPole 문제에 국한하여 이론상의 결과는 DQN보다 크게 향상된 점을 찾기에는 다소 어렵습니다. 그 이유는 CartPole 문제는 취할 수 있는 행동이 좌, 우 단 두 가지밖에 없기에 DDQN의 장점이 드러날 환경이 아니기 때문입니다. 하지만 필자가 풀이한 DDQN 결과는 앞선 DQN보다 훨씬 빠른 에피소드에서 충분한 보상을 얻는 좋은 에이전트를 만들어 냈습니다.

5.2.2 PER

Prioritized Experience Replay(Tom Scahul et al. 2015)의 약어로 해당 알고리즘은 DQN에서 경험 리플레이 버퍼에서부터 리플레이 transition을 추출하는 방법을 고찰하여 기존 연구보다 학습이 더 잘되는 개선점을 주장합니다.

≫ 이론

지금까지 보았던 DQN 알고리즘은 경험 리플레이 버퍼로부터 임의로 transition을 추출하고 그에 맞게 학습하였습니다. 하지만 해당 연구는 임의로 transition을 추출하는 것보다 학습에 도움이 되는 transition만 추출하면 성능이 개선될 것을 제안하였습니다.

$$P(i) = \frac{p_i^a}{\sum_k p_k^a} \quad (5-9)$$

where,

$$p_i = \begin{cases} |\delta_i| + \epsilon \\ \frac{1}{rank(i)} \end{cases}$$

[수식 5-9]는 transition 선호도의 확률 분포(Probability of priority)이며, 이를 구성하는 p_i가 i번째 transition의 선호도입니다. transition 선호도를 계산하는 방법은 두 가지로 나뉘는데 TD-error 값 그리고 하나는 TD-error로 기준한 랭크의 역수입니다. 직관적으로 알 수 있듯이 TD-error가 높을수록 학습할 때 해당 transition이 에이전트에 많은 영향을 끼치며 에이전트에 해당 부분을 더 많이 반영하겠다는 의도로 사용됩니다. [그림 5-20]은 해당 아이디어를 간략히 설명합니다.

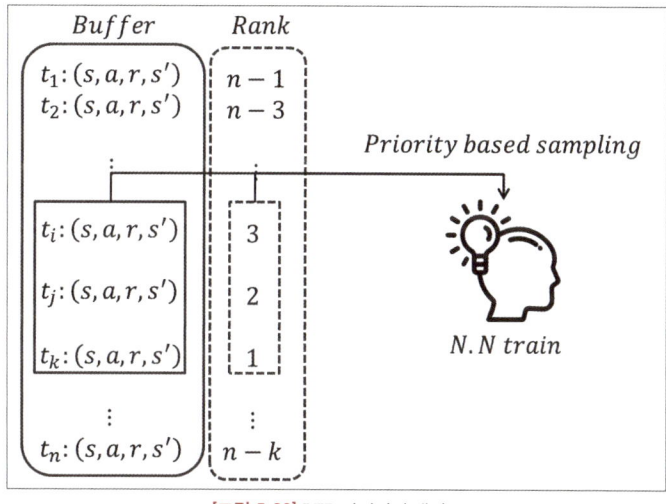

[그림 5-20] PER 아이디어 개념도

추가로 선호하는 transition, TD-error만 높은 메모리를 쓴다면 학습에 안정성에서 문제가 발생합니다. 따라서 메모리마다 단순한 학습률 이외에 가중치를 부여해 학습의 안정성을 부여하는데 이를 'Annealing the bias'라고 표현합니다. [31]

---

[31]. 영어에서 "Annealing"은 고온에서 철을 가열한 뒤 식히는 과정을 말합니다. 최적화 문제에서는 철의 온도를 올리는 작업을 마치 최적화 초깃값을 여러 군데 탐색하는 과정과 유사하게 봅니다. 철의 점차 온도가 식어 가는 과정은 최적 조건을 검색해 나가는 과정과 같이 비유합니다. Annealing the bias는 중요한 메모리가 있을 때 학습 초기에는 중요도에 큰 상관없이 메모리를 선택하지만, 학습을 진행해 나가며 점차 중요한 메모리만 선택한다는 의미로 받아들이면 더 쉽게 이해할수 있을 것입니다.

$$\omega_i = \left(\frac{1}{N} \cdot \frac{1}{P(i)}\right)^\beta \qquad (5\text{-}10)$$

[수식 5-10]으로 만든 가중치를 선호도가 반영된 TD-error 원소에 각각 곱해 주어 각각의 TD-error가 과도하게 학습하는 것을 제한합니다. 확률 분포 관점으로 보면 원래 기준으로 보고자 했던 확률 분포를 다른 확률 분포로 치환하여 기댓값을 계산하는 중요도 샘플링(Importance sampling)을 시행하는 것과 같습니다.

≫ 구현

PER은 지금까지 사용하던 경험 리플레이 버퍼 코드에 앞서 살펴보았던 이론을 적용합니다. 논문의 저자들이 작성했던 의사 코드를 먼저 보겠습니다. [그림 5-11]의 6번째 줄, 9번째 줄, 10번째 줄 그리고 12번째 줄이 경험 리플레이 버퍼에 수정될 코드입니다.

Algorithm 1 Double DQN with proportional prioritization

1: **Input:** minibatch k, step-size η, replay period K and size N, exponents α and β, budget T.
2: Initialize replay memory $\mathcal{H} = \emptyset$, $\Delta = 0$, $p_1 = 1$
3: Observe S_0 and choose $A_0 \sim \pi_\theta(S_0)$
4: **for** $t = 1$ **to** T **do**
5:    Observe S_t, R_t, γ_t
6:    Store transition $(S_{t-1}, A_{t-1}, R_t, \gamma_t, S_t)$ in $\mathcal{H}$ with maximal priority $p_t = \max_{i<t} p_i$
7:    **if** $t \equiv 0 \mod K$ **then**
8:       **for** $j = 1$ **to** k **do**
9:          Sample transition $j \sim P(j) = p_j^\alpha / \sum_i p_i^\alpha$
10:         Compute importance-sampling weight $w_j = (N \cdot P(j))^{-\beta} / \max_i w_i$
11:         Compute TD-error $\delta_j = R_j + \gamma_j Q_{\text{target}}(S_j, \arg\max_a Q(S_j, a)) - Q(S_{j-1}, A_{j-1})$
12:         Update transition priority $p_j \leftarrow |\delta_j|$
13:         Accumulate weight-change $\Delta \leftarrow \Delta + w_j \cdot \delta_j \cdot \nabla_\theta Q(S_{j-1}, A_{j-1})$
14:       **end for**
15:       Update weights $\theta \leftarrow \theta + \eta \cdot \Delta$, reset $\Delta = 0$
16:       From time to time copy weights into target network $\theta_{\text{target}} \leftarrow \theta$
17:    **end if**
18:    Choose action $A_t \sim \pi_\theta(S_t)$
19: **end for**

[그림 5-21] PER을 적용한 DDQN 의사 코드

경험 리플레이에 transition을 추가하는 코드가 필요한 함수, 6번째 줄 개념에 해당하는 함수입니다. 경험 리플레이 버퍼에서 선호도가 추가되었습니다. 경험 리플레이 버퍼에 transition을 추가할 때마다 에이전트가 평가하는 최대 선호도를 적용합니다.

```python
def add(self,obs_t,action,reward,obs_tp,done):
    data = (obs_t,action,reward,obs_tp,done)
    if self._next_idx >= len(self._storage):
        self._storage.append(data)
        self.priorities.append(self._max_priority)
    else:
        self._storage[self._next_idx] = data
        self.priorities[self._next_idx] = self._max_priority
    self._next_idx = int((self._next_idx + 1) % self._maxsize)
```

선호도의 순서대로 transition을 추출하고 annealing the bias를 하는, 9번째 줄과 10번째 줄을 구현합니다. 가지고 있는 선호도 리스트를 정렬한 뒤 배치 사이즈에 맞게 추출하며, 추가로 추후 TD-error를 조정하고자 필요한 [수식 5-9]에 해당하는 가중치를 추출합니다.

```python
def sample(self,batch_size):
    idxes = np.argsort(self.priorities)[-batch_size:]
    weights = []
    
    beta = self.beta_by_frame(self.frame)
    self.frame += 1
    
    p_min = np.min(self.priorities)/np.sum(self.priorities)
    max_weight = (p_min*len(self._storage))**(-beta)
    
    # paper 수식
    for idx in idxes:
        p_sample = self.priorities[idx]
        weight = (p_sample*len(self._storage))**(-beta)
        weights.append(weight/max_weight)
    return self._encode_sample(idxes), idxes, weights
```

다음 코드 블록은 경험 리플레이 버퍼의 선호도 순서를 재정렬하는 기능을 제공합니다.

```python
    def update_priorities(self,idxes,priorities):
        assert len(idxes) == len(priorities)
        for idx, priority in zip(idxes,priorities):
            assert 0 <= idx < len(self._storage)
            self.priorities[idx] = (priority+self.PER_eps)**self.alpha
            self._max_priority = max(self._max_priority, (priority+self.PER_eps))
```

선호도를 반영한 경험 리플레이 버퍼, PER을 따로 정리하여 사용할 수 있도록 .py 파일로 모듈화를 이용했습니다. 독자 여러분은 5장 중 Prioritized_Replay_buffer.py를 참고하길 바랍니다.

목적 함수에서 가중치를 반영해야 하므로 새로운 TD_loss 함수 코드를 작성합니다. DDQN을 기준으로 목적 함수를 이용하였습니다.

```python
def PER_DDQN_TD_loss(replay,train_agent,target_agent,env,gamma=gamma):
    batch_sample,idxes,weights = replay_buffer.sample(batch_size)
    states,actions,rewards,next_states,dones = batch_sample
    
    states = torch.FloatTensor(states)
    actions = torch.LongTensor(actions)
    rewards = torch.FloatTensor(rewards)
    next_states = torch.FloatTensor(next_states)
    dones = torch.ByteTensor(dones)
    not_dones = 1-dones
    
    train_Q = train_agent(states)
    train_actions = torch.argmax(train_Q,dim=-1)
    train_Q = train_Q[range(len(actions)), actions]
    
    target_Q = target_agent(next_states)
    target_Q = target_Q[range(len(actions)),train_actions]
    
    TD_target = rewards+not_dones*gamma*target_Q
    loss = TD_target.detach()-train_Q
```

```
    loss_weight = torch.FloatTensor(weights)*loss**2
    replay_buffer.update_priorities(idxes,torch.abs(loss).detach().cpu().numpy().tolist())
    loss_weight = torch.mean(loss_weight)
    return loss_weight
```

결과

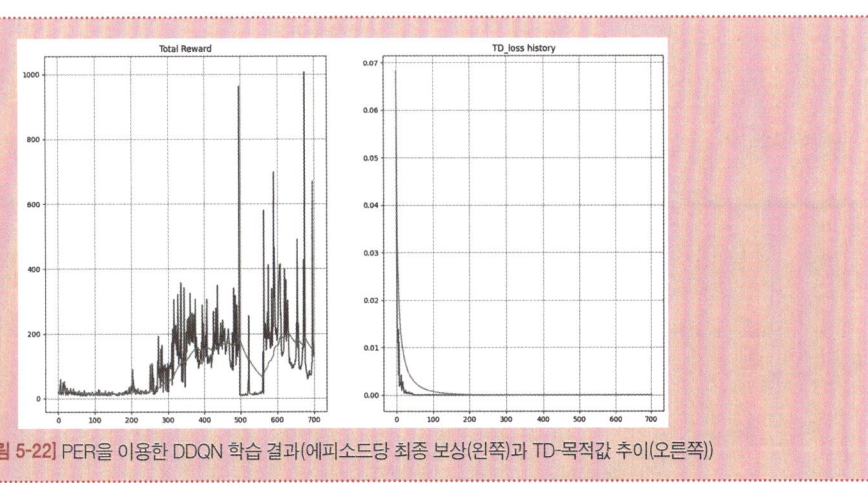

[그림 5-22] PER을 이용한 DDQN 학습 결과(에피소드당 최종 보상(왼쪽)과 TD-목적값 추이(오른쪽))

이번 6장의 개념을 본격적으로 이야기하기 전에 필자는 두 가지 질문을 하고자 합니다.

6장

즉각적인 학습이 필요할 때 – Policy gradient

6.1 Actor-Critic
6.2 파생 알고리즘

6.1 Actor-Critic

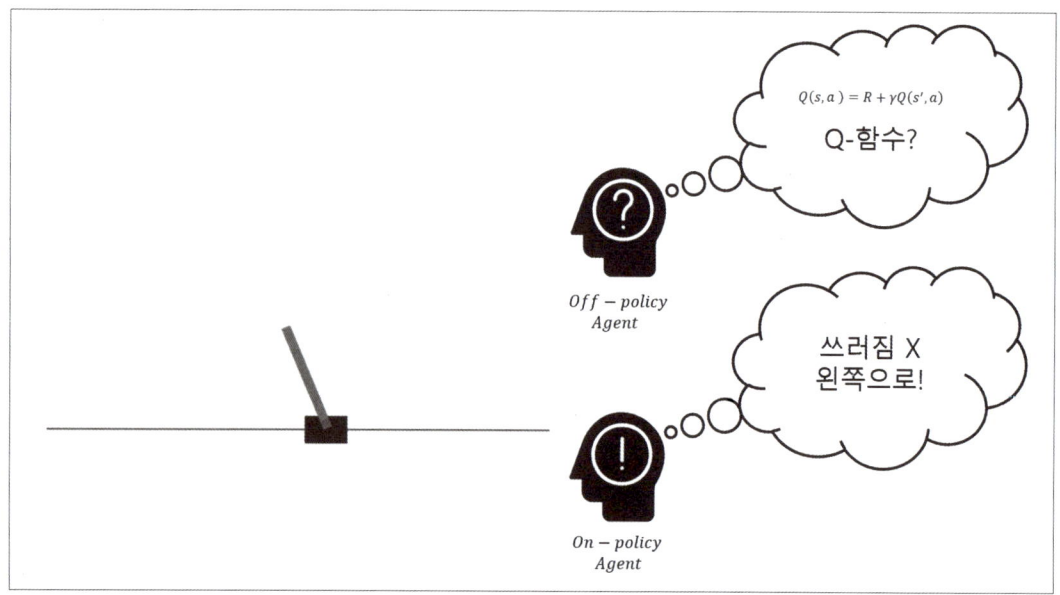

[그림 6-1] 정책, 비-정책 기반 에이전트의 CartPole 상황 판단

첫 번째 질문은 [그림 6-1]과 같이 주어진 상태에서 에이전트가 보상을 취할 적절한 행동은 무엇이며, 적절한 행동 a_*를 결정했다면 위 그림의 상태와 a_*에서의 Q-함숫값은 얼마일까요?

독자 여러분은 그림을 본 후, 직관적으로 에이전트가 기둥을 세워야 하므로 카트를 왼쪽으로 재빠르게 움직여야 하는 것을 파악했을 것입니다. 하지만 Q-함숫값을 이용하는 에이전트는 계산 과정이 요구되어 직관적으로 바로 답을 내릴 수 없을 것입니다. 지금까지 우리가 살펴본 강화 학습 방식은 위 질문에 대한 해답을 구하는 방법으로, 에이전트가 학습 및 행동을 선택하는 데 정책을 배제한 Off-policy 학습이었습니다.

두 번째 질문은 Q-함수를 기반으로 한 학습 방식의 간단한 예제를 보고 어떤 에이전트가 더 합리적인 에이전트인지 답해 주길 바랍니다. [그림 6-2]와 같이 두 가지 상태와 상태마다 두 가지 행동을 취할 수 있는 환경에서 실제 Q-함숫값들과 A-에이전트, B-에이전트가 추론한 Q-함숫값들을 비교해 보겠습니다.

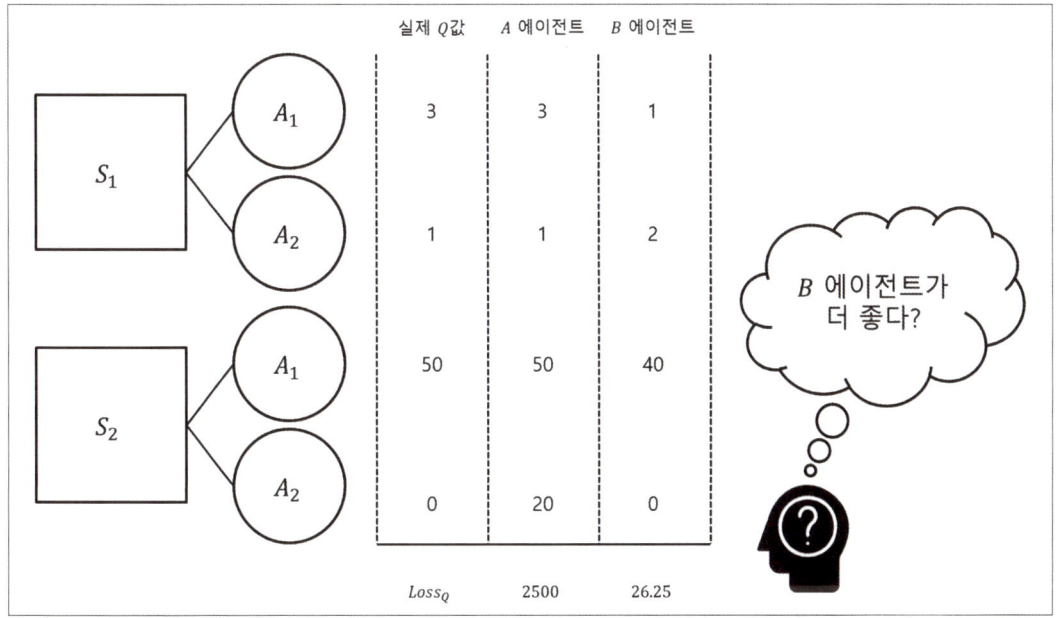

[그림 6-2] 실제 Q-함수와 각기 다른 두 에이전트의 추론 예시

Q-함수로만 따지고 보았을 때 모든 상태에서 A 에이전트는 B 에이전트보다 더 합리적인 행동을 선택하게 될 것입니다. 왜냐하면 주어진 상태에서 Q-함숫값을 기반으로 A 에이전트는 실제와 같은 선택을 하게 될 것입니다. 하지만 이런 선택 방식에 문제가 발생하는 (상태, 행동) 조합이 있습니다. 바로 A 에이전트가 계산한 Q-함숫값이 실제의 Q-함숫값과 큰 차이가 나는 지점이 존재하는데, 여기에서는 오히려 B-에이전트가 A-에이전트보다 실제 Q-함숫값에 비슷한 결과를 추론합니다. 이런 (상태, 행동) 조합으로 인해 B-에이전트는 첫 번째 상태 함수에서 A-에이전트와는 달리 엉뚱한 행동을 최적의 행동이라고 판단하게 될 것입니다.

> **Note**
> 상태 S1에서 B 에이전트는 액션 A2를 선택할 것입니다.

DQN의 목적 함수 [수식 5-3]을 근거로 에이전트를 학습했을 때, 학습하는 에이전트는 A, B 둘 중 어떤 에이전트의 모습과 같이 닮아 갈까요? 해답은 목적 함수가 가장 최솟값을 가지는 B 에이전트와 유사하게 학습할 것입니다. 그 결과로 특정 상태에서는 합리적인 행동을 선택하지 못하는 단점을 보게 됩니다. 지금 본 예제가 바로 Off-policy 학습 방식의 대표적인 지적 사항입니다. 두 가지 질문을 통해서 정책을 제외한 학습 방식인 DQN의 한계를 살펴보았습니다. 따라서 이번 장은 학습과 행동을 결정지을 때 가장 중요한 요소로 주목되는 것이 정책이란 점을 중심 생각으로 이야기를 진행합니다. 독자 여러분은 에이전트가 행동을 결정짓는 데 정책을 어떻게 이용하고, 어떻게 학습할 것이며 그리고 예제를 포함한 알고리즘 실습으로 정책 기반의 학습 방식을 배우게 될 것입니다.

6.1.1 이론

≫ 목적 함수 및 최적화 기법

강화 학습의 목표는 보상의 최대화입니다. [수식 3-3]의 보상은 구체적으로 상태와 행동을 포괄하는 정책이 확률 함수로 작용합니다. 그래서 우리는 인공 신경망을 이용한 On-policy 방식의 에이전트 목적 함수를 t 시점이 한 번 진행되었을 때 구체적으로 수식으로 다음과 같이 표현할 수 있습니다.

$$J(\theta) = \mathbb{E}_\pi [R_s^a] \qquad (6\text{-}1a)$$
$$= \sum_s p(s) \sum_a \pi(a|s) R_s^a \qquad (6\text{-}1b)$$

[수식 6-1]은 보상의 기댓값을 기반으로 한 에이전트의 학습 목적 함수입니다. 기댓값 계산을 구체적으로 보고자 상태 및 행동에 대한 합 연산 기호가 등장했습니다. 처음 나온 상태의 확률 함수 p(s)는 해당 상태 s가 등장할 확률을 그리고 상태가 s일 때 취하는 행동 a에 대하여 모두 기댓값을 연산합니다. 여기서 몇 가지 가능성으로 목적 함수를 구하는 데 지장이 생길 것으로 예상됩니다. 격자 세계와 같이 한정된 상태 및 행동이라면 우리는 목적 함수를 손으로 직접 계산할 수 있으나 실제 마주할 강화 학습 문제는 대부분의 상태가 연속형이므로 목적 함수를 기댓값 그대로 계산하기 상당히 어렵습니다.

첫 번째 대안으로 몬테-카를로 방식을 이용해 근사하는 방식을 생각해 보겠습니다.

$$J(\theta) \simeq \frac{1}{N} \sum_{i=1}^{N} \sum_a R(s,a) \qquad (6\text{-}2)$$

몬테-카를로 방식은 근사 방식으로 반복 수행을 많이 하면 목적 함수가 정확한 값에 근사되지만 매우 치명적인 단점이 있습니다. 그 이유는 [수식 6-2]의 오른쪽 항에서는 그 어떤 인공 신경망의 매개 변수가 등장하지 않습니다. 인공 신경망으로 풀이하려면 목적 함수 혹은 목적 함수에 최적화할 변수를 지정해 주어야 하는데 몬테-카를로 방식으로 On-policy 문제를 해결하려고 하면 그 변수를 지정할 방법이 없다는 데 문제가 있습니다.

두 번째 대안으로 우리는 목적 함수는 [수식 6-1]을 기반으로 인공 신경망의 최적화를 진행합니다. 바로 [수식 6-1]을 미분하고자 간단하게 수치 미분 방식을 고려할 수 있습니다.

$$\frac{\partial J(\theta)}{\partial \theta} \simeq \frac{J(\theta + \epsilon) - J(\theta)}{\epsilon} \qquad (6\text{-}3)$$

[수식 6-3]은 수치 최적화 방법으로 직관적으로 생각할 수 있는 방법입니다. 하지만 해당 방식을 이용하면 목적 함수를 두 번 연산해야 하는 점과 수치 오차가 엄연히 내재해 있다는 점에 대해서 문제점이 생깁니다.

생각해 본 위 두 가지 대안을 통해 [수식 6-1]을 목적 함수로 이용하는 정책 기반 학습 방식에 대해서 다른 방식으로 접근할 필요가 있습니다. 기댓값 계산 방식을 보존하고 보상에 대해서만 인공 신경망 매개 변수를 미분하는 방법을 고안해야 합니다. 이를 위해 한 가지 가정과 기교를 이용합니다. 우선 인공 신경망 매개 변수가 작용하는 변수는 정책으로 정책은 인공 신경망을 이용해 미분이 가능하다는 전제와 로그 함수 미분을 사용하는 기교입니다.

$$\nabla_\theta \log(\pi) = \frac{\nabla_\theta \pi}{\pi} \qquad (6\text{-}4)$$

로그 함수의 미분은 진수 함수를 분모로, 진수 함수의 미분을 분자로 구성된 [수식 6-4]와 같은 분수 함수로 이루어져 있으므로 이 점을 이용해 [수식 6-1]을 다음 수식 전개 과정처럼 조작하여 미분을 취합니다.

$$\begin{align}
\nabla_\theta J(\theta) &= \nabla_\theta \mathbb{E}_\pi [R_s^a] & (6\text{-}5a)\\
&= \sum_s p(s) \sum_a \nabla_\theta \pi(a|s) R_s^a & (6\text{-}5b)\\
&= \sum_s p(s) \sum_a \pi(a|s) \nabla_\theta \log \pi(a|s) R_s^a & (6\text{-}5c)\\
&= \mathbb{E}_\pi [\nabla_\theta \log \pi(a|s) R_s^a] & (6\text{-}5d)
\end{align}$$

[수식 6-5]를 시점을 하나 이상의 일반화된 시점으로 변환하면 보상 R_t^a가 Q-함수로 작성되므로 정책 기반 학습 방식 목적 함수의 미분인 Policy gradient는 아래와 같습니다.

$$\nabla_\theta J(\theta) = \mathbb{E}_\pi [\nabla_\theta \log \pi(a|s) Q_\pi(s,a)] \quad (6\text{-}6)$$

"REINFORCE"라고 이름 부르는 알고리즘은 [수식 6-6]을 Monte-Carlo 기법을 응용해 학습하는 방식으로 인공 신경망을 적절하게 학습시켜 보상을 최대화합니다. [수식 6-6]에서 등장하는 Q-함수는 많은 반복을 통해 적절한 샘플을 취하면 '리턴', v_t로 치환됩니다. 이를 이용해 [그림 6-3]과 같이 REINFORCE 알고리즘을 작성합니다.

```
REINFORCE Pseudocode
1:  function REINFORCE
2:      Initialize θ
3:      for each episode {s_1, a_1, r_2, ..., s_{T-1}, a_{T-1}, r_T} ~ π_θ do
4:          for t = 1 to T - 1 do
5:              θ ← θ + α∇_θ log π_θ(s_t, a_t)v_t
6:          end for
7:      end for
8:      return θ
9:  end function
```

[그림 6-3] REINFORCE 의사 코드

의사 코드는 순서대로 인공 신경망을 초기화하고, 에피소드 안의 시점마다 주어진 정책으로 신경망 업데이트(의사 코드 5번째 줄)를 진행합니다. 여기서 우리의 목적 함수는 보상의 최대화이므로 경사 하강법 과정에서 음의 부호를 덧붙여 '경사 상승법(gradient ascent)'을 취합니다. 하지만 Monte-Carlo 기법은 매우 많은 경우의 수를 모두 검색하므로 앞서 이야기했던 "high-variance" 문제에 취약한 속성을 가집니다.

이번 섹션의 제목인 "Advantage Actor-Citic", 줄여서 "A2C"라고 흔히 말하는 이 방법은 "REINFORCE"의 취약점인 "high-variance"를 완화하는 적절한 방식입니다. 알고리즘의 Actor는 행위자로 인공 신경망이 추론한 정책에 해당하며, Critic은 비평가로 추론한 정책이 Q-함수를 통해 얼마나 잘 추론되었는지를 판단하는 역할을 합니다. Actor는 정책을 softmax 함수를 통해 확률 밀도 함수로 변환시켜 0~1 사이의 값으로 안정적으로 변환할 수 있으나 Critic은 적절히 조처하지 않으면 "high-variance"에 취약한 부분을 가집니다. 그래서 인공 신경망으로 추론한 Q-함숫값에 실제 가치 함숫값을 뺀 "Advantage"를 Critic 역할로 이용해 학습을 진행합니다.

$$A_\pi(s,a) = Q_\pi(s,a) - V(s) \qquad (6\text{-}7)$$

where,

$$Q_\pi(s,a) = R_s^a + \gamma V(s')$$

그래서 [수식 6-6]의 정책을 평가하는 부분인 Q-함수를 [수식 6-7]의 Advantage로 바꾸어 작성하면 새로운 목적 함수의 미분값은 다음과 같이 유도됩니다.

$$\nabla_\theta J(\theta) = \mathbb{E}_\pi \left[\nabla_\theta \log \pi(a|s) A_\pi(s,a) \right] \qquad (6\text{-}8)$$

[수식 6-8]을 살펴보면 앞서 우리가 살펴보았던 MNIST 문제에서 이용한 목적 함수인 교차 엔트로피와 동일한 것을 살펴볼 수 있습니다. Advantage는 특정 행동 a에 대해서만 정책 확률 분포의 확률값이 좋은지 그렇지 못한지를 피드백을 주며, 나머지 행동에 대해서는 확률 분포값을 0으로 간주하고 계산하는 것과 동일합니다.

인공 신경망을 이용한 A2C의 알고리즘은 아래와 같이 요약됩니다.

```
Advantage Actor-Critic Pseudocode
 1: function A2C
 2:     Initialize θ
 3:     for episode do
 4:         Observe s
 5:         while episode terminated do
 6:             Sample action a ~ π(·|s)
 7:             Take action a, Observe s' r
 8:             Set Advantage A = R + γV_θ(s') - V_θ(s)
 9:             Set Actor loss : -log_θ π(·|s)A
10:             Update Critic by minimizing : Advantage
11:             Update Actor by minimizing : Actor loss
12:             s ← s'
13:         end while
14:     end for
15:     return θ
16: end function
```

[그림 6-4] Advantage Actor-Critic 의사 코드

인공 신경망으로 구현한 A2C는 Actor, Critic을 의사 코드의 8번째, 9번째 줄처럼 Advantage와 교차 엔트로피를 이용한 Actor 목적 함수로 구성하여 학습하는 것이 핵심 아이디어입니다. 사실상 Actor는 교차 엔트로피를 이용해 학습하는 밀도 추정의 원리로 학습하며, Critic은 최소 제곱법을 이용해 학습하는 회귀 분석의 원리로 학습합니다.

의사 코드에서는 Actor와 Critic이 따로 분리된 것으로 보아 두 개의 인공 신경망이 필요한 것으로 보이나 실제 코드에서는 하나의 인공 신경망에서 둘을 추출하는 것이 가능하며, 또한 두 개의 목적 함수는 단순한 덧셈 연산으로 하나의 식으로 만든 뒤 경사 하강법을 이용하면 적절하게 학습됩니다.

≫ 학습에 대한 팁

Tip 1 | Exploitation vs Exploration

DQN 경우 학습 단계에서 좋은 결과를 얻고자 새롭게 시도하는 exploration을 ε-greedy 방식을 이용해 선택하였습니다. 그렇다면 A2C 알고리즘에서 exploration을 어떻게 진행하는지 궁금할 것입니다. '밀도 추정'과 '회귀 분석'의 형태로 만들어진 목적 함수 중 밀도 추정에 관해서 생각해 봅시다. Actor의 목적 함수를 최적화하면 주어진 상태에서 최적의 행동을 선택할 확률을 최대화합니다. 이런 최적화는 exploitation의 개념에 맞지만 지나치게 과장되면 새롭게 시도하지 못합니다. 지금까지 알고 있던 최적의 행동 외에도 다른 행동도 선택할 확률을 주도록 정책 확률 분포를 변경시키고자 [수식 2-79]에서 살펴본 '엔트로피' 개념이 그 해답이 됩니다.

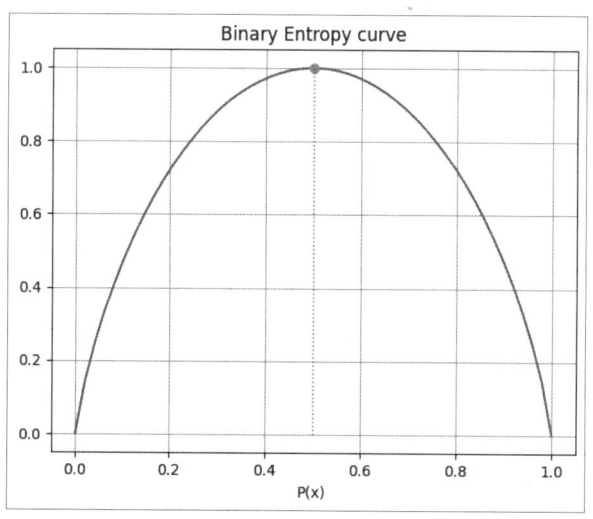

[그림 6-5] Binary 엔트로피 곡선

Actor의 목적 함수 부분에 '엔트로피'를 상승시키는 방향으로 식을 구성하면 에이전트는 Actor를 학습할 때 보상을 최대화하는 정책을 학습함과 동시에 정책 자체의 분산값을 높이는 방향으로 학습하므로 정책 확률 분포에 '불확실성'이 부여됩니다. [그림 6-5]는 그 예시를 보여 주는데

Binary 엔트로피 곡선과 같이 확률 분포의 불확실성이 가장 크게 나타나는 구간에서 엔트로피 값이 가장 크게 나타납니다. 엔트로피 값에 대한 가중치를 얼마나 부여하는지는 에이전트를 구성하는 우리가 결정할 사안인데, 엔트로피 값을 많이 부여하면 정책 확률 분포는 학습하면서 목표 달성을 위한 새로운 가능성을 더욱 열어 두게 됩니다. Exploration을 위해 엔트로피를 증가시켜야 하므로 경사 상승법을 적용해야 하므로 엔트로피 항에도 음의 부호를 덧붙여 목적 함수를 아래와 같이 구성합니다.

$$\nabla_\theta J(\theta) = \mathbb{E}_\pi \left[\nabla_\theta \log \pi(a|s) A_\pi(s,a) - \epsilon \nabla_\theta Entropy \right] \quad (6\text{-}9)$$

where,

$$Entropy = -\sum_a \pi(a|s) \log \pi(a|s)$$

Tip 2 | 목적 함수 형태

[수식 6-5]부터 등장한 정책 π를 사용할 때는 수치 안정성을 고려해야 합니다. 인공 신경망의 Actor에 해당하는 출력층의 벡터를 그대로 정책으로 사용할 경우 그 값의 범위가 굉장히 광범위합니다. 따라서 우리는 주어진 정책 출력층의 수치 범위를 0~1 사이로 만들 수 있는 소프트맥스 함숫값을 적절히 이용하겠습니다. 파이토치 패키지에는 소프트 맥스 함수뿐만 아니라 로그 소프트맥스 함수가 내장되어 있으므로 아래와 같이 손쉽게 이용할 수 있습니다.

```
import torch ①
import torch.nn.functional as F ②

tensor_a = torch.Tensor([0.1, 1, 2.3, 5, 10.285, -3.876]) ③
softmax_a = F.softmax(tensor_a,dim=0) ④
logsoftmax_a = F.log_softmax(tensor_a,dim=0) ⑤

print(f'소프트맥스 a,{softmax_a}') ⑥
print(f'로그 소프트맥스 a,{logsoftmax_a}') ⑦
```

①~② 파이토치와 내장 함수 기능을 호출합니다.

③ 임의의 6차원 텐서 자료형 벡터를 정의하였습니다.

④~⑤ 벡터 차원의 소프트맥스와 로그 소프트맥스 함수를 계산합니다.

⑥~⑦ 소프트맥스와 로그 소프트맥스 결과를 호출합니다.

> **결과**
>
> 소프트맥스 a,tensor([3.7524e-05, 9.2295e-05, 3.3866e-04, 5.0391e-03, 9.9449e-01, 7.0398e-07])
> 로그 소프트맥스 a,tensor([-1.0191e+01, -9.2905e+00, -7.9905e+00, -5.2905e+00, -5.5235e-03,
>   -1.4167e+01])

6.1.2 실습

기본 실습 문제는 CartPole로 고정하고 예시를 설명하겠습니다. 필요한 패키지를 호출합니다.

```python
import gym
import numpy as np
import sys
sys.path.append('../material')
from utils import moving_average

import torch
import torch.nn as nn
import torch.nn.functional as F
import torch.optim as optim

import matplotlib.pyplot as plt
%matplotlib inline

from IPython.display import import clear_output
from IPython.display import import Video
```

GPU 사용 여부를 확인하고 CartPole 환경을 정의합니다.

```python
device = torch.device('cuda' if torch.cuda.is_available() else 'cpu')
env = gym.make('CartPole-v1')
```

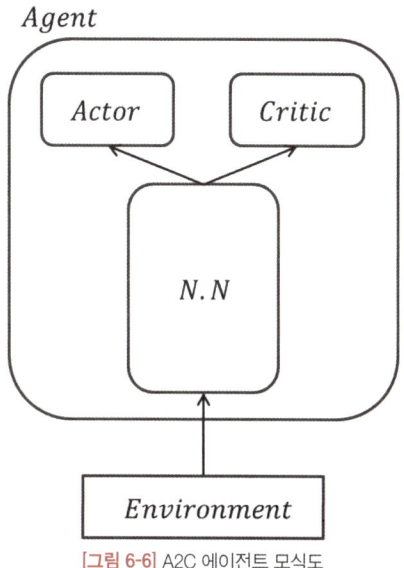

[그림 6-6] A2C 에이전트 모식도

[그림 6-6]처럼 신경망을 구성해 보겠습니다. 은닉층에는 모두 인공 신경망 파라미터를 공유하지만 출력층에서 Actor와 Critic을 분리합니다.

```
class A2C_Agent(nn.Module): ①
    def __init__(self, state_shape, n_actions): ②
        super(A2C_Agent,self).__init__() ③
        self.state_shape = state_shape ④
        self.n_actions = n_actions ⑤

        self.seq = nn.Sequential(
            nn.Linear(self.state_shape,128),
            nn.ReLU(),
        ) ⑥
        self.policy = nn.Sequential(
            nn.Linear(128,self.n_actions)
        ) ⑦

        self.value = nn.Sequential(
            nn.Linear(128,1)
        ) ⑧
```

①~⑤ 인공 신경망 모델의 이름은 A2C_Agent로 구성하고 입력 변수는 상태의 차원, 행동의 차원 그리고 연산 장치 정보를 입력으로 받습니다.

⑥ 인공 신경망의 입력층부터 중심이 되는 은닉층까지 구성하였습니다. 순서대로 첫 번째 은닉층은 완전 연결 계층으로 128개의 노드, 활성화 함수로 Relu 함수를 이용하였습니다.

⑦ 정책을 계산하는 "Actor" 출력층을 설계합니다. 은닉층의 노드로부터 신호를 받아 행동의 개수만큼 정책의 확률 분포를 출력합니다.

⑧ 가치 함수를 계산하는 "Critic" 출력층을 설계합니다. 은닉층의 노드로부터 신호를 받아 스칼라를 계산합니다.

정책, 가치 함수를 출력하는 순방향 전파를 설계합니다.

```python
def forward(self, state_t):  ⑨
    policy = self.policy(self.seq(state_t))  ⑩
    value = self.value(self.seq(state_t)).squeeze(dim=-1)  ⑪
    return policy, value  ⑫
```

⑨ 순방향 전파에 해당하는 함수를 구성합니다. 입력 변수는 상태 함수입니다.

⑩ 은닉층과 정책 함수 출력층을 차례로 통과해 정책 확률 분포를 계산합니다.

⑪ 은닉층과 가치 함수 출력층을 차례로 통과해 가치 함수를 계산합니다. 가치 함수를 스칼라로 바꾸고자 1차원의 벡터를 없애도록 squeeze 구문을 추가합니다.

⑫ 순서대로 정책, 가치 함수를 반환합니다.

행동을 샘플링하는 함수를 구성합니다.

```python
def sample_actions(self, state_t):  ⑬
    policy, _ = self.forward(state_t)  ⑭
    policy = torch.squeeze(policy)  ⑮
    softmax_policy = F.softmax(policy, dim=0)  ⑯
    action = torch.multinomial(softmax_policy, num_samples=1).item()  ⑰
    return action  ⑱
```

⑬ 함수를 정의합니다. 입력 변수는 상태 함수입니다.

⑭~⑮ 인공 신경망으로 순방향 전파를 진행하여 정책을 구한 뒤 squeeze 함수로 불필요한 차원을 없앱니다.

⑯ 소프트맥스 함수를 적용한 정책을 계산합니다.

⑰ 파이토치의 multinomial 내장 기능을 이용해 다차원의 랜덤 변수에서 하나의 랜덤 변수를 추출합니다. 하나의 행동을 구하므로 샘플링 개수는 1개로 고정되었습니다. 또한, gym에서 적용할 수 있도록 item 속성을 사용해 텐서형 자료형에서 정수형 자료로 변수를 바꿔 줍니다.

⑱ 행동을 함수의 결과로 반환합니다.

학습에 필요한 매개 변수들을 정의합니다.

```
env = gym.make('CartPole-v0')
env.seed(123)


gamma=0.95
epsilon = 1e-03

state = env.reset()
num_state = state.shape[0]
num_action = env.action_space.n
learning_rate = 5e-04
max_episode = 1000
```

에이전트와 최적화 도구를 정의합니다.

```
train_agent = A2C_Agent(num_state,num_action).to(device)  ①
optimizer = optim.Adam(train_agent.parameters(),lr=learning_rate)  ②
scheduler = optim.lr_scheduler.StepLR(optimizer,step_size=1000,gamma=0.97)  ③
```

①~② 훈련용 에이전트 최적화 함수를 정의합니다.

③ 학습률 조정 스케줄러(Learning-rate scheduler)를 정의하겠습니다. 1000번의 최적화 과정마다 0.97의 값을 곱해 지속해서 학습률을 낮추는 역할을 합니다.

> **Note**
>
> 학습률 조정 스케줄러는 학습이 진행됨에 따라 초반에 정의했던 학습률을 감소시키는 역할을 합니다. 학습이 진행되면서 과적합을 방지하는 용도로 주로 쓰이며, 일정 주기마다 상수를 곱하는 방법, 특정 단계 이후 학습률을 더 낮은 값으로 고정하는 방법, 주기적으로 적절하게 바뀌는 방법 등 여러 가지 기법이 있습니다. 입력 변수에 적용되는

매개 변수는 독자 여러분들이 조정해 가며 더 좋은 학습 성능을 보이는 것을 실험하길 바랍니다.

목적 함수를 작성해 보겠습니다.

```
def A2C_loss(transition,train_agent,env,gamma=gamma):  ①
    states,actions,rewards,next_state,done = transition  ②

    states = torch.Tensor(states).to(device).view(-1,num_state)  ③
    rewards = torch.Tensor(rewards[None]).to(device)  ④
    next_state = torch.Tensor([next_state]).to(device).view(-1,num_state)  ⑤

    policies, values = train_agent(states)  ⑥
    _, next_value = train_agent(next_state)  ⑦
    if done:  ⑧
        next_value = 0  ⑨

    probs = F.softmax(policies,dim=-1)  ⑩
    logprobs = F.log_softmax(policies,dim=-1)  ⑪

    target_values = rewards+gamma*next_value  ⑫
    advantages = target_values - values  ⑬
    entropy = -torch.sum(probs*logprobs,dim=-1)  ⑭

    actor_loss = -torch.mean(logprobs*advantages.detach() + epsilon*entropy)  ⑮
    critic_loss = F.mse_loss(target_values.detach(),values)  ⑯
    total_loss = actor_loss + critic_loss  ⑰
    return total_loss, actor_loss, critic_loss  ⑱
```

① Transition, 훈련용 에이전트, 환경 그리고 할인율을 입력 인자로 받아 목적 함수를 정의합니다.

② 튜플 형태로 정의한 Transition의 요소를 파헤칩니다.

③~⑤ Transition 중에서 현재 상태, 보상 내역 그리고 다음 상태를 파이토치에서 계산할 수 있도록 텐서형 자료로 변환하며 적절하게 텐서의 차원을 변형합니다.

⑥ 훈련용 에이전트를 순방향 전파하여 현재 상태에 대응하는 정책과 가치 함수를 계산합니다.

⑦~⑨ 훈련용 에이전트를 순방향 전파하여 다음 상태에 대응하는 가치 함수를 계산합니다. 종료 여부가

나오면 가치 함수는 0 값으로 강제합니다.

⑩~⑪ 정책 함수를 소프트맥스, 로그 소프트맥스 함숫값으로 변환합니다.

⑫ TD 목적 함수 중 TD 타깃값을 구현합니다.

⑬ TD 타깃값과 가치 함수를 연산하여 advantage 값을 계산합니다.

⑭ Exploration을 위하여 엔트로피 식을 구현합니다. 합 계산에 해당하는 차원은 정책 확률 변수에 해당하므로 덧셈 차원을 명시합니다.

⑮ Actor의 목적 함수에 맞도록 [수식 6-9]를 구현합니다. 경사 상승법을 이용하므로 목적 함수에 음수 부호를 추가합니다. 주의할 점은 Actor의 목적은 advantage 값이므로 인공 신경망에서 advantage 값이 변하지 않도록 .detach() 옵션을 사용해 인공 신경망 계산 그래프에서 벗어나 역전파 업데이트를 막아야 합니다.

⑯ 가치 함수를 올바르게 구하도록 Critic 목적 함수를 구현합니다. Actor 목적 함수와 마찬가지로 Critic 목적 함수의 타깃 값이 역전파 업데이트를 통해 변형되지 않도록 .detach() 옵션을 이용해 인공 신경망 계산 그래프에서 벗어나게 합니다.

⑰ Actor, Critic의 목적 함수를 더하여 에이전트가 훈련할 최종 목적 함수를 정의합니다.

⑱ 최종 목적 함수, Actor 목적 함수 그리고 Critic 목적 함수를 반환합니다.

> **Note**
> ④에서 "None"을 붙여 주는데, 이는 배치 차원을 추가하는 효과와 동일합니다. 파이토치에서 unsqueeze 클래스와 동일한 효과를 불러일으킵니다.

본격적으로 학습을 진행하겠습니다.

```
reward_record, TDloss_record, ACloss_record, CRloss_record = [], [], [], []
for ep in range(max_episode):
    done = False
    state = env.reset()
    cnt = 0
    total_reward = 0
    total_episode_TD = 0
    total_episode_acloss = 0
    total_episode_crloss = 0
```

```python
    while True:
        torch_state = torch.Tensor(state).to(device)
        torch_state = torch.unsqueeze(torch_state,0)
        action = train_agent.sample_actions(torch_state)
        next_state,reward,done,_ = env.step(action)
        total_reward += reward

        transition = (state,action,np.array([reward]),next_state,done)
        loss,actor_loss,critic_loss = A2C_loss(transition,train_agent,env,gamma)
        optimizer.zero_grad()
        loss.backward()
        optimizer.step()
        scheduler.step()

        total_episode_TD += loss.item()
        total_episode_acloss += actor_loss.item()
        total_episode_crloss += critic_loss.item()

        if done:
            ep +=1
            TDloss_record.append(total_episode_TD/cnt)
            ACloss_record.append(total_episode_acloss/cnt)
            CRloss_record.append(total_episode_crloss/cnt)
            reward_record.append(total_reward)
            if total_reward == env._max_episode_steps:
                best_agent = copy.deepcopy(train_agent)
            break

        state = next_state
        cnt += 1
```

〈그림 로그 출력 중략〉

```
if np.mean(reward_record[-10:]) >= 180:
    print(f"충분한 보상: {np.mean(reward_record[-10:])}")
    print(f"학습 종료")
    break
```

학습이 올바르게 진행되고 있는지 그래프로 파악하는 코드는 생략하였으므로 깃허브 저장소에 있는 코드를 참고하길 바랍니다. 학습 종료 조건은 최근 10번의 에피소드의 최종 보상 평균이 CartPole의 초기 최종 보상값 200의 90퍼센트를 넘기면 적절히 학습이 완료되었다고 판단하였습니다.

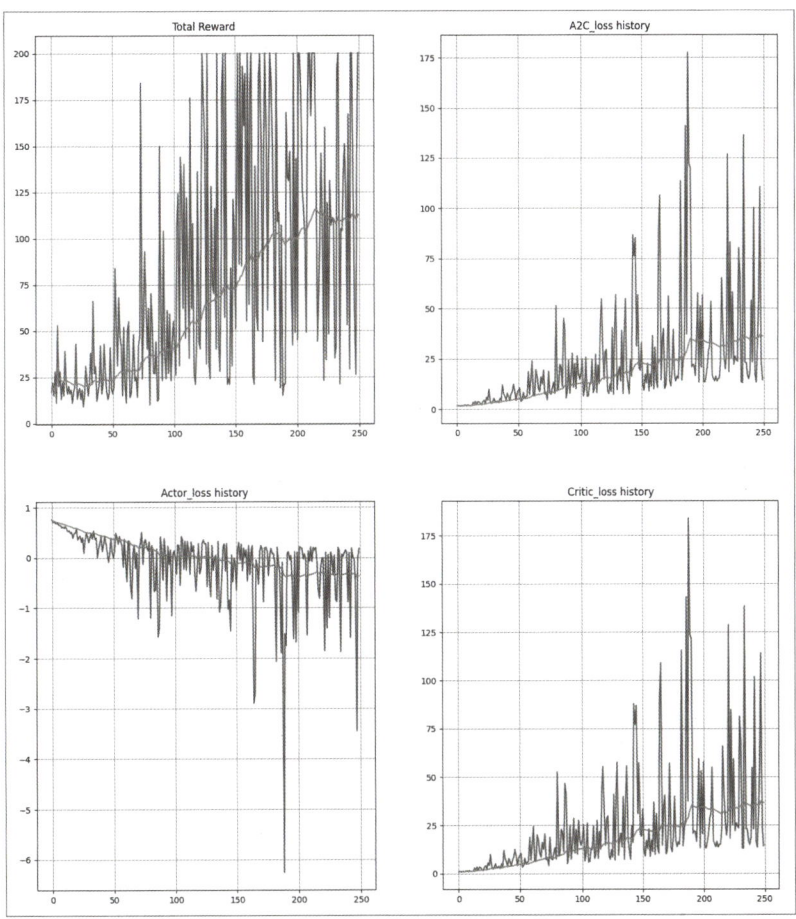

[그림 6-7] A2C CartPole의 학습 로그 기록

6.2 파생 알고리즘

A2C 알고리즘으로부터 파생된 정책 기반 학습 알고리즘의 대표적인 예시를 살펴보겠습니다.

6.2.1 Asynchronous Advantage Actor-Critic[32]

≫ 이론

한글로 "비동기화 A2C", 주로 "A3C"로 해석되는 알고리즘입니다. DQN은 경험 리플레이를 통해서 하나의 에이전트가 하나의 리플레이 버퍼로부터 메모리를 샘플링해서 학습하는 과정에 대비해, A2C 계열의 알고리즘은 매 순간순간 학습하므로 여러 개의 에이전트가 각각 따로 정책을 개선해 나갈 수 있습니다. 어렵게 표현해 A2C 알고리즘은 병렬 처리(Parallel process)가 가능하다는 특징이 있습니다. A3C는 "비동기"를 뜻하는 영어 단어 Asynchronous를 추가해 병렬 처리된 A2C 알고리즘을 이용하는 것이 핵심 개념입니다.

---

[32] https://github.com/MorvanZhou/pytorchA3C/blob/5ab27abee2c3ac3ca921ac393bfcbda4e0a91745/utils.py#L16 코드를 참조했음을 밝힙니다.

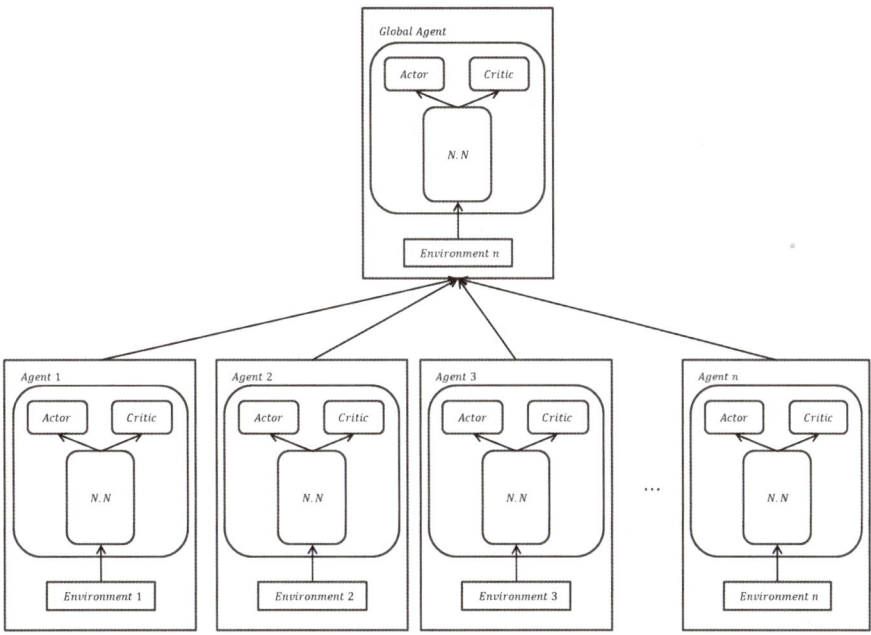

[그림 6-8] A3C 알고리즘 모식도

[그림 6-8]과 같이 컴퓨터가 허용할 수 있는 만큼의 병렬 처리 장치 환경을 이용해 각각의 프로세스에서 에이전트가 독립적인 에피소드를 통해 학습을 진행해 나가는 것을 확인할 수 있습니다. 또한 이렇게 학습하는 에이전트들은 동시에 전역 인공 신경망을 통해 하나의 결과로 취합하게 되는 모습을 확인하게 됩니다. 우리가 관찰하는 에이전트는 하나이지만 실제 계산하는 컴퓨터는 에이전트를 여러 개로 복제해서 제각각 학습을 수행하고 결과들을 취합하는 알고리즘입니다. 이는 단일로 학습했을 때보다 더 단일 코어의 GPU를 사용하는 학습 전략보다 빠르게 학습이 완료되고 좋은 보상 결과를 보였다는 의의를 보여 주는 알고리즘입니다.

갑작스럽게 병렬 처리가 무엇인지 어떻게 에이전트를 따로따로 나누는지 개념은 쉽지만 막상 어떻게 구현할지 방법이 막연해 보입니다. 다행히도 파이토치 패키지에 병렬 처리를 쉽게 해 주는 multiprocessing 클래스가 구현되어 있으므로 이를 이용해 쉽게 A3C를 구현할 수 있습니다.

먼저 파이토치 공식 홈페이지에 실려 있는 multiprocess 예제 기본 코드를 살펴보겠습니다.[33]

---

33. https://pytorch.org/docs/stable/notes/multiprocessing.html

```
import torch.multiprocessing as mp  ①
from model import MyModel  ②
```

① 파이토치의 기능 중 Multiprocessing 모듈을 호출합니다.

② 미리 작성된 모델 코드를 호출합니다.

기본 학습 함수를 정의합니다.

```
def train(model):  ③
    # Construct data_loader, optimizer, etc.  ④
    for data, labels in data_loader:  ⑤
        optimizer.zero_grad()  ⑥
        loss_fn(model(data), labels).backward()  ⑦
        optimizer.step()  ⑧
```

③ 인공 신경망 모델을 함수 인자로 받는 '학습' 함수를 정의합니다.

④ 구체적으로 작성하진 않았지만 데이터 함수와 최적화 함수 등을 작성함을 표현합니다.

⑤~⑧ 목적 함수의 역전파를 통해 학습을 진행하는 구문입니다.

병렬 처리가 진행되는 본격적인 프로그램이 시작되는 스크립트 부분입니다.

```
if __name__ == '__main__':  ⑨
    num_processes = 4  ⑩
    model = MyModel()  ⑪
    model.share_memory()  ⑫
    processes = []  ⑬
    for rank in range(num_processes):  ⑭
        p = mp.Process(target=train, args=(model,))  ⑮
        p.start()  ⑯
        processes.append(p)  ⑰
    for p in processes:  ⑱
        p.join()  ⑲
```

⑨ 파이썬 스크립트 중 코드가 실제로 진행되는 메인 모듈임을 확인합니다.

⑩ 병렬 처리할 프로세스의 개수를 정의합니다. 전체 스크립트가 실행되면 프로그램이 4개로 동일하게

나뉘어 계산을 수행합니다.

⑪~⑫ 인공 신경망 모델을 호출하고, .share_memory() 속성을 이용해 병렬화할 수 있도록 메모리를 관리합니다.

⑬ 프로세스를 관리할 빈 리스트를 지정합니다.

⑭ 각 프로세스에서 어떻게 계산을 진행할 것인지 반복문을 작성합니다.

⑮ 주어진 프로세스에서 수행할 함수를 지정합니다. Process 함수의 입력 변수인 target은 먼저 작성하였던 계산을 수행하는 '학습' 함수이며, args는 '학습' 함수의 입력 변수인 model을 입력합니다.

⑯ .start() 속성으로 프로세스에 부여하였던 함수를 작동시키도록 명령합니다.

⑰ 프로세스들은 관리용 리스트에 저장합니다.

⑱~⑲ 모든 프로세스가 안전하게 종료될 때까지 기다리는 명령어를 수행합니다. .join() 기능이 적절히 동작하지 않으면, 메모리가 남아 있는 좀비 프로세스가 생성됩니다.

Note

A3C 알고리즘은 주피터 노트북 환경을 이용하기에 적합하지 않습니다. 따라서, 실습에서 확인할 A3C 코드는 .ipynb 확장자로 작성된 주피터 노트북 파일이 아니라 .py 확장자로 작성된 python 스크립트를 이용합니다. 파이썬 스크립트가 test.py로 되어 있다면 아래와 같이 실행합니다.

```
(RL_scratch) UserID@LocalHost:~$python test.py
```

≫ 실습 - Pong

A3C실습에서는 "Pong" 문제를 살펴보도록 하겠습니다. Pong 문제는 Atari 게임사에서 제작한 게임으로 탁구를 모사한 게임입니다.

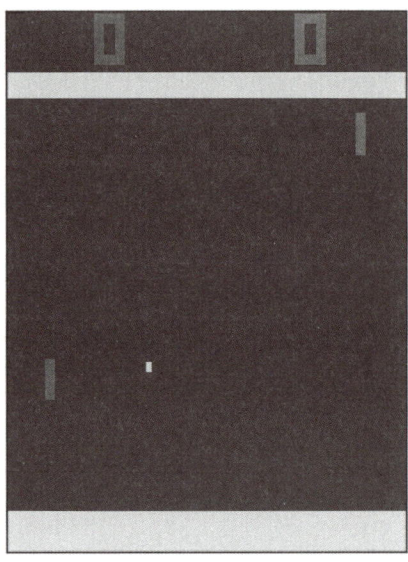

[그림 6-9] Atari Pong 게임 화면

[그림 6-9]의 왼쪽 부분에서는 컴퓨터 플레이어가 공을 놓치지 않도록 상하로 움직이며 오른쪽에서는 게임 플레이어가 상하로 움직여 공을 받아 내도록 고안된 게임입니다. 게임의 환경은 플레이어가 공을 놓치면 -1의 보상을 컴퓨터 플레이어가 공을 놓치면 +1을 보상받아 먼저 21점을 기록한 플레이어가 이김으로써 에피소드가 종료되도록 구성되어 있습니다. 우리의 목표는 상대방은 점수를 내지 못하며 에이전트는 21점을 빠르게 획득하는 것이 목표입니다. 깃허브 저장소의 파일명은 "6장_A3C.py"를 통해 코드를 분석하겠습니다.

A3C 알고리즘에 필요한 라이브러리를 호출하겠습니다. 별도의 설명은 생략하겠습니다.

```python
import sys
sys.path.append('../')
import argparse
import numpy as np
import copy
import time

import torch
import torch.nn as nn
import torch.nn.functional as F
```

```
import torch.optim as optim
import torch.multiprocessing as mp

import gym
import numpy as np

from gym.core import ObservationWrapper
from gym.spaces.box import Box
from PIL import Image
from material.atari_util import *
from material.atari_wrapper import *
```

.py 스크립트를 실행할 때 코드 외부에서 인자값을 전달할 수 있는 기능인 argparse를 설정합니다.

```
parser = argparse.ArgumentParser(description='Pytorch A3C PongDeterministic') ①
parser.add_argument('--lr', type=float, default=0.0001,help='학습률') ②
parser.add_argument('--gamma', type=float, default=0.99, help='할인율') ③
parser.add_argument('--entropy-coef',type=float,default=0.01,help='엔트로피 가중치') ④
parser.add_argument('--max-episode-length', type=int, default=1000000,help='최대 에피소드') ⑤
parser.add_argument('--max-grad-norm', type=float, default=50, help='목적 함수 norm') ⑥
parser.add_argument('--seed', type=int, default=123, help='난수 생성 번호') ⑦
parser.add_argument('--num-processes', type=int, default=8, help='사용할 프로세스') ⑧
parser.add_argument('--num-steps', type=int, default=20, help='학습 주기') ⑨
parser.add_argument('--env-name', default='PongDeterministic-v4', help='환경 이름') ⑩
```

① 외부 인자값을 지정하는 parser 변수를 생성합니다.

②~⑩ 외부 인자 요소의 종류를 정리합니다. 학습률, 할인율, 엔트로피 가중치 등 마지막으로 환경 이름을 작성합니다.

> **Note**
> 위와 같이 parser를 설정하고 특별한 설정이 없으면 'default'에 저장되어 있는 값을 그대로 이용합니다. 필자가 미리 작성해 놓은 입력 변수를 바꿔 이용하고 싶으면 그에 맞는 옵션을 지정해서 바꿀 수 있습니다. 예를 들어 학습률을 0.05로 바꾸고 싶으면 아래와 같이 .py 파일 스크립트를 실행하면 됩니다.

```
(RL_scratch) YourAccount@LocalHost:~$python 6장_A3C.py -lr=0.05
```

전처리를 수행하겠습니다. BreakOut 문제는 이미지 크기를 64x64로 줄이고 회색 조로 바꾼 뒤 4개의 연속된 프레임을 연결하여 시간의 속성을 부여한 반면, Pong은 불필요한 픽셀을 삭제하고 이미지 크기를 42x42 크기로 줄이고 시계열의 속성을 배제한 채 정규화 과정을 도입해 전처리 과정을 완료합니다.[34]

```python
class PreprocessAtariObs(ObservationWrapper):
    def __init__(self, env):
        ObservationWrapper.__init__(self, env)
        self.img_size = (1, 42, 42)
        self.observation_space = Box(0.0, 1.0, self.img_size,dtype=np.float32)
    def _to_gray_scale(self, rgb, channel_weights=[0.7, 0.1, 0.2]):
        dummy = 0
        for idx,channel_weight in enumerate(channel_weights):
            dummy += channel_weight*(rgb[:,:,idx])
        return np.expand_dims(dummy,axis=-1)
    def observation(self, img):
        img = img[34:34+160, :160]
        img = Image.fromarray(np.uint8(img),'RGB')
        img = img.resize((42,42))
        img = np.array(img)
        img = self._to_gray_scale(img)/255.
        return np.array(img,dtype=np.float32).transpose((2,0,1))
```

PreprocessAtariObs 클래스를 이용해 gym 관찰 환경을 상속받아 게임 화면 이미지 전처리를 수

---

34. https://github.com/openai/universe-starter-agent에서 발췌하였음을 밝힙니다.

행합니다. _to_gray_scale 함수가 화면 이미지를 회색 조로 바꾸며, observation 함수로 픽셀 삭제 및 이미지 전처리를 진행합니다.

학습 성능을 높이고자 이미지를 정규화 처리를 진행합니다.

```python
class NormalizedEnv(ObservationWrapper):
    def __init__(self, env=None):
        super(NormalizedEnv, self).__init__(env)
        self.state_mean = 0
        self.state_std = 0
        self.alpha = 0.9999
        self.num_steps = 0

    def observation(self, observation):
        self.num_steps += 1
        self.state_mean = self.state_mean * self.alpha + \
            observation.mean() * (1 - self.alpha)
        self.state_std = self.state_std * self.alpha + \
            observation.std() * (1 - self.alpha)

        unbiased_mean = self.state_mean / (1 - pow(self.alpha, self.num_steps))
        unbiased_std = self.state_std / (1 - pow(self.alpha, self.num_steps))
        return (observation - unbiased_mean) / (unbiased_std + 1e-8)
```

NormalizedEnv 클래스를 이용해 이미지 픽셀 전처리 과정을 완료한 환경을 계속 상속받아 정규화 과정을 처리합니다. 여기서 이용한 정규화 과정은 min-max 정규화 방법이 아닌 정규 분포식을 이용한 전략을 취했습니다.

본 과정까지 종료되면 환경은 [그림 6-10]과 같이 상태 함수를 반환합니다.

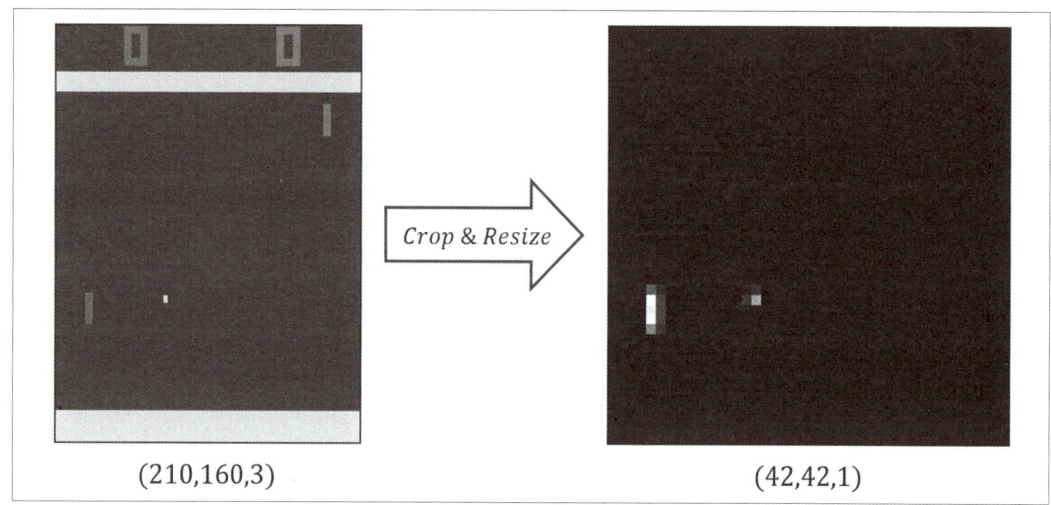

[그림 6-10] Pong 게임의 전처리 이후 화면

환경을 손쉽게 부를 수 있도록 함수를 작성합니다.

```
def make_env(env_name='PongDeterministic-v4',seed=None): ①
    env = gym.make(env_name) ②
    if seed is not None: ③
        env.seed(seed) ④
    env = ClipRewardEnv(env) ⑤
    env = PreprocessAtariObs(env) ⑥
    env = NormalizedEnv(env) ⑦
    return env ⑧
```

① 함수를 작성합니다. 입력 인자는 환경 이름과 난수 입력 번호입니다.

② gym에 내장된 함수를 호출합니다.

③~④ 난수 생성 번호가 부여되면 그에 따라 환경을 호출합니다.

⑤ 보상을 -1, 0, +1로만 나오도록 조작합니다.

⑥ 환경의 화면 전처리를 시행합니다.

⑦ 이미지 전처리된 화면을 정규화 과정을 시행합니다.

⑧ 모든 과정이 완료된 환경을 반환합니다.

Pong 문제를 해결할 인공 신경망을 작성하겠습니다. 인공 신경망 에이전트는 게임 이미지를 상태로 받아 오므로 합성곱 신경망을 이용해 작성합니다. 상세한 구조의 설명은 생략하겠습니다.

```
class A3C_Agent(nn.Module):
    def __init__(self,num_actions):
        super(A3C_Agent,self).__init__()
        self.seq = nn.Sequential(
            nn.Conv2d(1,32,5,stride=2),
            nn.ReLU(),
            nn.Conv2d(32,64,5,stride=2),
            nn.ReLU(),
            nn.Conv2d(64,64,5,stride=2),
            nn.ReLU(),
            nn.Flatten(),
            nn.Linear(256,256),
            nn.ReLU(),
        )

        self.policy = nn.Linear(256,num_actions)
        self.value = nn.Linear(256,1)

    def forward(self, state_t):
        policy = self.policy(self.seq(state_t))
        value = self.value(self.seq(state_t))
        return policy, value

    def sample_actions(self,state_t):
        policy, _ = self.forward(state_t)
        policy = torch.squeeze(policy)
        softmax_policy = F.softmax(policy,dim=0)
        action = torch.multinomial(softmax_policy, num_samples=1).item()
        return action
```

목적 함수를 구성하겠습니다. CartPole 예제에서는 매 시점 학습을 진행하도록 구성하였으나, 앞서 argparse의 외부 입력 변수인 학습 주기에 따라서 주어진 주기마다 업데이트하도록 수식을 변형합니다.

```python
def A3C_loss(transition,train_agent,env,gamma=0.99,epsilon=1e-02):  ①
    states,actions,rewards,next_states,dones = transition  ②

    states = torch.Tensor(states).to(device)  ③
    actions = torch.LongTensor(actions).to(device)  ④
    rewards = torch.Tensor(rewards).to(device)  ⑤
    next_states = torch.Tensor(next_states).to(device)  ⑥
    policies, values = train_agent(states)  ⑦
    _, next_values = train_agent(next_states)  ⑧

    probs = F.softmax(policies,dim=-1)  ⑨
    logprobs = F.log_softmax(policies,dim=-1)  ⑩
    logp_actions = logprobs[np.arange(states.shape[0]),actions]  ⑪
    entropy = -torch.sum(probs*logprobs,dim=-1)  ⑫

    R = 0  ⑬
    if dones[-1] != False:  ⑭
        R = next_values[-1].item()  ⑮
    values = torch.cat((values,torch.Tensor([[R]]).to(device)),dim=0)  ⑯

    actor_loss, critic_loss = 0,0  ⑰
    advantage, gen_delta = 0,0  ⑱
    for i in reversed(range(len(rewards))):  ⑲
        R = gamma*R + rewards[i]  ⑳
        advantage = R - values[i]  ㉑
        critic_loss += advantage**2  ㉒

        delta_t = rewards[i] + gamma*values[i+1]-values[i]  ㉓
        gen_delta = gamma*gen_delta+delta_t  ㉔
        actor_loss -= logp_actions[i]*gen_delta.detach() + epsilon*entropy[i]  ㉕

    total_loss = actor_loss+critic_loss  ㉖
    return total_loss, actor_loss, critic_loss  ㉗
```

① 학습 주기가 반영된 A3C 목적 함수를 정의합니다. 입력 인자는 "(상태, 행동, 보상, 다음 상태, 종료 여부)"로 이루어진 transition, 학습 에이전트, 환경, 할인율 그리고 exploration entropy의 가중치 값입니다. 학습 주기가 반영되었으므로 transition의 요소들은 한 시점의 요소로 구성된 것이 아닌 연속된 시점으로 이루어진 리스트 형태의 값들에 해당합니다.

② transition의 요소들을 각각 나누어 정의합니다.

③~⑥ 상태, 행동, 보상, 다음 상태를 텐서형 자료로 변경합니다.

⑦~⑧ 에이전트를 이용해 현 상태의 정책, 가치 함수와 다음 상태의 가치 함수를 계산합니다.

⑨~⑫ 소프트맥스 분포로 변환된 정책 확률, 로그 소프트맥스 분포로 변환된 정책 확률과 해당 행동에서의 정책 확률 그리고 엔트로피 값을 계산합니다.

⑬~⑯ 가치 함수를 재구성합니다. 최종 시점에서 종료되었다면 보상은 0, 그렇지 않은 경우에는 transition으로부터 얻은 다음 시점 상태의 가치 함수를 보상으로 설정합니다. 이 보상값을 가치 함수의 마지막 원소로 추가하여 줍니다.

⑰~⑱ Actor 목적 함수, Critic 목적 함수, Advantage 그리고 TD-error 값을 초기화합니다.

⑲ 보상 기록을 기준으로 시점을 역순으로 분석해서 목적 함수 작성을 준비합니다.

⑳ 해당 구문은 주어진 시점에서 리턴, 할인된 누적 보상을 계산합니다.

㉑~㉒ 해당 시점의 리턴과 가치 함숫값을 이용해 Advantage를 계산하고 Critic 목적 함수의 누적합을 반영합니다. 이는 [수식 6-10]과 같습니다.

$$Loss_C = \sum_{t=t_{start}}^{t_{step}} (G_t - V(s_t))^2 \qquad (6\text{-}10)$$

where,

$$G_t = \sum_{i=1}^{t} \gamma^{i-1} r_{t+i}$$

㉓~㉔ 매 시점 TD-error를 계산하고 이를 할인율을 반영해 계속 누적합을 실시해 특정 시점에서 적합한 TD-error를 계산합니다.

㉕ Actor의 목적 함수를 정의합니다. 이는 [수식 6-11]과 같습니다.

$$Loss_A = \sum_{t=t_{start}}^{t_{step}} \log \pi(a|s_t) A_\pi - \epsilon Entropy \qquad (6\text{-}11)$$

㉖~㉗ Actor, Critic의 목적 함수를 더하여 총 목적 함숫값을 계산하고 함수의 반환값을 지정합니다.

병렬 처리의 대상이 될 "학습" 함수를 정의합니다. 코드 길이가 다소 긴 편이므로 분할해서 설명하겠습니다.

```
def train(rank,args,shared_agent): ①
    env = make_env(True,args.seed+rank) ②
    optimizer = optim.Adam(shared_agent.parameters(),lr=args.lr) ③
```

① '학습' 함수를 정의합니다. 입력 변수는 병렬 처리할 프로세스의 번호, 외부 입력 파라미터를 저장하고 있는 args 그리고 메모리가 공유된 훈련 에이전트입니다.

② Pong 환경을 정의합니다. 다중 프로세스의 이점을 이용하고자 각 프로세스의 난수 생성 번호를 달리 사용하도록 환경을 조정합니다.

③ 각 프로세스에 적합한 최적화 함수를 생성합니다.

```
    start = time.time() ④
    for ep in range(args.max_episode_length): ⑤
        done = False ⑥
        state = env.reset() ⑦
        total_reward = 0 ⑧
```

④ 학습 시작 시각을 기록합니다.

⑤ 외부 입력 변수에 저장된 최대 학습 에피소드 수만큼 에피소드를 반복하여 학습을 개시합니다.

⑥~⑧ 초기 종료 여부, 상태 함수 그리고 에피소드의 최종 보상을 초기화합니다.

에피소드마다 학습을 확인해 보겠습니다.

```
        while not done: ⑨
            states,actions,rewards,next_states,dones = [],[],[],[],[] ⑩
            for step in range(args.num_steps): ⑪
                torch_state = torch.Tensor(state).to(device) ⑫
                torch_state = torch.unsqueeze(torch_state,0) ⑬
                action = shared_agent.sample_actions(torch_state) ⑭
                next_state,reward,done,_ = env.step(action) ⑮
                total_reward += reward ⑯
```

```python
                states.append(state) ⑰
                actions.append(action) ⑱
                rewards.append(reward) ⑲
                next_states.append(next_state) ⑳
                dones.append(done) ㉑

                state = next_state ㉒
                if done: ㉓
                    if total_reward == 15: ㉔
                        best_agent = copy.deepcopy(train_agent) ㉕
                    break ㉖
```

⑨ 에피소드의 종료까지 반복을 실시합니다.

⑩ 학습 주기마다 업데이트를 진행할 것이므로 (상태, 행동, 보상, 다음 상태, 종료 여부)를 기록할 빈 리스트를 작성합니다.

⑪~㉑ 특정 주기마다 학습을 반복할 추가 반복문을 작성합니다. 반복 구문 안에서 강화 학습 피드백 과정을 수행하고 최종 보상을 누적해 나갑니다. 마지막으로 (상태, 행동, 보상, 다음 상태, 종료 여부)를 기록합니다.

㉒~㉖ 상태-다음 상태의 전환을 시행하고 최종 보상이 매우 좋았던 모델을 저장하도록 저장 구문을 이용해 따로 복사하여 저장합니다.

학습을 진행합니다.

```python
            transition = (states,actions,rewards,next_states,dones) ㉗
            loss,actor_loss,critic_loss= A3C_loss(transition,shared_
agent,env,args.gamma,args.entropy_coef) ㉘
            optimizer.zero_grad() ㉙
            loss.backward() ㉚
            nn.utils.clip_grad_norm_(shared_agent.parameters(),args.max_grad_norm) ㉛
            optimizer.step() ㉜

            finish = time.time()-start ㉝
```

㉘ (상태, 행동, 보상, 다음 상태, 종료 여부)를 튜플 형태 변수로 저장합니다.

㉘ A3C_loss 함수에 transition과 추가 입력 변수를 입력해 총 목적 함수, actor 목적 함수 그리고 critic 목적 함수를 반환합니다.

㉙~㉜ 기울기 클리핑 기법을 추가해 목적 함수 최적화 과정을 거쳐 학습을 진행합니다.

㉝ 학습 시간을 측정하고자 추가로 계산 시간을 기록하였습니다.

이하 에이전트 학습에 대한 로그 구문은 생략하였습니다. 나머지 부분은 깃허브 저장소의 구문을 참고하길 바랍니다.

테스트용 함수를 작성하겠습니다. 본 함수는 별도의 설명을 생략하겠습니다.

```python
def test(rank,args,shared_agent,test_games=3):
    env = make_env(True,args.seed+rank)

    reward_record = []
    for ep in range(test_games):
        done = False
        state = env.reset()
        total_reward = 0

        while True:
            torch_state = torch.Tensor(state).to(device)
            torch_state = torch.unsqueeze(torch_state,0)
            action = shared_agent.sample_actions(torch_state)
            next_state,reward,done,_ = env.step(action)
            total_reward += reward

            state = next_state
            if done:
                break

        reward_record.append(total_reward)
    print(f'{test_games} 게임')
    print(f'         >> 평균 보상: {np.mean(reward_record)}')
    print(f'         >> 최대 보상: {np.max(reward_record)}')
```

.py 파일의 메인 코드가 실행되는 구문을 살펴보겠습니다.

```
if __name__ == '__main__':  ①
    os.environ['OMP_NUM_THREADS'] = "1"  ②
    os.environ['CUDA_VISIBLE_DEVICES'] = ""  ③

    args = parser.parse_args()  ④

    torch.manual_seed(args.seed)  ⑤
    np.random.seed(args.seed)  ⑥
    mp.set_start_method('spawn',force=True) ⑦

    env = make_env()  ⑧
    n_actions = env.action_space.n  ⑨
    train_agent = A3C_Agent(n_actions).to(device)  ⑩
    train_agent.share_memory()  ⑪

    processes = []  ⑫
    for rank in range(1,args.num_processes+1):  ⑬
        p = mp.Process(target=train, args=(rank, args, train_agent))  ⑭
        p.start()  ⑮
        processes.append(p)  ⑯
    for p in processes:  ⑰
        p.join()  ⑱

test(0,args,train_agent,3)  ⑲
torch.save(train_agent,'./ckpt/PongDeterministic/Pong_best_agent_A3C.pth')  ⑳
```

① 메인 모듈이 되는 구문을 확인합니다. 해당 구문에 종속된 단락은 프로그램에 직접적으로 관여하는 주된 구문이 됩니다.

②~③ 파이썬이 실행될 때 장치의 장치 환경을 정의합니다. CPU가 지나치게 많은 작업을 병렬화하지 않도록 스레드(thread)의 개수를 1개로 제한했으며, CUDA GPU 장치는 사용하지 않도록 설정합니다.

④ 외부 입력 변수를 args라는 속성으로 정리합니다.

⑤~⑥ 주어진 난수 생성 번호를 파이토치와 넘파이에 부여합니다.

⑦ 병렬 처리, 멀티 프로세싱의 옵션에 따른 시작 방법을 정의합니다. 'spawn' 방식으로 여러 개의 프로세스를 생성하는데, 이 방법은 프로세스 간 부모-자식의 개념으로 위계 관계를 가지는 방법입니다.

⑧~⑪ 훈련용 에이전트를 정의하고 프로세스 간 메모리를 교환하도록 share_memory를 호출합니다.

⑫~⑱ 외부 입력 변수에서 설정한 프로세스의 개수만큼 '학습' 함수에 대한 병렬 처리를 시작합니다. 해당 과정은 각 프로세스가 주어진 상황이 종료될 때까지 실행됩니다.

⑲ 학습이 종료된 후 테스트 함수를 실행해 에이전트가 적절하게 학습되었는지 확인합니다.

⑳ 테스트 종료 후 학습 완료된 에이전트를 .pth 확장자명으로 저장합니다.

결과

```
|프로세스|3|    >>>    Reward: 16.0
|프로세스|1|    >>>    Reward: 14.0
|프로세스|7|    >>>    Reward: 18.0
3 게임
        >> 평균 보상: 17.3333333333333
        >> 최대 보상: 19.0
```

Note

저장된 파이토치 모델을 이용해 비디오를 만드는 과정은 본 책에서는 생략했습니다. 깃허브 저장소에 작성한 별도의 주피터 노트북을 이용해 확인하길 바랍니다.

6.2.2 LSTM-Based Advantage Actor-Critic[35]

≫ 이론

On-Policy 기반의 학습 방식은 매 순간 상태 함수를 받아들여 와 적절한 행동을 취한다는 아이디어를 이용합니다. 그러나 때로는 순간에 받아들인 상태 함수 외에도 과거의 상태 기록을 이용하면 더 나은 결과가 도출될 가능성에서 출발한 기법입니다.

---

[35]. R. Li, C. Wang, Z. Zhao, R. Guo and H. Zhang, "The LSTM-Based Advantage Actor-Critic Learning for Resource Management in Network Slicing With User Mobility," in IEEE Communications Letters, vol. 24, no. 9, pp. 2005-2009, Sept. 2020, doi: 10.1109/LCOMM.2020.3001227.

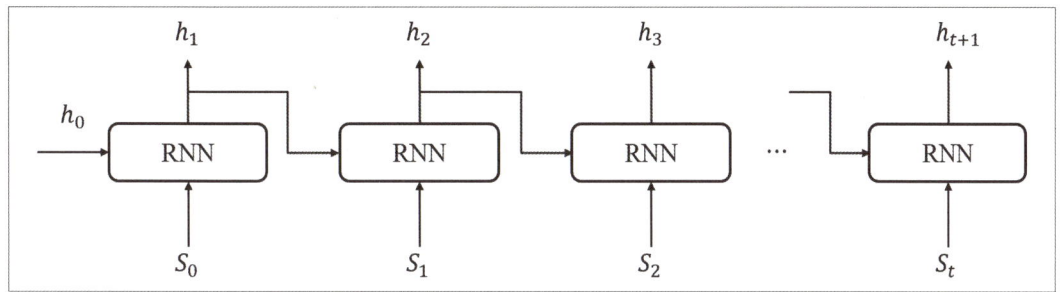

[그림 6-11] 순환 신경망의 모식도

순환 신경망(Recurrent Neural Network, RNN)은 시계열 자료 형태의 정보 처리에 적절한 신경망인데, 이는 출력된 신호를 다시 신경망에 입력시켜 과거 시점의 정보를 현재 시점의 정보로 불러와서 사용하는 의미입니다. [그림 6-11]은 순환 신경망의 대표적인 예시를 보여 줍니다. 그림에서 'RNN'이라고 표현된 부분은 순환 신경망을 의미하며, S는 여기서 시계열 속성의 입력 데이터를 표현합니다. 그리고 h는 순환 신경망의 출력 신호이자 입력 신호인 은닉 신호를 표현합니다. 그림에서 시계열 속성의 시간 순서는 아래 첨자로 작성된 숫자로 표현되었습니다.

앞서 [그림 6-11]의 설명에서 시계열 데이터의 속성이라고 표현하였지만, 우리가 살펴볼 강화 학습으로 개념을 적용하면 입력 데이터는 에피소드 초기에서 종료 시점까지의 상태 함수를 의미하고 출력 신호이자 입력 신호인 은닉 신호가 담당하는 부분은 순환 신경망이 파악한 상태에 대한 기록 정보로 해석할 수 있겠습니다. 이러한 순환 신경망은 세부적으로 3가지 종류로 나뉘는데, 본 연구는 그중 장단기 기억(Long-Short Term Memory, LSTM) 방식을 활용한 순환 신경망을 이용했습니다.

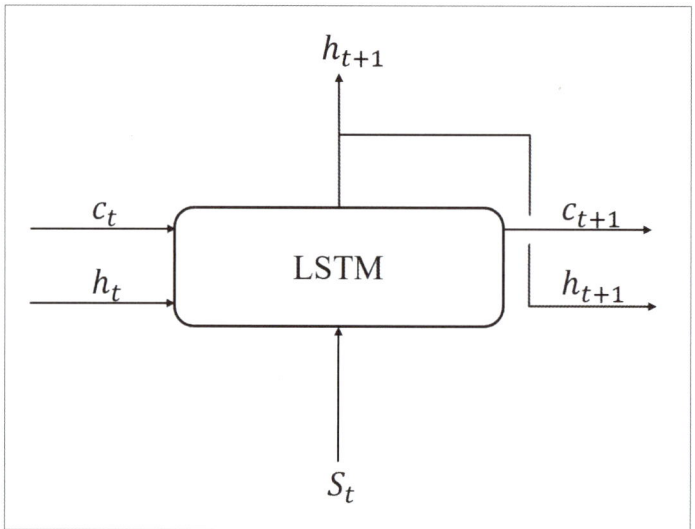

[그림 6-12] 장단기 기억 순환 신경망 모식도

LSTM은 다소 복잡한 내부 연산을 이용해 시계열 속성의 데이터 중 기억해야 할 중요한 신호와 잊어버려도 되는 신호를 구분하는 방법입니다. 단순 순환 신경망과는 달리 시계열 정보의 기억을 담당하는 기억 신호를 적절하게 활용해 효과적으로 신호를 처리합니다. LSTM의 정확한 연산 방법은 지면의 낭비를 막고자 생략하겠습니다.[36] [그림 6-12]에서 표현한 LSTM은 입력 신호와 은닉 신호 그리고 기억을 담당하는 기억 신호를 표현합니다.

Note

단순 순환 신경망은 입력 데이터의 시계열 크기가 커질수록 기울기 폭발 혹은 기울기 소실이 발생하는 매우 취약한 단점이 있습니다. 이를 보완하고자 LSTM과 게이트 순환 유닛(GRU) 방식이 대표적인 순환 신경망의 방법으로 이용됩니다.

파이토치로 LSTM 신경망 예시를 살펴보겠습니다.

```
import torch
import torch.nn as nn


LSTM_cell = nn.LSTMCell(64,32)  ①
```

---

36. 상세한 설명이 필요하시면 https://colah.github.io/posts/2015-08-Understanding-LSTMs/ 링크를 통해 살펴보길 바랍니다.

```
hx = torch.zeros(128,32)  ②
cx = torch.zeros(128,32)  ③
xt = torch.rand((128,64))  ④

hx, cx = LSTM_cell(xt,(hx,cx))  ⑤
print(f'LSTM 출력 신호: {hx.shape}, 최대:{hx.max()}, 최소:{hx.min()}')  ⑥
print(f'LSTM 기억 신호: {cx.shape}, 최대:{cx.max()}, 최소:{cx.min()}')  ⑦
```

① LSTM 신경망을 만듭니다. 입력 신호의 크기는 64, 출력 신호의 크기는 32로 설정하였습니다.

② 0 벡터로 초기 은닉 신호를 설정합니다. 배치 사이즈는 128, 출력 신호의 크기 32로 설정합니다.

③ 0 벡터로 초기 기억 신호를 설정합니다. 배치 사이즈는 128, 기억 신호의 크기 32로 설정합니다.

④ 입력 신호를 설정합니다. 배치 사이즈는 은닉 신호와 기억 신호와 동일한 128, 신호의 크기는 LSTM에 입력된 것과 동일한 64로 설정하였습니다.

⑤ 입력 신호, 은닉 신호 그리고 기억 신호를 LSTM 신경망에 입력시켜 순환 신경망 연산이 완료된 출력 신호와 기억 신호를 정의합니다.

⑥~⑦ 1회 순환 신경망 연산이 완료된 출력(은닉) 신호와 기억 신호의 차원과 각각의 최댓값, 최솟값을 확인합니다.

> 결과

```
LSTM 출력 신호: torch.Size([128, 32]), 최대:0.3229518532752991, 최소:-
0.3177372217178345
LSTM 기억 신호: torch.Size([128, 32]), 최대:0.49886366724967957, 최소:-
0.6190763711929321
```

≫ 실습

앞서 살펴봤던 Pong 예제에서 추가 및 변경된 부분만 확인해 LSTM 신경망이 첨부된 A2C 알고리즘을 실습하도록 하겠습니다. 우선 에이전트에 해당하는 인공 신경망을 디자인하겠습니다.

```
class LSTM_A2C_Agent(nn.Module):
    def __init__(self,num_actions):
        super(LSTM_A2C_Agent,self).__init__()
        self.seq = nn.Sequential(
```

```
            nn.Conv2d(1, 32, 3, stride=2, padding=1),
            nn.ELU(),
            nn.Conv2d(32, 32, 3, stride=2, padding=1),
            nn.ELU(),
            nn.Conv2d(32, 32, 3, stride=2, padding=1),
            nn.ELU(),
            nn.Conv2d(32, 32, 3, stride=2, padding=1),
            nn.ELU(),
            nn.Flatten(),
        ) ①
        self.lstm = nn.LSTMCell(32 * 3 * 3, 256) ②
        self.policy = nn.Linear(256,num_actions) ③
        self.value = nn.Linear(256,1) ④
```

① 정책, 가치 함수를 계산하기 이전에 중심이 되는 인공 신경망의 구조를 설정합니다. 입력될 신호는 (1, 42, 42) 차원의 이미지 형태이고, 이를 여러 개의 합성곱 신경망을 통해 최종적으로 288차원의 벡터 형태로 신호를 변환합니다. 중간중간 보이는 ELU라는 활성화 함수는 Relu 함수와 유사하지만 출력된 신호가 음수도 계산하는 함수입니다.

② LSTM을 정의합니다. 이미지는 합성곱 신경망 통과가 완료되어 순환 신경망에 입력될 신호 차원은 288이었으며 출력될 신호는 256으로 상정하였습니다.

③~④ 각각 Actor와 Critic을 담당할 정책 신경망과 가치 함수 신경망을 정의합니다.

함수의 순방향 전파를 구현합니다.

```
    def forward(self, state_t): ⑤
        state_t, (hx,cx) = state_t ⑥
        state_t = self.seq(state_t) ⑦
        hx, cx = self.lstm(state_t, (hx, cx)) ⑧
        policy = self.policy(hx) ⑨
        value = self.value(hx) ⑩
        return policy, value, (hx,cx) ⑪
```

⑤ 순방향 전파를 정의합니다. 입력 변수는 은닉 신호와 기억 신호를 포함하는 상태 함수입니다.

⑥ 입력 변수로부터 상태 함수와 (은닉 신호, 기억 신호)를 분리합니다.

⑦ LSTM에 진입하기 전까지 입력 신호에 대한 순방향 전파를 시행합니다.

⑧ LSTM을 연산하고 새로 출력된 은닉 신호와 기억 신호를 부여받습니다.

⑨~⑩ 은닉 신호로부터 각각 정책과 가치 함수를 계산합니다.

⑪ 순방향 전파의 출력으로 정책, 가치 함수 그리고 (은닉 신호, 기억 신호)를 반환합니다.

상태 함수로부터 행동을 출력하는 함수를 정의합니다.

```
def sample_actions(self,state_t):  ⑫
    policy, _, _ = self.forward(state_t)  ⑬
    policy = torch.squeeze(policy)  ⑭
    softmax_policy = F.softmax(policy,dim=0)  ⑮
    action = torch.multinomial(softmax_policy, num_samples=1).item()  ⑯
    return action  ⑰
```

⑫ 행동 추출 함수를 정의합니다. 입력 변수는 상태 함수와 은닉 신호, 기억 신호가 묶인 값입니다.

⑬ 순방향 전파를 이용해 우리가 파악하고자 하는 정책만 부여받습니다.

⑭~⑰ 기존의 A2C 알고리즘과 동일하게 정책으로부터 적절한 행동을 계산합니다.

목적 함수를 살펴보겠습니다.

```
def LSTM_A2C_loss(transition,train_agent,env,gamma=0.99,epsilon=1e-02):  ①
    states,actions,rewards,next_states,dones,lstm_gate = transition  ②
    hx_present, cx_present, hx_next, cx_next = lstm_gate  ③
    
    hx_present = torch.Tensor(hx_present).to(device)  ④
    cx_present = torch.Tensor(cx_present).to(device)  ⑤
    hx_next = torch.Tensor(hx_next).to(device)  ⑥
    cx_next = torch.Tensor(cx_next).to(device)  ⑦
    
    states = torch.Tensor(states).to(device)  ⑧
    actions = torch.LongTensor(actions).to(device)  ⑨
    rewards = torch.Tensor(rewards).to(device)  ⑩
    next_states = torch.Tensor(next_states).to(device)  ⑪
```

```
        states = (states,(hx_present,cx_present)) ⑫
        next_states = (next_states,(hx_next,cx_next)) ⑬
        policies, values, _ = train_agent(states) ⑭
        _, next_values, _ = train_agent(next_states) ⑮

                    <이하 생략>
```

① LSTM을 이용한 목적 함수를 정의합니다. 입력되는 변수들은 앞선 예제들과 동일합니다.

② 입력 변수 중 transition의 요소들을 분해합니다. 앞선 A2C 예시에 반해 (상태, 행동, 보상, 다음 상태, 종료 여부)로 구성된 transition에서 LSTM에 이용될 은닉 신호, 기억 신호가 추가되었습니다.

③ 은닉 신호, 기억 신호를 상세하게 분해합니다. '학습' 함수로부터 전달받은 변수는 순서대로 현재 시점의 은닉, 기억 신호와 다음 시점의 은닉, 기억 신호로 구성되어 있습니다.

④~⑦ 현재 시점 은닉, 기억 신호와 다음 시점의 은닉, 기억 신호를 파이토치 자료형에 맞게 변환합니다.

⑧~⑪ 상태, 행동, 보상, 다음 상태 정보를 파이토치 자료형에 맞게 변환합니다.

⑫~⑬ LSTM 신경망에 입력할 수 있도록 현재와 다음 시점의 상태 함수와 은닉, 기억 신호를 튜플 형태로 정리합니다.

⑭~⑮ A2C의 목적 함수를 계산할 현재 상태의 정책과 가치 함수 그리고 다음 상태의 가치 함수를 차례대로 계산합니다.

'학습' 함수를 살펴보겠습니다.

```
def train(rank,args,shared_agent): ①
    env = make_env(args.env_name,args.seed+rank) ②
    optimizer = optim.Adam(shared_agent.parameters(),lr=args.lr) ③
```

① A3C에서와 같은 입력 변수를 이용해 학습을 진행하겠습니다. 병렬 처리를 따로 진행하지 않는 A2C에서는 rank 입력 변수에는 0을 고정적으로 이용해서 본 함수를 호출하면 됩니다.

② Pong 환경을 호출합니다.

③ 훈련용 에이전트에 대한 최적화 함수를 정의합니다.

```
    for ep in range(args.max_episode_length): ④
        done = False ⑤
        state = env.reset() ⑥
```

```
            total_reward = 0  ⑦
```

④~⑦ 에피소드를 반복 진행합니다. 에피소드가 새로 시작될 때마다 종료 여부, 환경 초기화, 에피소드 최종 보상의 초기화를 진행합니다.

```
        hx = torch.zeros(1,256).to(device)  ⑧
        cx = torch.zeros(1,256).to(device)  ⑨
        while not done:  ⑩
            states,actions,rewards,next_states,dones = [],[],[],[],[]  ⑪
            hx_present, cx_present, hx_next, cx_next = [], [], [], []  ⑫
            for step in range(args.num_steps):  ⑬
                hx_present.append(hx.squeeze().detach().cpu().numpy())  ⑭
                cx_present.append(cx.squeeze().detach().cpu().numpy())  ⑮
```

⑧~⑨ 에피소드 시작에 이용될 은닉 신호와 출력 신호를 앞서 설정한 LSTM 벡터 차원에 맞게 설정합니다.

⑩~⑫ 에피소드를 진행합니다. 에피소드가 진행될 때, 학습 주기가 종료될 때마다 transition 정보를 저장할 빈 리스트, 현시점에 해당하는 은닉, 기억 신호를 저장할 리스트, 다음 시점에 해당하는 은닉, 기억 신호를 저장할 리스트를 생성합니다.

⑬ 일정 주기마다 학습을 진행하도록 반복문을 구성합니다.

⑭~⑮ 현재 시점에서 가진 은닉 및 기억 신호를 저장합니다.

```
                torch_state = torch.Tensor(state).to(device)  ⑯
                torch_state = torch.unsqueeze(torch_state,0)  ⑰
                torch_state = (torch_state,(hx,cx))  ⑱
                _,_,(hx,cx) = shared_agent(torch_state)  ⑲

                action = shared_agent.sample_actions(torch_state)  ⑳
                next_state,reward,done,_ = env.step(action)  ㉑
                total_reward += reward  ㉒

                states.append(state)  ㉓
                actions.append(action)  ㉔
                rewards.append(reward)  ㉕
                next_states.append(next_state)  ㉖
```

```
        dones.append(done) ㉗
        hx_next.append(hx.squeeze().detach().cpu().numpy()) ㉘
        cx_next.append(cx.squeeze().detach().cpu().numpy()) ㉙
```

⑯~⑲ 현재 상태 함수를 파이토치 자료 형태로 바꾼 뒤 적절하게 차원을 변형시키고, LSTM에 적용할 수 있도록 은닉 신호와 기억 신호와 같이 튜플 형태로 조합합니다. 그리고 LSTM을 통과한 은닉 신호와 기억 신호를 계속 이용해야 하므로 해당 변수를 인공 신경망으로부터 반환하였습니다.

⑳~㉒ 훈련 에이전트로부터 현 상태 함수에서 가장 적절한 행동을 부여받고 환경에 적용한 뒤, 그에 따른 다음 상태, 보상, 종료 여부를 부여받습니다. 그리고 에피소드 보상을 누적합니다.

㉓~㉗ 상태, 행동, 보상, 다음 상태, 종료 여부를 시점에 따라 기록합니다.

㉘~㉙ LSTM 신경망을 통과한 은닉 신호, 기억 신호를 저장 공간에 기록합니다.

Note

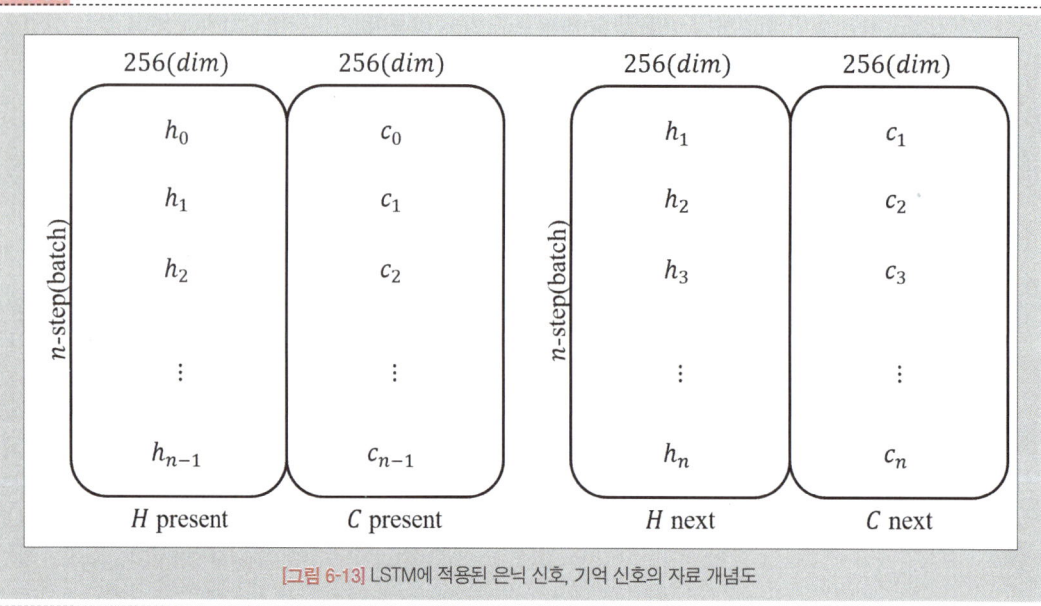

[그림 6-13] LSTM에 적용된 은닉 신호, 기억 신호의 자료 개념도

⑭, ⑮와 ㉘, ㉙ 구문을 실행한 은닉, 기억 신호의 자료 개념은 [그림 6-13]과 같습니다.

```
        state = next_state ㉚
        if done: ㉛
            break ㉜
```

㉚~㉜ 마르코프 의사 결정 단계가 진행되었고 상태 함수를 전환합니다.

```
            LSTM_gate = (hx_present, cx_present, hx_next, cx_next) ㉝
            transition = (states,actions,rewards,next_states,dones,LSTM_gate) ㉞
            loss,actor_loss,critic_loss = LSTM_A2C_loss(transition,shared_
agent,env,args.gamma,args.entropy_coef) ㉟
            optimizer.zero_grad() ㊱
            loss.backward() ㊲
            nn.utils.clip_grad_norm_(shared_agent.parameters(),args.max_grad_
norm) ㊳
            optimizer.step() ㊴

    <이하 생략>
```

㉝ 현재 시점의 은닉, 기억 신호와 다음 시점의 은닉, 기억 신호를 튜플 형태로 저장합니다.

㉞ 목적 함수에 이용될 transition 정보를 정의합니다.

㉟~㊴ 목적 함수를 이용해 인공 신경망을 최적화합니다.

테스트 함수를 작성합니다.

```
def test(rank,args,shared_agent,test_games=3):
    env = make_env(args.env_name,args.seed+rank)
    
    reward_record = []
    for ep in range(test_games):
        done = False
        state = env.reset()
        total_reward = 0
        
        hx = torch.zeros(1,256).to(device)
        cx = torch.zeros(1,256).to(device)
        while True:
            torch_state = torch.Tensor(state).to(device)
            torch_state = torch.unsqueeze(torch_state,0)
            torch_state = (torch_state,(hx,cx))
            _,_,(hx,cx) = shared_agent(torch_state)
```

```
            action = shared_agent.sample_actions(torch_state)
            next_state,reward,done,_ = env.step(action)
            total_reward += reward

            state = next_state
            if done:
                break
<이하 생략>
```

테스트 함수는 A3C에서 사용했던 방법과 동일하지만 LSTM에 이용될 은닉, 기억 신호를 초기화하는 과정 그리고 LSTM 신경망에 적용하는 방법이 달라졌으므로 이 점에 유의해 작성하였습니다.

메인 함수는 다음과 같이 구성됩니다.

```
if __name__ == '__main__':
    args = parser.parse_args()

    torch.manual_seed(args.seed)
    np.random.seed(args.seed)

    env = make_env()
    n_actions = env.action_space.n
    train_agent = LSTM_A2C_Agent(n_actions).to(device)

    train(0,args,train_agent)
    test(0,args,train_agent,3)
    torch.save(train_agent,'./ckpt/PongDeterministic/Pong_best_agent_LSTM_A2C.pth')
```

병렬 처리를 진행하지 않으므로 '학습' 함수에 프로세스마다 작업을 나누는 과정이 생략되었고 프로세스의 번호를 매기는 rank 입력 변수에 0만 입력하였습니다.

결과

```
|프로세스|0|    >>>    Reward: 16.0
|프로세스|0|    >>>    Reward: 17.0
|프로세스|0|    >>>    Reward: 17.0
3 게임
        >> 평균 보상: 17.666666666666667
        >> 최대 보상: 18.0
```

LSTM_A2C를 독자 여러분들과 같이 살펴보았습니다. 혹시 학습 속도를 더 향상해 보고자 하는 욕심이 생겼다면 A3C 알고리즘을 응용해 LSTM-A3C 방법을 실험해 보는 것 또한 추천합니다. 이 과정은 독자 여러분들의 몫으로 남겨 두도록 하겠습니다.

6.2.3 [고급] Trust Region Policy Optimization [37]

≫ 이론

On-policy 방식의 강화 학습 논문의 대표 예시로 책을 작성하는 현재까지 피인용된 횟수가 약 6,000건이 넘어가는 대표적인 논문의 개념을 살펴보겠습니다. 한글로 '신뢰 영역 정책 최적화'로 번역되는 본 논문은 A2C만큼이나 매우 유명하여 앞 글자를 따와 TRPO라고 일반적으로 부릅니다.

정책 기반 알고리즘의 목적에 대해서 다시 한번 상기해 보겠습니다. [수식 6-1], 강화 학습의 '리턴'을 목적 함수로 삼고 여러 과정을 거쳐 [수식 6-8], 정책에 로그 함수를 취하고 Advantage라는 개념을 도입해 에이전트가 강화 학습을 거친다는 개념까지 발전하였습니다. 일련의 과정에서 에이전트는 목적 함수를 항상 최대화하는 방향으로 학습해야 하는데, 논문에서는 목적 함수에 대응하는 함수가 학습 과정에서 항상 최대화하지 않는 것에 대해 문제를 제기하였습니다.

---

37. https://arxiv.org/abs/1502.05477

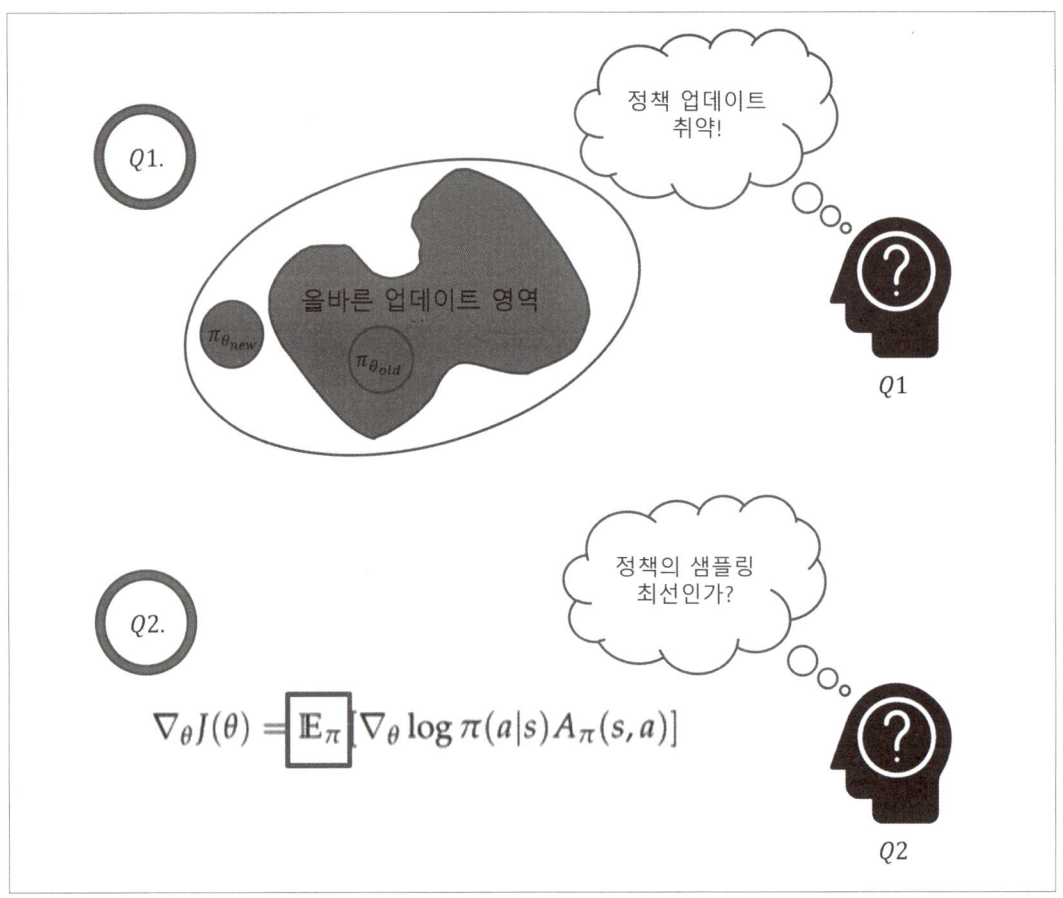

[그림 6-14] 정책 기반 알고리즘의 문제점

[그림 6-14]는 정책 기반 알고리즘의 문제점을 표현합니다. 첫 번째 문제점으로 인공 신경망을 이용해 정책 확률 분포를 계산하는 에이전트는 인공 신경망 매개 변수를 업데이트해 기존 정책에서 새로운 정책으로 '발전'하는 것이 주된 원리입니다. 하지만 Q1에서 표현되는 것처럼 정책 확률 분포가 회색으로 표현된 적절히 업데이트되는 영역에서 벗어나 정책 확률 분포를 새롭게 추정한다면 정책 업데이트는 올바르게 진행되지 않습니다. 특히, 인공 신경망은 그것을 구성하는 매개 변수가 매우 많기에 사소한 매개 변수의 오차가 생기더라도 정책의 확률 분포가 올바르지 않게 계산되기에 계산에 매우 취약합니다. 두 번째 문제점은 정책 기반 알고리즘에서 목적 함수를 계산할 당시 샘플링에 관한 문제입니다. 목적 함수는 정책 확률 분포에 근거한 샘플링 값을 사용하는데 정책 확률 분포 자체가 불확실할 때는 샘플링의 결과는 매우 저조합니다. 이를 해결하고자 우리가 합리적으로 샘플링할 수 있다고 믿는 몬테-카를로 방식의 기법을 도입합니다.

$$\mathbb{E}\left[\frac{\pi_\theta(a_t|s_t)}{\pi_{\theta_{old}}(a_t|s_t)}\hat{A}_t\right] \quad (6-12)$$

subject to

$$\mathbb{E}[KL[\pi_{\theta_{old}}(\cdot|s_t), \pi_\theta(\cdot|s_t)]] \leq \delta$$

상당히 어려운 일련의 과정을 거쳐 유도된 목적 함수인 [수식 6-12]는 기존 정책 기반 알고리즘 (A2C)에서 발생할 수 있는 부분을 해결하는 데 효과적인 방법입니다. 우선 샘플링하는 데 정책을 그대로 사용하는 것이 아니라 업데이트되기 전의 기존 정책을 나누어서 중요도를 샘플링합니다. 직관적으로 현재의 정책이 제대로 추정되었는지 믿을 수 없으니 확신할 수 있는 기존 정책으로 확률 변수 함수를 샘플링하자는 의미로 해석하면 되겠습니다. 또한, 아래에서는 기존 정책 확률 분포와 정확률 분포의 KL-발산값을 특정 값보다 작도록 구체적으로 구간을 설정하였습니다. 해당 제약 조건을 설정하면 정책이 업데이트하는 동안 올바른 업데이트 영역으로 업데이트할 수 있도록 지도할 수 있는 역할을 해 줍니다. 본 논문은 실질적으로 목적 함수를 설정할 때, [수식 6-12]에 따라 목적 함수를 재구성합니다.

$$J_\theta = \mathbb{E}\left[\frac{\pi_\theta(a_t|s_t)}{\pi_{\theta_{old}}(a_t|s_t)}\hat{A}_t - \beta KL[\pi_{\theta_{old}}(\cdot|s_t), \pi_\theta(\cdot|s_t)]\right] \quad (6-13)$$

[수식 6-13]은 TRPO에서 제안하는 최종 목적 함수의 형태입니다. 정책과 Advantage로 구성된 정책 업데이트 항을 기존의 정책을 이용해 중요도를 샘플링하는 항과 기존 정책과 새로운 정책의 KL-발산값을 특정 값을 넘어가지 않도록 하는 항을 추가해 목적 함수를 구성함을 확인할 수 있습니다.

> **Note**
> 중요도 샘플링은 기댓값을 추정하는 방법에 대한 문제점을 개선할 몬테-카를로 기법의 전략입니다. 실제 확률 밀도 함수와 샘플링하는 확률 밀도 함수가 이질적일 때 기댓값의 추정이 확실하지 않습니다. 여기서 이용할 수 있는 다른 확률 변수라는 특별한 지식이 있다면 중요도 샘플링 기법을 도입해 추정에 대한 신뢰도를 높일 수 있습니다.

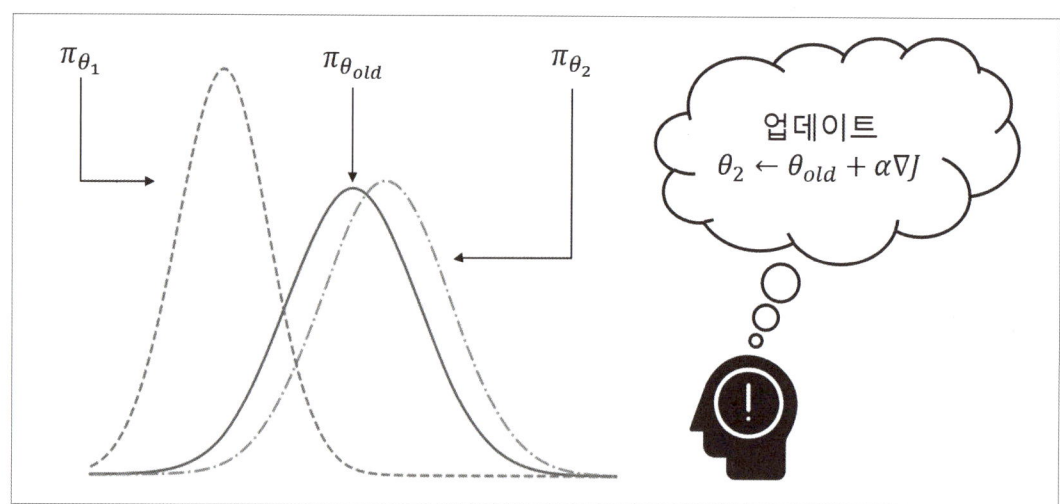

[그림 6-15] 매개 변수마다 생성한 정책의 분포도

[그림 6-15]는 지금까지 이야기한 신뢰 영역 정책 최적화의 모식도입니다. 기존에 가지고 있던 에이전트의 파라미터가 생성한 정책($\pi_{\theta_{old}}$)은 실선으로 표현된 영역에 분포되어 있고, KL-발산 제약을 두지 않은 채 업데이트하고 얻은 파라미터가 생성한 정책(π_{θ_1})은 대시선으로 그리고 KL-발산 제약을 두고 업데이트한 파라미터가 생성한 정책(π_{θ_2})은 점이 가미된 대시선으로 표현되었습니다. KL-발산 제약 조건이 추가된 정책 분포는 기존의 정책과의 차이가 특정 값을 넘지 않아 정책의 변화가 안정적으로 이루어짐을 보여 줍니다. 요약하자면 새롭게 업데이트할 정책이 기존 정책에서 믿을 수 있는 영역 이내에서 업데이트하도록 목적 함수를 바꾼다는 의미이므로, 이제 여러분은 논문의 제목인 신뢰(Trust), 영역(Region), 정책(Policy), 최적화(Optimization)의 뜻을 이해할 수 있을 것입니다.

TRPO 알고리즘의 의사 코드[38]를 분석해 보겠습니다.

---

[38]. 의사 코드는 다음 링크를 참조했습니다. https://spinningup.openai.com/en/latest/algorithms/trpo.html

Algorithm 1 Trust Region Policy Optimization

1: Set an actor agent with parameters θ_0, a critic agent with parameters ϕ_0
2: Set hyperparameters of KL-divergence limit δ, backtracking coefficient α, and maximum number of backtracking steps K
3: **for** $t = 1, 2, \ldots$ **do**
4:     Collect set of transition from the environment under policy $\pi = \pi(\theta_t)$
5:     Compute return G_t and advantage A_t using value function $V_{\phi k}$
6:     Estimate Policy gradient as

$$g_k = \sum_{t=0}^{T} \nabla_\theta \log \pi_\theta(a_t|s_t) A_t$$

7:     Use the Conjugate Gradient algorithm to compute

$$x_k \approx H_k^{-1} g_k$$

    where H_k is the Hessian of the sample average KL-divergence
8:     Update the actor agent by backtracking line search with

$$\theta_{k+1} = \theta_k + \alpha^j \sqrt{\frac{2\delta}{x_k^T H_k x_k}} x_k$$

    where $j \in \{0, 1, 2 \ldots K\}$ is the smallest value which improves the sample loss and satisfies the sample KL-divergence constraint
9:     Optimize the critic agent parameters by MSE-error

$$\phi_{k+1} = \arg\min_\phi \frac{1}{T} \sum_{t=0}^{T} (V_\phi(S_t) - G_t)^2$$

10: **end for**

[그림 6-16] TRPO 알고리즘 의사 코드

순차적으로 알고리즘 의사 코드를 해석하면 다음과 같습니다.

- Actor와 Critic에 해당하는 신경망을 구성한다.
- KL-발산값의 제한, '역추적 라인 검색' 계수와 반복 횟수 매개 변수를 정의한다.
- 정책으로 환경에 행동 부여 및 피드백을 받는다.
- 리턴 및 advantage를 계산한다.
- Actor를 업데이트할 목적 함수, gradient를 계산한다.
- '켤레 기울기' 법을 이용하여 Actor의 파라미터 업데이트 방향을 설정한다.
- '역추적 라인 검색' 법을 이용해 Actor 에이전트를 학습한다
- Critic의 파라미터를 최소 제곱법을 이용해 학습한다.
- 충분히 학습할 때까지 단계 3~8을 반복한다.

의사 코드 해석 구문에서 여러분이 아마 처음 보았을 부분을 따옴표로 표현하였습니다. 역추적 라인 검색(Backtracking linesearch), 켤레 기울기법(Conjugate gradient)은 본 책에서 깊이 있게 다루지 않았는데, 이들은 대학원 과정에서 다룰 수준의 상당히 난해한 개념이지만 TRPO를 이해하기 위한 배경지식이므로 아주 간단한 수준으로 설명하겠습니다.

켤레 기울기법은 행렬을 풀이하는 데 매우 효과적인 방법입니다. 2장에서 이론적으로 역행렬을 구하는 방법에 대해서 살펴보았지만, 이는 계산적인 측면에서는 매우 비효율적인 방법입니다. 잠시 뒤에 언급하겠지만 TRPO에서는 인공 신경망의 매개 변수 개수를 n이라고 한다면 $n \times n$ 크기의 행렬을 풀어야 합니다.

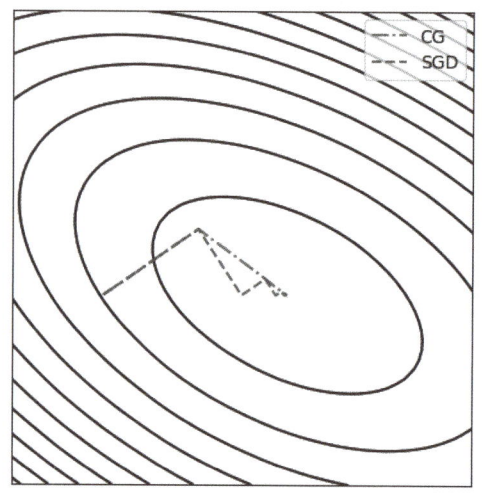

[그림 6-17] 켤레 기울기법과 최대 경사 하강법 최적화 비교

[그림 6-17]은 변수가 2개로 구성된 목적 함수를 동일한 초기 위치에서 켤레 기울기법(점파선), 경사 하강법(파선) 방식으로 최적화 결과를 보여 줍니다. 경사 하강법은 최적화하는 지점에서 최대로 목적 함수가 최소가 되는 지점으로 방향을 찾아가지만 목적 함수가 복잡하면 복잡할수록 최적화의 방향이 급격하게 바뀌는 성질이 있습니다. 켤레 기울기법은 경사 하강법의 이런 성질을 완화해 주는 방법으로 목적 함수가 왜곡된 부분을 가상으로 부드럽게 바꿔 주어 최적화의 방향을 안정적으로 찾도록 해 줍니다. 위 그림에서는 목적 함수의 형태가 타원처럼 왜곡된 등고선을 원으로 바꾼 뒤 계산하는 것으로 연상하면 되겠습니다. 참고로 위 수식에서 경사 하강법은 최적화 지점을 찾는 데 약 10회 반복했지만, 켤레 기울기법은 단 2회 만에 최적화 지점을 성공적으로 찾아내었습니다.

역추적 라인 검색은 이차 함수를 응용한 최적화 기법입니다. 목표는 학습률이 적절했는지 판단하는 방법으로 학습률이 지나치게 높았다면 다시 돌아와 적절한 학습률을 설정하는 전략입니다.

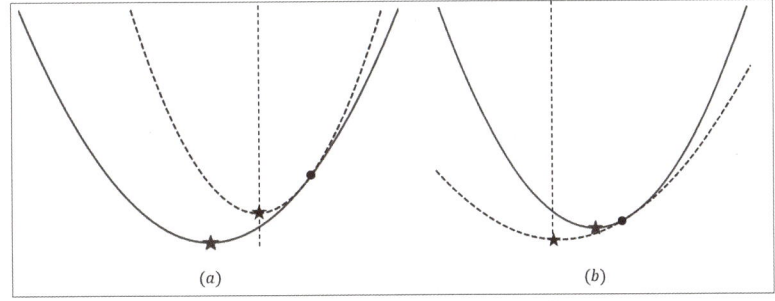

[그림 6-18] 역추적 라인 검색 개념도

[그림 6-18]은 역추적 라인 검색을 직관적으로 표현합니다. (a), (b) 그림 모두 실선으로 표시된 함수가 동일한 목적 함수이며 최적 지점이 실선의 최적 지점 위에서 별표로 표현됩니다. 또한, 현재 최적화 과정에서 추적하는 지점은 둥근 원으로 표현됩니다. (a)를 보면 현재 추정하는 지점에서 대체 모델로 점선으로 표현된 이차 함수를 구성하였습니다. 대체 모델 이차 함수의 최적 지점은 검은 수직 직선이 가리키는 지점이며, 이는 실제 목적 함수에 더욱더 가까워지므로 적절하게 추정하고 있다고 판단합니다. 반면에 (b)에서는 둥근 점이 현재 추정 지점이며, 여기서 점선으로 표현된 대체 모델 이차 함수가 구성되었으며, 그것의 최적 지점은 실제 목적 함수에서 최적화 지점을 벗어난 것이 확인됩니다. (b)와 같은 경우에는 학습률이 적절치 않다는 것을 의미했으며, 이전 지점으로 돌아가 학습률을 다시 조정하는 과정을 거쳐야 합니다.

종합하여 중요도 샘플링과 KL-발산 범위의 조건을 모두 만족함과 동시에 계산의 편의성을 위한 가정을 더해 의사 코드의 8번째 줄에 해당하는 역추적 라인법의 Actor 업데이트 식이 생성되며, 기존에 Critic 신경망을 업데이트하는 최소 제곱 오차 최적화 방식에 해당하는 의사 코드의 9번째 줄을 반복해 TRPO 에이전트의 학습이 완성됩니다.

≫ 실습

이론에서도 살펴보았듯이 TRPO 알고리즘은 상당히 어려운 개념의 최적화 기법과 개념을 이용하기에 논문의 저자들은 개념들을 실제 알고리즘으로 직접 적용하는 것이 상당히 까다로움을 말합니다. 필자는 TRPO 알고리즘 구현에서 가장 좋은 평가를 받은 "ikostrikov"와 "ThianhongDai" 유저의 깃허브 저장소 알고리즘을 변형해 소개함을 밝힙니다.

필요한 패키지들을 호출합니다.

```python
import numpy as np
import matplotlib.pyplot as plt

import torch
import torch.nn as nn
import torch.optim as optim
import torch.nn.functional as F
from torch.autograd import Variable

import gym
import copy
import sys
sys.path.append('../material')
from utils import moving_average, discounted_reward, FIFO

from IPython.display import clear_output
from IPython.display import Video
```

본 예제는 gym의 CartPole 환경을 설정하고 해결할 것입니다. 따라서 해당 부분에 대한 부수적인 호출 부분은 지면 낭비를 막고자 생략하였습니다.

인공 신경망으로 구성된 에이전트를 작성합니다. 자세한 인공 신경망의 구조는 생략합니다

```python
class TRPO_actorAgent(nn.Module):
    def __init__(self, state_shape, n_actions):
        super(TRPO_actorAgent,self).__init__()
        self.state_shape = state_shape
        self.n_actions = n_actions
        
        self.seq = nn.Sequential(
            nn.Linear(self.state_shape,128),
            nn.ReLU(),
```

```python
            nn.Linear(128,self.n_actions)
        )
    
    def forward(self, state_t):
        policy = self.seq(state_t)
        return policy
    
    def sample_actions(self,state_t):
        policy = self.forward(state_t)
        soft_policy = F.softmax(policy,dim=-1)
        action = torch.multinomial(soft_policy, num_samples=1).item()
        return action

class TRPO_criticAgent(nn.Module):
    def __init__(self,state_shape):
        super(TRPO_criticAgent,self).__init__()
        
        self.state_shape = state_shape
        self.seq = nn.Sequential(
            nn.Linear(self.state_shape,128),
            nn.ReLU(),
            nn.Linear(128,1)
        )
    
    def forward(self, state_t):
        value = self.seq(state_t)
        return value
```

학습에 필요한 유틸을 정의하겠습니다.

```python
def conjugated_gradient(fvp, b, update_steps, obs, pi_old, residual_
tol=1e-10):
    x = torch.zeros(b.size(), dtype=torch.float32)
    r = b.clone()
```

```python
        p = b.clone()
        rdotr = torch.dot(r, r)
        for i in range(update_steps):
            fv_product = fvp(p, obs, pi_old)
            alpha = rdotr / torch.dot(p, fv_product)
            x = x + alpha * p
            r = r - alpha * fv_product
            new_rdotr = torch.dot(r, r)
            beta = new_rdotr / rdotr
            p = r + beta * p
            rdotr = new_rdotr
            # if less than residual tot.. break
            if rdotr < residual_tol:
                break
        return x
```

켤레 기울기를 구하는 함수입니다. 계산하는 수식에 관한 세부 사항은 생략하고 입출력 변수에 대해서 분석해 보겠습니다. 입력 변수는 순서대로 풀어야 할 역행렬을 생성할 함수 'fvp', actor의 gradient에 해당하는 'b', 켤레 기울기법의 업데이트 횟수 'update_steps', 상태 함수 'obs', 미리 알고 있는 정책 'pi_old' 그리고 켤레 기울기의 허용 오차 'residual_tol'을 입력받습니다. TRPO에서는 해당 함수를 계산하여 [그림 6-16]의 의사 코드 7번째 항을 계산할 수 있습니다. 역행렬을 생성할 함수 'fvp'는 Fisher-Vector Product의 줄임말로 KL-발산 함수의 헤시안 행렬을 계산하는 역할을 합니다.

벡터화된 인공 신경망의 매개 변수를 완전 연결 계층으로 복원하는 함수를 작성합니다.

```python
def set_flat_params_to(model, flat_params):
    prev_indx = 0
    for param in model.parameters():
        flat_size = int(np.prod(list(param.size())))
        param.data.copy_(flat_params[prev_indx:prev_indx + flat_size].view(param.size()))
        prev_indx += flat_size
```

Actor 에이전트를 학습하는 단계는 켤레 기울기법, 역추적 라인 검색 기법을 이용하므로 이 과정에서 완전 연결 계층을 벡터화한 뒤 최적화합니다. 본 함수는 벡터 형태로 변형된 매개 변수를 행렬 형태의 완전 연결 계층으로 변환해 주는 역할을 합니다.

역추적 라인 검색 기법 함수를 구현합니다.

```python
def line_search(model, loss_fn, x, full_step, expected_rate, obs, adv, pi_old,
max_backtracks=10, accept_ratio=0.1):
    fval = loss_fn(obs, adv, pi_old).data
    for (_n_backtracks, stepfrac) in enumerate(0.5**np.arange(max_backtracks)):
        xnew = x + stepfrac * full_step
        set_flat_params_to(model, xnew)
        new_fval = loss_fn(obs, adv, pi_old).data
        actual_improve = fval - new_fval
        expected_improve = expected_rate * stepfrac
        ratio = actual_improve / expected_improve
        if ratio.item() > accept_ratio and actual_improve.item() > 0:
            return True, xnew
    return False, x
```

입력 변수는 순서대로 인공 신경망, 목적 함수, 인공 신경망의 매개 변수, 켤레 기울기법으로 계산된 업데이트 방향, 적절한 학습률, 상태 함수, advantage, 이전 정책, 역추적 허용 횟수, 역추적 허용 비율을 받습니다. Actor 에이전트를 학습할 때 순서대로 입력 변수를 입력하여 역추적 라인 검색을 수행합니다. 역추적 라인 검색의 성공 여부와 업데이트된(혹은 되지 않은) 벡터화된 인공 신경망의 매개 변수가 반환됩니다.

인공 신경망을 구성합니다.

```python
actor = TRPO_actorAgent(num_state,num_action)
old_actor = TRPO_actorAgent(num_state,num_action)
old_actor.load_state_dict(actor.state_dict())

critic = TRPO_criticAgent(num_state).to(device)
```

```
critic_optimizer = optim.Adam(critic.parameters(),lr=learning_rate)
```

에이전트의 Actor는 현재-이전 시점을 관여하는 두 변수로 나눴으며, Critic은 우리가 지금까지 보아 온 것처럼 완전 연결 계층으로 구성하고 최적화 함수를 정의하였습니다.

업데이트 수식에 필요한 함수를 정리합니다.

```
def actor_surrogate_loss(states, advantages, pi_old):
    policy = actor(states)
    log_policy = F.log_softmax(policy,dim=-1)
    old_policy = F.log_softmax(pi_old,dim=-1)
    surr_loss = -torch.exp(log_policy - old_policy)*advantages
    return surr_loss.mean()
```

[수식 6-12]에 해당하는 중요도가 샘플링된 목적 함수입니다. 상태 함수, advantage, 업데이트 이전의 정책을 입력받고 그에 따른 계산을 합니다. 중요도 샘플링은 미리 알고 있는 함수의 확률 분포를 나눗셈 연산을 통해 연산하지만 나눗셈의 연산은 확률 분포에 취약하므로 확률 분포에 로그-지수 관계를 이용해 수식을 변형하였습니다.

KL-발산 함수를 구현합니다.

```
def get_kl(states,pi_old):
    pi_new = actor(states)
    pi_new = F.softmax(pi_new,dim=-1)
    pi_old = F.softmax(pi_old,dim=-1)

    kl_div = torch.sum(pi_new*(torch.log(pi_new)-torch.log(pi_old)),dim=-1)
    return kl_div.mean()
```

현재 상태와 기존 정책을 입력받고 이산 형태의 KL-발산 함수를 작성합니다.

> **Note**
> 필자가 참고한 깃허브 저장소의 문제는 정책의 확률 분포 함수가 연속형입니다. 따라서 Actor의 목적 함수와 KL-발산 함수의 수식 형태가 다소 다를 것입니다. 특히 원본 코드에서의 KL-발산 함수는 정규 분포를 따른다는 가정으로 작성된 수식으로 함수를 구현하였습니다.

KL-발산 함수의 헤시안 행렬(Hessian matrix)을 계산하는 함수를 구현합니다.

```
def fisher_vector_product(input_values, states, pi_old, damping=1e-01): ①
    kl = get_kl(states,pi_old) ②

    kl_grads = torch.autograd.grad(kl, actor.parameters(), create_graph=True) ③
    flat_kl_grads = torch.cat([grad.view(-1) for grad in kl_grads]) ④
    kl_v = (flat_kl_grads * torch.autograd.Variable(input_values)).sum() ⑤
    kl_second_grads = torch.autograd.grad(kl_v, actor.parameters()) ⑥
    flat_kl_second_grads = torch.cat([grad.contiguous().view(-1) for grad in kl_second_grads]).data ⑦
    flat_kl_second_grads +=  damping*input_values ⑧
    return flat_kl_second_grads ⑨
```

① 입력 변수는 순서대로 Actor 목적 함수의 gradient, 상태 함수, 기존 정책 그리고 모멘텀 역할을 하는 감쇠 상수를 입력받습니다.

③~④ KL-발산값의 미분값을 구하고 벡터화를 진행합니다. 유의할 점은 파이토치의 'autograd' 기능을 이용해 미분을 진행하는데 2차 미분을 구해야 하므로 한 번 더 'autograd' 기능을 이용해야 합니다. 이를 위해 계산 그래프를 보존하겠다는 'create_graph=True' 옵션을 추가합니다.

⑤~⑦ KL-발산값의 2차 미분을 구하며 벡터화를 진행합니다.

Note

헤시안 행렬은 목적하는 함수를 이루는 모든 변수에 대한 2차 미분을 행렬로 표현한 것입니다. 매개 변수의 개수가 m개라면 헤시안 행렬은 mxm 정방 행렬이 됩니다. 본 예시에서는 헤시안 행렬을 구해야 하지만 실제로는 벡터화를 진행하였습니다. 역추적 라인 검색의 선형 방정식에 해당하는 부분은 벡터로 정렬시켜도 괜찮기 때문입니다.

Actor 에이전트의 업데이트 함수를 정의합니다.

```
def TRPO_agentupdate(actor, loss_fn, states, pi_old, advantages, max_kl=1e-02): ①
    surr_loss = loss_fn(states, advantages, pi_old) ②
    surr_grad = torch.autograd.grad(surr_loss, actor.parameters()) ③
    flat_surr_grad = torch.cat([grad.view(-1) for grad in surr_grad]).data ④
```

```
    nature_grad = conjugated_gradient(fisher_vector_product, -flat_surr_
grad,10, states, pi_old) ⑤


    non_scale_kl = 0.5*(nature_grad*fisher_vector_product(nature_grad, states,
pi_old)).sum(0,keepdim=True) ⑥
    scale_ratio = torch.sqrt(non_scale_kl/max_kl) ⑦
    final_nature_grad = nature_grad / scale_ratio[0] ⑧

    expected_improve = (-flat_surr_grad * nature_grad).sum(0, keepdim=True) /
scale_ratio[0] ⑨

    prev_params = torch.cat([param.data.view(-1) for param in actor.
parameters()]) ⑩

    success, new_params = line_search(actor, actor_surrogate_loss, prev_
params, \
                                      final_nature_grad, expected_improve,
states, \
                                      advantages, pi_old) ⑪
    set_flat_params_to(actor,new_params) ⑫
```

① 함수명과 입력 변수들을 정의합니다. 'loss_fn'은 actor의 목적 함수인 'actor_surrogate_loss'입니다.

②~④ actor의 목적 함수를 구한 뒤 벡터화를 진행합니다.

⑤~⑧ 켤레 기울기법을 도입해 gradient의 방향을 재구성합니다.

⑨ 기울기와 재구성된 기울기의 비율을 이용해 업데이트의 정도를 결정지을 요소를 구합니다.

⑩ Actor 파라미터를 벡터화합니다.

⑪~⑫ 역추적 라인 검색법을 적용한 뒤 학습이 완료된 벡터 형태의 파라미터를 원래 형태로 복원합니다.

Critic 에이전트의 업데이트 함수를 정의합니다.

```
def TRPO_criticupdate(critic, state, td_target,num_iter=5):
    value = critic(state)
    for _ in range(num_iter):
```

```
        value_loss = torch.mean((td_target-value)**2)
        critic_optimizer.zero_grad()
        value_loss.item()
        critic_optimizer.step()
```

Critic 에이전트는 파이토치의 optimizer 함수를 이용해 최소 제곱 오차를 최적화합니다.

Actor - Critic 신경망의 업데이트를 총괄하는 함수를 구성합니다.

```
def TRPO_update(histories, gamma=0.99):  ①
    old_actor.load_state_dict(actor.state_dict())  ②

    states, rewards, next_states, dones = histories  ③
    torch_state = torch.Tensor(states).to(device)  ④
    torch_reward = torch.Tensor(rewards).to(device).view(-1,1)  ⑤
    torch_next_state = torch.Tensor(next_states).to(device)  ⑥
    torch_dones = torch.Tensor(dones).to(device).view(-1,1)  ⑦
    torch_dones = 1-torch_dones  ⑧

    value = critic(torch_state)  ⑨
    next_value = critic(torch_next_state)  ⑩
    policy = old_actor(torch_state)  ⑪
    policy_old = F.softmax(policy,dim=-1).detach()  ⑫

    returns = torch.Tensor(discounted_reward(torch_reward)).view(-1,1)  ⑬
    td_target = returns + gamma*value  ⑭
    torch_advantage = td_target - next_value  ⑮
    torch_advantage = (torch_advantage - torch_advantage.mean())/torch_advantage.std()  ⑯

    TRPO_agentupdate(actor, actor_surrogate_loss, torch_state, policy_old, torch_advantage)  ⑰
    TRPO_criticupdate(critic, torch_state,td_target)  ⑱
```

① 학습 과정을 기록한 변수를 받아 업데이트를 진행합니다.

② 업데이트 단계에서 현재 시점의 정책 에이전트와 기존 정책 에이전트의 동기화를 실시합니다.

③~⑧ 학습 과정의 요소들을 파이토치 형태로 변형합니다. 학습 종료 여부는 마스킹할 것이므로 반전 요소를 설정합니다.

⑨~⑫ 현 상태, 다음 상태의 가치 함수와 기존 정책을 계산합니다.

⑬~⑯ 할인율이 적용된 보상과 그에 따른 advantage를 계산합니다. Advantage는 평균-분산을 이용한 정규화를 진행합니다.

⑰~⑱ Actor와 Critic 에이전트를 업데이트합니다.

학습을 본격적으로 실시합니다.

```
reward_record = []  ①
states, rewards, next_states, dones = [],[],[], []  ②
for ep in range(max_episode):  ③
    total_reward = 0  ④
    state = env.reset()  ⑤

    while True:  ⑥
        torch_state = torch.Tensor(state[None]).to(device)  ⑦
        action =  actor.sample_actions(torch_state)  ⑧
        next_state, reward, done, _ = env.step(action)  ⑨

        states = FIFO(state, states,1000)  ⑩
        rewards = FIFO(reward, rewards,1000)  ⑪
        next_states = FIFO(next_state, next_states,1000)  ⑫
        dones = FIFO(done, dones,1000)  ⑬

        if done:  ⑭
            break  ⑮

        state = next_state  ⑯
        total_reward += reward  ⑰
    reward_record.append(total_reward)  ⑱
    history = (states, rewards ,next_states, dones)  ⑲
```

```
# Episode finish -> update agent model
  TRPO_update(history, update_per_episode)  ⑳
  〈이하 생략〉
```

① 에피소드당 최종 보상을 기록할 리스트를 만듭니다.

② 학습의 기록 요소들을 빈 리스트로 정의합니다.

③~⑤ 에피소드의 종료-시작 반복문을 구성합니다.

⑥~⑨ 에피소드의 시작과 동시에 행동 추론 - 환경으로부터의 피드백 과정을 반복합니다.

⑩~⑬ 미리 작성된 FIFO 함수를 이용해 학습 과정을 기록합니다.

⑭~⑰ 에피소드의 종료 여부를 분석합니다.

⑱~⑲ 에피소드의 최종 보상 기록과 학습 기록을 저장합니다.

⑳ 학습 기록을 이용해 TRPO 에이전트의 업데이트를 수행합니다.

Note

FIFO 함수는 리스트 길이가 지나치게 길어질 때 처음에 저장된 요소를 없애고 새로운 요소를 받아들이는 기능을 합니다. FIFO 함수는 'First-In-First-Out'의 줄임말로 자료 구조 중 큐(Queue) 구조를 구현한 기능입니다.

결과

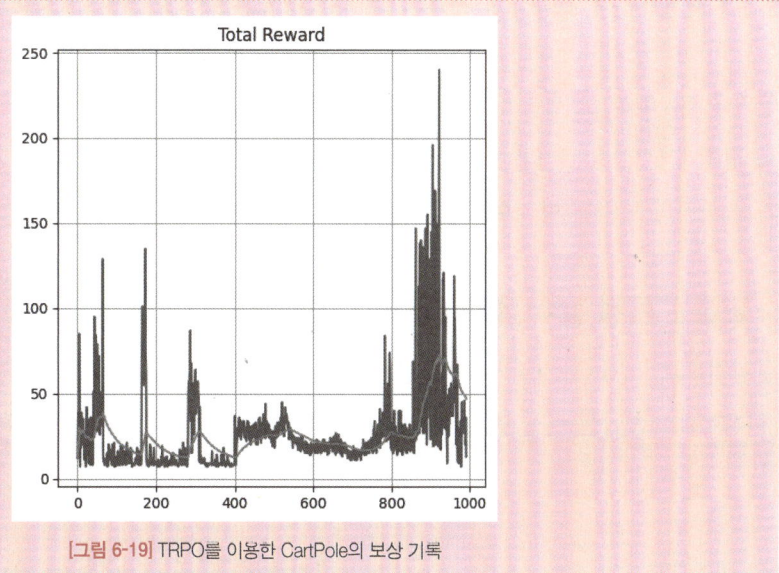

[그림 6-19] TRPO를 이용한 CartPole의 보상 기록

안타깝게도 TRPO를 적용한 CartPole의 기록은 학습이 어느 정도 되다가 실패하는 양상을 보여 줍니다. 원래 최종 Reward가 200을 초과하면 문제 풀이에 성공한 것으로 파악하는 문제지만 앞선 알고리즘의 그것보단 저조한 성적을 보여 주었습니다. 학습의 최적화 과정에서 설정하였던 가정이 의외로 CartPole 문제와 같이 이산형의 간단한 문제에서는 오히려 독이 되지 않았을까 하는 필자의 개인적인 생각이 드는 결과입니다. 독자 여러분들이 더 상세히 TRPO의 성능을 구체적으로 확인하고 싶다면 연속형 정책 확률 함수의 문제를 이용하는 'Mujoco' 예시[39]를 이용해 문제를 다시 한번 살펴보길 바랍니다.

6.2.4 [고급] Proximal Policy Optimization[40]

》 이론

'가깝다'라는 뜻의 'Proximal'이라는 단어를 모티브로 한 정책 최적화 기법입니다. 앞서 살펴본 'TRPO' 개념 이후에 발표된 후속 논문으로 약 9,500건 이상의 피인용 횟수를 자랑하는 정책 기반 학습법 중 대표적인 알고리즘입니다. 줄여서 'PPO'라고 불리는 이 알고리즘은 'TRPO'를 제시한 저자들의 후속 논문으로서 TRPO의 방식을 어떻게 개선하였는가를 중점적으로 설명합니다.

'PPO'의 논문에서는 선행 연구인 '신뢰 영역'이라는 개념을 도입해서 적절하게 정책을 업데이트한다는 이론을 실제 실험에 도입했을 때의 문제로 제기합니다. 첫 번째 문제로 TRPO는 개념이 상당히 어려움과 동시에 구현하기 까다로운 부분이 있었으며, 두 번째 문제로 이론적으로는 신뢰 영역을 도입하여도 새롭게 업데이트할 정책에 추가적인 특별한 조건을 부여하지 않으면 제멋대로 정책이 업데이트된다는 것입니다. 그래서 저자들은 [수식 6-13]에서 표현하는 목적 함수를 두 가지 버전의 보완된 형태로 도입하기를 제안하며 후속 연구인 PPO를 발표하였습니다.

》 방법 1. 목적 함수 클리핑

실험적으로 'TRPO' 방식의 목적 함수를 그대로 사용할 경우 새롭게 구할 정책이 이론과는 달리 제멋대로 학습되는 것을 방지하고자 제안된 방법입니다. 기울기 클리핑의 개념과 마찬가지로 목

---

39. https://mujoco.org/
40. https://arxiv.org/abs/1707.06347

적 함수가 특정한 범위를 넘어서지 않도록 클리핑을 걸어 주는 기법입니다.

$$J_\theta^{CPI} = \mathbb{E}\left[min(r_t(\theta)\hat{A}_t, clip(r_t(\theta), 1-\epsilon, 1+\epsilon)\hat{A}_t)\right] \quad (6\text{-}14)$$

where,

$$r_t(\theta) = \frac{\pi_\theta(a_t|s_t)}{\pi_{\theta_{old}}(a_t|s_t)}$$

[수식 6-14]에서 표현하는 clipping 방법은 수식을 파헤쳐 보면 크게 어렵지 않은 개념입니다. 'TRPO'에서 이용하였던 원래 목적 함수와 'TRPO' 목적 함수를 클리핑하여 얻은 목적 함수 중 더 작은 값을 채택하여 최적화의 대상으로 삼겠다는 의미입니다. 0.2로 추천되는 ϵ 값을 기준으로 정책의 중요도 샘플링 값이 클리핑 기준을 넘어서면 1.2로, 반대의 경우에는 0.8로 상정해서 계산합니다.

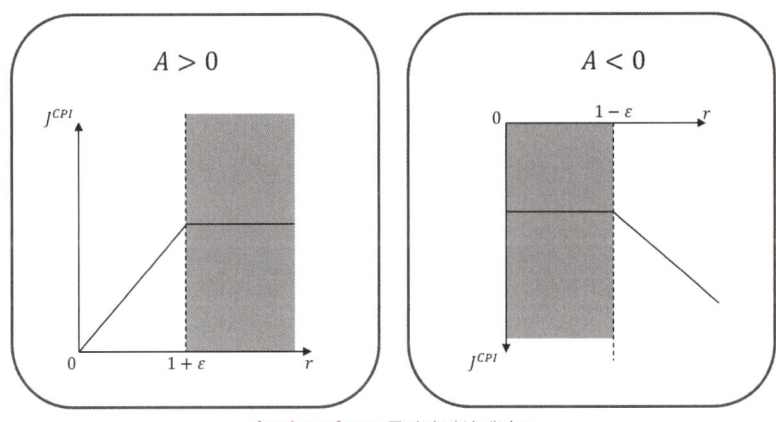

[그림 6-20] PPO 클리핑 방식 개념도

클리핑을 걸어 줌으로써 얻게 되는 효과는 Advantage가 양의 범위를 가질 때는 양의 방향으로 지나치게 새로운 정책을 업데이트하는 효과를 억제하고, 반대로 Advantage가 음의 범위를 가질 때는 정책이 업데이트가 아예 진행되지 않는 불상사를 막는 것입니다. [그림 6-20]은 논문에도 사용된 그림으로 각각 Advantage가 양수와 음수일 때 각각 목적 함숫값을 어떻게 설정해야 할지 시각적으로 보여 줍니다. Advantage가 양수일 때 정책의 비율이 지나치게 커진다면 클리핑 기준으로 회색 사각형 영역처럼 일정한 값으로 고정되도록 유도하며, 반대로 Advantage가 음수일 때는 정책의 비율이 지나치게 작아질 때는 목적 함숫값을 0으로 두지 않도록 음의 방향으로 크게 목적 함수를 설정합니다.

≫ 방법 2. 적응형 KL-발산 제어 페널티

'TRPO'의 목적 함수에서 추론될 문제를 해결하는 방법입니다. 혹시 독자 여러분은 'TRPO'의 목적 함수에서 KL-발산값의 상한인 δ 값에 대해서 불편함을 느끼지 않았습니까? 논문 저자들은 정책이 업데이트됨에 따라서 KL-발산값의 상한값이 계속해서 바뀔 수 있음에 주목하였습니다. 따라서 학습이 진행되는 동안 적절하게 KL-발산 페널티를 원래 목적 함수에 얼마만큼 부여해야 하는지를 다음 수식을 통해 제안합니다.

$$J_\theta^{KLPEN} = \mathbb{E}\left[\frac{\pi_\theta(a_t|s_t)}{\pi_{\theta_{old}}(a_t|s_t)}\hat{A}_t - \beta KL[\pi_{\theta_{old}}(\cdot|s_t), \pi_\theta(\cdot|s_t)]\right] \quad (6\text{-}15)$$

where,

$$d = \mathbb{E}[KL[\pi_{\theta_{old}}(\cdot|s_t), \pi_\theta(\cdot|s_t)]]$$

$$\beta \leftarrow \begin{cases} \beta/2, & d < d_{targ}/1.5 \\ 2\beta, & d > d_{targ} * 1.5 \end{cases}$$

[수식 6-15]에서 보여 주듯 목표로 하는 KL-발산값의 특정 비율보다 계산한 KL-발산값이 크거나 작으면 KL-발산 페널티를 절반 혹은 두 배씩 곱연산을 하여 KL-발산에 대한 페널티를 적용해 나가는 것을 제안하였습니다.

참고로 논문 저자들은 목표 KL-발산값을 경험적인 결과를 토대로 1.5~2 사이를 사용하길 권고합니다.

≫ 실습

실습 문제는 TRPO의 예시와 같이 CartPole을 해결하도록 하겠습니다. 이론 부분에서도 같이 살펴보았던 PPO 알고리즘의 주된 목적 함수 형태는 두 가지 방법으로 나뉘지만 본 책에서는 쉽게 코딩할 수 있는 clipping 방법을 사용해 해결하도록 합니다. 에이전트 신경망 모델, 환경 및 학습 매개 변수를 구성하는 부분은 지면에서 생략되었으니 깃허브 저장소의 코드를 같이 살펴보길 바랍니다.

Clipping 방식대로 에이전트를 업데이트하는 함수를 다음과 같이 작성합니다.

```
def PPO_update(histories, num_update=3):  ①
    old_agent.load_state_dict(agent.state_dict())  ②
    states, actions, rewards, next_states, dones = histories  ③
```

```
        torch_state = torch.Tensor(states).to(device) ④
        old_proba,_ = old_agent(states).to(device) ⑤
        old_proba = F.softmax(old_proba,dim=-1)
        old_proba = torch.gather(old_proba,1,torch.tensor(actions).unsqueeze(1).
to(device)).detach() ⑥
        torch_next_state = torch.Tensor(next_states).to(device) ⑦
        for _ in range(num_update):   ⑧
            policy, value = agent(torch_state) ⑨
            _, next_value = agent(torch_next_state) ⑩
            soft_policy = F.softmax(policy,dim=-1) ⑪

            cur_proba = torch.gather(soft_policy,1,torch.tensor(actions).
unsqueeze(1).to(device)) ⑫
            ratio = torch.exp(torch.log(cur_proba)-torch.log(old_proba)) ⑬

            returns = torch.Tensor(discounted_reward(rewards)).to(device).view(-1,1) ⑭
            td_target = torch.Tensor(rewards).to(device) + gamma * next_value * (1-
torch.Tensor(dones).to(device)) ⑮
            advantage = td_target - value ⑯
            advantage = (advantage - advantage.mean()) / advantage.std() ⑰

            surr_1 = ratio*advantage ⑱
            surr_2 = torch.clip(ratio, 1-eps, 1+eps)*advantage ⑲
            clip_loss = torch.min(surr_1, surr_2) ⑳
            critic_loss = (td_target - value)**2 ㉑
            entropy = -torch.sum(soft_policy*torch.log(soft_policy),dim=-1) ㉒

            # loss function build
            loss = torch.mean(-clip_loss + value_ratio*critic_loss -
epsilon*entropy) ㉓

            optimizer.zero_grad() ㉔
            loss.backward() ㉕
            optimizer.step() ㉖
```

```
        scheduler.step()  ㉗
    return loss.item(), -clip_loss.mean().item(), critic_loss.mean().item(),
 entropy.mean().item()  ㉘
```

① 업데이트 함수를 정의합니다. 입력 변수로 학습의 기록을 받습니다.

② 업데이트 이전 시점의 에이전트와 업데이트하는 현시점의 신경망을 동기화합니다.

③ 학습 기록을 해제합니다. 학습 기록에는 현재 시점의 상태, 행동, 보상, 다음 시점의 상태 그리고 종료 여부들이 각각 리스트 형태로 저장되어 있습니다. 추후 본 학습 과정에서 더 자세히 살펴보겠습니다.

④~⑦ 현재 시점, 다음 시점의 상태 기록을 토대로 에이전트의 정책과 가치 함수를 계산합니다.

⑧ 학습 주기에 도달했을 때 PPO의 학습 횟수만큼 업데이트 반복문을 구성합니다. 본 예시에서는 에피소드마다 학습을 시행하도록 구성되었습니다.

⑨~⑪ 업데이트 시점마다 정책, 가치 함수를 각각 계산합니다.

⑫~⑬ 로그 함수와 지수 함수 변형을 이용해 [수식 6-15] 중 업데이트 시점-업데이트 이전 시점의 정책 비율을 계산합니다.

⑭~⑰ 리턴, TD-target 그리고 Advantage를 계산하는 과정입니다. 할인율을 누적 계산 부분은 utils에 미리 저장된 'discounted_reward' 함수를 이용하였으며 Advantage는 평균-분산을 이용한 정규화를 진행합니다.

⑱ 정책 비율과 Advantage의 곱으로 목적 함수 첫 번째 후보를 작성합니다.

⑲ Clipping 기법이 적용된 정책 비율과 Advantage 곱으로 목적 함수 두 번째 후보를 작성합니다.

⑳ [수식 6-15]에서 표현하는 안정적인 목적 함수를 선택해 최적화 대상으로 정의합니다.

㉑ 가치 함수를 Td-target과 맞출 수 있도록 최소 제곱꼴 형태로 목적 함수를 정의합니다.

㉒ Exploration할 Entropy 함수를 작성합니다.

㉓ 정책, 가치 함수 그리고 엔트로피를 업데이트할 목적 함수를 작성합니다. 최대화, 최소화할 대상을 구분해 부호를 첨가합니다.

㉔~㉗ 목적 함수를 역전파 진행하여 에이전트 업데이트를 실행합니다.

㉘ 반복문을 모두 진행하였으면 로그 할 목적 함수를 구성하는 요소들을 반환합니다.

학습이 진행되는 코드를 작성합니다.

```python
reward_record, loss_record, critic_record, entropy_record = [], [], [], []  ①
states, actions, rewards, next_states, dones = [],[],[],[],[]  ②
for ep in range(max_episode):  ③
    total_reward = 0  ④
    state = env.reset()  ⑤

    while True:  ⑥
        torch_state = torch.Tensor(state[None]).to(device)  ⑦
        policy, value = agent(torch_state)  ⑧
        action = agent.sample_actions(torch_state)  ⑩
        next_state, reward, done, _ = env.step(action)  ⑪

        states = FIFO(state, states)  ⑫
        actions = FIFO(action, actions)  ⑬
        rewards = FIFO(reward, rewards)  ⑭
        next_states = FIFO(next_state, next_states)  ⑮
        dones = FIFO(done , dones)  ⑯

        if done:  ⑰
            break  ⑱

        state = next_state  ⑲
        total_reward += reward  ⑳

    history = (states, actions, rewards, next_states, dones)  ㉑
    loss,clip,critic,entropy = PPO_update(history, update_per_episode)  ㉒
```

<이하 생략>

① 학습의 진행을 체크할 로그 기록용 빈 리스트를 정의합니다.

② 업데이트할 학습 과정 동안 출력되는 요소를 저장할 빈 리스트를 정의합니다.

③~⑥ 학습시킬 최대 에피소드 동안 자동으로 환경을 초기화하는 구문입니다.

⑦~⑪ 현 상태를 에이전트에 전파한 뒤 정책, 가치 함수를 계산하고 주어진 행동을 환경에 부여해 피드백

을 받습니다.

⑫~⑯ util에 미리 작성된 FIFO 함수를 이용해 상태, 행동, 보상, 다음 상태 그리고 종료 여부를 리스트에 작성합니다.

⑰~⑱ 환경이 종료되었으면 에피소드를 종료합니다.

⑲~⑳ 상태 시점의 전환과 에피소드의 최종 보상을 누적합니다.

㉑ 학습 기록을 history라는 튜플 형태로 정리합니다.

㉒ 에피소드 종료 후 history를 이용해 에이전트의 PPO 알고리즘을 이용해 업데이트를 수행합니다.

결과

```
990번째 에피소드 결과
최근 10 에피소드 보상 평균 = 499.0
```

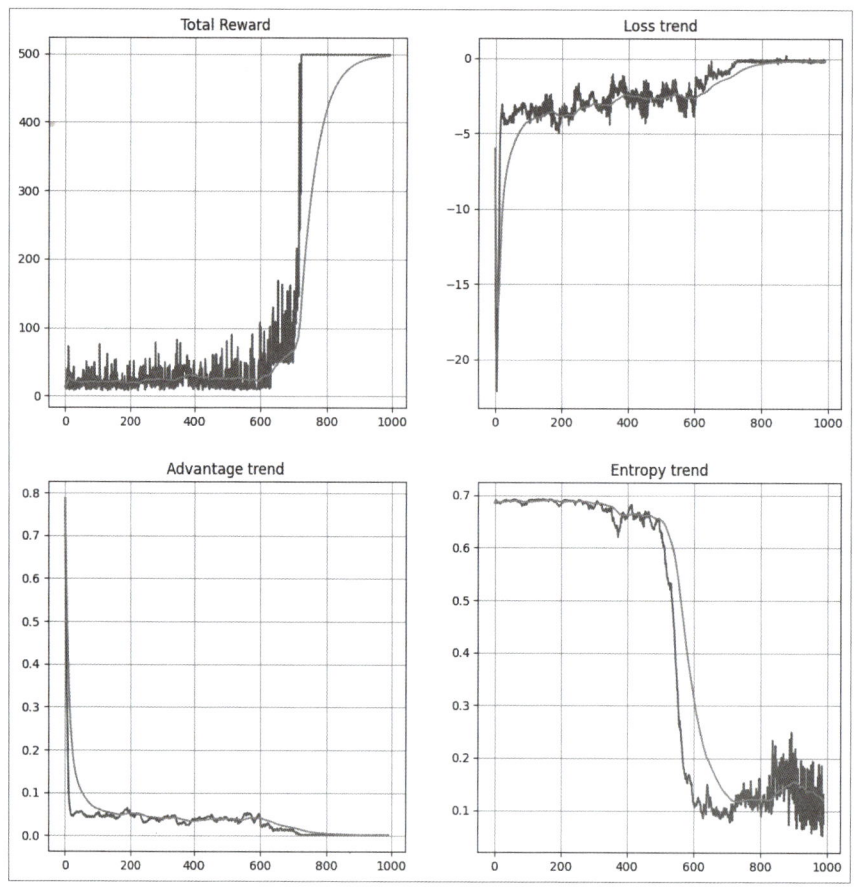

[그림 6-21] PPO CartPole의 학습 결과

필자가 깃허브 저장소에 올려 둔 CartPole 예제의 에피소드 최대 실행 시점은 500으로 강제하였습니다. 따라서 학습하는 데 성공하였으므로 에이전트는 에피소드당 최대 보상을 500으로 출력하는 그래프가 나왔으며 그에 따른 정책 기반 학습의 목적 함수, 가치 함수의 목적 함수, 엔트로피의 변화량 추이를 확인할 수 있습니다.

지금까지 같이 살펴본 알고리즘은 이론적인 측면으로 결점을 찾아보기는 어렵지만 실제로 구현하고 실행하는 과정에서는 오롯이 컴퓨터가 수치상으로 계산하므로 적절한 신경망 구조, 스케줄러 사용의 유무, 확률 분포인 정책을 샘플링하는 부분 그리고 학습 매개 변수 선택에 따라서 매우 민감하게 반응합니다. 따라서 필자는 독자 여러분이 해당 알고리즘들을 응용하고자 할 때 다양한 기법, 수치 등을 조정해서 최적의 결과를 얻도록 많은 실험을 하도록 당부하고 싶습니다.

7장

탐험의 전략 – Model based learning

7.1   사전 지식 - 밴딧 모델
7.2   이론 - Monte-Carlo Tree Search

7.1 사전 지식 - 밴딧 모델

대부분 우리나라 사람이 인공지능과 강화 학습에 처음 관심을 가지게 된 이유는 '알파고'라고 해도 과언이 아닐 것입니다. 알파고는 세계의 많은 바둑 기사가 진행했던 바둑 경기의 정보를 모두 학습했기에, 알파고와 상대하는 바둑 기사는 마치 혼자서 세계 모든 바둑 기사와 동시에 바둑 경쟁을 하는 것과 같다고 표현합니다. 이렇게 알파고는 역사적으로 진행되었던 바둑 경기의 정보들을 본인의 지식으로 흡수하고 학습하여 어마어마한 바둑의 괴물로 진화하였습니다.

그런데 앞서 살펴보았던 model-free 계열의 알고리즘은 이전에 누군가가 진행했던 학습 상황을 이용하는 데 상당한 애로 사항이 있는 알고리즘입니다. 인공 신경망의 어떤 파라미터가 어떤 결과를 미치는지는 마치 블랙박스와 같아서 특별한 방법을 도입하지 않는 이상 인공 신경망에 필요한 지식을 추출하고 전달하는 것이 현실적으로 불가능합니다. 하지만 알파고는 적절한 사전 지식을 이용하고 받아들이는 것에 성공했는데 어떤 알고리즘이 해답을 쥐고 있는지를 이번 장을 통해서 그 기본 원리를 살펴보겠습니다.

강화 학습을 적용할 수 있는 환경에 대해서 다시 한번 생각해 보겠습니다. 지금까지 우리는 2장에서 살펴본 [그림 2-5]처럼 에이전트와 환경이 주어진 에피소드 동안에 계속해서 상호 간의 피드백을 통하여 에이전트가 학습하는 과정을 살펴보았습니다. 하지만 에이전트-환경 간의 피드백이 단 한 번으로 끝나는 에피소드 환경에서는 이야기가 달라집니다.

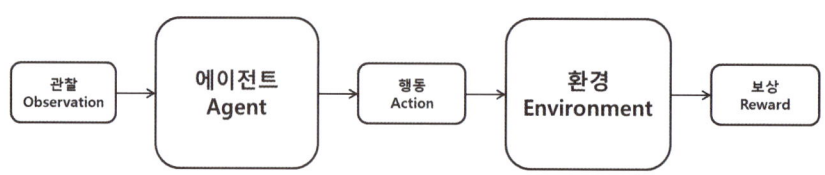

[그림 7-1] 단일 행동으로 끝나는 환경 예시

[그림 7-1]을 보면 에이전트에 상태를 주면 에이전트는 이를 통해 적절한 행동을 선택하고 환경에 적용한 뒤, 환경은 보상을 반환해 에피소드가 종료됨을 표현합니다. 이런 모델에서는 한 번의 선택이 결과에 매우 중대한 역할을 하므로 에이전트가 가진 지식과 새로운 것을 선택하는 기준이 매우 중요하게 여겨집니다. 대표적으로 밴딧 모델(Bandit model)이 단 한 번의 행동으로 환경이 종료되는 예시입니다.

> **Note**
>
> 밴딧 모델은 생각보다 가까운 곳에서 예시를 살펴볼 수 있습니다.
> 1. **추천 모델**: 매번 새로운 유저에 적절한 상품을 소개해 매출 향상
> 2. **약 처방**: 환자마다 가장 효과적인 약을 선택하여 치료율 극대화
> 3. **룰렛 게임**: 룰렛의 여러 팔 중 당첨 팔을 선택하는 모형

지금까지 model-free 알고리즘에서는 단순한 방법으로 ε-greedy를 통해 학습 초기에는 다양한 행동을 선택하도록, 학습 후기에는 에이전트의 지식을 주로 이용하는 방법이 exploration을 잘 반영한다고 가정하고 문제를 풀었습니다. 그러나 한 번의 선택으로 중대한 결과가 나오는 환경에서 ε-greedy와 같이 exploration을 다소 무책임하게 선택하는 전략은 합당한 선택이 아닙니다. 따라서 우리는 exploration이 잘 이루어졌는지 아닌지 평가하는 새로운 지표를 살펴봐야 합니다.

≫ Regret

'후회'로 번역되는 Regret이라는 개념은 에이전트가 선택한 결과로 얻은 보상과 최적의 선택을 했을 때 얻은 보상과의 차이를 의미합니다. 즉, 학습이 잘되었고, 적절한 exploration을 취했다면 Regret 값 자체는 낮을수록 좋은 지표라고 평가됩니다.

$$Regret(a) = \mathbb{E}\left[Q_*(a) - \hat{Q}(a)\right] \qquad (7\text{-}1)$$

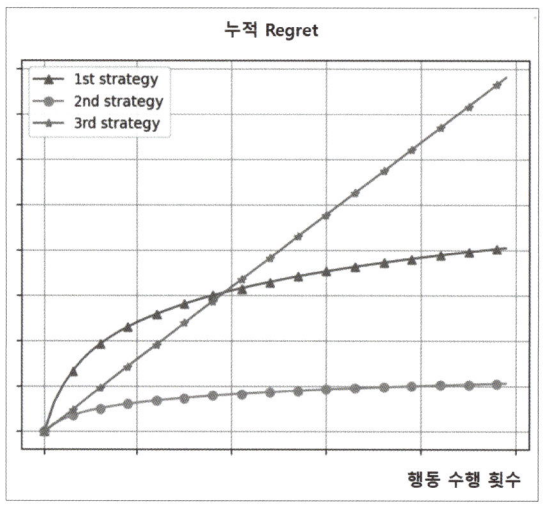

[그림 7-2] 학습 전략과 행동 횟수에 따른 누적 Regret의 누적 분포

[그림 7-2]는 행동 수행 횟수와 학습 전략에 따른 누적 Regret 분포를 나타낸 그림입니다. 삼각형으로 표현된 첫 번째 학습 전략은 행동 수행 횟수가 커지면서 누적되는 Regret의 증가 추세가 완화됨을 보여 줍니다. 이는 에이전트가 시행착오를 거치면서 알고자 하는 Q-함수의 분포를 잘 찾아감을 보여 줍니다. 동시에 행동 수행 부분의 초반은 다른 학습 전략보다 Regret이 크게 나타나므로 아쉬운 결과를 나타냅니다. 원으로 표현된 두 번째 학습 전략은 첫 번째 학습 전략과 마찬가지로 행동 수행 횟수가 커짐에 따라 Regret의 증가세가 완화됨을 보여 줍니다. 하지만 학습 초반에도 매우 낮은 Regret 값을 보여 주어 학습 초반부에서도 첫 번째 학습 전략보다 더 좋은 성능을 보여 준다고 표현할 수 있습니다. 별로 표시된 세 번째 학습 전략은 학습 초기부터 후기까지 Regret이 완화되는 모습을 보여 주지 않고 꾸준히 누적값이 증가하는 추세를 보여 줍니다. 이는 적절한 학습의 의미가 없음을 보여 주는 예시입니다.

Regret의 관점으로 미리 배웠던 ε-greedy를 살펴보겠습니다. 높게 고정된 ε 값을 가졌다면 에이전트는 어떠한 규칙도 없이 무작위로 행동을 선택하므로, 행동을 선택할 때마다 누적 Regret이 계속 선형적으로 증가합니다. ε-greedy는 학습이 진행되면서 에이전트가 점차 합리적인 선택을 하도록 감쇠 전략을 취하면 누적 Regret이 증가하는 속도가 감소하며 최종적으로는 수평적인 Regret 값의 경향이 나타납니다. ε-greedy의 단점은 학습 초기 단계에서 무계획하게 행동을 수행하여 많은 실수를 저질렀기에 후반부에도 Regret 값이 크게 나타나는 경향을 보입니다.

≫ UCB-1

한국어로 "신뢰 상한(Upper Confidence Bound, UCB)" 방식이라고 불리는 알고리즘은 통계 기법을 적용한 합리적인 exploration 방법으로 널리 통용됩니다. 적절한 행동을 선택할 때 Q-함수를 이용했는데 에이전트가 계산한 Q-함수와 실제 Q-함수와 차이가 있습니다.[41]

$$Q(a) \leq \hat{Q}(a) + \hat{U}(a) \qquad (7-2)$$

[수식 7-2]의 왼쪽 Q-함수는 실제 Q-함수를, 오른쪽 항의 햇(hat) 표시된 Q-함수는 에이전트가 추론한 값입니다. U로 표시된 항은 행동에 대한 신뢰 상한 함수로서 행동이 선택된 횟수에 따라 달라지는 특별한 함수입니다. 학습이 잘된 에이전트라면 실제 Q-함수와 추론한 Q-함수의 값이 같으므로 신뢰 상한 함수는 0에 가까워야 합니다. 이때 에이전트는 다음 수식을 이용해 최적의 행동을 선택합니다.

$$a_{UCB} = \arg\max_{a} \left(\hat{Q}(a) + \hat{U}(a) \right) \qquad (7-3)$$

다시 설명하자면 신뢰 상한 방식은 에이전트가 행동함에 따라 점차 값이 작아지고, 그에 따라 최고의 Q-함숫값을 반환하는 행동이 최선의 행동이라 판단하는 에이전트의 행동 선택 전략입니다.

신뢰 상한이라는 개념을 통계 기법을 이용해 조금 더 자세히 살펴보도록 하겠습니다. 어떤 집단을 샘플링했을 때 편향되지 않고 좋게 샘플링했다고 표현하려면 모집단의 기대치와 샘플 집단의 평균이 동일해야 합니다.

여기서 샘플링하는 랜덤 변수 X가 0과 1 사이의 값을 가진다면 "Hoeffding 부등식(Hoeffding's inequality)"으로 샘플의 평균과 모집단의 기댓값 차이를 확률로 추정할 수 있습니다.

$$\mathbb{P}\left[\mathbf{E}(X) > \bar{X}_t + u\right] \leq e^{-2tu^2} \qquad (7-4)$$

Hoeffding 부등식이 의미하는 바는 모집단의 기댓값 E(X)가 샘플의 산술 평균값 $\bar{X}_t$와 신뢰 상한값 u의 합보다 클 확률은 우측의 항보다 작다는 것입니다. 대략, 샘플의 크기가 클수록 샘플의 평균이 모집단의 평균과 같아지는 정도를 수치화했다고 파악하면 되겠습니다. 수식에서는 t 값이

---

41. 이번 장에서 상태라는 속성은 에피소드마다 독립적으로 나오는 요소이므로, 특별히 표현하지 않아도 되는 상황에서는 상태를 수식에 기술하지 않겠습니다.

등장하는데 이는 샘플링을 몇 번 시행했는지를 의미합니다. 즉, 샘플링을 많이 할수록, 신뢰 상한 값이 클수록 모집단의 기댓값이 샘플링의 평균값보다 신뢰 상한값을 벗어날 확률이 낮아집니다.

> **Note**
> Hoeffding 부등식에서 신뢰 상한값이 커지는 경향보다 우측 항의 확률 함숫값이 줄어드는 속도가 더 빠릅니다. 따라서 신뢰 상한이 커질수록 실제 기댓값이 샘플 평균과 신뢰 상한을 벗어날 확률이 급격하게 낮아집니다.

Hoeffding 부등식의 구성 요소를 다르게 생각해 보겠습니다. 모집단의 기댓값 E(X)가 실제 Q-함수, 샘플의 산술 평균값 $\bar{X}_t$를 에이전트가 추론한 Q-함수 그리고 신뢰 상한값 u를 신뢰 상한 함수 U에 대응하면 Hoeffding 부등식은 다음과 같이 바뀝니다.

$$\mathbb{P}\left[Q(a) > \hat{Q}_t(a) + U_t(a)\right] \leq e^{-2tU_t(a)^2} \qquad (7\text{-}5)$$

[수식 7-5]의 오른쪽 항을 아주 작은 확률값 p로 대응하면 신뢰 상한 함수 U는 다음과 같이 전개된 형태로 표현됩니다.

$$e^{-2tU_t(a)^2} = p \qquad (7\text{-}6)$$

$$\therefore U_t(a) = \sqrt{\frac{-\log p}{2N_t(a)}}$$

여기서 $N_t(a)$는 a를 선택한 횟수를 의미합니다. UCB 알고리즘은 신뢰 상한값이 낮으면 낮을수록 에이전트의 추론과 실제 Q-함숫값이 작아집니다. 따라서 UCB 알고리즘을 통한 Q-함수의 업데이트 식은 [수식 7-7]과 같습니다.

$$Q(a) \leftarrow Q(a) + \sqrt{\frac{-\log p}{2N_t(a)}} \qquad (7\text{-}7)$$

Q를 업데이트하는 함수는 크게 두 가지 항으로 구분됩니다. 가지고 에이전트가 가졌던 Q-함수와 행동을 개시하여 계산된 신뢰 상한값입니다. 전자는 exploitation, 후자는 exploration을 담당합니다. 앞서 A2C에서 정책의 엔트로피 값에 특정 상수를 곱해 주어 exploration과 exploitation의 균형을 맞춘 것처럼 MCTS의 업데이트 함수는 UCB 상수에 상수를 곱해 주어 exploration의 정도를 조절할 수 있습니다.

$$Q(a) \leftarrow Q(a) + C\sqrt{\frac{-\log p}{N_t(a)}} \qquad (7\text{-}8)$$

문헌에서 UCB 알고리즘은 학습에 유의미하게 p 값을 t^{-4}로 이용합니다. UCB 알고리즘으로 선택하는 행동은 [수식 7-6]에서 유도된 UCB 값과 우리가 정한 exploration 정도를 조절하는 상숫값과 대응하여 [수식 7-9]와 같이 적용됩니다.

$$a_{UCB} = \arg\max_a \left(\hat{Q}(a) + \hat{U}(a) \right) \qquad (7\text{-}9a)$$
$$= \arg\max_a \left(\hat{Q}(a) + C\sqrt{\frac{\log t}{N_t(a)}} \right) \qquad (7\text{-}9b)$$

≫ 실습 – 인공지능 약 처방

지금까지 살펴본 개념을 재미있게 확인하고자 밴딧 모형 문제를 설정해 보겠습니다. 여러분이 의사이고 많은 사람이 전염병에 걸려서 치료를 기다리는 상황이라고 가정해 보겠습니다. 많은 제약회사가 연구를 통해 전염병을 치료할 k 종류의 약을 개발했고 사람들을 치료하는 방법으로는 이 중 하나의 약을 선택하는 방법 외엔 없습니다. 의사들은 약의 성능에 대한 정보를 부여받지 못한 이런 상황에서 최대한 빨리 어떤 약이 가장 최고의 약효를 보이는지 알아내는 방법을 해결해 보도록 하겠습니다. [그림 7-3]은 세 종류 약을 주었을 때 어떤 약이 제일 좋은 약인지 알아내는 문제의 예시를 보여 줍니다.

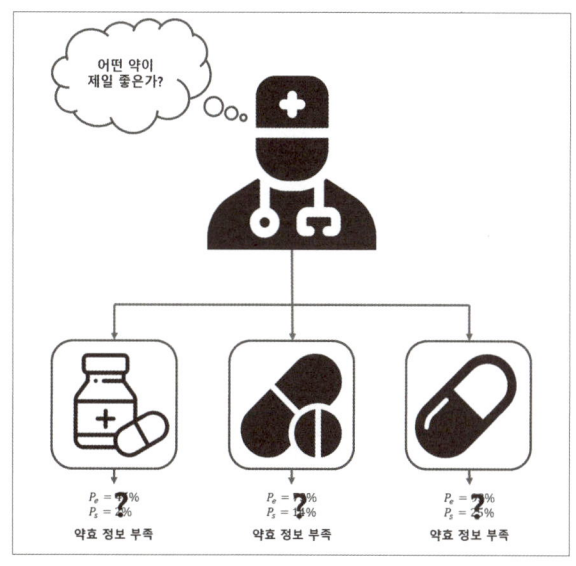

[그림 7-3] 밴딧 모형 예시(k=3)

필요한 패키지를 호출합니다. 인공 신경망을 사용하지 않을 것이므로 계산에 특화된 넘파이와 그림을 그릴 matplotlib 패키지만 호출합니다.

```
import numpy as np
import matplotlib.pyplot as plt
```

밴딧 모형 클래스를 구성해 보겠습니다.

```
class PillSelectionBandit():  ①
    def __init__(self,n_actions=10):  ②
        self.Ps = np.random.random(n_actions)  ③
        self.n_action = n_actions  ④
```

① 클래스 이름을 정의합니다.

② 취할 수 있는 행동 개수가 밴딧 모형의 입력 인자로 입력됩니다. 우리가 설정한 문제에서는 k개의 약 종류가 n_actions와 대응됩니다.

③ 각 행동으로 받을 보상의 확률을 구성합니다. k 종류의 약은 각각 치료 확률이 제각각이고 어떤 약이 가장 효과가 좋은 약인지도 모두 베일에 싸인 모습을 구현한 것과 같습니다.

④ 행동의 종류를 클래스의 속성으로 정의하였습니다.

모형의 행동을 취하는 함수를 구성합니다.

```
    def step(self,action):  ⑤
        return 0 if np.any(np.random.random() > self.Ps[action]) else 1  ⑥
```

⑤ 함수의 이름과 입력 인자를 구성합니다. 정수 형태를 가지는 행동을 입력 인자로 받습니다.

⑥ 특정 행동이 성공적이었는지 판단합니다. i번째 약이 약효가 좋다면 치료 확률이 높으며 임의의 환자에게 적용하더라도 약효를 볼 것이므로 해당 경우에는 보상을 1로 반환합니다. 반대로 약효가 없었다면 0을 반환합니다.

Regret을 계산하고자 최적 보상을 구성합니다.

```
    def optimal_reward(self):  ⑦
        return np.max(self.Ps)  ⑧
```

⑦~⑧ Regret 수식의 첫 번째 항을 반환 함숫값으로 설정하였습니다.

다음으로 에이전트 클래스를 구성하겠습니다.

```python
class Agents():  ①
    def __init__(self):  ②
        return None  ③
```

①~③ 에이전트 클래스를 정의했습니다. 특별한 초기 입력 인자는 이용되지 않았습니다.

```python
    def init_actions(self,n_actions):  ④
        self.n_actions = n_actions  ⑤
        self._successes = np.zeros(n_actions)  ⑥
        self._failures = np.zeros(n_actions)  ⑦
        self._taken_actions = 0  ⑧
```

④ 에이전트의 행동을 초기화하는 함수를 구성합니다. 입력 인자는 행동의 개수입니다.

⑤ 행동의 개수를 클래스의 속성으로 정의합니다.

⑥ 각각의 약이 각각 몇 명을 치료했는지 계산하고자 초기 0 벡터를 구성합니다.

⑦ 유사하게 각각의 약이 치료에 실패했는지 계산하고자 초기 0 벡터를 구성합니다.

⑧ 에이전트가 몇 번 행동을 시도했는지 기록할 클래스 속성을 만듭니다.

```python
    def get_action(self):  ⑨
        pass

    def update(self,action,reward):  ⑩
        self._taken_actions+=1  ⑪
        if reward == 1:  ⑫
            self._successes[action] += 1
        else:  ⑬
            self._failures[action] += 1
```

⑨ 행동을 취하는 함수입니다. 우리는 ε-greedy, UCB-1 그리고 임의 행동 선택 에이전트 3가지를 구성할 것이므로 이 부분을 클래스 상속을 통해 해결하도록 하겠습니다.

⑩ 행동과 보상으로 에이전트에 선택에 대한 피드백을 제공합니다.

⑪ 행동이 1회 수행되었으므로 클래스에 행동이 환경에 1회 더 작용했다고 표시합니다.
⑫ 선택한 약이 치료에 성공했다면 해당 약에 해당하는 인덱스에 성공한 치료 인원을 1명 추가합니다.
⑬ 반대로 선택한 약이 치료에 실패했다면 약에 해당하는 인덱스에 실패한 치료 인원을 1명 추가합니다.

```
def Q_function(self): ⑭
    Q = self._successes/(self._successes + self._failures+1e-10) ⑮
    return Q ⑯
```

⑭ 모형의 Q-함수를 정의합니다. Q-함수는 행동, 여기서는 개별 약이 얼마의 가치를 가지고 있는지 평가하는 척도입니다.

⑮ 약의 가치는 치료 성공률이 되겠습니다. 성공한 경우, 실패한 경우를 모두 통틀어 그중 성공한 경우만 Q-함수로 정의하고 반환합니다. 만약에 약 처방을 시도하지 않은 경우에는 분모가 0이 되는 오류가 발생하므로 매우 작은 양수를 분모에 더해 주어 수치 안정성을 높였습니다.

ε-greedy 에이전트 행동의 선택 전략을 작성하겠습니다.

```
class EpsilonGreedyAgent(Agents): ①
    def __init__(self,epsilon=0.01): ②
        self.epsilon = epsilon ③

    def get_action(self): ④
        if np.random.random() < self.epsilon: ⑤
            return np.random.randint(len(self._successes))
        else: ⑥
            return np.argmax(self.Q_function())
```

① 앞서 작성한 에이전트 클래스를 상속받습니다.
②~③ 특별한 값을 설정하지 않으면 ε-greedy 에이전트의 ε 값을 0.01로 고정합니다.
④ 상속받을 때 작성하지 못한 get_action 함수를 마저 작성합니다.
⑤ 임의로 생성한 난수가 ε보다 작을 때는 임의로 약을 선택하고, ⑥ 반대로 ε 값이 임의의 생성한 난수보다 크다면 가진 Q-함수 중 최고의 성능을 낸 약을 선택하도록 합니다.

> **Note**
> ε 값이 0.01이면, 99%의 확률로 에이전트가 과거의 경험으로부터 가진 최고의 약을 처방하고, 1%의 확률로 새로운 약을 처방하는 의미입니다.

UCB-1 에이전트 행동의 선택 전략을 작성하겠습니다.

```
class UCBAgent(Agents):  ①
    def get_action(self):  ②
        UCB = np.sqrt(np.abs(2*np.log10(self._taken_actions+1e-10)
/(self._successes+self._failures+1e-10)))  ③
        return np.argmax(self.Q_function()+UCB)  ④
```

③ [수식 7-6]을 구현해서 신뢰 상한 함수를 작성합니다. Hoeffding 부등식 상한 확률 p는 총행동 수 t와 경험적인 관계인 t^4를 이용해서 수식을 작성하였습니다. 각각의 행동에 대한 선택 횟수 $N_t(a)$는 self._successes와 self._failures의 합으로 구합니다.

④ Q-함수와 신뢰 상한 함수의 합이 최대로 되는 약을 선택하도록 argmax 함수를 이용합니다.

> **Note**
> Log 함수의 수치 안정성을 위해서 분모, 분자에 매우 작은 양수를 더해 줌과 동시에 log 함수의 결과가 음수를 가지지 못하도록 절댓값 연산자를 취해 주었습니다.

그리고 임의 선택 에이전트의 행동 선택 전략을 작성합니다.

```
class RandomAgent(Agents):  ①
    def get_action(self):  ②
        return np.random.randint(0, len(self._successes))  ③
```

①~② 에이전트 클래스를 상속받고, get_action을 정의합니다.

③ 함수 반환값은 아무런 기준 없이 넘파이 패키지의 임의의 정수를 선택하는 np.random.randint 함수를 이용합니다. 입력 인자는 최소 정수, 최대 정숫값입니다.

각 에이전트에 대해서 약 처방 시뮬레이션을 해 보겠습니다. 한 번의 행동으로 에피소드가 종료되는 환경을 수차례 반복해서 결과를 얻는 구문입니다.

```
def drug_simulation(env, agent, n_steps=5000, n_trials=50):  ①
```

```python
        scores = [0.0 for step in range(n_steps)]  ②

        for trial in range(n_trials):  ③
            env.reset()  ④
            agent.init_actions(env.n_action)  ⑤

            for i in range(n_steps):  ⑥
                optimal_reward = env.optimal_reward()  ⑦

                action = agent.get_action()  ⑧
                reward = env.step(action)  ⑨
                agent.update(action, reward)  ⑩
                scores[i] += optimal_reward - env.Ps[action]  ⑪

        scores = np.cumsum(scores) / n_trials  ⑫
        return scores  ⑬
```

① 약 처방 시뮬레이션으로 함수 이름을 정의했습니다. 입력 인자는 환경, 에이전트, 처방할 환자의 수(n_steps) 그리고 일련의 시뮬레이션을 처음부터 끝까지 반복할 횟수(n_trials)를 정의하였습니다.

② 처음 환자부터 마지막 환자까지 치료 성공 여부에 대한 Regret을 저장할 0 벡터를 구성합니다.

③ 신약들이 개발되고 모든 환자를 처방하는 시뮬레이션을 n_trials 횟수만큼 반복합니다.

④ 환경을 초기화합니다. 신약들이 개발되고 각각의 신약은 치료율이 얼마나 되는지 알려져 있지 않았습니다.

⑤ 에이전트를 환경에 맞게 초기화합니다.

⑥ 모든 환자를 처방하도록 반복문을 수행합니다.

⑦ Regret 수식을 구성하는 최적 보상을 추출합니다.

⑧ 에이전트에 행동 선택 전략에 맞게 행동을 추출하여 약을 선택하고, ⑨ 환자에게 약을 처방하는 과정을 수행하고 치료 여부를 파악합니다.

⑩ 선택한 약과 치료 여부를 통해 행동 전략을 업데이트하는 과정을 진행합니다.

⑪ 환자에 대해서 Regret을 구성합니다. 선택한 action이 최고의 약이었다면 i번째 환자의 regret 값은 0이 입력됩니다.

⑫ 모든 시뮬레이션 반복 과정이 끝났다면 에이전트가 환자를 처방하면서 어떻게 발전해 나가는지 확인하고자 넘파이 패키지의 cumsum 함수를 이용해 모든 환자의 Regret 값을 순차적으로 누적합을 진행한 뒤 모든 시도에 대해 평균을 냅니다. 처방 초기에는 실수가 있었지만 학습이 진행되었다면 처방이 진행될수록 누적된 Regret 값이 더 이상 증가하지 않는 그래프를 보여 줍니다.

⑬ 모든 환자로 누적된 Regret 결괏값을 반환합니다.

> **Note**
> 넘파이의 cumsum 함수를 실행하면 같은 크기의 벡터가 출력됩니다. 출력되는 벡터의 i번째 벡터 원소는 원래 벡터의 첫 번째 원소부터 해당 인덱스 번호의 원소까지 모두 더한 값과 같습니다.

시뮬레이션을 진행하겠습니다.

```
n_steps=10000  ①
n_trials=10  ②
Epsilon_regret = drug_simulation(PillSelectionBandit(), EpsilonGreedyAgent(), n_steps, n_trials)  ③
UCB_regret = drug_simulation(PillSelectionBandit(), UCBAgent(), n_steps, n_trials)  ④
Random_regret = drug_simulation(PillSelectionBandit(), RandomAgent(), n_steps, n_trials)  ⑤
```

①, ② 총 10번의 시뮬레이션으로 10,000명의 환자를 대상으로 처방합니다.

③ ε-greedy 에이전트의 regret을, ④ UCB-1 에이전트의 regret을 계산하고, 마지막으로 ⑤ 항상 임의의 선택을 하는 에이전트의 regret을 계산합니다.

Matplotlib 패키지의 plot으로 결과를 하나씩 확인해 보겠습니다.

```
plt.plot(Epsilon_regret,label='Epsilon - 0.01')  ①
plt.grid()
plt.legend()
```

Epsilon_regret, UCB_regret 그리고 Random_regret은 각각 10,000명의 환자를 순서대로 처방하면서 얻은 regret이 누적되어 기록됩니다. ①에서 각각의 에이전트 결과를 입력하며 결과를 확인할 수 있습니다.

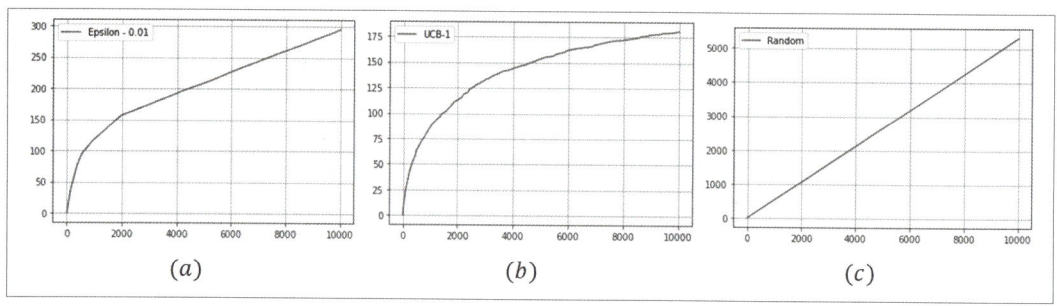

[그림 7-4] 에이전트별 누적 Regret 곡선. 왼쪽부터 ε-greedy, UCB-1, 임의 선택 에이전트.

[그림 7-4]를 통해서 각 에이전트가 선택한 결과에 대한 Regret 곡선을 분석해 보겠습니다.

(a) ε-greedy 에이전트의 결과를 보면 초기의 환자들에 대해서 Regret이 가파르게 상승하는 모습을 보여 줍니다. 서서히 Regret이 상승하는 속도가 점차 줄어들면서 2,000번째 환자부터는 초기보다는 Regret이 증가하는 속도가 줄어드는 것이 확인됩니다.

(b) UCB-1 에이전트의 결과입니다. ε-greedy 에이전트와 마찬가지로 초기에 보는 환자들에 대해서 Regret의 증가 속도가 커지지만 점차 많은 환자를 처방하면서 Regret의 증가 속도가 줄어들어서 마지막 환자로 갈수록 Regret이 0으로 수렴됨을 보여 줍니다. 또한, ε-greedy 에이전트와 총 Regret을 비교할 때 UCB-1의 결과가 확연히 작음을 보여 줍니다.

(c) 마지막 임의 선택 에이전트는 환자들의 치료 여부와 상관없이 Regret 값이 꾸준히 증가함을 보여 줍니다. 초기의 환자에도 Regret 값이 높으며 마지막 환자를 확인할 때도 Regret 값이 꾸준히 증가합니다.

7.2
이론 - Monte-Carlo Tree Search

몬테-카를로 방식과 트리 탐색 기법이 결합한 본 알고리즘은 영어의 앞 글자를 따서 MCTS라는 약어로도 불립니다. [그림 3-10], [그림 3-13]과 같이 주어진 상태에서 행동을 취하고, 다음 상태에서 가능한 행동을 취하다 보면 에이전트가 모델 안에서 취할 수 있는 경우의 수는 기하급수적으로 늘어납니다. 우리는 CartPole 문제와 같이 왼쪽, 오른쪽으로 행동을 취하는 단순한 모델에서도 n 시점만큼 행동을 진행하면 에이전트가 고려할 모든 가치 함수의 경우의 수는 2^n 개가 넘어가서 계산량에 대한 문제가 발생하는 것을 공부하였습니다.

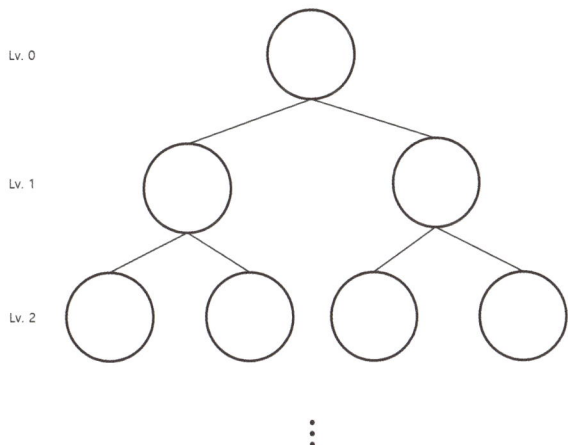

[그림 7-5] 동적 계획법 CartPole 트리 구조

> **Note**
> 트리 구조 자료형은 위계질서가 있습니다. 자료형의 시작 부분의 뿌리를 단어 루트(Root)라고 부르며 각 구성 요소를 노드(Node)라고 표현합니다. 루트 노드로부터 뻗어져 나온 위계 순서를 레벨(Level)로 정의합니다. 그리고 레벨 차이가 나는 연결된 두 노드의 관계는 부모-자식 관계라고 표현합니다. 최하위 레벨의 노드는 잎사귀를 뜻하는 단어 리프(Leaf) 노드라고 부릅니다.

MCTS는 [그림 7-5]와 같이 에이전트가 행동을 계속해서 수행함에 따라 마주할 모든 상황을 분석해 나가며 주어진 모델을 학습하는 개념을 공유합니다. 하지만 학습 과정에서 에이전트가 특정 행동을 하지 않아도 된다고 평가하고 그에 따른 후속 결과를 학습하지 않겠다는 의사 결정을 한다면, 그에 따른 트리 구조는 더 이상 형성되지 않아서 에이전트가 살펴보아야 할 모델은 효과적으로 감소합니다. 즉 모델 자체를 학습하는 방식을 기반으로 한 에이전트는 계산량에 대한 문제를 극복해야 하는데 MCTS는 monte-carlo 기법을 도입해 불필요한 트리 검색을 지양하는 방식으로 핵심 개념을 요약할 수 있습니다.

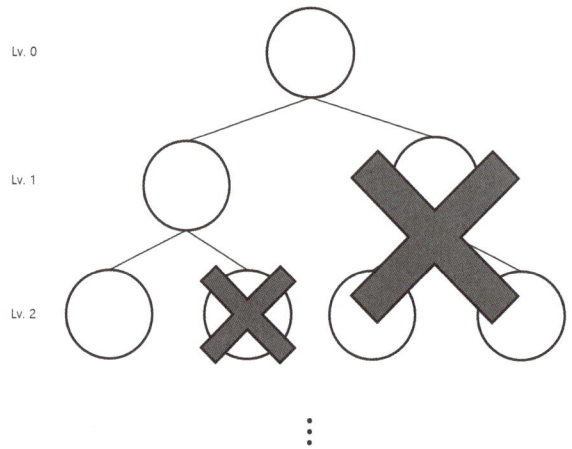

[그림 7-6] 특정 행동들이 배제된 CartPole 트리 구조

Monte-Carlo 기법은 정확한 값을 계산하기 어렵다면 많은 반복을 통해서 계산하고자 하는 바를 근사시키는 방식입니다. [그림 7-5]와 [그림 7-6]을 비교하면 MCTS의 트리 구조는 특정 행동이 가치가 없다고 판단하면 더 이상 행동을 진행시키지 않으므로 계속해서 가지가 뻗어져 나오는 하위 트리 구조를 더 이상 만들어 내지 않습니다. 결국 MCTS는 모델에 대한 모든 경우의 수를 다 살펴보지 않음으로써 동적 계획법보다 계산량에 우위를 가져감과 동시에 exploitation과 exploration을 균형 맞춰 학습하는 강화 학습 알고리즘입니다.

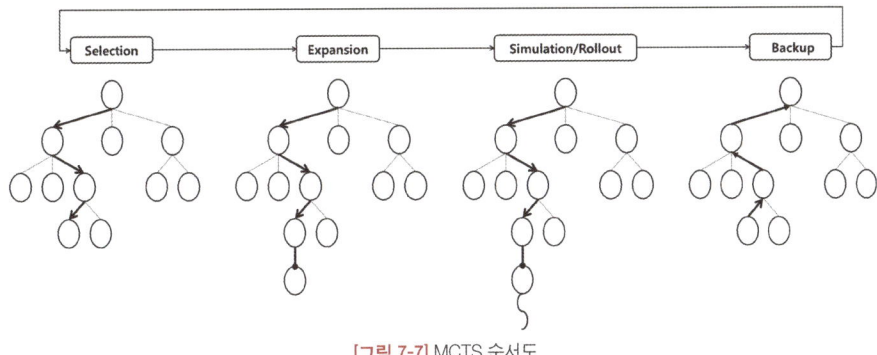

[그림 7-7] MCTS 순서도

MCTS 알고리즘은 선택(Selection), 확장(Expansion), 시뮬레이션(Simulation), 백업(Backup) 총 4단계로 구성되어 있습니다.

Step 1 | 선택

선택의 과정은 루트로부터 시작합니다. 루트 노드에서 택할 수 있는 행동을 선택을 분석하며 더 높은 가치를 유도하는 자식 노드로 순차적으로 행동을 진행합니다. 특정 노드에서 가치의 값이 동일하게 나타난다면 다음 레벨에서는 임의로 자식 노드를 선택합니다. 이 과정은 앞서 살펴보았던 Exploitation과 동일합니다.

Step 2 | 확장

현재 에이전트가 자료 구조의 최하 레벨 리프 노드에 위치하였고 에피소드가 종료되지 않았다면 주어진 노드에서 선택할 수 있는 행동을 모두 분석하고 에이전트가 가진 트리 구조의 레벨을 높입니다.

Step 3 | 시뮬레이션

다른 말로 Rollout 단계라고 표현하기도 합니다. 확장으로부터 이어진 단계이므로 현재 에이전트는 리프 노드 상태에서 임의로 에이전트를 계속 시뮬레이션합니다. 임의로 시뮬레이션하는 단계 동안은 에이전트의 트리 구조에서는 자료를 더 이상 확장해 나아가지 않으며, 모델이 종료되어 보상받을 때까지 진행됩니다.

Step 4 | 백업

시뮬레이션이 종료되고 환경으로부터 받은 보상을 이용해, 마치 인공 신경망 모델의 역전파와 같이 Step 1~Step 3까지 진행되어 왔던 경로 모두에 가치 함수를 새로 업데이트해 줍니다. 마지막 백업이 종료되면 에이전트는 루트 노드에 위치하고 다시 선택부터 백업까지의 과정을 계속해서 반복합니다.

구체적인 수치 예시와 함께 MCTS가 각 단계에서 어떻게 진행되는지 살펴보겠습니다.

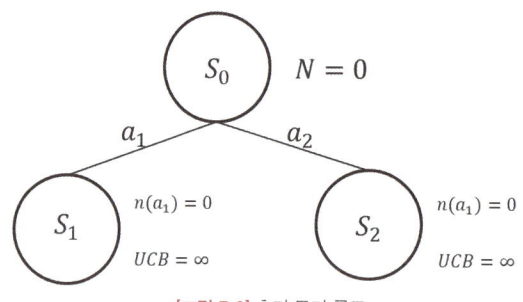

[그림 7-8] 초기 트리 구조

[그림 7-8]은 학습의 맨 처음 단계를 묘사합니다. 루트 노드 S_0와 주어진 행동 a_1, a_2에 대해서 가지가 뻗어져 나왔습니다. UCB의 수식은 해당 상태에 방문한 이력이 없으면 무한히 큰 값으로 정의됩니다. 해당 경우는 UCB 수식에서 분모가 0으로 설정되는데 이는 수에서 정의되지 않으므로 매우 큰 값이라는 값을 코드에 입력해 줍니다. 리프 노드의 UCB 값이 값이 똑같으며 Q-함수가 정의되지 않으므로 두 가지 행동의 결과로 이어진 상태를 명확하게 정의할 기준이 없습니다. 따라서 임의로 행동을 선택하면 되는데, 본 예시에서는 a_1을 선택했다고 가정하겠습니다.

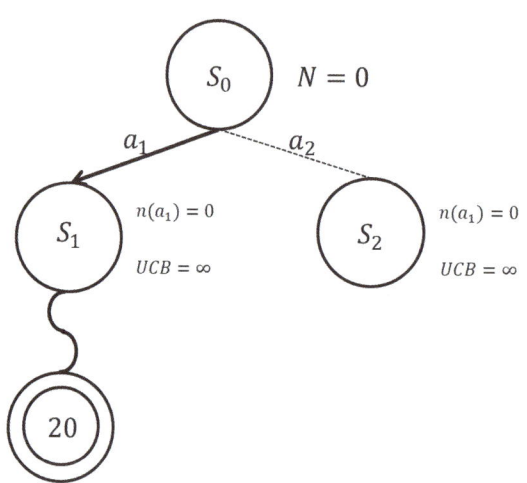

[그림 7-9] Selection 및 Simulation 단계

a_1을 선택하면 에이전트는 리프 노드 상태에 존재합니다. 더 이상 행동을 선택할 경우가 없으므

로 시뮬레이션을 진행합니다. 시뮬레이션을 통해서 환경으로부터 20이라는 보상을 얻었다는 모습이 [그림 7-9]에 묘사되었습니다

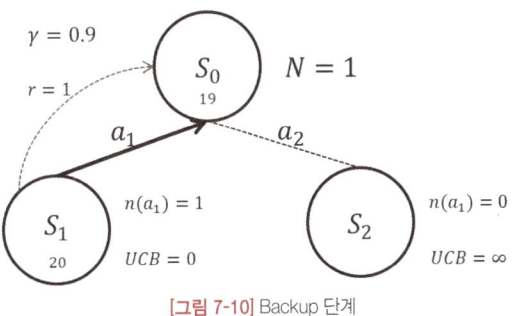

[그림 7-10] Backup 단계

다음으로 백업 단계가 진행됩니다. [그림 7-10]과 함께 설명을 이어 나갑니다. MCTS에서 백업 방식은 여러 가지가 있지만 대표적으로 UCB-1 방식이 이용됩니다. 참고로 해당 예시에서는 UCB 값에 곱해 주었던 exploration 상수는 2로 상정하였습니다. 시뮬레이션으로부터 구한 보상, Q-함숫값은 20으로 계산되었고 a_1을 선택한 횟수가 업데이트됩니다. 또한 리프 노드의 부모 노드 방문 횟수도 1회 추가되어 업데이트됩니다. 이제 UCB 값과 그에 따른 Q-함수를 업데이트합니다. 부모 노드의 방문 횟수 N, 부모 노드로부터 a_1이 선택된 횟수 $n(a_1)$을 이용해 UCB 함숫값을 다음과 같이 구합니다.

$$
\begin{aligned}
U_{s_1} &= 2\sqrt{\frac{\log N}{n(a_1)}} & (7\text{-}10\text{a}) \\
&= 2\sqrt{\frac{\log 1}{1}} & (7\text{-}10\text{b}) \\
&= 0 & (7\text{-}10\text{c})
\end{aligned}
$$

그에 따른 S_1 노드의 Q-함숫값은 다음과 같습니다. 해당 노드에 계산 결괏값이 기재된 점을 확인하길 바랍니다.

$$
\begin{aligned}
Q_{s_1} &\leftarrow Q_{s_1} + U_{s_1} & (7\text{-}11\text{a}) \\
Q_{s_1} &\leftarrow 20 & (7\text{-}11\text{b})
\end{aligned}
$$

자식 노드가 업데이트된 이후 부모 노드의 업데이트를 진행합니다. 강화 학습 환경에서 상태가 바뀌었으므로 환경은 에이전트에게 즉각적인 보상값을 주었는데, 이는 1로 정의되고 할인율은 0.9로 설정되었습니다. [수식 3-8]의 관계를 되짚어 보면 부모 노드와 자식 노드의 Q-함숫값의

관계는 다음과 같습니다.

$$Q_{parent} = r + \gamma Q_{child} \qquad (7\text{-}12)$$

따라서 S_0 노드의 Q-함숫값은 손쉽게 계산되며 계산 결괏값은 해당 노드에 기재됩니다.

$$\begin{aligned} Q_{S_0} &= r + \gamma Q_{S_1} & (7\text{-}13\text{a}) \\ &= 1 + 0.9 * 20 & (7\text{-}13\text{b}) \\ &= 19 & (7\text{-}13\text{c}) \end{aligned}$$

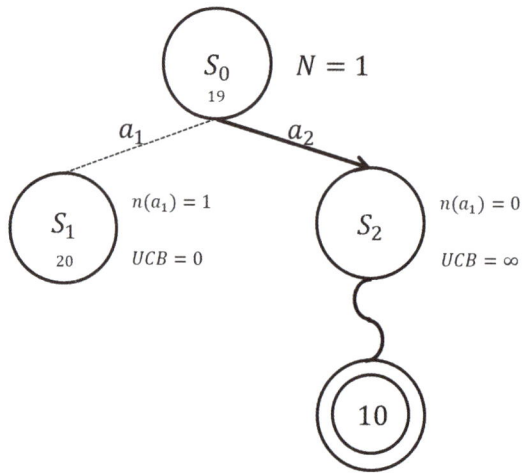

[그림 7-11] Selection 및 Simulation 2차시 단계

"선택-확장-시뮬레이션-백업"의 한 과정이 끝났으므로 다시 처음부터 전체 해당 과정을 반복합니다. [그림 7-11]은 두 번째로 반복된 선택과 시뮬레이션 과정을 보여 줍니다. 선택 단계에서 루트 노드 S_0에서 두 개의 자식 노드 중 더 큰 Q-함숫값을 가지는 노드를 선택합니다. 앞 과정에서 S_1 노드는 Q-함숫값이 20으로 업데이트되었고, S_2 노드는 아직 Q-함숫값의 계산이 업데이트가 진행되지 않았으므로 초기 무한대에 가까운 UCB 값이 Q-함수로 적용됩니다. 따라서 a_2 행동이 선택되었고 에이전트가 마주하는 노드는 S_2로 진행됩니다.

S_2 노드 역시 리프 노드이므로 시뮬레이션을 진행해 주고 환경으로부터 10을 보상받았다는 신호를 받음으로써 "선택-(확장)-시뮬레이션" 과정이 종료되었습니다.

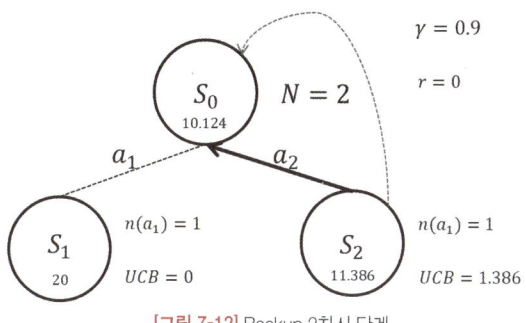

[그림 7-12] Backup 2차시 단계

[그림 7-12]부터 2차시 백업 과정을 진행합니다. 2차시 "선택-(확장)-시뮬레이션" 과정을 거치면서 해당 노드의 방문 숫자를 업데이트 진행합니다. S_0, S_2 두 노드가 1차례씩 방문되었으므로 N에 1을 더하며, a_2가 선택된 횟수 $n(a_2)$ 또한 1을 더해 줍니다.

S_2의 UCB 함숫값을 계산합니다. 부모 노드의 방문 횟수가 2가 되며, $n(a_2)$가 1이 되었으므로 UCB 함수는 다음과 같이 계산됩니다.

$$U_{s_2} = 2\sqrt{\frac{\log N}{n(a_2)}} \qquad (7\text{-}14a)$$
$$= 2\sqrt{\frac{\log 2}{1}} \qquad (7\text{-}14b)$$
$$= 1.386 \qquad (7\text{-}14c)$$

> **Note**
> 계산 결과는 소수점 셋째 자리까지를 유효 숫자로 표기합니다.

따라서, S_2 노드의 Q-함수는 시뮬레이션으로 얻었던 10과 UCB로 얻은 1.386 값을 더해서 업데이트됩니다.

$$Q_{s_2} \leftarrow Q_{s_2} + U_{s_2} \qquad (7\text{-}15a)$$
$$Q_{s_2} \leftarrow 11.386 \qquad (7\text{-}15b)$$

상태가 S_0에서 S_2로 바뀌며 환경으로부터 얻은 보상을 고려합니다. 보상은 0 값을 주었으며 할인율은 0.9로 고정되어 있으므로 부모-자식 노드 간 Q-함수의 관계식에 필요한 항목을 입력해 임시 Q-함숫값의 계산을 진행합니다.

$$\hat{Q}_{s_0} = r + \gamma Q_{s_2} \qquad (7\text{--}16a)$$
$$= 0 + 0.9 * 11.386 \qquad (7\text{--}16b)$$
$$= 1.247 \qquad (7\text{--}16c)$$

여기서 문제가 생깁니다. 1회차에서 구한 S_0 노드의 Q-함숫값을 아예 무시하고 2회 차시에서 구한 S_0 노드 Q-함숫값을 입력하면 이전에 배웠던 결과를 아예 무시하는 결과를 가져옵니다. 따라서, 기존에 가지고 있던 S_0 노드의 Q-함숫값 19와 새롭게 계산된 S_0 노드의 Q-함숫값 1.247을 산술 평균을 취한 값을 2회차로 얻어진 S_0 노드의 Q-함숫값으로 업데이트합니다.

$$Q_{s_0} \leftarrow \frac{Q_{s_0} + \hat{Q}_{s_0}}{N} \qquad (7\text{--}17a)$$
$$Q_{s_0} \leftarrow \frac{(19 + 1.247)}{2} \qquad (7\text{--}17b)$$
$$Q_{s_0} \leftarrow 10.124 \qquad (7\text{--}17c)$$

부모 노드까지 업데이트가 완료되었으면 2차시의 "선택-(확장)-시뮬레이션-백업" 과정이 완료되었습니다.

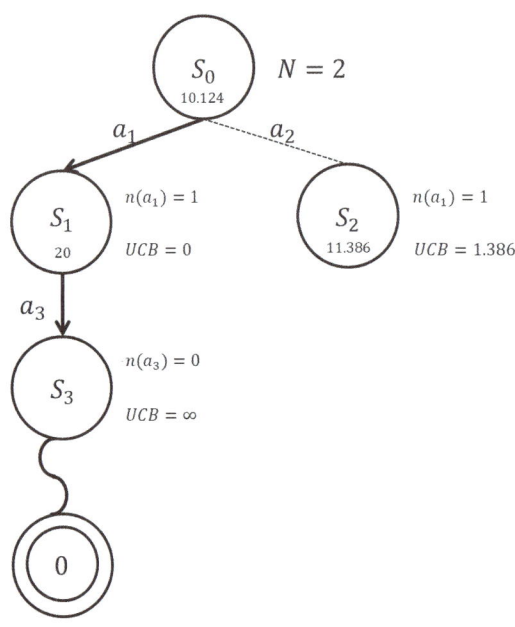

[그림 7-13] 3차시 단계, Selection, Expansion, Rollout

3회차의 MCTS 과정이 진행됩니다. 어느 정도 MCTS의 과정에 익숙해졌다 판단하여 [그림 7-13]으로 선택, 확장 그리고 시뮬레이션 과정을 한 번에 묘사했습니다. 에이전트는 S_0 노드에서부터 선택을 진행합니다. 자식 노드에 해당하는 S_1과 S_2의 Q-함숫값은 각각 20, 11.386 값으로 계산되었으므로 S_1 노드로 경로를 선택합니다. 에이전트는 현재 S_1 노드에 위치해 있고, 해당 노드는 트리 구조에서 리프 노드에 해당하므로 확장을 수행합니다.

에이전트가 S_1에서 취할 수 있는 행동은 a_3 단 하나로 가정해 보겠습니다. a_3 노드를 선택해서 상태 S_3으로 진행되었습니다. S_3 노드는 확장하고 처음 방문한 노드이므로 UCB 함숫값은 무한대 값을 가집니다. 확장까지 거치고 난 후에 리프 노드인 S_3에 당도한 에이전트는 더 이상 선택할 수 없으므로 시뮬레이션 과정을 거칩니다. 시뮬레이션 결과 환경은 에이전트에 0의 최종 보상을 부여했습니다.

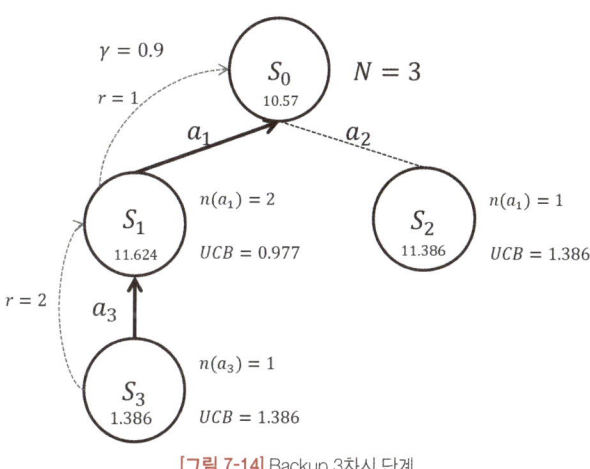

[그림 7-14] Backup 3차시 단계

[그림 7-14]를 참고해 MCTS의 3회차 반복 단계 중 백업 단계를 살펴보겠습니다. 선택, 확장 및 시뮬레이션 과정까지 에이전트가 방문한 노드는 S_0, S_1 그리고 S_3입니다. 그에 따라 N, $n(a_1)$, 그리고 $n(a_3)$의 값이 하나씩 추가됩니다. S_3의 UCB 함숫값은 부모 노드의 방문 횟수 $n(a_1)$과 행동을 선택한 횟수 $n(a_3)$로 계산됩니다.

$$U_{S_3} = 2\sqrt{\frac{\log n(a_1)}{n(a_3)}} \quad (7\text{-}18a)$$

$$= 2\sqrt{\frac{\log 2}{1}} \quad (7\text{-}18b)$$

$$= 1.386 \quad (7\text{-}18c)$$

따라서 S_3의 Q-함숫값은 시뮬레이션으로부터 부여받은 최종 보상 0과 UCB 함숫값 1.386의 합으로 정의됩니다.

S_1 노드는 S_3의 부모 노드로서 환경이 즉각적인 보상을 고려합니다. [그림 7-14]에서 표현되었듯이 환경은 $S_1 \rightarrow S_3$로 진행할 때 2의 보상을 주었습니다. 그래서 보상과 자식 노드의 Q-함수를 고려한 S_1 노드의 임시 Q-함수는 다음과 같이 계산됩니다.

$$\hat{Q}_{s_1} = r + \gamma Q_{s_3} \qquad (7\text{-}19a)$$
$$= 2 + 0.9 * 1.386 \qquad (7\text{-}19b)$$
$$= 3.247 \qquad (7\text{-}19c)$$

미리 구해 둔 S_1 노드의 Q-함수와 현재 업데이트된 Q-함수를 산술 평균하여 Q-함수를 최종적으로 업데이트합니다.

$$Q_{s_1} \leftarrow \frac{Q_{s_1} + \hat{Q}_{s_1}}{n(a_1)} \qquad (7\text{-}20a)$$
$$Q_{s_1} \leftarrow \frac{20 + 3.247}{2} \qquad (7\text{-}20b)$$
$$Q_{s_1} \leftarrow 11.624 \qquad (7\text{-}20c)$$

마지막 S_0의 업데이트 단계입니다. 해당 노드의 방문 횟수는 3회이며 자식 노드인 S_1 노드의 Q-함숫값이 계산되었습니다. 이를 이용해 임시 Q-함수를 구하고 그동안 구했던 Q-함수와 산술 평균을 내어 최종 Q-함수를 구합니다. S_0 노드의 임시 Q-함숫값을 계산합니다.

$$Q_{s_0} = r + \gamma Q_{s_1} \qquad (7\text{-}21a)$$
$$= 1 + 0.9 * 11.624 \qquad (7\text{-}21b)$$
$$= 11.462 \qquad (7\text{-}21c)$$

이제 그동안 계산했던 S_0 노드의 Q-함숫값과 새로 구한 임시 Q-함수를 이용해 산술 평균을 계산하여 Q-함숫값을 업데이트합니다.

$$Q_{s_0} \leftarrow \frac{Q_{s_0}(N-1) + \hat{Q}_{s_0}}{N} \qquad (7\text{-}22a)$$
$$Q_{s_0} \leftarrow \frac{10.124 * 2 + 11.462}{3} \qquad (7\text{-}22b)$$
$$Q_{s_0} \leftarrow 10.57 \qquad (7\text{-}22c)$$

3차시의 MCTS 순환 과정을 완료했습니다. 상당히 번잡한 계산 과정이었지만 일련의 규칙을 따라 하나씩 업데이트되어 가고 트리 구조가 확장되고 적절한 행동 모습을 보았습니다. 4차시의

MCTS를 진행해 보면 루트 노드에서는 a_2를 선택하지 않아 지면에서 오른쪽으로 트리 구조가 확장되지는 않을 것입니다. 만약 왼쪽 트리 구조를 탐색하다가 Q-함숫값이 갑작스럽게 바뀌면 에이전트는 다시 한동안 살펴보지 않았던 오른쪽 방향의 트리 구조를 다시 한번 살펴보게 되는 과정을 거칠 것입니다. 이변이 일어나지 않고 꾸준히 이와 같이 업데이트되면 트리 구조는 모든 경우의 수를 찾을 필요가 없으므로 에이전트는 모든 트리 구조를 살펴볼 필요가 없이 최적의 경로, 즉 최적 행동을 찾아갑니다.

7.3 실습

7.3.1 CartPole[42]

필요 패키지를 호출하겠습니다. 특별하게 호출한 패키지만 추가로 설명하겠습니다.

```
import numpy as np
import matplotlib.pyplot as plt
import gym

import copy   ①
from gym.core import Wrapper   ②
from pickle import dumps, loads   ③
from collections import namedtuple   ④
from IPython.display import clear_output   ⑤
```

① 학습된 Monte-Carlo tree 구조를 기억하기 위한 copy 패키지입니다.

② gym 패키지 중 트리 구조에 저장될 환경을 가공하고자 Wrapper 함수를 호출합니다.

③ 환경을 객체 자체로 효율적으로 기억하기 위한 패키지입니다. 그중 메모리를 기억하고 호출하는 함수만 이용합니다.

④ 기본 패키지 중 namedtuple을 이용합니다. 딕셔너리와 유사하며 메모리를 효율적으로 사용할 수 있는 기능입니다.

⑤ 주피터 노트북의 화면을 정리할 기능을 호출합니다.

---

42. https://github.com/trangel/machine_learning 코드를 참조했음을 밝힙니다.

'namedtuple'를 응용합니다.

```
ActionResult = namedtuple(
    "action_result", ("snapshot", "observation", "reward", "is_done", "info")) ①
```

① 튜플 형태 자료형을 'ActionResult'로 정의하였습니다. 튜플 변수의 이름과 튜플 내부의 원소에 해당하는 자료의 이름을 부여합니다. 튜플에 입력될 인자들은 환경 snapshot 그 자체와 상태 혹은 관찰, 보상, 종료 여부 그리고 추가 정보로 5개입니다.

Gym 패키지의 환경을 추가로 조작하겠습니다.

```
class WithSnapshots(Wrapper):  ①
    def get_snapshot(self, render=False):  ②
        if render:  ③
            self.render()  ④
            self.close()  ⑤
        return dumps(self.env)  ⑥
```

① gym 환경을 MCTS 문제를 풀기 쉽게 하고자 패키지를 상속받아 조작합니다.

② 환경을 저장할 함수를 선언합니다. 입력 인자는 부모 클래스와 환경 렌더링 여부를 부여받습니다.

③~⑤ 환경 렌더링 옵션이 부여되었을 때 작동되는 구문입니다. 렌더링이 수행되면 이미지 형태로 환경을 사용자에게 보여 주고 환경을 닫습니다.

⑥ 피클 패키지의 저장 기능을 이용해 환경을 효율적으로 변수화하여 저장하고 반환합니다.

```
    def load_snapshot(self, snapshot, render=False):  ⑦
        if render:  ⑧
            self.render()  ⑨
            self.close()  ⑩
        self.env = loads(snapshot)  ⑪
```

⑦ 환경을 로딩하는 함수를 작성합니다. 입력 인자로 클래스 self 속성과 앞서 살펴보았던 'get_snapshot' 함수로 기억된 환경 snapshot 그리고 렌더링 여부입니다.

⑧~⑩ 렌더링 옵션이 부여되었을 때의 구문입니다. 'get_snapshot'에서의 구문과 동일합니다.

⑪ gym 패키지 중 wrapper 속성의 환경 env를 불러옵니다. Snapshot 인자가 피클 패키지로 저장되어 있으므로 피클 패키지를 이용해 환경을 로드합니다.

환경에 행동을 부여했을 때 기능을 추가합니다.

```
def get_result(self, snapshot, action):  ⑫
    self.load_snapshot(snapshot)  ⑬
    new_state, reward, done, info = self.env.step(action)  ⑭
    next_snapshot = self.get_snapshot()  ⑮
    return ActionResult(
        next_snapshot,
        new_state,
        reward,
        done,
        info,
    )  ⑯
```

⑫ 피클로 저장되어 기억된 환경에 행동을 부여했을 때 결과를 얻는 함수를 정의합니다. 입력 인자는 클래스 속성과 피클 형태의 환경, 행동입니다.

⑬ 피클 환경을 로딩합니다.

⑭ 환경에 행동을 부여하고 정보를 부여받습니다. 출력 결과는 다음 상태, 보상, 종료 여부 그리고 기타 정보입니다.

⑮ 시점이 진행되고 난 후의 환경을 피클 형태로 저장합니다.

⑯ 결과를 반환합니다. 반환되는 값은 앞서 정의한 namedtuple 변수이며, 저장될 인자는 다음 상태의 환경, 다음 상태, 보상, 종료 여부, 기타 정보 순서대로 나열되었습니다.

새롭게 구성한 환경이 올바르게 작동하는지 확인해 보겠습니다.

```
env_name = 'CartPole-v0'  ①
env = WithSnapshots(gym.make(env_name))  ②
env.reset()  ③
snap0 = env.get_snapshot()  ④
```

①~③ CartPole 문제를 새롭게 정의한 클래스를 이용해 호출하고 초기화시키는 과정까지 진행합니다.

④ 앞서 정의한 get_snapshot 속성을 이용해 환경을 피클 형태의 자료로 변수화하였습니다.

Gym 패키지 재구성이 완료되었으므로 MCTS의 트리 구조를 구현할 단계입니다. 먼저, MCTS의 노드의 속성을 정리하면 다음과 같습니다.

- 노드 간 연결 관계
- 노드 방문 횟수
- Q-함숫값

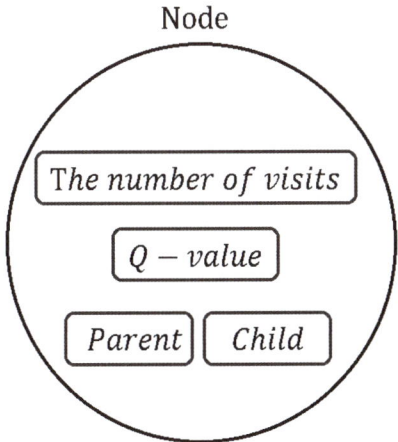

[그림 7-15] MCTS를 풀기 위한 노드의 구현 요소

'선택 - 확장 - 시뮬레이션 - 백업' 4단계 과정을 거치고자 필요한 항목들입니다. 여러 가지 속성을 활용할 수 있는 클래스를 이용해 노드의 속성과 기능들을 정리해 보겠습니다.

```
class Node():  ①
    parent = None  ②
    qvalue_sum = 0.  ③
    times_visited = 0  ④
    U = 1e100  ⑤
```

① 노드 클래스를 정의합니다.

② 노드의 부모 노드를 클래스 속성화합니다. 초기 부모 노드는 존재하지 않습니다.

③ 노드의 Q-함숫값을 속성화합니다. 초기 Q-함숫값은 아무것도 없으므로 0입니다.

④ 노드의 방문 횟수를 속성화합니다. 처음 방문 횟수는 없으므로 0으로 초기화되었습니다.

⑤ 노드의 UCB 값을 속성화합니다. 방문 횟수가 없다면 UCB 값은 무한히 큰 수에 가까우므로 상당히 큰 실숫값을 정의하였습니다.

```python
def __init__(self, parent, action):  ⑥
    self.parent = parent  ⑦
    self.action = action  ⑧
    self.children = set()  ⑨

    res = env.get_result(parent.snapshot, action)  ⑩
    self.snapshot, self.observation, self.immediate_reward, self.is_done, \
    _ = res  ⑪
```

⑥ 노드 클래스의 초기화 함수를 작성합니다. 노드 클래스의 입력 인자는 부모 노드와 행동입니다.

⑦~⑧ 부모 노드와 행동을 속성화합니다.

⑨ 중복을 허용하지 않으면서 자식 노드들을 저장할 set 자료형을 선언합니다.

⑩~⑪ 부모 노드에 해당하는 환경과 행동을 이용해 다음 상태의 환경, 상태, 보상 그리고 종료 여부를 받습니다.

> **Note**
> 코드 중 ⑪로 인해 노드 클래스에 환경을 의미하는 snapshot이라는 속성이 부여되었습니다. 따라서 ⑩과 같이 이후에 사용될 자식 노드가 부모 노드를 호출할 때 부모의 환경인 snapshot을 호출할 수 있습니다.

노드가 트리 구조에서 어느 위치에 있는지 지시하는 함수를 만들겠습니다.

```python
def is_leaf(self):  ⑫
    return len(self.children) == 0  ⑬

def is_root(self):  ⑭
    return self.parent is None  ⑮
```

⑫~⑬ 현재 노드의 자식 노드의 유무 여부를 이용해 자료 구조의 최하단인 리프 노드에 해당하는지 파악합니다.

⑭~⑮ 현재 노드가 부모 노드가 있는지 여부를 검사해 루트 노드에 해당하는지 파악합니다.

노드의 Q-함수를 구하는 함수를 작성합니다.

```python
def get_qvalue_estimate(self):  ⑯
```

```
        return self.qvalue_sum / self.times_visited if self.times_visited != 0
    else 0 ⑰
```

⑯ 함수를 이용해 Q-함수를 계산합니다.

⑰ 노드에 누적된 Q-함숫값에 방문 횟수를 나누어 Q-함숫값을 구합니다. 노드에 방문한 이력이 없으면 0을 출력합니다. 이 과정은 [수식 7-22]와 같습니다.

[수식 7-8], UCB 값이 반영된 Q-함수를 계산합니다.

```
    def ucb_score(self, scale=10): ⑱
        if self.times_visited == 0: ⑲
            return self.U ⑳

        self.U = np.sqrt(np.log(self.parent.times_visited)/self.times_visited) ㉑
        return self.get_qvalue_estimate() + scale * self.U ㉒
```

⑱ 함수를 정의합니다. 입력 인자는 UCB 값의 추가된 가중치 값, [수식 7-8]의 C에 해당하는 값입니다.

⑲~⑳ 노드 방문 이력이 없으면 Q-함수는 초기 무한대에 가까운 UCB 값을 부여받습니다.

㉑~㉒ [수식 7-8]을 구현하고 결과를 반환합니다.

MCTS의 '선택' 과정을 구현합니다.

```
    def select_best_leaf(self): ㉓
        if self.is_leaf(): ㉔
            return self ㉕

        children = self.children ㉖
        best_child = max([(child.ucb_score(),child) for child in children],
    key=lambda x: x[0])[1] ㉗
        return best_child.select_best_leaf() ㉘
```

㉓ 함수명을 정의합니다.

㉔~㉕ 해당 노드가 리프 노드면 특별한 과정 없이 노드 자체를 반환합니다.

㉖ 자식 노드들을 호출합니다.

㉗ UCB가 고려된 Q-함숫값이 최고로 나타나는 하나의 자식 노드를 선택합니다.

㉘ 선택된 자식 노드를 재귀적 호출을 이용해 리프 노드에 도달할 때까지 최선의 노드를 선택합니다.

MCTS의 '확장' 단계를 구현합니다.

```
def expand(self):  ㉙
    if self.is_done:  ㉚
        raise ValueError("종료 시점에서는 더 이상 확장할 필요가 없습니다.")  ㉛
    
    for action in range(n_actions):  ㉜
        self.children.add(Node(self, action))  ㉝
    return self.select_best_leaf()  ㉞
```

㉙ 확장 함수를 선언합니다.

㉚~㉛ 노드의 속성 중 종료 여부를 분석합니다. 종료 시점에서는 추가 확장을 진행하지 않고 종료합니다.

㉜~㉝ 선택할 수 있는 모든 행동으로 새롭게 확장된 노드 클래스를 모두 저장합니다.

㉞ 현재 노드 중 최고의 자식 노드를 선택해 함수를 종료합니다.

MCTS 단계 중 '시뮬레이션' 과정을 진행합니다.

```
def simulation(self,tmax=500):  ㉟
    env.load_snapshot(self.snapshot)  ㊱
    obs = self.observation  ㊲
    is_done = self.is_done  ㊳
    
    if is_done:  ㊴
        simulation_reward = 0  ㊵
    else:  ㊶
        simulation_reward = 0  ㊷
        while tmax >= 0:  ㊸
            tmax -= 1  ㊹
            next_obs,reward,done,info=env.step(env.action_space.sample())  ㊺
            simulation_reward += reward  ㊻
        nreturn simulation_reward  ㊼
```

㉟ 함수 이름을 작성합니다. 입력 인자로 시뮬레이션을 무한대로 진행하는 것을 방지할 최대 시간을 지정합니다.

㊱~㊳ 현재 노드가 기억하는 환경, 상태, 종료 여부를 호출합니다.

㊴~㊵ 환경이 종료 상태면 추가 시뮬레이션을 진행하지 않고 시뮬레이션 보상값을 0으로 반환합니다.

㊶~㊻ 최대 시간 동안 환경에 임의 행동을 부여하면서 시뮬레이션 보상값을 누적합니다.

㊼ 시뮬레이션 보상값을 결과로 반환합니다.

MCTS의 '백업' 과정을 구현하겠습니다.

```
def propagate(self, child_qvalue, gamma=0.99):  ㊽
    my_qvalue = self.immediate_reward + gamma*child_qvalue  ㊾
    self.qvalue_sum += my_qvalue  ㊿
    self.times_visited += 1  ㉑

    if not self.is_root():  ㉒
        self.parent.propagate(my_qvalue)  ㉓
```

㊽ 함수 이름을 작성합니다. 입력 인자는 자식 노드의 Q-함숫값과 할인율을 입력 인자로 부여받습니다.

㊾ 할인율이 고려된 Q-함수, [수식 7-12]를 계산합니다.

㊿ 현재까지 누적된 Q-함숫값 ㊾의 결과를 누적합니다.

㉑ Q-함수의 평균을 구하고자 현재 노드의 방문 횟수를 추가합니다.

㉒~㉓ 현재 노드가 루트 노드에 도달할 때까지 재귀적 호출을 이용해 백업 과정을 계속 진행합니다.

메모리를 활용하도록 불필요한 노드를 삭제하는 기능을 추가합니다.

```
def safe_delete(self):  ㉔
    del self.parent  ㉕
    for child in self.children:  ㉖
        child.safe_delete()  ㉗
        del child  ㉘
```

㉔ 함수를 정의합니다. 특별한 입력 인자는 없습니다.

㉕ 부모 노드를 삭제합니다.

㉖~㉘ 자식 노드를 모두 재귀적으로 탐색하며 삭제합니다.

백업 과정의 종착점인 루트 노드 클래스를 따로 정의합니다.

```python
class Root(Node):    ①
    def __init__(self, snapshot, observation):    ②
        self.parent = self.action = None    ③
        self.children = set()    ④

        self.snapshot = snapshot    ⑤
        self.observation = observation    ⑥
        self.immediate_reward = 0    ⑦
        self.is_done = False    ⑧
```

① 루트 노드 클래스를 정의합니다. 노드 클래스의 기능 대부분을 공유하므로 노드 클래스를 상속받습니다.

② 초기화 함수를 작성합니다. 입력 인자는 피클로 저장된 환경 그리고 루트 노드의 상태입니다.

③ 루트 노드의 부모 노드 행동 속성을 정의합니다. 루트 노드는 환경의 초기화 상태이므로 부모 노드와 행동 속성이 존재하지 않습니다.

④ 자식 노드를 저장할 set 자료형을 지정합니다.

⑤~⑥ 환경과 상태를 노드 속성화합니다.

⑦ 보상은 0으로 초기화됩니다.

⑧ 환경은 루트 노드로부터 시작하므로 종료 여부는 거짓값으로 초기화합니다.

현재 노드를 루트화하는 함수를 작성합니다.

```python
    @staticmethod    ⑨
    def from_node(node):    ⑩
        root = Root(node.snapshot, node.observation)    ⑪
        copied_fields = ["qvalue_sum", "times_visited", "children", "is_done", "U"]    ⑫
        for field in copied_fields:    ⑬
            setattr(root, field, getattr(node, field))    ⑭
        return root    ⑮
```

⑨ 구현할 함수는 클래스의 속성을 이용하지 않는 정적 메서드임을 선언합니다.

⑩ 함수 이름을 정의하며 입력 인자를 설정합니다. 입력 인자는 현재 마주하는 노드입니다.

⑪ 현재 노드가 가진 환경, 상태를 재귀적으로 이용해 현재 노드를 부모 노드화로 진행합니다.

⑫ 부모 노드 클래스에서 저장되지 않은 속성들을 부여합니다. 루트 노드에서 정의되지 않은 속성인 누적 Q-함수, 노드 방문 횟수, 자식 노드, 종료 여부 그리고 UCB 값입니다.

⑬~⑭ 노드에서 속성 부여가 되어 있지만, 루트 노드 초기화 때 저장되지 않은 속성값들을 부여합니다.

⑮ 새로 정의된 루트 노드를 반환합니다.

MCTS 전체 과정을 반복하는 함수를 작성합니다.

```python
def plan_mcts(root, n_iters=10):   ①
    for _ in range(n_iters):   ②
        node = root.select_best_leaf()   ③
        if node.is_done:   ④
            node.propagate(0)   ⑤
        else:   ⑥
            node_child = node.expand()   ⑦
            child_reward = node_child.simulation()   ⑧
            node.propagate(child_reward)   ⑨
```

① 함수를 정의합니다. 입력 인자는 루트 노드와 MCTS 전체 과정의 반복 회차입니다.

② MCTS 과정을 전체 회차만큼 반복합니다.

③ '선택' 과정을 시행합니다.

④~⑤ 노드 상태가 종료 상황이면 리프 노드로부터 0 보상값으로 백업을 수행합니다.

⑥~⑨ 노드 상태가 진행 상황이면 '확장-시뮬레이션-백업' 과정을 수행합니다.

MCTS의 필요한 구성을 다 구현했으므로 본격적인 학습 과정을 진행하겠습니다.

```python
env = gym.make(env_name)   ①
env = WithSnapshots(env)   ②

root_observation = env.reset()   ③
root_snapshot = env.get_snapshot()   ④
root = Root(root_snapshot, root_observation)   ⑤
```

①~② 추가로 조작한 gym 환경을 호출합니다.

③ 루트 노드에 해당하는 초기 상태를 기억합니다.

④ 루트 노드의 환경을 변수화합니다.

⑤ 루트 노드 클래스를 선언합니다. ③과 ④에서 구한 환경과 초기 상태를 루트 노드 클래스에 입력합니다.

```
plan_mcts(root, n_iters=int(2e+04)) ①
root_backup = copy.deepcopy(root) ②
```

① 정의한 루트 노드를 기점으로 MCTS 학습을 진행합니다. 전체 반복 과정은 2만 회로 설정하였습니다.

② 학습이 완료된 트리 구조를 백업하여 저장합니다.

학습된 트리 구조로 성능을 평가해 보겠습니다.

```
total_reward = 0 ①
test_env = loads(root_snapshot) ②
Best_Q, Best_UCB, Best_visited = [],[],[] ③

while True: ④
    best_child = max([(child.get_qvalue_estimate(),child) for child in root.children],
        key=lambda x: x[0])[1] ⑤
    s, r, done, _ = test_env.step(best_child.action) ⑥
    total_reward += r ⑦

    Best_Q.append(root.get_qvalue_estimate()) ⑧
    Best_UCB.append(root.U) ⑨
    Best_visited.append(root.times_visited) ⑩

    clear_output(True) ⑪
    plt.title(f"step {i}") ⑫
    plt.imshow(test_env.render('rgb_array')) ⑬
    plt.axis('off') ⑭
    plt.show() ⑮

    if done: ⑯
```

```
            print("최종 보상 = ", total_reward)  ⑰
            break  ⑱

    for child in root.children:  ⑲
        if child != best_child:  ⑳
            child.safe_delete()  ㉑

    root = Root.from_node(best_child)  ㉒
```

① 학습된 트리 구조의 에이전트가 계산한 최대 보상을 선언하고 초기화합니다.

② 앞서 정의된 초기 루트 노드의 환경을 불러옵니다.

③ 트리 구조에서 최대 성능을 보여 주는 노드를 탐색할 때 노드의 Q-함숫값, UCB 값 그리고 방문 횟수를 기록할 리스트를 작성합니다.

④ 트리 구조가 탐색 종료될 때까지 반복문을 수행합니다.

⑤ 현재 노드의 자식 노드 중 최고의 Q-함수를 보여 주는 자식 노드를 선택합니다.

⑥~⑦ 자식 노드의 행동을 환경에 수행하면서 다음 상태, 보상, 종료 여부를 얻고 최종 보상을 누적합니다.

⑧~⑩ 선택된 자식 노드의 Q-함수, UCB 값 그리고 방문 횟수를 기록합니다.

⑪~⑮ 현재 상태를 렌더링합니다.

⑯~⑱ 종료 신호를 받으면 최종 보상값을 출력하고 반복문을 종료합니다.

⑲~㉑ 선택되지 않은 자식 노드를 메모리상에서 삭제합니다.

㉒ 선택된 자식 노드를 루트 노드로 치환하면서 트리 구조를 갱신합니다.

결과

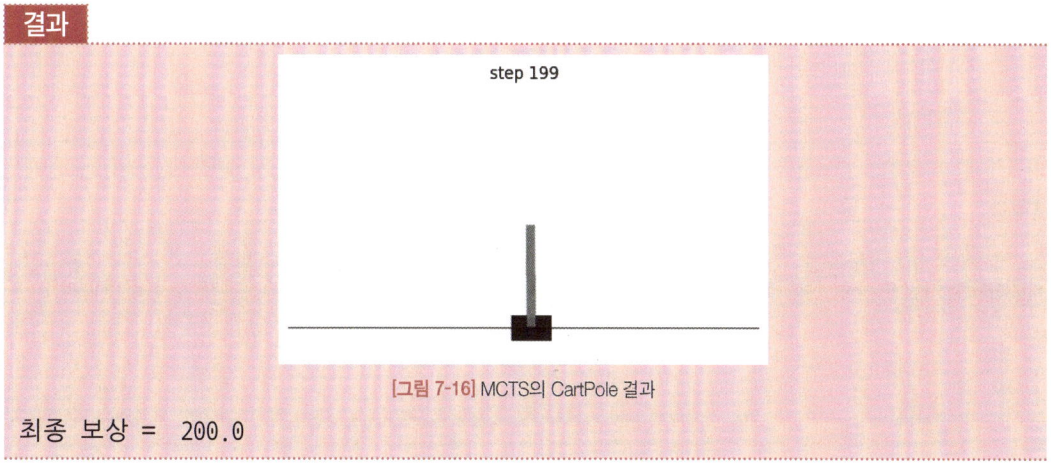

[그림 7-16] MCTS의 CartPole 결과

최종 보상 = 200.0

> **Note**
>
> 주피터 노트북 셀을 실행하면 최종 보상값과 렌더링 화면이 출력될 것입니다. 유의할 점은 초기 트리 구조를 없앴으므로 다시 셀을 진행하면 성능이 나오지 못합니다. 따라서 미리 백업해 둔 트리 구조를 재활용해서 결과를 다시 확인할 수 있습니다.

학습 완료 이후 최고의 선택 과정을 통한 노드만 방문했을 때 속성들을 차례로 살펴보겠습니다.

```
plt.figure(figsize=(15,6))  ①
plt.subplot(1,3,1)  ②
plt.plot(Best_Q,label='Q-value')  ③
plt.xlabel('Time step')  ④
plt.title('Best node - Q')  ⑤

plt.subplot(1,3,2)  ⑥
plt.plot(Best_UCB[1:-1],label='UCB-value')  ⑦
plt.xlabel('Time step')  ⑧
plt.title('Best node - UCB')  ⑨

plt.subplot(1,3,3)  ⑩
plt.plot(Best_visited,label='# of Visited')  ⑪
plt.xlabel('Time step')  ⑫
plt.title('Best node - # of visited')  ⑬
```

① 플롯의 크기를 설정합니다.

②~⑤ 선택된 자식 노드들의 Q-함수를 도시합니다.

⑥~⑨ 선택된 자식 노드들의 UCB를 도시합니다.

⑩~⑬ 선택된 자식 노드들의 방문 횟수를 도시합니다.

> **Note**
>
> UCB 플롯에는 루트 노드와 리프 노드의 결과를 도시하지 않았습니다. 두 노드는 방문 횟수가 0이므로 UCB 값이 초기에 지정된 매우 큰 값을 나타냅니다.

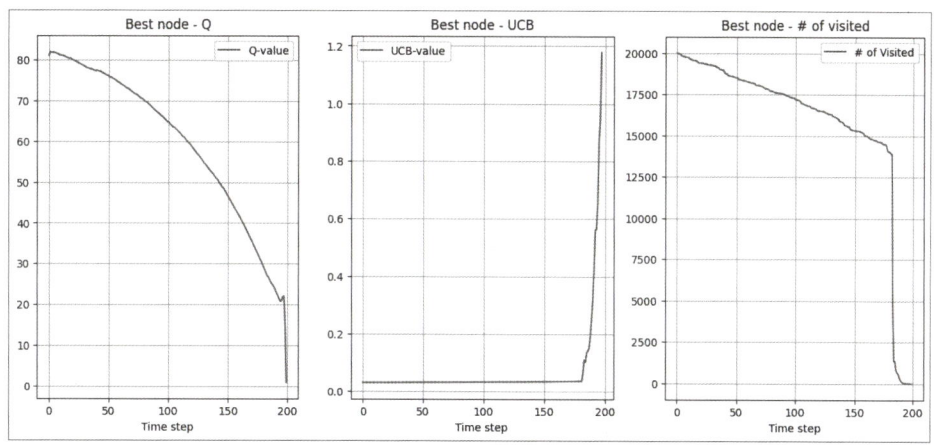

[그림 7-17] 선택된 자식 노드의 결과. 왼쪽부터 Q-함수, UCB 값, 노드의 방문 횟수

CartPole은 매 시점 보상을 1씩 부여하므로 Q-함수의 결과는 루트 노드에서 가장 높은 값, 리프 노드로 갈수록 낮게 가라앉는 경향을 잘 보여 줍니다. MCTS의 반복이 진행될수록 실제 Q-함숫값과 추론한 Q-함숫값이 동일하게 바뀌어야 합니다. 이에 따라 루트 노드로 갈수록 방문한 횟수가 많아지므로 UCB, 신뢰 상한값은 0으로 수렴하는 모습을 잘 보여 줍니다. 단, 리프 노드는 상대적으로 방문한 횟수가 적으므로 UCB 값이 상당히 크게 나옵니다.

정리한 값들은 MCTS의 과정들을 거치면서 수시로 변화합니다. 파이썬을 이용해 여러 가지 자료형으로 노드를 계산할 방법이 있겠지만, 개인적으로 클래스로 관리하는 방법이 매우 간편하다고 생각합니다. MCTS의 과정을 복습할 겸 코드를 같이 작성해 보겠습니다.

7.3.2 Tic-Tac-Toe

기존에 봤던 실습 문제와는 다른 성격의 문제를 해결해 보겠습니다. 부분 관찰 문제(Partial Observation Markov Decision Process, POMDP)는 환경이 에이전트의 행동뿐만 아니라 다른 요소로 인하여 바뀌는 것이었습니다. 상대 플레이어가 있는 게임, 예를 들어 바둑, 체스, 카드 게임 등이 부분 관찰 문제 중 대표적입니다. 우리는 본 책을 통해서 그중 가장 간단하게 구현 가능한 부분 관찰 문제인 틱-택-토(Tic-Tac-Toe) 게임을 해결해 보겠습니다. 해당 예시는 매우 직관적으로 구현이 잘 된 'maksimKorzh'의 깃허브 저장소의 내용을 발췌하고 일부 수정했음을 밝힙니다.[43]

---

[43]. tictactoe-mtcs/src/tictactoe at master · maksimKorzh/tictactoe-mtcs (github.com)

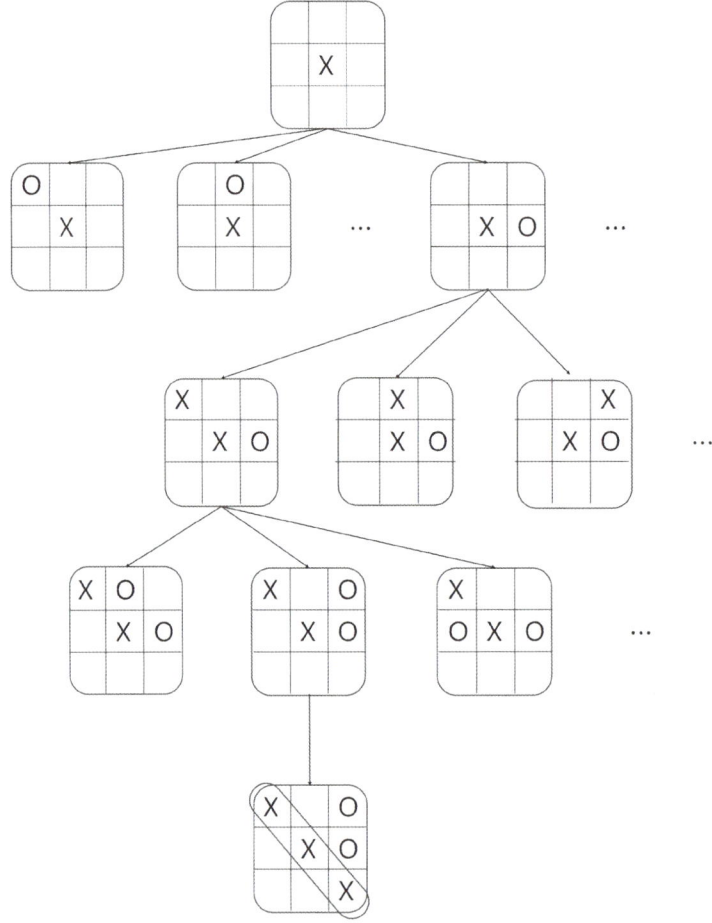

[그림 7-18] 틱-택-토 게임의 예시

틱-택-토 게임은 3x3의 격자 공간에서 각각 X와 O를 표시하는 플레이어와 상대가 차례대로 수를 놓는데, 놓은 수가 가로, 세로 혹은 대각선 방향으로 하나의 연결된 선을 완성시키면 승부가 나는 게임으로서 우리나라 사람들이 흔히 아는 오목과 매우 유사한 규칙을 가집니다. [그림 7-18]은 일련의 게임 과정에서 X 플레이어가 대각선 줄을 먼저 완성시켜 게임에 이긴 것을 보여 줍니다. 이 게임은 몇 가지 전략으로 승부에서 최소한 무승부가 나는 전략을 규칙 기반으로 정해져 있습니다.

- 3x3칸 중 남은 칸에서 이길 수 있는 칸을 검색 후 선택한다.
- 상대방이 승리할 칸을 선점한다.
- 모서리 부분이 남아 있으면 먼저 선점한다.
- 가운데 칸이 남아 있으면 다음 순서로 선점한다.

그 외의 경우를 임의로 선택한다.

인간은 많은 게임과 이론을 적용해서 이런 규칙을 알아냈는데 우리는 인공지능이 MCTS 알고리즘을 이용해서 이런 필승 전략을 가질 수 있는지 방법을 살펴보도록 하겠습니다. 틱-택-토를 해결하는 MCTS 알고리즘을 이해할 수 있으면 인공지능을 이용하는 체스 그리고 알파고의 기본 원리를 이용하고 구현할 수 있는 토대가 될 것입니다.

깃허브 저장소의 'material' 폴더 중 "TicTacToe.py" 파일은 틱-택-토 환경이 구현된 클래스가 저장되어 있으며 .py 파일 자체를 실행시켜 보면 실제로 게임을 진행할 수 있도록 환경이 조성되어 있습니다. MCTS를 적용하기 전에 간단하게 게임을 진행해 보겠습니다.

```
(base) Users@localhost:~/Reinforcement_learning/material$ python TicTacToe.py

Tic Tac Toe 게임을 시작합니다.
    순서는 1, 2처럼 타이핑하세요. 1은 "행", 2는 "열"을 의미합니다.
    "exit"은 게임을 종료합니다.

---------------
 "x" 의 차례:
---------------

 .  .  .
 .  .  .
 .  .  .

>> 1,3

---------------
 "o" 의 차례:
---------------

 .  .  x
 .  .  .
 .  .  .
```

>>

화면 하단의 틱-택-토 환경은 여러분의 입력을 기다리고 있습니다. 3x3 행렬 크기의 수가 두어지지 않은 격자는 점(.) 표시로 남겨져 있습니다. 처음은 "x"의 차례이므로 1, 3 위치에 수를 두면 해당 격자에 수가 두어지게 되고 다음 플레이어인 "o"의 순서가 되어 차례대로 수를 놓습니다.

게임 한 판(에피소드)이 끝나면 다음과 같이 결과가 나옵니다.

결과

```
---------------
  "x" 의 차례:
---------------

  o . x
  . o x
  . x o

게임의 승자: "o"!
```

차례는 "x"였지만 이미 승부가 났으므로 게임은 자연스럽게 종료됩니다. 이제 우리는 MCTS 알고리즘을 이용해서 인공지능을 "o" 플레이어로 상정하고 틱-택-토 게임을 상당히 잘 플레이하도록 훈련시켜 보겠습니다.

Note

이 파일을 주피터 노트북 파일로 변환시켜 노트북 환경에서도 이용할 수 있습니다. 이는 독자 여러분 취향에 전적으로 맡기도록 하겠습니다.

본격적으로 MCTS를 학습하는 틱-택-토 환경을 실습해 보겠습니다. 해당 실습은 주피터 노트북 환경으로 구현되었습니다. 필요한 패키지는 틱-택-토의 환경인 Board 클래스와 넘파이 패키지뿐입니다.

```
import sys
sys.path.append('../material/')
```

```
from TicTacToe import Board
import numpy as np
```

트리 노드를 구성합니다.

```
class TreeNode():  ①
    def __init__(self, board, parent):  ②
        self.board = board  ③
        if self.board.is_win() or self.board.is_draw():  ④
            self.is_terminal = True  ⑤
        else:  ⑥
            self.is_terminal = False  ⑦
        self.is_fully_expanded = self.is_terminal  ⑧
        self.parent = parent  ⑨
        self.visits = 0  ⑩
        self.score = 0  ⑪
        self.children = {}  ⑫
```

①~② 트리 노드 클래스를 정의합니다. 입력 변수는 틱-택-토 보드(환경)와 부모 노드입니다. 루트 노드인 경우엔 부모 노드는 None이 할당됩니다.

③ 트리 노드 클래스 속성에 틱-택-토 보드를 할당합니다.

④~⑦ 현재 틱-택-토 보드가 종료되었는지 여부를 파악하고 종료 여부 클래스를 정의합니다. 미리 작성된 보드 클래스에는 .is_win() 속성과 .is_draw() 속성으로 승리 및 무승부 여부를 판별할 수 있습니다.

⑧ 현재 노드가 확장 단계에서 모든 노드를 검색했는지 여부를 파악합니다. 초기엔 종료 여부와 동일하게 설정되었습니다.

⑨ 현재 노드의 부모 노드를 속성으로 정의합니다.

⑩~⑫ 현재 노드의 방문 횟수, UCB 점수 그리고 자식 노드를 속성으로 초기화합니다. 초기 상태에는 각각 방문 횟수가 0, UCB 스코어 0 그리고 자식 노드는 아무 값도 없는 딕셔너리 값입니다.

부분 관찰 문제에 맞는 MCTS 클래스를 작성하겠습니다.

```
class MCTS_POMDP():  ①
    def search(self, initial_state, iteration=3000):  ②
```

```
            self.root = TreeNode(initial_state, None)  ③

            for iteration in range(iteration):  ④
                node = self.select(self.root)  ⑤
                score = self.simulation(node.board)  ⑥
                self.backpropagate(node, score)  ⑦

            try:  ⑧
                return self.get_best_move(self.root, 0)  ⑨
            except:  ⑩
                pass  ⑪
```

① 부분 관찰 문제의 MCTS를 정의합니다.

② 최고의 행동을 찾는 search 함수를 정의합니다. 초기 상태와 MCTS의 반복 차수를 입력 인자로 받습니다.

③ 초기 상태인 틱-택-토 보드와 실제론 정의하지 않은 부모 노드를 이용해 루트 노드를 정의합니다.

④ MCTS의 반복 과정을 진행합니다.

⑤~⑦ 선택, 확장, 시뮬레이션 그리고 백업의 과정을 진행합니다.

⑧~⑪ MCTS의 학습 반복 과정이 종료되었으면 현재 상태인 루트 노드로부터 최고의 행동을 선택하는 과정을 수행합니다.

MCTS 클래스 중 '선택' 과정을 살펴보겠습니다.

```
    def select(self, node):  ⑫
        while not node.is_terminal:  ⑬
            if node.is_fully_expanded:  ⑭
                node = self.get_best_move(node, 2)  ⑮
            else:  ⑯
                return self.expand(node)  ⑰
        return node  ⑱
```

⑫ 현재 노드를 입력받아 최고의 성능을 보여 준 자식 노드를 선택하도록 함수를 작성합니다.

⑬ 선택 과정은 노드의 속성이 종료되지 않을 때까지 계속해서 반복됩니다.

⑭~⑰ 자식 노드가 완전히 확장된 여부를 파악합니다. 완전히 확장되었다면 최고의 성능을 보여 준 자식 노드를 반환하고 그렇지 않으면 자식 노드를 확장하는 과정을 거칩니다. 확장 과정에서는 UCB 함수의 exploration을 적용하기 위한 상수 2를 사용하였습니다.

⑱ 최종 선택된 노드를 선택 과정에서 택한 노드로 반환합니다.

확장 과정입니다.

```
def expand(self, node): ⑲
    states = node.board.generate_states() ⑳
    for state in states: ㉑
        if str(state.position) not in node.children: ㉒
            new_node = TreeNode(state, node) ㉓
            node.children[str(state.position)] = new_node ㉔

            if len(states) == len(node.children): ㉕
                node.is_fully_expanded = True ㉖

            return new_node ㉗
    print('접근 안 되는 구간입니다!!!') # 디버그 용도 ㉘
```

⑲ 현재 노드로부터 확장 과정을 수행하도록 함수를 작성합니다.

⑳ 틱-택-토 환경의 현재 상태로부터 다음 수를 놓을 수 있는 상황들을 반환받습니다. 여기에서 미리 작성된 틱-택-토 환경 클래스의 .generate_states() 속성을 이용하였습니다.

㉑ 다음 수에서 놓을 수 있는 틱-택-토 게임의 상황을 모두 검색합니다.

㉒ 검색하는 수의 정보가 현재 노드의 자식 속성 안에 존재하지 않으면 자식 노드를 부여하는 과정을 거치도록 조건문을 형성합니다.

㉓ 현재 노드를 부모 노드로 정의한 새 트리 구조를 생성합니다.

㉔ 현재 노드의 '자식 노드' 속성에 현재 살펴보는 틱-택-토의 수를 지정합니다. 자식 속성은 딕셔너리로 저장되어 있으므로 딕셔너리의 (key, value)는 각각 틱-택-토 격자 정보와 ㉓에서 정의된 새 트리 구조입니다.

㉕~㉖ '자식 노드'의 개수가 틱-택-토 보드로부터 부여받은 가능한 다음 수의 개수와 같다면 완전히 확장 과정을 마쳤다는 속성에 참값을 부여합니다.

㉗ 확장 과정으로부터 얻은 마지막 자식 노드를 반환해 새로운 트리 구조를 확장하는 과정을 마칩니다.

㉘ 확장 과정에서 실수가 많이 발생합니다. 디버깅(Debugging) 용도로 해당 구문에 진입하는지 여부를 체크하는 구문을 작성합니다.

시뮬레이션 과정을 수행합니다.

```
def simulation(self, board): ㉙
    while not board.is_win(): ㉚
        try: ㉛
            board = np.random.choice(board.generate_states()) ㉜
        except: ㉝
            return 0 ㉞

    if board.player_2 == 'x': return 1 ㉟
    elif board.player_2 == 'o': return -1 ㊱
```

㉙ 시뮬레이션 함수를 지정하였습니다. 입력 인자는 틱-택-토의 환경 클래스입니다.

㉚ 틱-택-토 환경에서 제공하는 '승자' 속성이 반환될 때까지 시뮬레이션 과정을 계속 반복합니다.

㉛~㉞ try-except 구문을 통해 시뮬레이션을 계속 반복합니다. 다음 수를 계속 둘 수 있다면 임의로 다음 수를 계속 두고, 승자가 나타나지 않은 채 다음 수를 둘 수 없으면 무승부 상황이므로 시뮬레이션의 결과로 0 값을 Q-함숫값으로 상정합니다.

㉟~㊱ 승자가 발생한 상황을 분석합니다. 인공지능은 플레이에서 'o'에 해당하므로 'o'가 승리하였을 때 승점 +1을 부여하고, 반대로 'x'가 승리하였을 때는 페널티 -1을 부여합니다.

> **Note**
>
> 틱-택-토 환경 Board 클래스는 현재 수를 놓는 플레이어가 다음 수를 놓는다면 현재 플레이어와 상대 플레이어의 속성을 맞교환합니다. Board 클래스의 속성 .player_1은 현재 수를 놓는 플레이어이며 해당 값이 'o'였다면 .player_2는 'x'가 되는 의미입니다.

백업 과정을 살펴봅니다.

```
def backpropagate(self, node, score, gamma=0.99): ㊲
    while node is not None: ㊳
```

```
        node.score = gamma*node.score*node.visits + score ㊴
        node.score /= (node.visits+1) ㊵
        node.visits += 1 ㊶
        node = node.parent ㊷
```

㊲ 현재 노드와 시뮬레이션으로 계산된 Q-함수와 할인율 값을 부여받고 백업 과정을 진행하는 함수를 작성합니다.

㊳ 루트 노드에 접근할 때까지 백업을 반복합니다.

㊴~㊵ 할인율이 적용된 현재 노드에 저장된 Q-함숫값과 새로 부여받은 Q-함숫값을 업데이트하고 방문 횟수에 맞게 평균값을 계산합니다.

㊶ 현재 노드의 방문 횟수를 1회 증가시킵니다.

㊷ 부모 노드로 거슬러 올라가 백업의 일련 과정을 반복합니다.

현재 노드로부터 최선의 선택을 하는 함수를 구성합니다.

```
    def get_best_move(self, node, C_const=2): ㊸
        best_score = -np.inf ㊹
        best_moves = [] ㊺

        for child_node in node.children.values(): ㊻
            if child_node.board.player_2 == 'x': current_player = 1 ㊼
            elif child_node.board.player_2 == 'o': current_player = -1 ㊽

            move_score = current_player*child_node.score +\
                C_const*np.sqrt(np.log(node.visits/child_node.visits)) ㊾

            if move_score > best_score: ㊿
                best_score = move_score (51)
                best_moves = [child_node] (52)
            elif move_score == best_score: (53)
                best_moves.append(child_node) (54)

        return np.random.choice(best_moves) (55)
```

㊸ 함수 이름을 작성합니다. 입력 변수는 현재 노드와 exploration을 담당하는 UCB-함수의 가중치 상수입니다.

㊹~㊺ 후보가 될 행동에 대한 최고의 Q-함수 점수와 후보 행동 리스트를 초기화합니다.

㊻ 현재 노드가 품는 모든 자식 노드를 반복문을 통해 검색합니다.

㊼~㊽ 현재 플레이어가 누군지를 설정합니다. 인공지능의 차례였다면 양의 부호를, 사람의 차례였다면 음의 부호를 부여합니다.

㊾ [수식 7-8]를 이용해 Q-함수를 구현합니다. 여기서 현재 플레이어가 누군지에 따라서 자식 노드의 Q-함수에 음의 부호를 고려하는 것을 주의합니다.

㊿~(54) 계산된 Q-함수의 최곳값을 갱신해 나갑니다. 최곳값이 갱신되면 최고의 행동 후보군에 자식 노드를 덧씌웁니다.

(55) 자식 후보군 중에서 임의로 하나의 행동을 추출한 다음 함숫값을 반환합니다.

Note

"search" 함수에서는 UCB-함수의 가중치를 0으로 두었으므로 exploration을 수행하지 않고 exploitation만을 취합니다.

부분 관찰 문제에 맞는 MCTS 클래스 작성이 완료되었습니다. 아래 구문을 이용해 독자 여러분이 인공지능과 틱-택-토 게임을 해 보면서 게임을 즐겨 볼 수 있습니다.

```
board = Board() ①
mcts = MCTS_POMDP() ②
board.game_loop(mcts) ③
```

① 틱-택-토 환경 클래스를 호출합니다.

② 부분 관찰 문제의 MCTS를 정의합니다.

③ 틱-택-토 환경 클래스 중 게임을 진행하는 .game_loop 속성에 MCTS를 추가해 인공지능과 경쟁을 시작합니다.

결과

```
Tic Tac Toe 게임을 시작합니다.
    순서는 1,2처럼 타이핑하세요. 1은 "행", 2는 "열"을 의미합니다.
    "exit"은 게임을 종료합니다
….
```

```
---------------
 "x" 의 차례:
---------------

 x o x
 o o x
 x o .

 게임의 승자: "o"!
```

.game_loop에 입력 변수를 추가하지 않으면 사람끼리 돌아가면서 플레이를 즐길 수 있도록 구성되어 있습니다. 예시는 필자가 몇 번 플레이를 진행해 보다 방심하는 단 한순간 MCTS 인공지능에 패한 기록을 캡처해 봤습니다. 본 알고리즘에 대한 이해가 완료되었으면 독자 여러분도 인공지능을 상대로 틱-택-토 게임을 즐겨 보고 이를 다른 분야에도 적용 가능할지 연구해 보길 바랍니다.

찾아보기

- A -

A3C	284
Acquisition function	126
Action	30
Activation function	96
Actor-Critic	272
Adaptive gradient descent method, Adagrad	81
Adaptive moment estimation method, Adam	82
Adjugate matrix	44
Agent	29
Anaconda	13
Analytic solution	50
Annealing the bias	261
Anomaly detection	27
Artificial Intelligence	26
Artificial Neural Network	91
Asynchronous	284
Auto-encoder	27
Average	59

- B -

Backtracking linesearch	316
Backward difference	51
Backward propagation	99
Bandit model	339
Basis vector	36
Batch gradient descent method	79
Bayes statistics	67
Bayesian search	126

Bayesian statistical	27
Bellman equation	141
Bellman expectation equation	144
Big-O notation	51

- C -

CartPole	219
Catastrophic forgetting	216
Central difference	51
Cofactor matrix	44
Column vector	34
Computational cost	122
Computational graph	93
Conditional probability	66
Conjugate gradient	316
Convolutional neural network, CNN	34, 243
Cost function	75
Cross entropy	87
CUDA	110
Curse of dimensionality	146

- D -

DDQN	256
Deep learning	41
Definite integral	54
Density estimation	89
Dependent	67
Determinant	44

Diagonal matrix	43
Dimension	33
Discount factor	138
DQN	209
Dynamic programming	141

- E -

Eligibility traces	178
ELU	304
Entropy	87
Environment	29
Episode	172
Epoch	106
Epsilon decay	185
Epsilon greedy	184
Euclidean distance	38
Evidence	69
Expectation value	59
Expected improvement, EI	127
Experience replay buffer	212
Exploitation	184
Exploration	184
Exponential Moving Average, EMA	190

- F -

Finite difference	50
Fisher-Vector Product	320
Float	123
Forward difference	51
Frequency heuristic	178
Fully connected layer	94
Fully observable environment	135

- G -

GAN	27
Gaussian distribution	63
Gaussian process	126
Global minima	78
Global variable	115
GPU	110
Gradient	53
Gradient clipping	252
Gradient descent method	74
Gradient explosion	252
Gradient vanishing	252
Greedy altorithm	153
Grid search	121
Grid world	157
GRU	302

- H -

Hessian matrix	323
Heuristic	170
Hidden layer	96
Hoeffding's inequality	341

찾아보기

- I -

Identity matrix	43
Importance sampling	262
Indefinite integral	54
Independent	67
Index	108
Information	87
Information theory	87
Inner product	39
Intractable	69
Iterative method of matrix	45

- J -

JJupyter notebook	17

- K -

Kernel	242
K-mean clusterning	27
Kullback-Leibler divergence	87

- L -

Layer	94
Learning rate	75
Least square method	75
Likelihood	68
Limit	50
Linear algebra	33
Local minima	78
Long-Short term memory, LSTM	301
Loss function	75

- M -

Machine learning	26
Markov decision process, MDP	134
Markov Property	134
Masking	112
Matrix	33
MC-target	171
Mean	59
Mean Squared Error	85
Memoization	148
Mini batch	80
MNIST	100
Model-based	137
Model-free	137
Momentum method	80
Monete-Carlo tree search, MCTS	351
Monte-Carlo	168
Multinomial distribution	65

- N -

Neuron	92
Newton-Raphson method	71
Node	94
Noise	111

Non-linear problem	95
Normal distribution	63
Normalization	91
Numeric solution	50
Numerical error	47
Numpy	34

- O -

Objective function	75
Observation	30
Off-policy	188
On-policy	187
Optimal policy	151
Optimal value function	151
Optimization	71
Order of accuracy	51
Outer product	39
Overfitting	101

- P -

Parallel process	284
Partial derivative	53
Partially observable environment	135
PCA	27
PER	260
Poisson distribution	64
Policy	140
Policy evaluation	153

Policy gradient	272
Population	58
Posterior probability	68
Postprocessing	92
PPO	328
Preprocessing	92
Prior	69
Probability density function, PDF	57
Probability mass function, PMF	65
Probability of priority	261
Python	15
Pytorch	85

- Q -

Q-function	141
Q-learning	187
Que	327

- R -

Random seed	66
Random variable	56
Recency heuristic	178
Recurrent neural network, RNN	301
Recursive	150
Regression	84
Regret	339
Relu	97
Residual	84

찾아보기

Return	138
Reward	30
Reward clipping	218
Root mean squared propagation method, RMSProp	82
Row vector	34

Tensor	33
Test dataset	101
Train dataset	101
Transition	212
Transpose matrix	40
Trapezoidal rule	55
TRPO	311

- S -

Sample	58
Sampling	58
Sampling bias	59
SARSA	186
Scalar	33
Sigmoid	97
Slope	48
Square matrix	45
Staking	240
Standard deviation	60
Standard normal distribution	64
State transitional probability matrix	136
Stochastic gradient descemt method, SGD	79
Supervised learning	27
Surrogate model	126

- U -

Uniform distribution	62
Univariate function	48
Unsupervised learning	27
Upper confidence bound, UCB	341

- V -

Validation dataset	113
Value function	140
Variance	60
Vector	33

- W -

| Weight decay | 116 |

- T -

Tanh	97
Target error	171
Temporal difference learning	173

강화학습 이론&실습
기초 수학부터 강화학습 알고리즘까지

출간일	2023년 9월 27일 l 1판 1쇄
지은이	황현석
펴낸이	김범준
기획·책임편집	김수민 유명한
교정교열	이혜원
편집디자인	나은경
표지디자인	하미정
발행처	(주)비제이퍼블릭
출판신고	2009년 05월 01일 제300-2009-38호
주소	서울시 중구 청계천로 100 시그니처타워 서관 9층 949호
주문·문의	02-739-0739 팩스 02-6442-0739
홈페이지	http://bjpublic.co.kr 이메일 bjpublic@bjpublic.co.kr
가 격	30,000원
ISBN	979-11-6592-245-0(93000)

한국어판 © 2023 (주)비제이퍼블릭

이 책은 저작권법에 따라 보호받는 저작물이므로 무단 전재와 무단 복제를 금지하며,
내용의 전부 또는 일부를 이용하려면 반드시 저작권자와 (주)비제이퍼블릭의 서면 동의를 받아야 합니다.

잘못된 책은 구입하신 서점에서 교환해드립니다.